122

新知
文库

XINZHI

The Bush:
Travels in the Heart of Australia

The Bush: Travels in the Heart of Australia

Text Copyright © Don Watson, 2014

First published by Penguin Group Australia. This edition published by arrangement with Penguin Random House Australia Pty Ltd.

丛林

澳大利亚内陆文明之旅

［澳］唐·沃森 著　李景艳 译

生活·讀書·新知 三联书店

Simplified Chinese Copyright © 2020 by SDX Joint Publishing Company.
All Rights Reserved.

本作品中文简体版权由生活·读书·新知三联书店所有。
未经许可，不得翻印。

图书在版编目（CIP）数据

丛林：澳大利亚内陆文明之旅 /（澳）唐·沃森著；李景艳译 . —北京：生活·读书·新知三联书店，2020.7（2022.2 重印）
（新知文库）
ISBN 978 – 7 – 108 – 06842 – 2

Ⅰ . ①丛…　Ⅱ . ①唐…②李…　Ⅲ . ①文化史 – 澳大利亚　Ⅳ . ① K611.03

中国版本图书馆 CIP 数据核字（2020）第 063726 号

责任编辑	徐国强　胡群英
装帧设计	陆智昌　刘　洋
责任校对	安进平
责任印制	董　欢
出版发行	生活·讀書·新知 三联书店
	（北京市东城区美术馆东街 22 号 100010）
网　　址	www.sdxjpc.com
图　　字	01-2018-6212
经　　销	新华书店
印　　刷	河北松源印刷有限公司
版　　次	2020 年 7 月北京第 1 版 2022 年 2 月北京第 2 次印刷
开　　本	635 毫米 × 965 毫米　1/16　印张 25.5
字　　数	402 千字
印　　数	6,001 – 8,000 册
定　　价	49.00 元

（印装查询：01064002715；邮购查询：01084010542）

祖父准备上战场

死气沉沉的树林和巴斯河谷

用桉树皮做的服饰

皮奎尼特的画作《1890年达令的洪水》

《1890年达令的洪水》(1895)，油画，122.5厘米×199.3厘米，原作收藏于新南威尔士州美术馆，编号AGNSW6105，联系邮件 imagereproduction@ag.nsw.gov.au。威廉·查尔斯·皮奎尼特（W. C. Piguenit）是澳大利亚画家，生于1836年，去世于1914年。

澳大利亚巨大的桉树

粉红色冠的园丁鸟

《粉红色冠的园丁鸟》,约 1905—1910 年,约翰·米切尔·坎特尔(John Mitchell Cantle,1849—1919)摄。此为明信片印刷品,原尺寸约为 8.8 厘米 × 13.8 厘米,藏于维多利亚州立图书馆。

新知文库

出版说明

在今天三联书店的前身——生活书店、读书出版社和新知书店的出版史上，介绍新知识和新观念的图书曾占有很大比重。熟悉三联的读者也都会记得，20世纪80年代后期，我们曾以"新知文库"的名义，出版过一批译介西方现代人文社会科学知识的图书。今年是生活·读书·新知三联书店恢复独立建制20周年，我们再次推出"新知文库"，正是为了接续这一传统。

近半个世纪以来，无论在自然科学方面，还是在人文社会科学方面，知识都在以前所未有的速度更新。涉及自然环境、社会文化等领域的新发现、新探索和新成果层出不穷，并以同样前所未有的深度和广度影响人类的社会和生活。了解这种知识成果的内容，思考其与我们生活的关系，固然是明了社会变迁趋势的必需，但更为重要的，乃是通过知识演进的背景和过程，领悟和体会隐藏其中的理性精神和科学规律。

"新知文库"拟选编一些介绍人文社会科学和自然科学新知识及其如何被发现和传播的图书，陆续出版。希望读者能在愉悦的阅读中获取新知，开阔视野，启迪思维，激发好奇心和想象力。

生活·讀書·新知三联书店
2006年3月

因为我已懂得

如何看待大自然，再不似

少不更事的青年；而是经常听到

人生宁静而忧郁的乐曲……

——威廉·华兹华斯《丁登寺》，1789

文明的主要任务，其存在的真正理由

端在保护人类，抵抗自然。

——西格蒙德·弗洛伊德《一种幻想的未来》，1927

我认为，大多数在丛林中独处一段时间的男男女女——

包括已婚夫妇——或多或少都有些疯狂。

——亨利·劳森《为那些天竺葵浇浇水》，1901

目 录

第 1 章	皆大欢喜	1
第 2 章	劳作丛林	25
第 3 章	何谓丛林	65
第 4 章	丛林不朽	92
第 5 章	庇护亡灵	119
第 6 章	文化碰撞	149
第 7 章	努力生存	183
第 8 章	翠绿花园	211
第 9 章	城镇乡村	240
第 10 章	泛洪平原	276
第 11 章	万物皆硕	298
第 12 章	等候火灾	345

附录　澳大利亚国徽	364
致谢	370
注释	372
参考文献	383
译后记	391

第 1 章
皆大欢喜

倒挂金钟树和树蕨 —— 外婆、小溪和鳗鱼 ——
一片森林和如何清除它——
一个火与灰的世界 —— 溪谷中的琴鸟 ——
蛇以及其他吓人的东西 —— 丛林变了样

我记得外公戴着一顶破帽子，把裤脚塞在胶皮靴里，从牛舍大步流星穿过小围场，就像英雄海华沙（Hiawatha）①。我还记得外婆打扫院子的样子。他飞快地走，她不停地扫。她总是扫啊，扫啊，好像如果不扫，就会让魔鬼溜到后门廊似的。每天早上，她先是清扫落在门廊地板上的桉树叶和柏树碎片，再扫通往花园的台阶，然后扫通向菜地、醋栗丛和苜蓿树的小路，苜蓿树挡住了看向挤奶棚和猪圈的视线，猪圈的一侧还有一根枯倒的树干。最后扫后门、柴堆、柏树遮掩下的厕所——就像一个阴森的瞭望塔，

---

① 美洲印第安人神话中的传奇领袖。传说他教会了族人农业、航海、医学和艺术，使用强大的魔法征服了所有自然和超自然的敌人。美国诗人亨利·沃兹沃·朗费罗著有史诗《海华沙之歌》。——译注（以下脚注皆为译注）

里面有一条用破木板搭成的长凳，站在上面透过门缝可以看到那边1898年丛林大火前老房子所在的地方，还能看到远处墨绿色的小山丘。每到一处，她都竭尽全力、严肃认真地挥舞她的扫帚，后门廊就是她的边疆，那些台阶就是她文明的壁垒。

她不经常打扫前门廊。与大部分澳大利亚乡村的情况一样，我家的前门廊用得也不多。房前的花园开着大朵的白色杜鹃花、蜂丛，还有毛地黄，外婆把这些花草打理得井然有序，还在花园的一侧整齐地栽种了金鱼草、瓜叶菊和墙头花。可是，所有的客人都从后门进入，除了那些路况不熟的推销员、耶和华见证人[①]、城里来的车手，他们的车要么爆胎，要么"开锅"。她经常念叨"我估计那些人快回来了"，刚念叨完，那些人就堵在门口了。"那些人"指的是外公和舅舅们，他们回来吃午饭（或称作正餐）、上午茶和下午茶。像所有地方的农民一样，他们腰酸背痛，拖着疲惫的身体，用帽子驱赶后背的苍蝇，推门进来，纱门在门弓的作用下在他们身后来回弹了几下才关上。他们在厨房坐下来，叹一口气，或者呻吟一下。之所以呻吟，部分源于长年的辛苦所造成的关节和肌肉疼痛，部分则是习惯使然，还有一部分原因就是受长辈的影响，这种声音源于文化核心的深处。尽管这里五十年前没有房子，三十年前没有农场，但这里有房子、有农场、有人的感觉却始终存在。

食品橱放在后门廊。大锅（煮衣服用的）、脱靴器和靴子也放在这里，门廊的末端还有一个封闭的浴房。圣诞节的时候，我们就坐在门廊和台阶上吃正餐。台阶一侧的阴凉处是一棵倒挂金钟，来自南美洲的植物，本是蜂鸟示爱的对象，但在我们这里却和刺嘴吸蜜鸟及蜜雀融洽相处。台阶的另一侧是一棵树蕨，从小溪边移过来

[①] 基督教一个教派的成员，主张立即建立上帝对世界的统治，认为宗教原则高于一切。

的，在护墙板和柏树间显得有些不协调和另类，但长得仍然和之前一样葱郁。地板上总是趴着几只蓝色的瓶子，瓶肚子里面什么也没有，瓶脖子像根棍儿一样伸得直直的，除了几只当地的大蚂蚁，还有一只不知从哪里飞来的绿头蝇，嗡嗡地飞来飞去，等待它的灭蝇剂。有一年蝗虫肆虐，密密麻麻地在我们餐桌上跳跃；还有一年，台阶上爬满了绿色的、肉滚滚的毛毛虫。长辈们记得有一年火车无法驶至索普代尔（Thorpdale）①，就因为轨道上布满了毛毛虫。但这还不是最糟糕的：早年间，我的祖宗们刚刚把这块土地上丛生的陈年杂草清除掉，种上新草，成群结队的毛毛虫就铺天盖地般驾到，把农场吃得一干二净，干净得就像墨尔本的马路，牲畜都被饿死了。

哪怕最小的东西也能唤起我对门廊上生活的回忆，外婆每天在门廊不停地走，像鬼一样拦都拦不住。那里有牛奶、黄油、各种肉和点心的香味；柏树和桉树要么受着骄阳的炙烤，要么在湿气中受着蒸煮；橡皮靴和狗都沾上了红土的颜色；有灭蝇剂、红鳟鱼，还有外婆洗衣服、把大锅里的开水浇在地板上，然后再用那把扫帚把水扫掉的气味。门廊有时还飘出刚刚做好的果酱的香甜气息：有甜瓜的、蔓越莓的、李子的，还有柑橘的。农家制作大量的果酱，因为他们每天都要吃。他们每天还要吃糖、面、盐、燕麦、豌豆、扁豆和土豆，还有黄油、鸡蛋、南瓜、蕉青甘蓝和司康饼。我们有这么多好吃的，简直就像贵族。这是一个香气扑鼻、津津有味的门廊，无论是其中的哪一种味道，都会瞬间把我带回昔日的美好时光。妈妈从外婆那里学做的司康饼，让我想起了马塞尔·普鲁斯特

---

① 澳大利亚东部维多利亚吉普斯兰地区的一个小城镇，位于拉特罗布山谷的肥沃农田中，以盛产马铃薯闻名。

的姨妈为他做的玛德琳蛋糕。

桉树叶的叶面微微凸起,形状好似镰刀又尖又长——这两种设计都是为了保持水分。树叶总是竖直下垂,所以阳光照进来时无法提供足够的遮挡,不能像北半球的树木那样给森林那么多阴凉。它们的油腺不仅给丛林带来了独特的气味,而且天气炎热的时候,油脂还会蒸发,呈现令人挚爱的、如迈尔斯·弗兰克林(Miles Franklin)①笔下的"蓝色的远方"。这种油脂还使得树叶高度易燃,叶子的形状又极易顺应风向,一旦沾火,便迅速传播至其他叶子。可这种生态策略却很少适合我们家,叶片朝上的桉树叶只要外婆的扫帚一到就灰溜溜地跟着跑了,但叶片朝下的叶子却总是岿然不动,需要反复拍打最终才能悻悻离去,好像显示丛林不会轻易向女人和倒挂金钟屈服似的。可能在伴随外婆每日生活的思想深处,无论春夏与秋冬,她舞动的扫帚与她自己的生活理念息息相关。如果《人生就是如此》②中的汤姆·柯林斯在一个糟糕的日子里造访外婆的门廊,他也许会发现外婆有点像小说中清教徒般严苛的奥哈洛伦太太,"已经深刻领教了男人的百无一用"。汤姆补充道:"对于这种致命的开悟无药可救。"

尽管外婆凡事都很强硬,却又胆小如鼠、迷信偏执。餐桌上如果刀子交叉摆放了就预示着家庭不和。食盐弄撒了就意味着噩运。把丁香花带进屋里就会招致死亡或其他灾祸。这或许与她的英国祖先有关,他们是跟随第二和第三舰队离开伦敦来到澳大利亚的。尽

---

① 迈尔斯·弗兰克林(1879—1954)是一位澳大利亚作家和女权主义者,以小说《我的光辉生涯》为人所知。她致力于发展一种独特的澳大利亚文学形式,并且通过支持作家、文学期刊和作家组织积极追求这一目标。她通过每年颁发"澳大利亚生活各个阶段的文学奖"——迈尔斯·弗兰克林奖,对澳大利亚文学生活产生了深远的影响。
② 《人生就是如此》(Such is Life)是澳大利亚民族主义作家约瑟夫·弗菲最著名的小说,被认为是澳大利亚文学的经典之作。

管好像不曾有人告诉过她,但外婆知道他们是罪犯,外婆还给我们讲述了当初关于他们到达澳大利亚时的一则传言,不速之客的事实已经被小心翼翼地删掉了。她也同样害怕蛇和闪电,还总是不厌其烦地警告我们。刚开始的雷声就令她如临大敌,当密布的乌云一点点逼近的时候,她便拉上窗帘、蒙上镜子和餐具。她告诉我们,她小的时候雨下得比现在大得多,有些森林被淹没了,有些仍然屹立不倒。外婆也惧怕黑夜,或至少害怕一个人待在漆黑的夜里,她甚至不惜让孙子独自去那个阴森的厕所,坐在黑暗中,伸手不见五指,屏气敛息,唯恐装在墙上破鞍袋里的手纸里面会有什么邪恶的东西爬出来。

我不确定外婆说过她喜爱丛林:她不习惯谈论与这个话题相关的人和事,而我的外公,利甲族(Rechabite)①的后裔,新教奥兰治分会的会员,对这些更不感兴趣。我们家有喜欢喝酒的一派,也有反对喝酒的阵营:外婆和她的妈妈属于反对喝酒的一派,外婆的妈妈经营了一家戒酒咖啡宫②。在我看来,不管是喜欢喝酒的,还是不喜欢喝酒的,他们都不喜欢拥抱和飞吻。无论对自然环境是何等的挚爱,也无论对它的逝去感到何等的遗憾,他们都将这些情感埋藏在对自然的深深敬畏和对目标——支付账单,抚养孩子——的永不妥协之下。他们的目标很现实,不具有美学价值和启示作用或心灵寄托,即便他们也努力接受《圣经》禁令去征服荒野、辛勤劳作等。如果不看教义,他们大多在心理上至少是来自苏格兰东部地区的、冷血的半个沙文主义者。

---

① 约拿达的后裔,听从祖先约拿达的吩咐,永不喝酒。
② 指的是澳大利亚大型精致的戒酒酒店,特别是在19世纪80年代的繁荣时期。受澳大利亚独立戒酒令的影响,酒店不供应酒品。较大的咖啡宫具备一家大酒店的所有设施,如大量的住宿房间以及餐厅、台球室、休息室和大堂。

但是，无论信仰如何，文化背景怎样，农民们都倾向于摆出实事求是和冷漠的态度。他们终日感受不到爱，除了牛、羊、猪，就是牲畜的死亡、恶劣的天气以及歉收的作物。有时迫于无奈，他们不得不毁掉森林，面对杂草、害虫和随之而来的再生长，以及良心深处的内疚或怀疑。所以做一个农民，首先要练就一副铁石心肠：倘若关闭心扉之前感到一丝沮丧，那它也是你命运的一部分。降低期望、压制兴奋、做好最坏的打算可以确保情绪稳定。为死掉的袋熊和袋狸哀悼是不切实际的：一个人或许会为死掉的猪哀伤，只因他喜欢培根；一条忠犬的离去也许会令其主人感到些许忧伤，因为一条好的狗是人类忠诚的奴仆，它能理解主人的需要。但其实任何人永远都不必为诸如此类的事而庸人自扰。

森林消失以后，一些当地的鸟儿继续歌唱。几乎没有剩下几种可以授粉的了，如乌灰鸟、画眉和伯劳鸟；而鹩鹩、绣眼鸟、刺嗪鸟和扇尾鸽欢快地飞来飞去，仿佛是在拒绝。每隔几年就有一对鸣鞭鸟从小溪边飞到花园，试着在灌木丛下筑巢。澳大利亚是世界上鸣禽的发祥地。夜莺和知更鸟的祖先也在澳大利亚。尤其在清晨，杏仁桉森林中的峡谷很容易被误认为是整个歌唱大家庭的温床。

在日复一日与大自然的搏斗中，女人和男人一样心志坚定，对事业忠诚而热情。但幸存下来的鸟儿却不是她们的搏斗对象。在花园里，女人们与鸟儿交谈，把它们当作伙伴和朋友，视其为优雅的化身。它们甜美而友好的叫声、它们芭蕾舞般俯身啜饮甘露的性感、它们的光彩照人，都暗示着另一梦寐以求的世界。我认为女人们最大的愉悦就是用花园分界两个世界——属于她们的现实世界和属于鸟儿的曾经的世界，后者即人类堕落①之前的世界。

1840年，波兰探险家保罗·斯特莱兹奇（Paul Strzelecki）带领一小队人马进入了南吉普斯兰（Gippsland）山脉的东端，后来这里就以他的名字命名。在幽深的峡谷里，"矮树、乱草和倒下的或横七竖八的参天大树相互混杂……几乎无法穿越"，他们险些全军覆没。土著向导查理·塔拉捉到的一些考拉拯救了他们，使他们保持活力，走出乱丛，到达西港海湾（Westernport Bay），向墨尔本进发。

一年以后，W. A. 布罗德里布（W. A. Brodribb），一位有勇有谋、气逾霄汉的牧主，曾先后在塔斯马尼亚（Tasmania）、莫纳罗（Monaro）、里弗莱纳（Riverina）放牧牛羊，发现路途异常艰苦，与斯特莱兹奇曾经历的无异。那"无边无际的参天大树"也给他留下了深刻的印象，同样令人步履维艰的还有那些伐倒的树：100多米长，"要想跨过去就仿佛跨越房屋的一面墙"。似乎只有这些树和灌木并不足以构成障碍，问题是所有这一切又和铁线莲及匍匐枝缠绕在一起。斯特莱兹奇称之为"神憎鬼厌之地"，但是，他却在蓝桉和杏仁桉中看到了希望。W. A. 布罗德里布则被眼前的一切所折服，他大谈特谈蕨类植物林的美以及生长在周边的木材潜在的商业价值，"树枝以下的树干没有短于100英尺的"，他意识到这将是一个极为富庶的地区，"未来将会得到全面开垦"。

即使到此开垦的人们对丛林感到惊诧，他们也很少如此兴叹。直击红色的土壤、叮咚的泉水、淙淙的小溪，以及绝对可以信赖的年平均降雨量超过1000毫米的所有迹象，他们还是拿起

---

① 人类堕落到罪恶的状态，在传统的犹太和基督教神学中归因于亚当和夏娃的不服从，如《创世记》中所述。

了斧头。对于有限的几个劳动力,接下来的工作量是巨大的,他们先是清除全部杂草,然后播种牧草和三叶草,为了饲养奶牛和猪,还播种了燕麦和玉米。祖先们的操作风格几乎是随意的。根据殖民地选地法案①,无寸土之地的阶层被允许垦荒,于是,1873年,我的两个表兄(和我的曾叔祖父)大卫·福赛斯和大卫·司各特·格雷厄姆(安格斯人)协同乔治·格兰·奥切特隆尼一道,挺进了森林,经过数日的勘察,选择了两块地。奥切特隆尼写道:"晚饭后,我和大卫过去,每人量定了320(英亩)地块。"然后他们抽签决定土地的归属者。这是1873年7月末的事。8月末的时候,福赛斯递交了土地许可申请,三个月后奥切特隆尼也申请了土地许可。

9月末的时候土地测量工作完成,尽管他们并不能准确弄清小溪的名字及流向,他们开始着手环割大树的树皮、砍倒矮树。环割树皮,是从北美洲舶来的做法,包括环绕树干切口至大约一个斧头的深度。"晚饭后我和吉姆去环割大卫兄弟俩地块上的树,两个半小时我能割一英亩的树,吉姆用两个小时可以砍下全部树苗。"800小时(320英亩乘以2.5小时)的环割加之夏末数日的焚烧,将生长了几百年的丛林毁于一旦。在长达一个世纪中,这些被环割过的大树耸立在那里扮演着多重角色:阴郁的幽灵适合当柴烧和鹦鹉筑巢穴,一些定居者相信这种幽灵还可以"改善"土壤,而那些林中巨人(数量远超松树和柏树树篱)则继续生活在山谷里和公路旁。

越来越多的选地人蜂拥而至,就像一位最初的殖民者回忆的那

---

① 选地指的是根据19世纪60年代引入的土地立法,对澳大利亚一些殖民地的王室土地进行"调查前的自由选择"。选地法案旨在鼓励在集约农业的基础上更紧密地定居。

样,"怀揣着对土地价值的美好憧憬,人人笑逐颜开"。他们从社会的金字塔底爬出,"辛苦地劳作",不依靠任何人。他们在下层林木中劈、砍、锯并环割树皮。数月以来,在这个"惊悚的"森林深处,他们几乎见不到太阳,或在任何方向上高度超过45米的物体。在他们砍伐的树木当中,有一种树,所谓索普代尔南部的科斯威特树,水平测量长度为114米,据称是世界上最高的硬木。几年时间内,索普代尔就建成了三家伐木工厂。在5.2公顷的地块上,加工出25万个标准的篱笆桩。但是大量的木材还是被焚烧或被弃置腐烂掉了。

亨利·劳森(Henry Lawson)[①]曾写过一个选地者,刚到的前两个星期,他设法除掉了一棵树,仅仅一棵;在接下来的几个月里,他徒劳地与天气较量,与牲畜的疾病斗争,与附近的一个擅自占地者博弈,与全部的灾难抗衡。劳森笔下的选地人破产了,最终疯掉了。但这里的人并非都是如此。他们以排山倒海之势、令人瞠目的速度改造着森林。到了1878年,奥切特隆尼便拥有了数个牧场,除了1.5米高的鸭茅以外,他还种植了绒毛草、多花黑麦草和三叶草,以及能够适时形成不同景观颜色和质地的植物以吸引新的居民:从草原来的野鸭、椋鸟、画眉和八哥。乌鸦和喜鹊大量繁衍生息。在选地人的记忆中,除了一点硬皮面包和糖浆,其余没什么可吃的。一位叫蒙克的小姐记得,她吃过乌鸦(其实是渡鸦,但她和其他的人也只是近来才知道的,她食用这些东西的时间并不长)。奥切特隆尼和邻居们种了很多莓、啤酒花、小麦、大麦和油菜。很快他们就建成了初具规模、品种繁多的苹果园,品种有五皇冠、红香蕉、比宾、亚当斯红苹果以及冬熟苹果,而今这些品种早已消失殆尽。这片未开垦的土地上生长着

---

① 亨利·劳森(1867—1922),澳大利亚作家、丛林诗人,和他同时代的班卓·佩特森一样,是澳大利亚殖民时期著名的诗人和小说家,被称为澳大利亚"最伟大的短篇小说家"。

传奇般的作物：土豆、巨型南瓜和嫩葫芦；据说还有长达 76 厘米的欧洲萝卜，以及需要两三顿饭才能吃完的白萝卜。

1878 年，福赛斯拥有了一台奶油分离机，加上面粉和鸡蛋，很快他们就吃到了有史以来的第一个松饼。所选土地的土质状况不尽相同，有些地块的土壤就比较贫瘠，但在较好的地块，这片古老的森林成为那一代人的家园。他们自制奶油和培根、栽种树莓、晾晒无籽葡萄干、播撒草籽，过着自给自足、惬意的生活。每个家庭一天至少可以给 20 头奶牛挤奶，男人每天挤两次，共用两个小时就可以给 14 头牛挤奶，他的妻子可以挤 6—8 头。奶牛以牧草、玉米和燕麦为食物，猪则靠脱脂牛奶和麸皮为生。仅用了 15 年的时间，他们就建成了一个制作黄油的合作工厂，用英国殖民者奥斯卡·德·萨特杰（Oscar de Satgé）的话讲，这里制作的黄油"可与世界上最好的丹麦牛油相媲美"。

赫尔姆斯，一位吉普斯兰的老拓荒者，认为"世界上再也没有比他们的工作更需要忍耐力的了"：每天抡动五六磅重的斧头在杂乱的下层林木中砍伐矮树，日出而作，日落而归，无论细雨绵绵还是大雨滂沱，抑或热浪袭人。尽管森林的顶层可高达 100 米，他们仍称其为矮树。所以，每砍一下，赫尔姆斯和他的工友们都需要用力地将斧头高高抡起至耳廓处，还要躲避周围锋利的剑状叶草和其他障碍物。赫尔姆斯回忆道，他的工友来自各行各业，有人曾经是政府职员、矿工、屠夫、建筑师、"锡兰来的黑奴司机"，还有两个教师。在这支队伍里面，赫尔姆斯结识了一个剑桥大学的学生，他是英国男爵的外甥，最终因酗酒过度溺亡于一个水库中。

终日抡斧挥锄的艰辛自不必说，但赫尔姆斯也谈到了与此同时苦力所能带来的欣喜若狂："我们开辟丛林的每一天，其实是每一小时，都意味着开启了自然历史的新篇章；智慧的伐木工每迈出的新的一步，都是以往从未被文明世界的人所观察过的领域。"赫尔姆斯相信，对于远离文明世界的人而言，伐木工们发现的石斧足以证明土著人曾经在此山脉间游荡，至于他们是否自大森林存在起就一直在这里，他表示怀疑。

当后人用旋转锄和牵引机开垦处女地的时候，他们或许可以感受到赫尔姆斯的部分喜悦，但无论如何都无法与用斧头砍伐者在原始矮树丛中干劲冲天的那种征服感相提并论。我们无从知晓他们是如何创造这些奇迹的，就连他们自己也一定惊叹于他们亲手撰写的神话。小的时候我们就听说过伐木工先在山坡上伐倒几棵树（在树干上开凹口以控制树木倒下的方向），然后再将高处的几棵大树砍倒，大树沿着山坡将坡上的矮树顺势卷起，轰隆隆地一路狂奔下去，仿佛"一场巨大的、轰然的、凶猛的、撕裂的、咆哮的、震耳欲聋的木材雪崩"。亲历眼前这个戏剧般的壮观场面，加之知道数英里外的邻居都已听到这隆隆的巨响，伐木工们感到心满意足。一个人或者两三个人用这种方法就可以砍伐一大片树林，最后树木平行而紧凑地躺在那里，等待焚烧。

桉树（和金合欢、银桦、白千层、哈克木、山龙眼）的叶子很硬：组织坚硬得令食草动物难以消化。它们所含的毒性化合物使得叶子极具韧性，并且叶子从树上落下后腐烂的时间也相对较长。这类树由此得名硬叶树。硬叶植物是澳大利亚植被的主要特征，同时也赋予丛林坚忍不拔的性格（一个德国植物学家称，这是硬叶林）。通过灵活的适应，这些物种已经与火灾缔结了一种策略性的相互依赖。进化赐予它们一种求死之愿，犹如莱斯·穆瑞（Les Murray）[①]

[①] 澳大利亚诗人、人类学家和评论家，出版了近三十本诗集、两部诗歌小说和散文集，曾多次获奖，被誉为"他那一代澳大利亚最杰出的诗人"。

诗歌中咏叹的：它们需要"有时在地狱接受洗礼"。在所有的桉树类物种中，最依赖火种且又易爆的当属占领吉普斯兰森林、我的祖先帮助砍伐的杏仁桉。只有非常猛烈的野火才会使种子"破茧成蝶"，使树苗在废墟中发荣滋长。所以，每隔几百年，它们必须开展"集体自杀"。自从欧洲人在森林定居以来，它们愈加频繁地如此作为，有时会带来灾难性的后果。

选地人生活在火灾、烟雾和废墟的世界里。他们需要不断焚烧。作为一个焚烧社群，他们以火结缘、为火相聚，无论是大火还是小火，抑或是为了清理的焚烧。火势越旺，接踵而至的新草质地越柔软，尽管如此，选地人认为用不上一两年，草质就会变硬，而后就形成了矮树丛。夏季天气炙热时，大焚烧一般在下午早些时候开始，几个人手举燃烧的树皮卷连续点燃丛林，形成一个火圈，循环往复，在附近点起一个又一个火圈，直到最终制造出一场大火。这些风暴性大火夹带着怒吼的狂风，这种"骇人的壮观"深深地铭刻在老赫尔姆斯的记忆中。风暴性大火过后，仿佛世界末日降临，森林成了一片细白灰烬的海洋，整个世界以及万物都笼罩在一种"怪异的青灰和黄绿色调"的神秘之中。

于森林而言的世界末日，对选地人说来可谓创世之初。良好的焚烧犹如上帝造物。脚踏灰烬，他们看到了自从来到这里就未曾谋面的天空、太阳和星星，他们看见了之前没有看到的左邻右舍。对话有了可能，通消息有了可能，求婚、结婚、互助有了可能。更有可能的是他们看到了未来。焚烧给予他们自由。

人们把剩下的圆木和枝干撑放成堆而后一起烧掉。接着用闷燃多日的火，人们烧掉了树桩。没有什么比夜里聚在火堆周围"令大伙感到更惬意愉悦的了"——"微弱而稳定的红光、黑暗、树枝的气味以及刺鼻的烟雾"；当点燃草丛或草皮、稻草、芦苇或其余的可燃物以形成防火带时，阵阵烟雾飘来，还夹带着一股香气，没有什么比这里的夜晚更加迷人。桉树和人们都十分享受地狱的洗礼。

毁灭如此巨量的好木材是"疯狂之举"。但是，此言出自一个外乡人，一位科学家。吉普斯兰人不相信这两种人。无论如何，开垦是他们在此居住的官方条件。就像这位科学家说的那样，"好像在管理者的心中有一种恐惧，唯恐选地人从木材中渔利，于是他们几乎被迫毁掉全部木材"。也许是迫于他们居住条款的要求，也许是痴迷于燃烧本身带来的快感。焚烧是一种生活方式，也是一种狂热。

阿尔弗雷德·威廉·休伊特（Alfred William Howitt）是一位杰出的人类学家和丛林人，他在吉普斯兰生活的很多年间花了大量时间了解土著居民。根据他们的讲述和他自己的观察，他确信大部分欧洲人正在清除的茂密森林，原本一直得益于土著人的冷火焚烧（cool-burning，以缓慢推进的火进行，比一般火灾温度低）保持开阔，直到1851年的黑色星期四大灾难彻底将之毁灭。与选地人赫尔姆斯的想法如出一辙的是，殖民者在乱丛下发现的全部石斧不过只有二三十年的历史，几百年前根本就不在此地。阿尔弗雷德还确信，虽然那里仍有一些老树，但1851年丛林大火之后，森林内生长的树木绝大部分是新树，且密集而缠结；许多幸存的树也由于失去了土著人的管理而乱麻似的纠缠在一起。没人说得清1851年大火的始作俑者究竟是谁：是土著人，还是闪电，似乎都无关紧要了。欧洲人的占领结束了土著人对森林的监管，缺失监管之处，火灾势不可当。

又一个夏日不可避免地来临，风势携着热浪会将殖民者零星的森林焚烧联合成大火，熊熊火焰直冲树冠，火星穿透桉树叶的林冠四处飞迸。正是由于这样目的的"设计"，1898年大火如约而至。

自12月末以来,农户们一直被吉普斯兰山蔓延过来的大火团团围困。1月末和2月初,他们突围来到斯切莱茨基山脉(Strzelecki)南侧接近科伦巴拉(Korumburra)的山间流浪,四周尽是"燃烧的牧草和庄稼、栅栏、棚屋、车辆、成群的牛羊和其他的牲畜"。在红色星期二,天空变成了一种"略带血迹的、奇怪的紫色"。大火熄灭了,吉普斯兰变成了一片"焦黑的废墟"。这里"除了穷困潦倒和痛苦不堪,一无所有"。

大火烧毁了我外婆童年的家和溪流旁她家所在的小村庄。火焰熄灭的时候,她和她的妈妈还有姊妹们就像惊弓之鸟,缩成一团挤在一块空地上。大火过后的几个月里,她妈妈的双颊上留下了又细又长的烫伤痕迹,她告诉我们,那是熊熊大火中双眼所流泪水导致的。那时外婆只是个小女孩,外公也只是个小男孩。他家也住在同一条街上,离外婆家有三公里远,无情的大火将他家的房子也化成了灰烬。我们家灾后重建的新房子就是我小时候在那里过节、度过了儿时快乐时光的那座有后门廊的房子。

某种程度上,那场火灾似乎成为可能令每个人心头弥漫恐惧感的元凶;同时,还令每一位幸存者为大火给其他人带来的真切恐惧怀有深深的愧疚感。孩子们在1898年的大火中被烧死。有一个家庭共有六个孩子,大火夺走了其中五个孩子的生命。有些孩子溺死于溪流和水库,有些被马匹踢踏、抛起或拖拽致死,有些被机器绞死,有些被雷电击中,有些则因患风寒不治而亡。我们的大脑塞满了愚蠢带来的莫可名状的后果。它使我们循规蹈矩,要么像我们父辈那样习惯性地训诫说教,要么习惯性地蔽聪塞明。

就像可怕的内陆吞噬探险者、赶牲畜的人和勘探者一样,丛林也可以吞没你和你的孩子。就在距离我家几公里处,人们为在丛林中走失、最终命丧其中的孩子们立了一座纪念碑。关于迷路孩子的故事屡见不鲜。罗莎·普雷德（Rosa Praed）①就写道：当一位妈妈发现她蹒跚学步的幼子时，孩子几近被蚂蚁吞食了。在儿童经典之作《多特和袋鼠》（Dot and the Kangaroo）中，多特就迷路了（尽管有一位学者坚持认为这本书主要写她是如何被找到的）。在《人生就是如此》中，约瑟夫·弗菲（Joseph Furphy）②笔下一个篝火堆旁的人物，叫史蒂文森的池塘挖掘工，讲述了他的弟弟在父亲选地上的丛林中丢失的悲痛故事。二十五年前，史蒂文森打了弟弟，并让他哭着回家，从那以后他就再也没见过弟弟。在这些故事中，负疚感毒药般地折磨着生者。哥哥说，最后看见弟弟的地方，现在是一个已开垦和耕作的小围场。或许正是害怕丢失的恐惧感——一种由来已久的恐惧感——使得丛林成为敌人，彻底消灭这个敌人堪称一个物超所值的工程。

我们的先祖们终日辛勤劳作。他们不在挤奶或者犁地、焚烧、翻掘或播种时，就在砍倒欧洲蕨、毛刺植物、刺醋栗、狗尾草、齿状叶草、新西兰芒刺果、荆棘和毯子叶。他们乱砍森林地面余下的草丛，或者这些自立的人们带入的黑莓、美狗舌草和五六种不同的蓟草。称他们为自立人群，因为这就是他们内心深处的想法，至少他们渴望如此：各种细微的迹象表明一个不自立的人，其人生是枉然的。自立人群与依附人群生活在两个不同的维度。一个自立的男人比依附于他人的打工者更像一个男人，他的妻子也更像一个女人，嫁给这样一个男人才能安居乐业，太平无事；一个打工者则需

---

① 罗莎·普雷德（1851—1935），澳大利亚小说家，常被称为"坎贝尔夫人"，是澳大利亚第一位获得重大国际声誉的小说家。
② 约瑟夫·弗菲（1843—1912），被誉为"澳大利亚小说之父"，主要以笔名汤姆·柯林斯写作。代表作《人生就是如此》（1903）被认为是澳大利亚的经典之作。

唯命是从，他的生活是不稳定的，需要在主人的认可和听从自己内心的呼唤之间寻求平衡。他不是一个自然个体，而是一个社会人，他活着需要努力取悦他人。一个自立之人只需满足自己和他的造物主。无论在吉普斯兰还是在冰岛，"不自立的人都不能被称为人"，单纯这一点就将土著人划归了另一错误阵营：他们从不乱砍欧洲蕨以致有朝一日与它失之交臂，他们反倒尽可能挖采这种富含碳水化合物的根类植物，烘烤并食用。

然而，如果人们能够既自立又合群，比方说，假如他们上午可以环割树皮，下午可以役用牛羊，晚上可以打乒乓球，这种状态对任何人而言岂不乐哉。这些自立的人很快就能在教堂（卫理公会）、共济会、枪支俱乐部、桥牌俱乐部以及打鹌鹑和野鸭、在奥切特隆尼方便平坦的围场上打曲棍球等社交活动中享受到共同的快乐。他们在新建的技工礼堂①打羽毛球、溜旱冰，在六角手风琴、小提琴和口琴的伴奏下翩翩起舞，常常通宵达旦。社团组织如雨后春笋般快速发展，就像几个殖民者为防风而栽种的成排的黑莓，尽管放肆地在小溪和水沟边蔓延，每年却为人们提供了大量的水果。礼堂是在最初选地的四年时间里建成的；一年之后，大厅内开设了一个公共图书馆。在大厅落成的同一年，学校也投入使用。以利亚·斯特兰杰（Elijah Stranger）需要从最近的火车站步行二十七公里的路程去给起初的十个孩子上课，其中的五个孩子来自同一家庭。第二年，斯特兰杰成立了一个合唱团和一个辩论社，他教当地人朗诵、演讲、

---

① 技工学院的一部分，是工人休闲、娱乐的场所，类似于今天的"活动中心"。技工学院是一种教育机构，最初是为了向工人提供成人教育，特别是技术方面的教育而成立的。它们通常是由当地的实业界资助的，理由是实业界最终会受益于拥有更有知识和技能的员工。技工学院被用作成年工人阶级的"图书馆"，为他们提供了赌博和在酒吧喝酒之外的另一种消遣方式。

写文章以及公共集会的适当程序。

约翰·亚当斯（John Adams）在其令人钦佩的历史记录中写道：在一百年的时间里，这个地区"从一片被忽视的荒蛮之地一跃发展成为一个充满活力的农业社区"。"被忽视的"一词如今看起来似乎有些古怪。或许我们可以说"原始的"或者"史前的"。然而，选地的人们对该地区花了一个多世纪才发展成为有活力的农业社区的这种说法颇有微词。到19世纪末，詹姆斯·福赛斯（James Forsyth，我的曾祖父在选地后的一年之内就接管了他兄弟大卫的土地）就已经从一个乡下的苦劳力演变成了一位令人尊敬的土地所有人，堪称尊贵的"绅士"，在苏格兰人看来，近乎地主。同样的例子还有几个我们的邻居。未来，无论经济状况如何艰难，他们的社会地位不会改变。鲜有现代企业对于如此微薄的资本能够承诺更高速或更令人满意的回报率。任何现代小型企业家或后来的农场主们都无法祈盼获得赋予那些先驱们的不朽功名。所有的迹象都表明，在第一批人定居之后的十五年里，这个社区是最为充满生机的；令人怀疑的是，是否一个社区在后来一直会比其最初的几年更令人满意和愉快。

他们如此神速地征服了丛林，并使自己脱离了通俗文学中所描绘的苦难生活。他们的子女像"小大人"似的装扮成漫画式拓荒者，参加当地的化装舞会：就像斯蒂尔·拉德（Steele Rudd）①《在我们的选地上》中的爸爸和妈妈、达夫和萨拉，还有乔。仿佛标志着从丛林过渡到文明，为了一个这样的盛会，我的曾祖母给我的祖父和叔祖母穿上了她用桉树皮亲手制作的服装。他们不是"丛林人"（bushies），今天生活在乡下的人如此自称；他们也不生活在丛

---

① 澳大利亚作家亚瑟·霍伊·戴维斯（Arthur Hoey Davis，1868—1935）的笔名。

林,如今澳大利亚的乡村被称为丛林。或许弗菲、劳森和拉德笔下的很多人物以及芭芭拉·贝恩顿(Barbara Baynton)[①]故事中的食肉怪人都是"丛林人",他们的着装样式和慢吞吞的方言使这一切昭然若揭。但他们绝对不是我们。丛林——或者灌木林——是未经清除的土地,未经焚烧的土地,或者是曾经的但并非追溯至正如这个术语所暗示的原始森林,而是一种由当地物种、外来草种、杂草和害虫组成的任性组合。丛林是原始的或者压抑的,正如19世纪后期一位造访者所观察的:丛林是"野蛮的内地"。也许在建造房屋之前,我的祖先们会说他们自己"在丛林里",但之后不久他们便生活"在乡村"或"在土地上"了。丛林属于过去,而过去则已是主题公园的一种雏形了。

尽管山坡被清除了,所有的树木被烧光了,但许多隘谷尚存,就像最初的选地人看到的那样;小溪边的树蕨高达3.7米,溪流的边缘还留下一些品种的蓝桉和杏仁桉。琴鸟仍然生活在溪谷间:之所以叫琴鸟,是因为有种充满传奇色彩的古玩乐器酷似雄琴鸟炫耀了一千五百万年的尾巴。据传,为了配合它们传奇性的标志,琴鸟们还编排了一种非常和谐的歌舞表演,它们连续演唱四首歌曲,每一首都伴有固定的舞步。

土著人极为珍视那些尾巴并定期来到森林捉鸟,他们也采集包括烘烤用的树蕨冠等食物。琴鸟如此完美模仿的声音世代相传。1969年,新南威尔士州多里戈(Dorrigo)附近的一个公园管理员录制了一段琴鸟的表演,仿佛长笛演奏的两首30年代颇为流行的曲调。后来他发现,原来这只鸟的祖先经常聆听并模仿这些曲调,

---

[①] 芭芭拉·贝恩顿(1857—1929),澳大利亚作家,以关于丛林生活的短篇小说蜚声文坛,先后出版了诗集《丛林研究》和小说《死亡人数》,并为《公报》和《悉尼先驱晨报》撰稿。

且在很长一段时间里是一个人的宠物。受这个奇迹的感召，南吉普斯兰的一个选地者兼业余博物学家欲搞清楚是否"这些我们看作琴鸟自己的音符……[其实是]……一种已灭绝鸟类的音符"。

我妈妈记得，在一个晴朗静谧的清晨，她在前门廊听到了附近隘谷里传出琴鸟的歌唱。它们先是以自己绝妙的歌声开场，然后模仿其他鸟儿的啾鸣——园丁鸟、岩石鸟、鹩鹩、喜鹊、成群的长尾小鹦鹉和最神秘、最引人注目的笑翠鸟。千年以来，它们就是这样模仿这些鸟儿歌唱的，然而此时此刻，它们在往日的音符中注入了铁锯和斧头的音符以及火车的鸣笛声。

一个新建的造纸厂出资购买了依然挺立在农场主隘谷里的那些巨大的桉树。周边烧掉的时候才发现，这些树干底部的大小已足够容纳一驾马车或者一群规模不大的卫理公会教徒聚会。接受了对方的出资，满脸沮丧的农夫们眼睁睁地看着造纸厂运走了那么多木材，多得令他们无法相信。残次林的中低层树种和高层的树种是相生相伴的：杏仁桉、多枝桉、蓝桉、灰桉、长喙桉、薄荷桉和桉亚族、黑木金合欢、山毛榉，散发芬芳的金合欢、榛树、麝香、木棉、多油松木和香桃木，带刺的摩西、"像蕾丝窗帘般飘垂的铁线莲"、黄樟、蔓越莓、圣诞丛林，树蕨、铁线蕨、岩石蕨、野花、各类苔藓。琼布纳（Jumbunna）①的艾尔姆斯小姐下笔赞美各类苔藓为"最美丽的苔藓"。早年，她曾沿着马路般的小道徜徉于森林底层，四周满是开花的铁线莲，头上是蕨类植物的叶子自然形成的弧形。当然还有菌类。澳大利亚拥有 25 万种菌类，是世界上拥有菌类最多的国家。它们是"营养周期必不可少的"，

---

① 澳大利亚维多利亚州南吉普斯兰的一个小镇，名字来源于班纳隆部落的库林语，意为"一个相遇和交谈的地方"。

至于为什么如此不是很清楚。许多菌种用肉眼是看不到的，我们能看到的就是有些秋季出现在小围场上的那种蘑菇，菌伞大且丰饶而美味。早期的几代人用这些蘑菇来增加收入，前提是必须在蛆虫神秘涌入并吃掉它们之前卖掉。

随着这些残次林渐渐消失的还有巨蜥、蜥蜴、袋狸、袋熊、沙袋鼠、考拉、长鼻袋鼠、小型沙袋鼠、山猫、袋鼬、鸭嘴兽、袋鼯、浣熊、针鼹鼠，谁知道还有多少其他物种的代表（如果不是全员灭绝的话）。从孩提时代起，我们就听大人们说过这些物种，但见过的却寥寥无几。造纸厂的人带着推土机进驻隘谷并将森林夷为平地，农夫们和他们的家人再也听不到琴鸟的歌声，也再没有看见它们的倩影。即便这片土地本身已经被证明是天堂，人类仍然无条件地将其变成了牛的领土。

那拉堪河（Narracan Creek）依然如故。有泉水的注入，河水终年流淌，深一米半，宽二至三米。黑鱼、另一种叫"黏液蠕虫"①的鱼、鳗鱼、小龙虾和螯虾等都是河流的"原生居民"，棕鳟和彩虹鳟则是为垂钓者引入的外来物种。外婆虽已是耄耋之年，但经我们鼓动也拿着钓鱼竿和蠕虫来到了小棕溪，那棵奇怪的大桉树依然屹立在溪边，还有一些树蕨在旧丛林残留的树桩间慢慢地终老。吉普斯兰小龙虾用一只爪子钩住了我们的钓丝，我们提竿，把龙虾的腿绑在树上，这样它们就无法吃到我们的鱼饵了，走的时候我们再把龙虾放回小溪。有些人吃龙虾，而我们不吃，也许是下意识地遵从《利未记》。

在外婆看来，那种黄褐色、闪着银光、酷似蛇蝎的鳗鱼最令人生厌了。鳟鱼和鳗鱼咬钩的习惯不同，一个逆流，一个顺流。如果外婆不快速拉钩收鱼，鳗鱼就会盘绕在水下最近的圆木或树枝上，

---

① 被触摸时即分泌大量黏液，通常用作钓饵。

固定不动了。外婆既不想扒鳗鱼皮、吃鳗鱼肉,也不想扒虎蛇皮、吃虎蛇肉,那么保存钓鱼线和用具是提竿的唯一理由。西港海湾的土著人杀鳗鱼的方法是咬它们的后脑勺。外婆将鳗鱼滚动的身子放在脚下,用那把破刃的骨柄餐刀割开脊椎,一阵鱼血混合着黏液的香甜气息扑鼻而来,外婆又残忍地切开60厘米长的消化道,直到她看见鱼钩和扭动的钓鱼蠕虫。

这种澳大利亚鳗鲡属于短鳍鳗,在其他地方也可以捕捉到,像昆士兰南部的康达迈恩(Condamine)河岸和大分水岭以东、以南的大部分内陆水系、沼泽以及死水潭。鳗鱼营养成分较高。生活在澳大利亚东南部的土著人用芦苇编织细长的笼子捕捞,再将打捞上岸的鳗鱼放在人工池塘里。约翰·巴特曼(John Batman)在菲利普港(Port Phillip)附近目睹了另一种通过竖起一米多高的石墙打捞鳗鱼的方法。伍伦哲里人(Wurrundjeri)[①]捉鱼的方法是小心翼翼地涉水直至感觉到它们潜伏在脚趾下的泥沙里。他们在用石头建的小房子里制作熏鱼或在泥土里烘烤,一部分自己食用,一部分卖掉。白种丛林人也喜欢鳗鱼:亚瑟·阿什温(Arthur Ashwin)就是这样一个典型,他在巴拉瑞特(Ballarat)[②]赶牛时就曾经捉过鳗鱼。他说"小溪里都是鳗鱼",而在西澳却一条也见不到,对此他百思不得其解。

所有的鳗鱼都是在海中产卵的:它们在海里产卵,但在淡水中成长。澳大利亚鳗鱼(在雄性大约十四岁、雌性二十或二十几岁时)进行史诗般的迁徙之旅,当它们逆流到达珊瑚海(Coral Sea)区域时,只落得"带性腺的骷髅般大小",殚精竭虑去繁殖,而后叶落归根,于此死去。昔日我们从那拉堪河捕到的肥硕鳗鱼,尽管幼鱼时

---

① 澳大利亚土著居民,在欧洲人定居之前,他们主要以打猎和采集为生。
② 维多利亚州的一个城市。1851年,淘金热把巴拉瑞特从一个小牧羊场变成了一个主要的定居点。

薄如纸页、近乎透明，却顺着大陆东海岸的洋流，历时三年的旅程，回到它们父辈曾经游泳的溪涧。在河口处，它们还是不讨人喜欢的爬行动物的形状，头部朝向内陆。夜幕降临时，幼鳗爬上岸，蜿蜒地穿过湿草，滑入池塘、河道和水库。20世纪50年代当我们全面清理水库的时候，泥沙里满是又肥又厚、长达一米的鳗鱼，我们称其为"泥鳗"，相信这是一个不同的品种。效仿外婆杀鱼的样子，八岁的我脚蹬大胶靴，趔趔趄趄走来走去，用铲子切掉鳗鱼的头。

如果没有时间谈论鳗鱼，那我们对蛇又有何怜悯呢？在河道旁和沼泽地里潜伏着赤腹黑蛇和低地铜斑蛇。黑蛇约二米长，身体像成人的脚踝那样粗。两种蛇都很胆怯，尽管均属毒蛇，在澳大利亚的整个欧洲文明史中，似乎还没有人类死于被黑蛇咬伤的记载，死于被铜斑蛇咬伤的案例也寥寥。但蛇终归是蛇：它们会在我们睡梦中威胁我们，春天天气变暖的时候，会盘绕在我们清醒的头脑中，直到复活节才离开。有时某个蠢货在报纸上叫嚣，说统计数字显示死于被蛇咬伤的可能性太小了，所以我们完全不必理睬它们。毫无疑问，那个傻瓜不必与蛇共享栖息地，但无论如何，此种态度既不符合科学，也不符合我们思维中任何可知的宗教。对于蛇，我们有的只是畏惧和厌恶，不可能有更加宽容的态度。一看到蛇，我们的原始感官就会产生强烈的抵触，我们无法停下来去惊叹或欣赏，但我们会利用手边的任何东西去追赶它们，诸如蕨类植物钩、铁铲、棍棒、一段电线、猎枪或者开水。

昆士兰州的乌姆拜（Woombye）有一个爱写日记的选地人就用了同样的方法。他的日记大多记录的是他劳作的内容，其中大部分时间用来捕蛇、杀蛇。1月6日，他记录杀死了一条黑蛇；1月7日他写道，"看见三条蛇，杀死了一条"；1月9日他写道，"在灌木丛里捕了一整天的蛇，并杀死了一条棕蛇"；2月5日写道，"杀死了一条长长的绿蛇";2月13日写道,"杀死了六条黑蛇"; 2月17日写道,"杀死了一条黑蛇和一条绿蛇";2月20日写道,"杀死了一条黑蛇";2月24日写道,"杀死了一条黑蛇"。洪水阻挠了他的"杀戮"势头半月有余,但至3月中旬,他又恢复了往日的捕杀工作。

捕杀蛇——并且战胜对它们的恐惧——是殖民的附带任务之一。弗洛伊德曾说,真正令我们不安的是各种有关蛇的离奇传说。它们与我们之间隔着"一条无法逾越的鸿沟",我们无法找到它们存在的理由。将蛇标记为厌恶上帝者以及撒旦的化身(弗洛伊德还曾说过代表雄性器官),圣经为我们对蛇的恐惧增添了一层道德色彩。无法想象一个丰富、快乐、充满欢声笑语的童年没有蛇的参与。蛇的故事在丛林人,当然也包括土著人的生活中不胜枚举,对于土著人而言,彩虹蛇(Rainbow Serpent)是创世戏剧中的名角。在《赶牲畜人的妻子》中,亨利·劳森就是用蛇作为原型创作了丛林女子的形象。同样的这个故事,人们在篝火旁和餐桌上讲述的版本各不相同。假如当初赶牲畜的人能安装一个震动驱蛇器,就像我母亲在前门和后门安装的那个东西,或许他的妻子永远也不会像劳森描写的那样历尽艰辛困苦;然而,更多的例子证明,如果没有蛇,我们的生活或许会更加贫乏。

澳大利亚的棕色蟒蛇、虎蛇和致死毒蛇比非洲及亚洲的眼镜蛇毒性更强,尽管眼镜蛇同属毒蛇类,但它的致死率更高。诚然,虽然数量大,但澳大利亚蛇的不同寻常之处在于它们很少咬人,并且咬过之后导致死亡的人数微乎其微。探险家们将横贯整个大陆的经历记叙下来出版发行,不曾一次提到过蛇,从未谈及何人曾被蛇咬伤。如果它们真的发动攻击,几乎都是出于自卫,且只有一半的情况下会释放毒液。开拓者的日记中偶尔谈及有人死于被蛇咬伤,但谈论更多的是把蛇打死或者蛇给他们带来的恐惧。在过去的二三十年里，澳大利亚死于被蛇咬伤的只有四十余人，比死于被蜱虫咬伤的人数多，但只是遭雷击身亡人数的一半。尽管人类受欧洲蜜蜂和马匹袭击的致死率相当于被蛇咬伤致死率的十倍，但正如一位作家所云：我们不会屠杀目之所及的每一只蜜蜂，或到处用铁铲击打马匹的头。

　　森林消失了，河流和溪泉依然流淌，为所有农夫饲养的家畜提供了保障，并且大部分年头雨水丰沛，庄稼长势喜人。而生活在其他地区的人们数十年来一直在土地上筑坝打井。灌溉是一个民族信仰问题。然而，这个地区从来不乏水资源，直到20世纪50年代土豆种植风行全国时，人们才开始考虑筑坝修渠。当时，土豆种植园主购买了大量的奶牛养殖场，为了解决灌溉用水问题，他们封堵隘谷、拦截泉水。他们筑坝切断了那拉堪河，用泵从河里抽水。他们一直种植到河边，河道被淤泥堵塞，杀虫剂和除草剂也随之流进了河水。第一代定居者种植的柳树拥塞了河道。鲤鱼也涌入其中。在半个世纪的时间里，他们将那拉堪河彻底破坏了。

　　尽管如此，当落日的余晖笼罩着绿色的山丘，路两旁的桉树微光闪烁，吃草的牛在绯红的晚霞中也熠熠生辉，脉脉斜阳将柏树篱笆的影子映在草上……无人会说这里不是人间美丽的一瞥。如果你对早前这里发生的一切充耳不闻，或根本就不曾知晓，你就会发现这里依然美丽，它的美并没有被人类的事业、增长的食物和财富所抹杀。

第 2 章
劳作丛林

邦荣人 —— 长老会的人和其他人 ——
善良农民的信条 —— 原生生物的存在和消失 ——
一个泥泞和垃圾遍地的世界 —— 下雨没完没了 ——
麻烦的羊群 —— 有吸引力的马 ——
澳大利亚卡尔比犬 —— 大自然中的农民

在我两岁的时候，我们用原来的那些山换来了向西 65 公里处的另一些山，将那条依旧丰饶的小溪换成了一条死气沉沉、名叫巴斯的河。我们还是吉普斯兰人，仍然住在斯切莱茨基山脉地区，其实距离探险者争相爬出群山到达安全地带的纪念地并不远。我们的新山更加陡峭，主要的树种是蓝桉而不是杏仁桉，土壤是灰色的，长老会的人比原来多。

从高速公路到巴斯河谷有一条五公里长的土路，经过我们家那条街末端的牛栏，我们这条巴斯河与其他叫相同名字的河流一样普通。第一批欧洲人曾目睹过清澈的河水和悄悄从蓝桉森林溜进水里的活蹦乱跳的黑鱼；然而七十年过后，当我们来到这里时，却是满目疮痍、枯燥乏味。位于山坡上半公里处的黄油厂排放的污物，扼杀了这条河以及在河中游弋的全部黑鱼、鳗鱼、南乳鱼和鸭嘴兽。1943年，一个早期拓荒者的儿子离开若干年后又重返故土，被眼前的一切惊呆了，他发现了"大片的凝乳"，并认为肇事者应该对他们的破坏行为付出代价。当然，他们从未承担责任。在整个澳大利亚大陆，他们都从不承担任何责任。到了50年代我们入学的时候，河里看不到凝乳了，但也见不到任何生物。那时，他们不再向河里排放乳清了，而是将其喷洒在邻近的围场上，毫无疑问，许多东西以更加微妙的方式从那里流进了河里。

巴斯河发源于斯切莱茨基山脉，行经三十余公里，流入西港海湾的泥沼和红树林。该河取名于英国航海家乔治·巴斯，1798年他乘坐捕鲸船发现了这个港湾，停靠在河口向内陆大约半公里处，在岸边的茶树丛里修复龙骨。据他报道，西港海湾盛产天鹅、鸭子、贻贝、牡蛎和蛎鹬，海岸线的岩石和海湾的两个岛屿上还聚集了成千上万的海豹。在巴斯发现海湾的若干年以后，捕猎海豹的人以大块的海豹肉和大量的猎袋鼠犬从范迪门斯地（Van Diemen's Land）[①]买来土著女人并在此非永久性地建立营地。

横跨巴斯河谷以北山脉的大岭路上坐落着一个叫普旺（Poowong）的小镇。我们在河谷的另一侧。每天清晨上学的时候，我和哥哥从家里下山，穿过河谷，爬上另一侧的小镇，我们的学校、教堂和奶油厂以及一家供其他人住的旅馆就在这里。到了下午我们沿原路返回，如果我们步行，且河水湍急，我们就停下脚步，向桥下扔几根树枝任其在水上漂浮，看着它们一直漂流到桉树和金合欢树之间。如果不想走路，我们就坐家里的汽车、搭公交车或骑

[①] 旧时欧洲人对塔斯马尼亚岛的称呼，1856年将该岛正式命名为塔斯马尼亚。

自行车，或者如果有拖拉机经过，我们偶尔也坐拖拉机。

据说普旺在邦荣人（Bunurong）的语言中意为腐肉或腐败物，是欧洲人最开始定居的地方。邦荣人是库林（Kulin）民族五个部落中的一个，他们已经在周围地区生活了至少三万年，也可能六万年。库林人以一种好争吵的"联邦式体制"在此地度过了一段峥嵘岁月，尽管无人知晓他们在此生活了多久。1802年，隶属于博丹探险队的一个法国人在巴斯河以北的几公里处邂逅了一群邦荣人："他们面部的正中都有一个白色的十字，眼睛周围画有白色的圆圈，有几个人浑身上下画满了白色和红色的十字。"那时，天花已经严重摧毁了邦荣人，加之土地的流失，五十年过后，幸存的只有二三十人。

巴斯河是邦荣人季节性旅行的通道，由此，他们造访覆盖层峦叠嶂的蓝桉林和杏仁桉林以及生活在那里的有袋类动物、爬行动物和鸟儿。在五种不同却相关的部落语言中，库林是人类的通称，因此，非库林人似乎顶多被视为不同等级的人类。由于东部的部落被称作科耐（Kurnai，或古乃），这在他们的语言中也是人类或人的意思，因此这两个部落成为不共戴天的死敌也就不足为奇了。

我们对我们的邻居并没有如此明确的定义，然而我们根据精神状态和房屋土地等财产对之进行区分却是事实。有些农民勤勤恳恳，就像我们；有些虽也算勤恳，但他们的农场经营得一般；还有些人似乎已经被付出的努力弄得精疲力竭。那条五公里长的土路上有普利茅斯兄弟会（Plymouth Brethren）①、长老会会员、名义上的

---

① 基督教新教教派别之一。19世纪初，某些英国国教会成员在普利茅斯集会，并成立非正式的组织，研究关于"末世论"的圣经预言。他们宣称英国国教会已背离使徒统序的连续性，故任何信徒都有责任执行教会职司；认为有形的教会已经结束，无形的教会只由真正成圣的信徒组成。

英国人和没有特定名称的人。所有的人，甚至包括那些习惯离群索居的人，都足够友善。每家每户的厨房永远都有茶和饼干，但大家不搞聚会。若想同时遇到他们中的几个人，最好的时机是运草季，一个展现大公主义的罕见时刻。那时，在淋漓的汗水中我们的灵魂发生碰撞，女人们把茶和饼干送到小围场。暂且不谈他们共同的内向和投票给保守党的趋向，畜牧业的艰辛、泥泞、细雨、杂草和渺茫的希望，都以不同的方式塑造着他们：从和蔼可亲的古怪到忧郁和神秘的怪异。当然，有些人是正常的，就像我们，事实上，也许比我们更正常。怪异，众多专家在典型的澳大利亚丛林人身上寻求到的性格，将会是你在我们这条土路上找到的最后一样东西。

然而，问题出现了：每当言及丛林时，我们究竟意指丛林本身，还是人迹罕至的地方？我们不禁要问：这是什么样的丛林？什么样的人？是乱糟糟的灌木丛还是森林？是山峦还是平原？是小块的土地还是大块的地产？是天主教徒、新教徒还是怀疑论者？是禁欲主义者、乐观主义者还是悲情主义者？是健康强壮的还是弱不禁风的？是焦虑的还是悠闲的？这里的气候怎样，有什么庄稼或动物？由于所有这一切决定了劳作的种类以及劳作的效果，因此丛林就是劳作。

自欧洲人最初踏上土路两边的这片土地，至今不过一代人的时间，但或许他们会永远留在此地。人们总是谈论进步和发展，但与陡峭山坡的升起以及奶牛行走路线的形成相比，生活的节奏同样慢条斯理。奶牛在山坡上行走留下了痕迹，农夫沿着这些痕迹以同样的节奏紧随其后。我们留意到邻里们在路上闲荡，除了赶集的日子，我们几乎每天都想知道他们去哪儿了，是否会在路的某个死角或者在山顶与运奶车相撞，一直观察了这么多年，碰撞从未发生。稀奇古怪的汽车引起了人们的热议，行驶车速每小时三十多公里，令人不爽。我们有标准并且始终注意不要违背这些标准。畜牧业施加于一个灵魂的任何东西都不应该让一个男人或女人的尊严做出妥协。

在他的小说《杰弗里·哈姆林的回忆》中，亨利·金斯利（Henry Kingsley）[①]说澳大利亚丛林的自由人从不向任何人触帽致意。我父亲在街上从女士身边走过时却总会触碰他那窄檐、冠平、单带、或灰或绿或棕的毡帽，以示敬意；他对不认识的男人或者自认为值得尊敬的人也是如此。我父亲接受的正规教育无异于传说中的丛林人所受的教育，并也同样热爱土地，与其他丛林人毫无二致。他是一个勤劳、冷静、文雅的小土地所有者，没有很大的野心，有抵押贷款和少量现金。

他在后院的松树下劈柴。我们能听到各种劈柴声：倘若木纹均匀，我们就能听到蓝桉裂开的声音；如果木头多节，则较受折磨但不气馁，使足刚好的力度再劈一下就可以了，否则要么斧头卡在木块里，要么碎块四溅，站在原地即便弯腰也无法捡到。每一个步骤都十分老练：查看木纹，使出全部必要的力气，且不要用力过猛，这样就不会浪费能量或者伤及筋骨。劈柴时要顺着木头的纹理下斧，不能戗茬，永远都要顺茬。找到那种节奏。大自然是有节奏的，人的第二天性也有。做事不要强行。从栅栏里赶牛，或者从羊圈里牵羊，从拖拉机上取下耙子，或者从牛身上取角，或者把鞍装上马背，或者挖除树桩，所有这一切都需要找到其中的节奏。既然大自然总能找到最简单的做事方法，那就去寻找自然之道。他是那种有些禅宗精神的农民。

[①] 亨利·金斯利（1830—1876），第一位成功用小说的形式反映澳大利亚早期生活的作家，是澳大利亚传奇小说的鼻祖。

他迈着均匀的步伐在山坡上播撒草籽，手臂的每一次挥动都留下一道弧线，再一挥，留下同样的弧线，然后将手伸进系在腰间像围裙似的麻布袋里，循环往复。他四肢的动作非常协调，他似乎与周遭的一切都很协调，与每一个曾在山坡上播种的人保持着同步，成为周遭的一部分。他吹响了口哨，世界平静了下来。

在《圣经》的寓言故事中，肥沃的土壤代表着一颗善良的心。父亲尽其所能保持一颗善良的心：每一处童年的创伤都得以抚平，每一种野蛮的本能都不轻易发泄，但对他人毫不抑制的本能宣泄，或对孩子们表露出来的任性迹象，他也并非总是包容。受上帝和良心的支配，他无法总是抵制他们的诅咒。他所判断的亵渎神灵的人，是那些本性卑鄙的人：懒惰、醉酒、亵渎、说脏话、好色、残酷、捣乱和吹牛，这些是他无法容忍的。他试图去爱他的邻居，正如一个正直的人顾惜他牲畜的性命，有谁会爱一个虐待他牲畜的邻居或者一个对人对畜都粗暴的土霸呢？或者，谁又会爱一个从不割蓟草或从不拔除狗舌草，致使草籽吹过边界栅栏的人呢？"稗子就是那邪恶之子，撒稗子的仇敌就是魔鬼。"

他总是说"使人和睦的人有福气"，时间一长，我们听得有些厌烦。他努力内化他的不满情绪，并将其转化为掌控周边一切的内在权威。既然他能掌控自我就意味着能够掌控这片土地：凭借辛勤劳作和秉承戒律，带着嘲讽，但无怒气、嫉妒或冷酷。他以自身的形象得体地劳作。上帝或任何人都会对他的劳作赞许有加。除了家庭以外，一个人至少还可以适度地为自己的工作感到自豪。若倾其一生从事农作，他会将污秽的农场打理得干净整洁。尽管农场只有59公顷，其中大部分地块近乎垂直，但他依然是一个文明的人、一个履行文明使命的人。

我们家饲养奶牛，但他总是更偏爱种庄稼和养羊。然后他开始从"北方"购买一岁母牛,一般来讲从那里买牛会便宜一些,尤其在旱季。用火车把牛运回来时,那些家伙一个个瘦骨嶙峋、几近半疯,但我们优质的草种改良了它们。他想办法让它们产崽("怀孕"在此是一个不礼貌的措辞,不是在任何语境中都可以使用的),也就是说,生下小牛犊。母牛产崽以后,我父亲就把它们送进挤奶棚,开始他常规性的工作。他还会把母牛卖给当地的奶农以取代他们原有的种群。他也买已经怀孕的母牛。无论哪种情况,小围场上都少不了牛的交配,穿过泥沼走在去往牛棚的路上,胎盘和鲜血屡见不鲜;牛棚里的叫声不绝于耳,踢踏和拉屎撒尿司空见惯。一时间,那些关于死去的小牛、兽医法案、对我们事业的残酷现实巧妙而礼貌的拒绝,以及许多内疚、憎恶和困惑,在我内心涌起了波澜。

母牛离开牛犊时哀嚎不已,牛犊的尸体被用绳子捆绑着前脚从疲惫俯卧着的母亲身边拖走,还有一些小母牛发疯似的追赶拖拉机,因为拖拉机拖拽着它们夭折的幼崽……每天从这种产后奇观回到家里,父亲安然自若。稍后,挤奶机安静了,冬日的傍晚,天色渐暗,烟囱飘出袅袅炊烟。穿过灰色朦胧的夜幕,途经牛棚里那些命运不济的小牛和松树下的柴堆,他从牛棚走向后门廊,坚定执着、始终如一,就像在鸡窝落户安家的母鸡和在柏树上栖息的喜鹊。他洗漱之后坐下来喝茶,必要时他还穿上一件干净的衬衣,头发梳理得一丝不乱,从来都是正己守道,纵然颇多繁文缛节。

农事好比弹钢琴:它是张弛有度的。它授以一个乐于学习的人一个道理——做任何事情都有正确和不正确的两种方法。农民必须使用有计划的对抗力量应对大自然的每一次挑战:用草耙或喷雾除蓟,用斧头或链锯伐木,给牲畜灌药防病治病,用去角器截除犄角。凡事如果预先没有计划而任其发展，瞬间就有可能酿成大错，需要加倍去弥补，原本一个星期的工作就会变成一个月的，一个月的则演化成一年的，很快蓟草就会长成树苗般大，一败涂地的农民就只能坐在被蚂蚁啃噬的挡风板上，数着不多的日子过。至少，这是给路人留下的印象。有些农民从来不主动使用喷雾或链锯，任凭栅栏倒塌、淤泥堵塞水坝、篱笆遮挡光线。他们要么从不截除牛犄角，要么用手锯残暴地将其割掉。也许绝望或遗憾、诗歌或自然，已经潜入了他们的灵魂。那类农民与其他类——我们这类——农民的区别无非是命运的捉弄或性格，而世界恰恰因此而不同。

脑海中的影像尚未消失。主人公与他劳作的环境浑然一体：山峦、树木、栅栏、木棚、院子、牲畜、庄稼、放靴子和挂衣服的后门廊、泥沼和粪肥的气味，以及在松林里疾驰而过的西风。在干旱季，他就会打开厨房窗户旁边的贮水柜。几乎在他生命中的每一天，他都查看气压表。傍晚时分，风在中国雪松林中呼啸，小牛在大声哀嚎，公牛哞哞地吼叫着它们的欲望。夜里，负鼠在树林里上蹿下跳，弄得吱嘎作响，争夺地盘，令猫头鹰和狗儿灰心丧气、望而却步。狗时而吠叫，时而咆哮。喜鹊叽喳啁鸣迎接黎明的到来，画眉则兴奋地为晨曦歌唱。

这些影像就好比照片，只是大多数的老照片中，被拍摄者们都是为了特定的事情聚在一起，比如一场婚礼、一次舞会、在某处田园风光或者就在他们破旧的茅草屋外的一次野餐。我的主人公是在质朴的土地上艰苦地劳作，正如家里的《圣经词典》所描述的：这片土地是"支撑我们双脚、给予我们营养的巨大的尘埃和石块等等"。当摄影师跟随他们的拍摄对象拍摄工作照时，会让他们摆出各种姿势：在收割机和打捆机上，或者在小公牛队旁，或者站在支架上，把斧头悬在十米高的杏仁桉树上。我们要尽可能从周边的场景、他们的眼神以及他们展现自我的方式来读取他们和他们的生活。至于他们活动时会是什么样子，我们只能展开想象的翅膀。

然而，他活动的方式恰恰是我对他记忆最清晰的部分。他施加于这个物质世界一种力量——或者至少其中一小部分施与他的家庭，而他留在我内心深处的形象正是对这种力量的纪念。只要是白天，他的生活和活动便如出一辙。生活和劳作也别无二致。

显然，我记忆中的父亲是他正在劳作时的模样，而他生命的目的以及随之而来的慈悲也正是在辛苦的体力劳作中得以彰显。那就是清教徒的信仰和命运，劳作就是他最为熟知的，对于他们那一代以及前辈农民而言，劳作就是他们对这个世界的全部认知，他们有时间去认知的一切。这些形象彰显了他们的淡定以及对环境——对子女——充分的掌控力，同时，也体现了父辈们对世界认知的局限。

无独有偶，少数卫理公会教徒声称他们是普旺的开创者。他们最早建立了教堂：面朝寒冷的南风，位于高高山脊上的一座简朴的、木制的小教堂。在伐倒木和脱色的环割树林间，他们咏唱罪孽过失和自我救赎、恩典和慈爱，当他们"放弃笨重的肉体／乘着天使的翅膀翱翔／我的灵魂蔑视第二次死亡／在天空中乐享永生"，颂歌中我们听到了他们笃实的信仰。小教堂依然如故，在古老的邦荣人营地，如今被称作一个"具有历史意义的"教堂。

长老会和圣公会教徒接踵而至，在更隐蔽的位置修建了教堂。20世纪50年代，奶油厂和长老会教堂的前排座位由一个家庭掌控，与三四户拥有上好农场的人家联盟共同管理教堂和镇上的大部分事务。长老会教徒拥有的好农场份额较高，而有些家庭，比如我们家，所占的农场份额则较低。有些选地家庭在最初的五十年里做得很好，建立了被称作"精品家园"的豪宅：房子装有大面积护墙板,三面带门廊。每当天气晴好、鲜花盛开时,女士们便举办花园聚会。我们家的房子是在第一批驮马到来时建成的,虽是很基础的建筑,但至少没过多久也是花团锦簇。

若称其为封建制度未免有些离谱,但社区泾渭分明的等级分配将其体现得凿凿无疑。拥有土地(即便陡峭、欧洲蕨和毛刺丛生并且有大量抵押)不言而喻在受人尊敬方面有着优势,而成为长老会教徒则更胜一筹。在西澳,20世纪早期有一个名叫詹姆斯·特威格的爱尔兰长老会成员就深深地体会到了这种"差异感",纵然信仰丧失、土地贫瘠,不得不靠追猎负鼠和兔子、阉割羔羊为生。土地使他沦为一个"食尸鬼模样的生物"。然而,他认为普选权是对乡下的诅咒,赋予一个流浪汉和一个土地所有者相同的选举权是疯狂之举。于是,他离开澳大利亚,远赴非洲。

确实,我们当地的一些企业主令人尊重,但通常情况下,人们怀疑城镇天生有易于邪恶的倾向,农场的孩子们最好远离城镇的孩子。正如威廉·柯珀(William Cowper)①所言:"上帝创造了乡村,人类创造了城市。"② 这种思想源于旧约:每一座城市都是一个潜在的肉欲横流之地,一个无可争辩的事实是,密集地生活在一起的人们,不需要挤奶,也不需要喂牛,却易于遭受恶作剧的捉弄,尤其在夜晚。有很多这样的传闻。"显然"它们不只是传闻。

如果乡村人是真正意义上的澳大利亚人,其他的人就自然次之。或许这只是说后者不是独特的澳大利亚人,或许这意味着他们

---

① 威廉·柯珀(1731—1800),英国诗人。
② "God made the country, and man made the town." 乡村在某种程度上是一处远离尘嚣的、可以净化心灵的净土,上帝并非只是简单地创造了乡村,而是透过乡村给予人类一个另类的、可以触及的天堂;而城市里充满了人类的欲望,它反映了人类对于金钱、物质、权力等的无限追求。

脱离现实,与真实的澳大利亚人失之交臂,他们不曾知晓应该把黄油涂在面包的哪一面。还有,或许这意味着后者是失去活力的、寄生的二流子:奢侈逸乐之徒、赖床的人、对受自然力支配意味着什么毫无概念的人、对动物和土壤的需要以及糟糕的市场束手无策的人。E. J. 布雷迪(E. J. Brady)是亨利·劳森的朋友,一心想要成为丛林中的杰克·伦敦,他认为银行职员及其同类——城市中的"懒汉"和"花花公子"、"侏儒"和"生活单调的人"——类似于第三性别。丛林人过的日子是"强壮和高效"的,而城市生活则完全是"羸弱和徒劳"的,丛林人无须考虑或在某种程度上认识这一点。

帕特里克·摩根(Patrick Morgan),吉普斯兰的一位历史学家和该领域长期的观察家,将典型的南吉普斯兰人的沙文主义心态描写为"严格的、封闭的、带着宗教情怀专注于一件事以证明自身价值"。他所说的自身价值意指"上帝的选民",并转述社会学家马克斯·韦伯的论述,即"取代缺席的贵族阶层"。这种说辞也许并非在山里的每一个社区都准确,但在普旺确实如此。非上帝的选民其实并没有注意到:与强健的圣公会教徒及尚存的卫理公会元老比肩的还有同样坚定的怀疑者和享乐者联盟,他们星期日上午聚在当地的车库旁谈论前一天的足球比赛,嘲笑那些缓缓走向长老会教堂做礼拜的上帝的选民,我则坐在车的后座低头冥思苦想。

礼拜结束后,一群老太太聚在树下,表情太过凝重,可怕得令任何男孩都不敢多看一眼。在孩子的眼里,男人们像刚从墓穴中复活便赶来教堂做礼拜。他们透明的肌肤就像羊皮纸地图,有棕色的斑块和蓝色细线勾勒出的三角地带,紧绷地伸展到鼻翼两侧和嘴角四周。他们能够说话不吝为奇迹,更不用说唱颂歌了。他们出生在维多利亚的全盛时期,从来不知防晒霜和保湿乳为何物,并早就遗忘要保护他们自己的牙齿。但是凭借绷直的双唇,他们毫无疑问可以谈论牛奶和牛、羊的价格,且在这个教区尚有其他谈论内容——加冕礼、板球、苏伊士及最近的天气情况和未来长期的天气预报。依理高·琼斯是长期天气预报员,他能测算三十五年为一个周期的天气,并认为天气状况是由天文现象决定的。这是一项复杂的工作,要做的事情还很多,没有卫星、电脑和南方涛动指数的知识,他的预报纯属噱头。然而,选择相信他就如同选择相信上帝,长老会教徒情愿赋予他以同样的信任。

我们的新农场是从一块旧选地划割出来的,比较陡,没有临河的地方,但大部分还不错。它有几处泉水和一片长满草丛的湿地。由于无法抵挡阳光的暴晒,水道边的树蕨慢慢死去,剩下的是山楂树和黑莓树。小围场上有一些存活下来的最初的黑木金合欢和沼泽桉树。一个斜坡上面长满榛树。边界栅栏已倒塌,另一侧的农场长满了大片的黑莓、欧洲蕨、蓟草和狗舌草,与我家这边最陡峭的部分情况相同。这些东西被称作无用的垃圾,在我童年和青年时期,它们是劳作的核心所在。

劳作意味着清除这些垃圾。满是垃圾的小围场是"脏乱的",这些要清除的垃圾是怎么产生的并不重要。天然的欧洲蕨和毛刺(我们的小围场堪称"毛刺围场")与苏格兰蓟草或者猫耳草同样都是垃圾。一个常住我们家的远房表妹曾说欧洲蕨很漂亮,她说对了:在桉树下和溪流岸边,略带紫色的老叶子在嫩绿色蕨叶的衬托下,时而摇曳,时而静止,光影婆娑,看上去美不胜收。选地者、测量员还有其他一些不得不睡在地上的人都以它为床。但在小围场上,情况就不同了,相比牧草和三叶草,它是有害的杂草。我们用镰刀将其割断,年复一年,直至它退避三舍。狗舌草有毒,甚至比欧洲蕨还要恶毒,你不要割断它,而是将花蕾从枝上拽下,然后塞进袋子里面。

小围场的目标与门廊和厨房的异曲同工，就是建立一个没有瑕疵的世界。丰衣足食是我们赖以生存的首要任务，但追求一尘不染的美学也促使我们孜孜不倦。只有在干净和井然有序的环境中，美才有存在的可能。倘若美是事实并且事实是一种美，那么事实也就只能存在于没有垃圾的环境之中。所以，如果不是极其邪恶的狐狸、蛇和兔子，谁会生活在这些无用的垃圾之中？这里存在一个我们生活中的道德律令：一切脏乱的事物都是可耻的。在一个脏乱的农场上生活，无异于不勤换内衣、自我放任、沦入失败和耻辱的黑暗王国、走在通往地狱的途中。

路边也有无用的垃圾：外来的草种、山楂树、天然生长的李子树和苹果树、土生土长的金合欢树、榛树、毛麝香、茜草、木棉、黑木金合欢、扎在袜子上的毛刺、河岸密而高的草丛以及割破拓荒者手指和驮马肉体的剑草（我们在追随他们的脚印穿行时，稍不留神，手指也会被划伤）。放学后走在回家的路上，仿佛徜徉于一部自然历史的百科全书之中。在山脚下，距离路口 200 米处耸立着巨大的树桩，有 4 米高，直径达 2 米。卫理公会长老卡莱布·布切特（Caleb Burchett）说他曾砍伐了一棵 111 米高、树龄 600 岁的蓝桉，他说的也许就是这棵树。伐木工用斧头在树桩侧面的高处砍出豁口，用来搭放木板，然后站在上面将树砍倒。豁口看起来就像两个眼窝，在所有生命迹象消失很久以后仍然无目的地注视着巴斯河谷。树桩上安装了两个瓷绝缘体，进入 20 世纪 50 年代，电话线穿过绝缘体把我们的土路与世界相连。

当然，土地因其清洁而更加高产，且在很多人眼里也更具魅力。倘若对民族的性格没有影响的话，这一点可以视为丛林对于我性格发展产生的又一影响。另外，努力追求清洁还可以教会孩子永远能在金色的水仙花中发现蓟草；在发现美之前看到瑕疵，甚至潜在的瑕疵。这是一个不可避免的结果，就像狐狸在黑莓下所受的诱惑。

我父亲的父亲是与我们一同来到新农场的，来后不久就种了一棵诺福克岛松和一排北半球混合针叶树。杜鹃花和从原来农场搬过来的其他植物种在房子的一侧，通过与邻里、亲朋不断地交换插枝、根茎和鳞茎，我们的英式花园就这样初步落成了。小围场上仍然有几棵高高的蓝桉和斜叶桉，每年都有一只幸存的考拉爬过栅栏时受到带有杀伤力犄角的母牛的猛烈攻击，最后在其中的一棵桉树上坐下。有时，它背上还背着一只小考拉。我们凝视着这一大一小，就像看着水库中出现了一头海牛。夜里我们在床上听着它们像猪一样的呼噜声，一种在丛林里足以吓到一公里外露营者的声响。

根据乔治亚娜·麦克雷的记载，库林人把考拉叫作Gurrboors，但她称为"一种树懒"。我们则把考拉称作树熊，有的时候也称作猴熊和袋熊。当然，它们根本不是熊。它们的学名为灰袋熊，意思是灰色的、有袋的熊。粗略地讲，考拉是由袋熊进化而来，当它们放弃袋熊惊人的挖掘能力、选择在桉树上生活时，它们保留了袋熊的育儿袋；考虑到挖洞时它们的幼崽有被掩埋的危险，所以让幼崽在育儿袋里背对着自己。雌性考拉育儿袋的开口是向下的，这一进化过程中遗留的瑕疵，对一个坐在树上的母亲而言显然不方便。于是，进化中增加了一种"松紧带"的功能以解决这个问题。

在家庭农场，考拉选择坐在蓝桉树上。在我现在居住的地方，它们好像更喜欢多枝桉，但我也曾见过它们攀爬其他树种。一个邻居说他曾看见考拉吃松针。有一年的除夕，我听见两只葵花凤头鹦鹉在一棵多枝桉树上冲着一只考拉尖叫，因为考拉爬上了一棵长喙桉树，它们或许是要用叫声告诉考拉爬错树了。随着考拉适应了不同树龄的硬叶植物并且只以少量的树叶果腹，它的脑容量缩至从前的一小部分。沿着远至约克角（Cape York）①东海岸的赤桉树内陆走廊，在十几种不同的桉树上都可以看到考拉，而且那里的考拉体积更小。它们每天睡眠或休息19—20个小时，余下的时间用于吃有毒性的、不易消化的和毫无营养的桉树叶。任何其他比昆虫大的动物，依靠这种饮食结构，都是无法存活的。

考拉是一种受保护的动物和"国家象征"，这就意味着这些呆头呆脑但却十分讨人喜爱的动物代表我们珍视的某些东西。随着时间的流逝，当丛林塑造本土灵魂时，我们对它们的评价并不那么高。它们不是餐桌美食，肉质坚硬粗糙并有强烈的桉树气味，但并未因此免遭厄运。仿佛砍伐它们赖以生存的桉树还不够似的，同丛林中大多数其他毛皮动物一样，考拉也被猎取毛皮——大约十五只考拉的毛皮就可以做一块不小的地毯或床罩。20世纪早期，数百万只考拉被输出他国：1919年仅昆士兰州就输出考拉至少一百万只。经济萧条对当地动物雪上加霜。在20年代的艰难时世中，政府为了帮助贫困的农民和失业者而悬赏收购考拉毛皮，全国各地大量的考拉被射杀、毒死或以各种各样的方式赶下树。将考拉确定为偏远地区救助物种后，1927年昆士兰州设立了考拉保护区。然而在南澳它们却被猎杀灭绝。

奥斯卡·德·萨特杰与一个叫梅森的牧羊人驾车驶往达令丘陵（Darling Downs），巧遇"两只老鹰和一只当地熊之间离奇的争斗；老鹰占据优势并且太过投入战斗，全然没有注意到我们，为梅森提供了绝好的开枪机会，所以他先打死了一只鹰，然后又打死了另一

---

① 澳大利亚昆士兰州最北部的半岛，西临卡朋特利亚湾，东濒珊瑚海，北入托雷斯海峡，是"一片蛮荒而又美丽的土地"，是澳大利亚最后的边疆之一。

只；但是当他开始对付那只熊的时候，发生了搏斗，最后我们不得不击打它的头"。亚瑟·亨利（Arthur Henry）是我们这条路尽头第一个选地者的儿子，同时也是一位丛林传记作家，他猎杀考拉时会三思而后行，因为剥考拉的皮意味着要忍受强烈的臭味儿。青少年时期的亚瑟还设圈套捕捉沙袋鼠，并且似乎捕捉的量很大，同时还捉了一些"囊鼠、山猫等等"。有一次他还捕获了一个年轻女子的芳心。"然而一年之内，一种疾病（蠕虫）袭击了吉普斯兰的沙袋鼠，造成它们大批死亡。我曾经看见它们在路上跳跃，跳着跳着就死掉了。"

但在这个地区，我从未见过沙袋鼠，也没见过长鼻袋鼠或山猫。在我家农场的区域，我也从未见过一只琴鸟或里得比特负鼠，它们于大森林时代栖息于巴斯河谷，如今是濒危的残遗动物。亚瑟·亨利并没说沙袋鼠的种类，但很可能是红颈袋鼠，也叫刷袋鼠，在塔斯马尼亚叫班纳特袋鼠，这种袋鼠在东海岸的其他地区持续兴旺发展。谁知道还有多少奇妙的小东西消失了？1846年在维多利亚州的温莫拉（Wimmera），有个殖民者报告称土著人猎取了一只穴居的淡黄色老鼠，然而，记载仅此而已，那只淡黄色老鼠以及与其相关的一切，我们只能推测。如果温莫拉曾经有一只淡黄色老鼠，那吉普斯兰会不会也曾有一只橘色的或深蓝色的老鼠呢？

亚瑟·亨利从未在我们这里见过大袋鼠。他说，此实乃上帝的恩宠，因为大袋鼠繁荣之处对农民而言，是"大恶"。而今，从前没有大袋鼠的地方也有大袋鼠跳跃，我们就曾见过大袋鼠穿过一座房子的厨房窗户，到土路对面的小围场上吃草。

除了鸟类以外，这里没有什么其他的原栖动物。袋狸、巨蜥或者袋熊均未能逃脱早期殖民者的猎杀。他们憎恨蛇，也同样憎恨袋熊。常见的袋熊是了不起的穴居者，尽管它们远方的嫡亲——40公斤重的南部袋熊和罕见的北方毛鼻袋熊——更神奇。普通袋熊的洞穴口宽1米，可延伸至少20米，且有多个入口、多个洞室。南方毛鼻袋熊可建造长达60米、深4米的洞穴通道。因为它们的洞穴面积大，袋熊挖洞时不仅不顾忌庄稼地和花园，对房屋的栅栏、管道和地基更不加顾忌，所以几乎对于在地面上生活的每一个人来说，它们都是令人生厌的。20世纪的大部分年代，在维多利亚、塔斯马尼亚、南澳和新南威尔士，它们被称为一害，并因而遭到了无情的射杀和氰化物的毒害。在我们这个地区，袋熊消失已经有半个世纪了（在有些地方永远消失了）；大约二十年前，它们又出现了，生活习性依然如故，土地拥有者开始抱怨并欲再次宣布它们是有害动物。

尽管它们外表笨头笨脑，但在与其他物种的博弈中，袋熊至少与最智慧的狗平分秋色，还轻而易举成为最聪明的有袋动物。它们跑100米用时不到10秒，跑150米可以保持每小时40公里的时速，而在崎岖的地面上没有人能够保持这种速度。但丁·加百利·罗塞蒂对袋熊情有独钟，并在英格兰养了两只，当其中的一只死去时他还大哭了一场。乔治·巴斯吃过袋熊并发现完全能够接受，不过，土著人似乎回避吃袋熊肉。

我们这里确实有山地负鼠，这一次我们终于把名字说对了。它们看起来与常见的刷尾负鼠相似，后者在城市为数众多，尤其在新西兰大肆泛滥。我们这里大量存在的是山地负鼠，它们的耳朵和尾巴都比普通刷尾负鼠短小，毛皮为青灰而非银色，更偏黑色，尽管两个品种的负鼠中具有褐色和米黄色毛皮的也很常见。每到夜晚，受到劲敌负鼠、狗和它们未来中意的配偶的刺激，我们的山地负鼠就会发出响亮的、惊人的噪声——查尔斯·梅瑞狄斯太太（Mrs

Charles Meredith）[①]在她的《新南威尔士笔记和素描》中将其描述为一种"刺耳的、在喉咙里发出的咯咯笑声"。

根据教科书的描述，山地负鼠习惯久坐，特别不愿意活动，当然我家工具棚那只大家伙也确实如此。它整天就呆坐在工具架上，与那些洗羊的消毒药水旧盒子、滴滴涕包装盒还有喷洒黑莓用的除草剂罐——2，4-D 和 2，4，5-T（同美军在越南喷洒的落叶剂一样）为伍。

无论是最早的欧洲移民还是后来在此定居的士兵、贫穷的牧民都不得不食用负鼠——刷尾负鼠和小型环尾浣熊负鼠均在劫难逃。浣熊负鼠很漂亮并胆大，尤其想要吃玫瑰芽的时候。它们把长长的卷尾当作第三只手，不仅用来攀爬和平衡，还用来搬运筑巢材料和食物。大猫头鹰平均每晚吃一只浣熊负鼠。即使不是主食，负鼠也是所有丛林人的日常补品。有些殖民者认为负鼠肉堪比桉树叶，难以下咽，只适合用来喂养狗和猫；可是 1841 年在亚拉河上段，一个叫佩内洛普·塞尔比的人宣称，负鼠"是我在这里吃过的最美味的野生动物"。来自苏格兰高地、当时居住在亚热带昆士兰丛林里的西尔维斯特·多伊格（Sylvester Doig）写道："对于生活在丛林中的澳大利亚青年而言，最时尚的运动就是在月光下射杀负鼠。"他在丛林中栽种了很多果树，他无法忍受屠杀"这些无助的、单纯的动物"。大约在 1840 年，梅瑞狄斯太太了解到这一"野蛮而神秘的射杀负鼠运动"。她强烈谴责将射杀负鼠作为一种运动，并称之为"纯粹是肆无忌惮的残酷行为，假借'运动'之名粉饰恶行"。在大陆的另一侧，西澳彭伯顿（Pemberton）的罗伊·凯利追忆 20 世纪 30 年代全球经济萧条时期的"月夜射鼠"，当时为了得到负鼠

[①] 查尔斯·梅瑞狄斯太太（1812—1895），英国作家和插画家，代表作有《新南威尔士笔记和素描》(*Notes and Sketches of New South Wales*) 和《我的塔斯马尼亚家园》(*My Home in Tasmania*)。

的毛皮，他也加入了射杀队伍。巨量的负鼠皮出口他国。

　　进入 50 年代，"射杀负鼠运动"在我认识的一些年轻人中仍然很流行，但他们猎获负鼠皮并不为赚钱，他们也不想吃负鼠肉。有一年，一只狐蝠飞进我家的果园，我父亲提着一盏聚光灯和一杆猎枪。我不曾记得看见过任何牺牲者；我想他只是在它们脚下鸣枪警告而已。罗伊·凯利把负鼠和短尾矮袋鼠（每张皮 1 先令）及水鼠（每张皮 18 先令）混为一谈，直到短尾矮袋鼠、侏儒负鼠和袋鼬"像魔杖一样消失"。

　　蒂姆·弗兰纳里（Tim Flannery）告诉我们负鼠拥有"比任何活着的哺乳动物都灵活的脚踝"。这是因为它们能够"使脚踝脱位"并向后转，以便头向下匆匆爬下树干。在欧洲观察者眼中，另一不同寻常的现象是土著人在追捕负鼠时爬树的能力：为了方便手抓脚蹬，他们用斧子在树上砍出凹口。负鼠在土著文化中是一种主食；无论什么地方，只要它们存在，就会成为餐桌必备。天气渐凉时人们就开始刮磨负鼠皮，装点以抽象的涡卷形图案，用负鼠尾巴上抽出的筋缝成全身斗篷。墨累河的殖民者彼得·贝弗里奇（Peter Beveridge）曾评论道："毛朝外"穿在身上就像罗马长袍，是一件"极其优雅的服饰"，并且"几乎不透雨"。那里的人腰间系负鼠皮腰带，胳膊戴负鼠皮臂环，头上扎染成红褐色的负鼠皮头巾。他们用加热后的负鼠皮治疗蛇咬伤，用负鼠筋将其皮捆绑成球状供人们踢足球。为了防止留下明显的和长久的疤痕，他们还将负鼠脂肪和灰混合后涂抹伤口。在穿戴负鼠皮斗篷的部落中，人们通常用负鼠皮埋葬死人：探险者约翰·奥克斯利（John Oxley）在拉克兰河（Lachlan River）旁挖掘的一具尸体就是用负鼠皮包裹着的；菲利普港海湾[①]的乔治

[①] 巴斯海峡的海湾，位于澳大利亚维多利亚州中南部海岸。

亚娜·麦克雷曾亲眼见过她家附近的人们"用负鼠皮做的毯子包裹尸体,使其双肘支在膝盖上,左手托着下巴,右手沿下颌角放置,手指张开,坐放在那里"。

我们射杀的动物只有兔子,偶尔还有狐狸。这里的兔子永远数不胜数,尽管黏液瘤病的奇迹使我们从未见过前辈眼里漫山遍野都是兔子的奇观。黏液瘤病于1950年传入澳大利亚,两年间将全澳兔子的总量从大约60亿只减少至10亿只。有关瘟疫的故事传承给了我们,还有对兔子的憎恶,从儿时起大人们就鼓励我们诱捕和射杀兔子并参加任何其他对抗兔子的演练,包括活捉、烟熏、用雪貂猎兔、用毒气熏蒸等方法。杀幼虫剂就是熏蒸消毒剂,即三氯硝基甲烷的商品名,是第一次世界大战使用的对人体产生重大影响的化学武器。无论何等残酷的手段都不为过,毕竟,我们的铁制捕兽夹还没有黏液瘤病残酷。我们时不时地看到罹患黏液瘤病的兔子,从失明到无力行走。一旦某种生物成为害虫,便不值得怜悯。狐狸就属于这一类。确实,狐狸杀死了兔子,但母鸡和新生的羔羊也成了它们的盘中餐。它们还传播黑莓。我们射杀狐狸为的是得到10先令,我们每上交一对狐狸耳朵,就可以得到所在郡给予的10先令奖赏。

遵从古尔德鸟类爱好者联盟誓言,我吝惜鸟类,只射杀过三只乌鸦,并一直为此心怀愧疚。我听说有人射杀喜鹊,我想也许我哥哥就除掉过一只突袭他的喜鹊。据说意大利的新移民射杀过鸫鹩和画眉,并为此遭到辱骂。我从未听说过有人射杀笑翠鸟。儿童故事书里笑翠鸟常与蛇战斗,这是一个足够令人喜欢它们的理由。它们魅力超凡的外形、奇怪而壮观的叫声则是其他原因。笑翠鸟的笑声释放了一种信号:一些至关重要的东西仍然与世界同在,消失的丛林犹存,只是存活在另一个地方。然而在西澳,鸟类被当作一种来自东方的闯入者和本地物种的破坏者而受到憎恨。笑翠鸟出现在塔斯马尼亚岛之后，那里的人们与西澳人的感受相同，并随意射杀它们。我们从来不射杀笑翠鸟，即使我们见过它们吞食小鸭子。最近，我哥哥看到一只笑翠鸟屡次向一条正往一棵死掉的桉树上爬的成年巨蜥猛扑，他说因为笑翠鸟从未停止笑声，这个场面愈加引人入胜。

　　许多丛林鸟都适应并学会了与外来的八哥、麻雀和乌鸦共处，但是随着一些鸟类连同它们栖息地的逐渐消失，新的物种到来了。三十年前，在那个农场上我们从未见过粉红凤头鹦鹉或者葵花凤头鹦鹉。如今粉红凤头鹦鹉成为永久居民，葵花凤头鹦鹉也是这里的常客。我们曾有东部玫瑰鹦鹉，就像番茄酱瓶子上的那样：它们已经消失了。今天，深红色玫瑰鹦鹉在这里发展壮大，一边啄下玫瑰长出的新枝，一边发出小铃铛般的叫声。我们家在此地生活的前四十年里，大部分年头雨水丰沛，降雨量可达一千毫米或更多。雨水降落到小围场上，而后顺着冲沟流走，当时并没有野鸭。野鸭是在干旱年头到来的，它们在水库里繁衍了数十只。巴斯河谷一个最早的殖民者记录过我们从未见过的鸟类：松鸡、缎蓝亭鸟、琴鸟、地鸫、鞭鸫、秃头鸟、黑凤头鹦鹉和一些他称作"啄木鸟"以及"口哨鹟"的鸟。当时没有喜鹊，它们是随着森林净地和牛粪而来的，它们的到来驱走了松鸡。原来也没有大乌鸦，它们也是随着定居者的到来在此安家落户的。这里还曾有他所称的"普格尼负鼠"、颤动的"鼯鼠"、山猫、袋狸以及眼花缭乱的"爬行动物"，但是丛林被清理之后，附近的各种蛇便销声匿迹了。

　　家庭农场上的蓝桉、斜叶桉和沼泽桉一棵棵地被击倒了。那些未被雷电击中的，也受到了蚂蚁的侵袭。它们把树木内脏全部变成了粉末，直到大树弱不禁风、悄无声息地倒下。残存的只有四五棵。黑木金合欢死掉了，榛树变得摇摇欲坠、凌乱不堪，万般无奈之下，我们只好清除它们。现在甚至很难看到原始丛林的迹象。不过仍然有蛇，但不是当初我们刚来时看到的生活在河道、沼泽和泉水周边的那种胆怯的黑蛇和铜头蛇。现在只有虎蛇，有些人说，这是因为当初我们杀死黑蛇的时候就意味着杀死了虎蛇的天敌。被虎蛇咬伤是致命的，咬一下即可使你或你的狗、你的马、你的牛一命呜呼。它们极可能出现在前门或鸡舍里。也许它们前来寻找杜鹃花和玫瑰里的鹩鹩和刺嘴蜂鸟。虽说这里没有鸟类生存，但却有十年前我们从未见过或听过的奇怪的青蛙和漂亮的丛林鼠，不过现在它们已成了害虫，因为它们在山茶花和荚迷花下挖洞，直到把美丽的花挖倒、挖死。这些物种同样将魔爪伸向了在新南威尔士早期殖民地最初栽种的玉米和小麦，致使当地居民险些饿死。

　　放学后我经常在隔壁的农场上射杀兔子，也曾观察过河道水坑里的一只鸭嘴兽。鸭嘴兽栖息在塔斯马尼亚到北昆士兰的溪流里。它们独居，但给人以不可磨灭的印象是它们很幸福，或至少享受它们的勤奋。清晨或黄昏，注视着它们一会儿在这儿出现，一会儿消失，一会儿又在那儿出现，一会儿又不见踪影，动作轻快流畅、行云流水，你很容易想到它们在玩心理游戏。其实，它们正在河床上或水塘里采集蠕虫、贻贝和小龙虾，然后浮上水面把它们吃掉。它们有清晰的视力和敏锐的听觉，有人向19世纪自然学家理查德·西蒙（Richard Semon）报告说，当鸭嘴兽嬉戏或被困时，它们会发出"咕哝、咆哮、吱吱和尖叫的声音"向彼此发送信号。有一次射杀鸭嘴兽时，西蒙自己也曾记录道："常常听到受伤的动物发出一种无聊的呻吟。"（他期待听到什么声音？）途经东海岸居住区的极少数具有科学好奇心的人们被这种集有电磁感应能力的鸭嘴、海狸似的尾巴、脚蹼、育儿袋及毒刺于一体的怪异组合迷住了。它们还产卵。

鸭嘴兽是单孔类动物——产卵的有袋类动物。"单孔类动物"描述了这样一个事实：它们的泌尿、排便和生殖系统全部共用一个开口（泄殖腔）。它们的祖先与恐龙生活在冈瓦纳大陆（袋鼠、负鼠和考拉则相对现代）。19世纪的科学将其视为哥特式鼹鼠。1855年，雷切尔·亨宁（Rachel Henning）[①]在写给她妹妹的信中说："比达尔夫将一张鸭嘴兽皮送给博伊斯先生，作为澳大利亚自然奇珍的一个样本。"她接着写道："我已经很好地撒了胡椒。希望它已干透，不再生出另一种像上次从澳大利亚运来的那批货里含有的那种大蛆。"无论好奇与否，近一个世纪以来，因人们追求其毛皮，鸭嘴兽也遭到猎杀。西蒙就用鸭嘴兽皮为朋友们做帽子。狐狸加入到鸭嘴兽的天敌行列，毁坏了它们大部分的栖息地。如今鸭嘴兽在南澳已经绝种，在墨累－达令盆地（Murray-Darling Basin）的数量也锐减。但在大分水岭丛林间黎明的第一道阳光中，你仍然可以看见它们"像一块厚木板一样浮在河上"。

天气开始进入秋季，有时在4月，有时在5月，冬季一直延续至10月。连续数日的大雨转成蒙蒙细雨之后又下了一个星期，然后又是大雨滂沱。天空晴朗时，气压表就会上升，随后就又会开始降雨。父亲从棚屋里走出来，说道："天气会变得很糟糕。"天气往往真的变得很糟糕。雨水顺着裸露的冲沟流向巴斯河，褐色的河水呈漩涡状湍流，漫出了堤岸。原来潜居森林土壤深处的螃蟹现在移居到了房子和杜鹃花的下面，推出空心的黏土圆柱。在湿透的小围场上，两米长的蚯蚓咯咯作响，被吸进我们橡胶靴下的淤泥里，就

[①] 她的私人信件详细描述了其在澳大利亚近30年的开拓生活。这些信件首先由《月报》出版，然后以书的形式出版，并附有诺曼·林赛（Norman Lindsay）的前言和插图，生动地描绘了19世纪下半叶的牧场生活。

像我们地球内部的一种蠕动。世界只有在我们生活的这块弹丸之地才有这些远古的东西生存。如果不是塌方损毁了它们的家园，空气使它们丧命，我们永远也不会目睹它们的踪迹。从浸透的土壤里渗出的水滞留在草底，形成了直径三米充满水的圆坑。牧场上的泥浆齐膝，每到此时，我妈妈就会说："泥！我最讨厌这些烂泥了。"

　　冬天，泥浆变成了主角。在定居初期的十几年里，马拉的泥浆雪橇用来运输货物和接人送人。"科伦巴拉雪橇"字样涂在雪橇侧面，坐在泥浆雪橇上沿着山脊滑动，听着雪橇下面咕叽作响，一定是一件惬意之事。小道上留下了大大的泥坑。有一个定居者说，他不止一次看见天鹅在他的车前游泳。驮马患上了池沼热。在20世纪50年代的仲冬时节，不难想象人也会感染此病。当电视、电影、绘画和文学越来越多地把澳大利亚描绘成一片干旱的土地时，我们感到有些失落。

　　深冬时节，黑木金合欢怒放出云彩般金灿灿的花朵，我们骄傲的小心脏充盈着花儿散发的蜂蜜香味。巴斯河畔的小路现出了我们所说的如画般风光。金合欢是数量仅次于桉树的澳大利亚主要树种。和桉树一样，金合欢的许多种类也出口其他国家，结果有好有坏。黑木金合欢被宣布为世界上最糟糕的入侵物种。作为本土森林的一种先锋植物，大火之后其种子大量发芽，幼苗与土壤结合，固定其他植物（包括桉树）必需的氮元素。有袋类动物需要长在金合欢根部和树干的菌类。蛆虫喜欢树根和树干，而鸟类在传播花粉时喜欢吃蛆虫。众多的金合欢倒下、开裂、烟消云散或者夭亡。它们腐烂了，为自然界其余生命的茁壮成长提供便利。早期的定居者用金合欢树苗和树枝建造抹灰篱笆墙茅舍。金合欢树皮含单宁酸，无数人靠为澳大利亚和海外的皮革制造业采集它的树皮谋生。由于对单宁酸的需求越来越大，于是，19世纪80年代建造了金合欢种植场。土著人用煎煮的金合欢树皮治病疗伤，把金合欢种子当作主食。被困在南澳大沙漠中，饱受坏血病痛苦折磨的查尔斯·斯图特（Charles Sturt）一行，注意到土著人"几乎全部"以金合欢和草籽为生。

在小围场上，出生不久的小牛犊摇摇晃晃地站起来，随后跌倒在地，又摇晃着站起来，又跌倒在地，母牛则在一旁将它们的宝贝舔舐干净。下次你再看到小牛的时候，就会看到它们在吃奶；再下次看的时候，就会看到它们在玩耍，像摇摇木马，将后蹄踢向空中，然后再踢前蹄，还不时嗖嗖地摇动着尾巴。它们和母牛一同回家，此后便是分离。大部分小母牛还有可期待的生活，然而小公牛则完全有权利去抱怨。农夫们会敲击它们的头部，剥落并盐渍它们的皮，将它们的肉喂给狗吃。我家的牛站成一排，每头牛的嘴里都含一个橡胶奶嘴，奶嘴的另一端连着一根浸在牛奶槽里的管子，就这样可以喂四五天。大部分时候是我妈妈负责喂牛。小公牛会被送到当地市场，男人们买来做小牛肉、宠物食品以及胶合物。（在澳大利亚，每年大约有 80 万头人工喂养的小公牛被杀戮，每一只都和小鹿斑比一样漂亮。）

我家也曾经养过羊。遇到冬季严寒和恶劣天气时，这项工作非常艰难，但养羊就是如此。羊是一种需求很高的动物，且孱弱，易受冷空气的侵袭。如果不是羊蹄腐烂了需要关注，就是它们需要剪毛、灌药、药浴、涂抹某种澳大利亚联邦科学与工业研究组织或英国化学工业公司研发的产品；在南澳的那位米尔斯先生率先提出切除绵羊臀部腐烂生蛆部分的方法之后，有时还需要割皮防蝇（归咎于那些在 1890 年前后来自南非或印度的绿头苍蝇）。除此以外，还需要切掉绵羊的尾巴和睾丸。它们需要受到格外保护，一方面防范狐狸偷吃新出生的小羊羔，另一方面提防大乌鸦啄瞎它们的眼睛。

农民们说，羊终生都在寻找一种死亡的途径。它们生蠕虫、吸虫、虱子和疥癣；它们患跛足、佝偻病，摔倒在地上站不起来；它们还罹患弯腿症、髓样肾、双阳综合征、白肌病、麦角中毒、李氏杆菌病、急性和亚急性肠毒血症、黑麦草摇摆症、坎伯兰病（炭疽热）和黏膜炎。在一年中的不同时期，任何数量的草木和粮食都会毒害到它们，或是导致它们躺下或跌倒。它们嘴的四周青肿并且长满水泡，与有苍蝇产卵的屁股同样可怕。满是绵羊的小围场与一个野战医院相差无几。它们容易生病的习性使得新南威尔士州有四万个羊圈被砷污染。这就解释了为什么现代牧羊场工具棚内外有堆积如山的塑料化学品容器，近年来，牧羊场上使用的化学药品已经翻了三番。50年代的时候，都是大桶大桶的氯化碳氢化合物，比如狄氏剂和滴滴涕。如今，我们确信治疗不会像那个年代那样贻害无穷。

真正喜欢羊的是我的祖父。"有他的地方就有羊"，所以当他随着我们来到这个山坳时，他的羊也如期而至。他的童年是在南澳甘比亚山（Mt Gambier）附近的绵羊牧场度过的，他的父亲出生在爱丁堡，是牧场的一个主管。他的母亲是牧场主同父异母的姐妹。牧场主是一个名叫罗伯特·加德纳、来自爱丁堡的苏格兰人，他积累财富的渠道是放牧，或在巴斯海峡捕鲸和捕海豹，据说还挖掘土著人的骸骨变卖给对科学感兴趣的人。甘比亚山是一个极佳的养马地区，涌动着大批骑马、赛马和赌马的苏格兰人。越过沙丘，离涛声滚滚的麦当尼尔港（Port McDonnell）不远处住着诗人亚当·林赛·戈登（Adam Lindsay Gordon），他酷爱骑马。我家有一本他的诗集，怀着对他大名的深深敬畏，我们常引用他较为熟知的诗句，与他忧郁的气质也有一种不那么致命的共鸣。

这位来自苏格兰的牧场主管内心既高傲、遗世独立，又无限忠诚，这种双重本能共同塑造了他对长老会懵懂的狂热，加之他与牧场主有模糊的血缘联系，整个家族既附庸风雅，又具有愤慨和殉道的相关倾向。不知何故，当我的曾祖父不得不拖家带口来到吉普斯兰森林开始新生活的时候，与之同行的还有这些怪癖和做作，连同在当地教堂做礼拜时使用的几样银器，对如何饲养动物和种植庄稼很有帮助的小杂志，以及对命运的持久怀疑——怀疑命运对他们残酷无情并使他们在自己应有的地位下饱受折磨。丛林本身自带忧郁气质，他们再带来忧郁更是于事无补。相反，培养开怀大笑和冷嘲热讽的习性却是大有裨益的。

父系成员终日劳作，先是在墨尔本以东大分水岭山脚下的一片区域，第一次世界大战之后，又在士兵定居点毫无回报地劳作。若干年间，我父亲与他的父母和两个兄弟住在牛棚的一侧，在另一侧给牛挤奶。就像战前一样，战争之后，麻烦也同样存在。不曾有人真正了解会有什么"麻烦"，但是有一天我祖父开着木材搬运车送他的妻子进城，把她送上去墨尔本的火车。在她去墨尔本期间，我祖父依照他的想法，有时是残忍的想法，负责照看几个男孩子。三个男孩中，无论哪一个长到十四岁，就要辍学到农场去干活（在拔牙之后不久）。劳作就是劳作：我父亲推算，还是青少年的时候，他和他的哥哥每天正常的工作就是牵着役马，拿着横切锯、斧头、大锤和楔子走进丛林，砍伐杏仁桉和蓝桉，将树干锯成两米或两米五的长度，再将其劈成木桩，将木桩搬上马拉雪橇，然后及时赶回家挤奶——手工挤奶。

我的祖父喜欢罗姆尼羊。它们属于大骨架品种，肉质和羊毛均属上乘，像绵羊一样强壮，"体态肥硕"，来自肯特郡的河口沼泽，对腐蹄病有抵抗力，尽管这种特质在南吉普斯兰似乎并不那么持久。在管理者改养健壮的、澳大利亚孕育的考力代羊（Corriedales）[①]之

[①] 一种产于澳大利亚和新西兰的毛肉两用绵羊。

前，腐蹄病一直是甘比亚山地区羊群的祸根，之后我们也开始养考力代羊。1951年我的祖父死在羊圈里，倒在羊群中间。他患有严重的心脏病，医生曾说他最多活不过一年，尽管我祖母一直认为他的死与我妈妈放在壁炉上花瓶里的丁香花不无关系。我们还养了傲慢的边区莱斯特羊，鼻子像老鹰，耳朵像袋狸；短毛、短腿的无角短毛羊，1920年一位专家评论说"羊肉劲道而鲜美"；回交羊，澳大利亚的另一种羊，先由美利奴母羊和大骨架品种公羊（如边区莱斯特羊）结合，这种结合后的产物再与美利奴羊杂交；多赛特有角羊，长着美丽的贝壳般的羊角，且具有生双胞胎的高概率。

我们是否曾经拥有过150多只羊，对此我表示怀疑，但它们的特征却给我留下了难以磨灭的印象。咩咩的叫声、羊栏中的喧闹、令人作呕的腐蹄气味、咯咯发响的结块污毛，以及安上环状去势器长达两星期后落在草地上的尾巴。这个过程叫去势（阉割），如同尾巴，睾丸也未能幸免，传统方法使用刀和热铁烧焦创面，或者传说中还有人用坚硬的牙齿和热铁处理创面。我曾喜欢它们的气味和声音、它们愚萌的习性、它们的敏捷以及它们适中的形体。我还记得粗暴、壮硕的英国南岗羊在小围场前争吵不休；冬季，火炉铁架上鞋盒里放着一两只羊羔；母羊跺脚示威，以震慑任何对小羊羔的威胁；阉羊疯狂跳跃着穿过大门口；男孩们在去势日捉住未发育完全的羊羔，然后快乐地将其送至刀口下或去势器旁。

1916年我祖父离开他年轻的妻子和两个不到三岁的儿子，随澳大利亚武装部队远航法国。听说，他的妹妹们还用白色羽毛①投向那些胆小鬼，奚落他们逃避上战场。乡下对世界大战的热情是

---

① 懦弱的象征（斗鸡尾部长有白色羽毛表明属劣种，不善斗）。

澳大利亚历史上的奇迹之一。在一些乡镇，来自教堂、学校和消防队长时间的钟声预示着有战争的消息；人们参加游行和公共集会，正式发表效忠国王的誓言；有些地方成立了爱国联盟，设立了爱国基金以及爱国女红会馆；有些地方还设立了爱国音乐会、新教教会，为参战将士送行提供爱国服务。正如约翰·麦克奎托（John McQuilton）在他的研究中所描述的，那种情绪和气氛"有如节日般喜庆"。仅三个小镇就在丛林中赶出一千匹马，售给远征军。牧民捐出他们的马匹和小公牛。女人们飞针走线编织衣物。

"二战"结束后，德国移民辗转至我们的居住区。并非每个当地人都欢迎他们的到来，尽管这同一些人很可能对任何移民都不友好。山谷里住着一个穷困的德国人，驾驶着一辆福特车疯狂穿行，令人恐惧。据说他名叫克莱恩，我不曾记得见过他站起来或是听过他讲话；唯一的印象是他那张躲在方向盘后面的甲状腺肿大的脸。他是一个参加过战争的老兵，可能他的名字叫海涅。他茕茕孑立，似乎饱经沧桑，倘若1915年他生活在这片区域，后果将会不堪设想。在澳大利亚的乡村，德国后裔居民会遭到追捕和诋毁，纪念德国定居先锋者的德国地名则被英国、法国和比利时地名取代。虽远离帝国的触角，但这里却有着最为强烈的帝国情结。

男人们之所以远赴沙场，原因不言自明。在大多数人的心灵深处，如果失去了对英国君主的效忠，对澳大利亚的忠诚又将何在呢？正所谓皮之不存，毛将焉附！职责就是这种忠诚的代名词。不去参加征战无异于放弃尊贵的地位，会被视为缺少阳刚气概之流、胆小如鼠之辈。男人们响应君主的召唤征战四方，为的是捍卫帝国的荣耀和家庭，或者是因为他们的朋友做了这样的选择，或者是为了逃避他们的父亲，或者将之作为劣行的救赎，或者为了冒险，抑或是贪图钱财。获得救赎可能是我祖父参战的动机。除了流行性感冒和轻微伤口以外，他身无大恙地返回。他参与了一系列战役：波济耶尔战役（Pozieres）、哈摩尔战役（Hamel）、比勒库尔战役（Bullcourt）、穆凯农场战役（Mouquet）、布鲁德赛德山脉战役（Broodseinde）以及圣昆廷－佩罗讷山战役（Mount St Quentin-Peronne）。但大家都说从那以后他判若两人，就像他们一贯谈论其他的返乡士兵一样。

我父亲和母亲的家庭都堪称爱国家庭。我外婆的哥哥在欧洲大战打响之后的一个星期之内，便走出丛林来到征兵摊位，加入了号称"丛林之旅"的第八旅，征战于加里波利和法国，并在那里被毒死。外婆的两个表兄也在法国服兵役。二十五年以后，她两个儿子中的一个在新几内亚战争中做炮手。1940年，我父亲因在营地中患上风湿热而离开军队。他的哥哥是一只"托布鲁克的战鼠"。所有那些参战的人都载誉而归，活着，体魄健全，至于他们的内心，则是另一番景象。

有其父必有其子，20世纪30年代，我父亲和他的哥哥都像祖父那样加入了轻骑兵，我母亲的哥哥也是如此。他们农场的收入不足以维持生计，于是他们寻找开卡车、捉兔子、毒兔子、赶牲畜和扶轮锄地等工作。他们遵循澳大利亚乡村的生活模式：年景不好时，小农户便置身于劳务市场。30年代，世事极为艰难，但他们却惯于认为加入轻骑兵是度过危机的最佳方式。马匹载着他们驰骋疆场，然而战争打响之后，他们平生第一次被迫离开他们的马匹，步行奔赴战场。

人们普遍认为马是最高尚、最聪明的动物之一。小的时候就听大人们讲：马会开大门，然后轻轻地滑过地面，就像乘着摇椅。我们从未见过这些马匹，但却知道它们的名字和习性，比如传说中的查理（约1925—1935），以及它们惨死的状况。小时候，我家有几匹役马拉着雪橇在小围场上穿行，或者用铲子清理水坝。然而，从前的役马都是传说中的贵族,有些役马不停劳作直至生命终结,死时还套着缰绳。对于每一匹役马的溢美之词,同样适用于每一条狗:当男人们吃午饭时,它们脚蹬鹿皮靴,赶着羊群出没于小围场间;我母亲身边一条勇敢的狗死于袋鼠之手。很难想象一张全家福中没有狗,有些人家的全家福里面居然有五条狗。

尽管与我生活的狗和老马无法与它们旧日的同类相提并论,且过着相对娇宠而波澜不惊的生活,但它们也是生产和出行必不可少的便利工具。不过,培育澳大利亚工作犬,并非是为了迎合牧场主的喜好,而是出于牧区畜牧业的需要。围场巨大的面积和其内部羊群的行走路线需要一条听话却坚强的狗看护。英国的黑色短尾狗和史密斯菲尔德犬一直是比较受青睐的犬种,但它们耐力不足,热浪来袭时它们长长的毛发和耳朵使这一缺点暴露无遗。就像边境牧羊犬深受牧羊人和牧羊犬选拔者喜爱一样,澳大利亚卡尔比犬(kelpie)源于苏格兰牧羊犬,19 世纪末期出现在里弗莱纳东部地区,被称作身上挂着褐藻的高原水妖的化身。到了 19 世纪 90 年代,外来的布鲁图斯、珍妮与当地的卡尔比犬、莫斯结合的短毛后代,在灼热的天气下却能绕着围场快速跑来跑去。它们发育成熟,耳朵短小、竖起,有着积极而明媚的笑颜和无限的活力。究竟它们何时练就了越过羊背将其赶入圈栏的能力,在无水甚至几乎没有空气的汽车行李箱里长途旅行的耐力,每天挨骂、吸入大量灰尘从而受到死亡的威胁而且还遭遇土块的袭击和鞭挞却仍能笑口常开、热情饱满的修为,无从知晓,然而正是这一切塑造了它们,它们的笑脸定义了丛林的某种精髓。

澳大利亚卡尔比犬不与野狗杂交。大约在 1870 年,新南威尔士的斯昆(Scone)有位叫霍尔的先生将野狗与诺森伯兰郡的蓝色赶牲灵犬配种,狗崽取名霍尔的蓝脚跟,后来成为蓝色(或红色)赫勒犬，也称作昆士兰赫勒犬、澳大利亚赫勒犬和澳大利亚牧牛犬。这些壮硕的狗与卡尔比犬一样精明、忠诚且有耐力，但不如后者舒展优雅，从表面上看也不如它们富有想象力。亨利·劳森是这样描述他的爱犬的："狗之上乘，超越其主之为人……一个虔诚的基督徒。"几年如一日，这条狗（在此之前是它的母亲）始终陪他走在那条"被诅咒的道路上"。它是"一个真正的、坦率的、诚实的且忠诚的伙伴"。在芭芭拉·贝恩顿讲述的两个生动故事中，忠诚、智慧、勇敢的狗羞辱背信弃义的男人。然而，所有狗中最了不起的也许当属里弗莱纳勃兰岗牧场的一个牧羊人拥有的两条牧羊犬：由于迷失在莽莽丛林中，牧羊人凭借吞食切成片的狗尾、啜饮狗血维持了生命。六天之后他终于找到了家，两条狗一直紧随其后，一如既往赤胆忠心。狗，不仅仅在物质上提供帮助，还助使忠诚在人们心中存留。

在我们围场前部的远角处，有一排柏树篱笆，篱笆旁边有一顶帐篷，里面住着一个叫马克·哈罗普的人，他已经在此居住三四年之久了。他帮我们割橡胶、除杂草、摘豌豆，那个时候我们每年都种豌豆，至于我们付他多少工钱，我并不清楚，也茫无所知他在这种凄惨的地方是如何熬过那些寒冬的。与我父亲雇用的其他摘豆子的人一样，他来自 30 公里以外杰克逊站（Jackson's Track）的土著营。营地是 20 世纪 30 年代建成的，主要缘于当地土著人之前拥有的土地都被殖民的士兵侵占了，我的祖父就是这些士兵中的一员。有人说马克根本就不是土著人，而是"一个变黑了的白人"，就像菲利普，一个"二战"期间为自由波兰军队效力的波兰人，现与凯西（一个土著女人）寄居在屠宰场巷一个只有一间房的茅草屋里。茅草屋的主人是我父亲的一个朋友。他们与马克从事同样的劳动，获得同样微薄的工钱。

当地的医生告诉过我们菲利普的参战记录。对此，我们无从知晓，因为我们很少与其交流；同样，由于我们从不与马克攀谈，因此也无法了解他是谁、从哪里来、一生中都从事了哪些工作，或者他生活中都发生了哪些事情。我母亲曾经把我们送到马克的帐篷里玩，还带上了半打黄油英式松饼，他当场就全部吃光，把盘子还给了我们。他似乎惧怕女人，至少惧怕白种女人，所以当我母亲在场的时候，他总是想方设法地长时间回避。生活早已教会他清楚他自己在白人中的位置。他面庞英俊，但满是皱纹，皮肤粗糙，身上总有一种尘土和烟草的气味。值得一提的是烟草：我认为马克身上的烟味是后来导致我染上烟瘾的元凶。我看见他在水道边的山脚下清理垃圾，有一天他在那里弄到了两条蛇。那条水道在邻居那里与另一条水道汇合。邻居发现了斧头、磨石和屏障树。我们从未发现过这些东西，当然也没去看过。

在马克来为我们工作的八十年前，维多利亚州警察普查土著人口时发现，全州纯种或混血的土著男性只有489人，与十四年前的调查结果相比还不足其一半，仅占二十五年前殖民时期男性人口的六分之一。1880年为了追捕凯利帮，维州政府不得不从昆士兰招募黑皮肤的追捕者，因为维州所剩的土著人数不足以完成任务。那时人们认为八十年后，马克或者任何像马克一样的人不可能存在。那或许就是为什么他会留下如此记忆的原因：不只是因为他有着与他人不一样的肤色，还因为他脸上的表情，一个躲避社会的人脸上才有的表情，他所躲避的社会相信，他只拥有有限的存在权利。那是一种我在一个农民的脸上从未见过的表情，甚至在圣约瑟夫女修道会学校上学的孩子们的脸上也从未见过的表情，那些孩子只得坐在校车的后排，除了蔑视，我们从来没搭理过他们。

伟大的诗人莱斯·穆瑞与我们具有同样的成长背景，也在小农场长大。他喜欢牛，也喜欢喂牛以及挤奶人的简单和朴实。在《走向牛棚》一诗中，他描绘了他的家庭以及作为古代波奥提亚后裔所属的新南威尔士社区，高尚、善良，尽享田园生活。这些雅典人（在悉尼和墨尔本见多识广）鄙视他们的落后，然而事实上，这些人才是"本土的"澳大利亚人——那些拥有"我们最深层次共同价值观和认同"的人。

诗文远比我回忆在我们那里波奥提亚人的厨房和牛棚中看见的更精彩。儿子被父亲打压，女儿被母亲降伏；父母被沮丧的儿子恐吓；愤怒、残酷、迷信、偏见、罪孽，深重得仿佛他们靴子上那层厚厚的泥；绝望就像房前屋后的柏树一样笼罩着全家。也许在新南威尔士的他们是不同的，至于居住在墨尔本的后启蒙运动的雅典人是否将我们降级成"执拗的、保守的、无知的、环境的掠夺者，在劫难逃的、时过境迁的人群"（正如穆瑞所言，他们确实贬损了他的人民），我们并未留意。我们有些保守，在某种程度上还有些偏执，但与其他的国人相比并无大异，我们也并非比其他的国人无知。环境对我们几乎毫无影响，而我们所受的教育、教会和政府补贴更令我们相信我们是不可或缺的，而非注定要走向失败和被时代淘汰的。我们并不需要标榜我们自身的重要性。难道农民需要吗？

好逸恶劳是不可饶恕的，所有形式的炫耀、虚荣、无理以及赤裸裸的野心也同样无法原谅。所有自恋的迹象都必须掩饰或者内化，可谓一种令人耳目一新的套路，但一定要适度，若过于极端则不够完全健康。我们一点也不天真，一点也不低人一等，甚至认为自己比那些游走于城市之间的二流子好得多，即便我们享用他们的劳动和发明成果：汽车、干草压捆机、阿司匹林、止咳香膏、灯具配件、电围栏导线，还有针管里给奶牛乳头注射的青霉素。我们的忧郁，不归罪于任何人的偏见，而归咎于天气和我们自身的本性。而我们的幸福，主要是拜我们的奶牛所赐。

　　吉普斯兰有三种常见的奶牛，其中的两种来源于海峡群岛并由此得名，第三种来自埃尔郡。我家的品种是根西。该地区大部分农户家的奶牛品种都是泽西。根西牛的毛皮是金黄色和白色相间的，性格温顺，所产牛奶富含乳脂。我们家的四十多头根西牛都特别安静，有时我们可以骑在它们的背上。泽西奶牛的毛皮颜色为棕色或黄褐色、银褐色、银色，或者甚至接近黑色的深灰色。它们的蹄子是黑色的，尾端也是黑色的，鼻口部戴着浅米色的口套。它们比根西牛略小且更漂亮（一头上好的泽西牛长得有些许像奥黛丽·赫本），并且它们奶质中乳脂和蛋白的含量更高。就像根西牛，它们也很安静且温厚和善，但公牛凶猛，手中若没有像干草叉那样威慑性的工具切不可靠近。

　　如今泽西牛几乎不常见了，根西牛则走上了马拉爬犁的道路。两个品种都被黑白花牛（也叫荷尔斯坦因）取代，这是一种高大的、黑白相间的牲畜，可产大量相对低脂的牛奶。过去，泽西牛和根西牛一般都是三四十头成群结队地在山坡上吃草；如今，一个牛群通常有数百头黑白花牛，奶水充盈的乳房、下垂的尾巴和拉稀的肠子，此情此景与早期相比，仿佛一个家禽饲养场之于果园中几只抓挠的母鸡。尽管体重为650公斤的黑白花牛可比450公斤重的泽西牛产奶量多25%，但它们消耗的水和草料用量则比后者多得多，且释放更多的沼气。北美一项对13000个奶牛群的研究发现，使用泽西牛的牛奶每生产50万吨切达奶酪即可节省19%的用奶量，并且泽西牛的碳排放量要少20%；换言之，若将牛群中的所有黑白花牛换成泽西品种，无异于从北美的公路上移走443900辆汽车。现在，当我们读农业期刊时会注意到，有些农民又回归饲养泽西牛了。城市居民并不是唯一受时尚、商业或科学智慧支配的公民。时尚也在农民中来来回回。二十年前牛尾是要全部切掉的，现如今则不然，牛尾通常都是保留的。

20世纪60年代早期的一个晚上，两个男人来到我们这里，带来了欧洲鲤鱼鱼种——据他们讲，是"法国的一种美味佳肴"，一种了不起的斗鱼。我们买了鱼种，按照他们的指教，将鱼种投入水库中。它们生长得很肥，搅浑了水库的水。上钩时它们像使劲脱掉足球袜一样拼命抗争，烹制过后，它们湿而软的肉除了一股泥土气息没啥别的味道。它们如果不是从我们的水库就是从别人家的水库逃进了小溪，进而成为澳大利亚具有毁灭性的又一害群之马。数以百万的鲤鱼占鱼类种群总数的百分之八十到百分之九十，已经成群出现在墨累-达令流域的水路，毁坏堤岸，与原生鱼类杂交繁殖，搅浑河水并且损害水族植物的生命。垂钓者鄙视它们，于是将它们弃于河岸任其腐烂。

澳大利亚农业企业的历史一直是诸多错误故事中的一个：错误的理解、错误的假设以及错误的结论。多方游历有助于你直接了解未知，你也可以从他人掌握的信息那里间接地了解情况，或者相信那些人已经掌握了信息。在科学知识匮乏的年代，大多数农民只能依靠直觉或想象，有时包括对无所不知的上帝的信仰，以及对获得宗教的和现世回报的期望。上千个案例表明，除了干旱、洪涝、虫害和未指明的灾难以外，自以为是的澳大利亚人须将自己算作他们最顽固的、最具杀伤力的敌人。

需求常常迫使农民出手。市场也迫使他们赶鸭子上架。然而，他们也迫于鬼使神差——主观臆断的需求、伪科学和非科学、习惯、偏见、时尚。当我的曾祖父靠着几页动物救济指南来到丛林时，米尔迪拉（Mildura）①和伦马克（Renmark）②灌溉移民区的第一批农民得到了32公顷（园艺）或64公顷（农业）的用地，以及一本80页、皮革装订、规格为76毫米×38毫米大小的《拓荒者手册》。手册的作者是注册测量员乔治·H.托利，内容包括新定居者所要了解的全部信息：购买何种工具及所需资金，购买种子、电线、主要产品和支付劳动力的费用，何时栽种何种蔬菜，如何计算储水罐和基坑的容量，英王陛下准予被许可人的用水量，如何学习用水的"艺术"等等。正如托利所言，灌溉是一种基本的艺术，因为"许多稀有的植物都被毁掉了，不遵守或滥用最简单的自然法则令出于好心的人们深感失望"。他语出惊人，道破真谛："不要试图用足以转动磨坊的丰沛水流来冲掉土地的肥力……"然而，在半个世纪的时间里，他推荐的灌溉艺术、对小桉树和银叶相思树的清除以及把土壤耕到三十五厘米深度，最终造成了环境的全面危机。

二十年前，当城市工人、退休人员及心怀山羊和驴子情结的特立独行者开始迁入旧选地区域时，着实令人惊愕；更加令人大跌眼镜的是，在着装、习惯和大体认识方面，他们选择效仿的不是第三代或第四代农民，而是第一代，仿佛拉德爸爸（Dad Rudd）或者欢腾的康蓬（Jubilation T. Cornpone）对一个世纪的科学和经验都未能教会的东西反更了解。我们谁也不会相信，靠我们父辈的汗水而变得有用和多产的农场，会落入那些仅仅把务农当作业余爱好的人之手。那种爱好式的农民和真正的农民同样强调他们不是生活在乡

---

① 澳大利亚维多利亚州西北部城市，位于墨累河岸，毗邻新南威尔士州州界，为农业和养羊业地区的重要贸易中心。
② 墨累－达令河谷的主要城市，拥有澳大利亚最大的玫瑰花园，名字源于土著语，意为"红泥"。

村,而是生活在丛林。真是难以想象。

也许结论就是,吉普斯兰的广袤森林被砍伐,为的不只是惠及一两代人。第一代人的辛苦劳作是为了第二代人的既得利益,第二代人的勤奋耕耘是为第三代人——我这一代人——谋取福祉。我们这一代和下一代人在前人栽种的大树下尽情享受阴凉。然而,付出巨大劳动经由原始森林开辟而来的如此丰饶的六十公顷农场连同他们的房子,售价仅为墨尔本近郊一个修复过的工人房舍的一半,或者只是许多总经理年薪的一小部分,并且通常情况下,只有土地细分成"居住"街区,那个价格才有可能。如今鲜有人购买耕地,农民的数量也远远不足。

不管怎样,真正的农民保留了祖宗的生活方式。他们吃羊排时会配上西拉子,晚上会坐在躺椅里看电视,如厕时也会使用抽水马桶,但他们不像其他澳大利亚人。农民有着某些不可改变的思维。他们是最初的生产者:该措辞表明了他们的重要、不可或缺。他们是生产者。他们的产品是初级的。他们是生产者中的第一生产者。他们从事的行业可以回归至创世之初。挖煤、筑堤、理发,当律师、水暖工或者咖啡师,没有哪一个行业得到如此神圣的认可。

一直以来,要满足的不仅仅是物质需求,不仅仅是自立,还有与探险家不可救药的冲动异曲同工的东西,就像约翰·麦克道尔·斯图尔特(John McDouall Stuart)、路德维希·莱卡特(Ludwig Leichhardt)和欧内斯特·盖尔斯(Ernest Giles)等人无论如何一直坚持的追求。如果这能部分地解释他们所说的民族想象和认同,或许同样可以解释银行为什么、何时成了他们的主人,或者市场为什么、何时辜负了他们,或者由于什么原因他们被挫败了,失败耗尽了他们存在的意义。寡言少语的背后潜藏着恐怖。丛林是殉道者的家园。令他们着迷的是移动的空间、生命的激情、季节性的存在模式以及与大自然的博弈，就像刺嘴蜂鸟为花蜜所吸引。这是一种原始的、本能的迷恋。它迎合了他们性格中某种古老的东西。如果自杀在男性农民中更为常见，至少部分原因是因为失败意味着这些需要不再被满足，因而无法承受。

电视来到了乡村家庭，并往往用城市里的纵欲、犯罪、愚蠢和懒惰的场景，以及假定有大量现金、休闲和服务的广告来证实旧的观点，而大多数乡下人并不享受这些休闲和服务。当然，农民已将他们的生活市郊化了，加入了大众追星一族的行列，追看娱乐节目、情景喜剧和警匪片。在丛林大火肆虐的时候，外婆坐在马铃薯农场里，大约半年多的时间，她都是在马车上度过的。晚年的时候，她花大量的时间观看格拉汉姆·肯尼迪①的节目和电视连续剧《裸城》（*Naked City*）②，从未错过一集。外公在外婆追剧的大部分时间里也许都是瞌睡的状态，但他是坐在椅子里打瞌睡的，椅子的方向与外婆的相同，都朝向角落里的那台小电视机。在澳大利亚的农村，椅子、沙发和大坐垫都是面对那个傻瓜盒子摆放的，从不朝向其他方向，与城市一模一样。与城里人相同，乡下人也买同样的车和同样的晒衣绳，还有同样的地毯、窗帘、厨具、澳松板，一旦点灯还要买同样的荧光灯配件。城乡之间外在的区别变得模糊了。

然而，来到这片土地上的人们仍然让他们自己成为人生大戏的中心，成为无可争议的主题。这部戏剧以大自然中的某个独行侠开篇。经过一段时间之后，出现了夫妇、家庭、社区，但是最初的

---

① 澳大利亚著名电视人、民族勋章获得者，被誉为"澳大利亚电视之王"。
② 银幕珍宝公司出品的警匪片，于1958—1959年和1960—1963年在澳大利亚广播公司电视网播出。它的灵感来自1948年的电影《裸城》，并模仿其戏剧性的"半纪录片"形式。就像在电影中一样，每一集的结尾都有一个叙述者吟诵着标志性的台词："裸城有800万个故事。这是其中之一。"

目标——成为主人——仍然是乡村生活决定性的、英雄主义的价值观。农民或许也睡电热毯,但当他们走出家门时,直接面对的是自然(泥沙或灰尘,烈日炙烤或雨丝纷飞,美好的或糟糕的季节),他们根据所能做的最好判断做任何必须做的事。在他们的眼中,他们仍然按照男人和女人原本的方式生活,或许他们会说,按澳大利亚人原本的生活方式生活——对抗各种自然因素,艰苦地生活,并征服这块大陆。与其说帽子、鼹鼠皮鞋和不平稳的步态让他们看起来很特别,不如说他们生活中内心的沉默仍然使他们与众不同,使他们确定了信条,坚如磐石。他们是特别的,他们的情况是公正的,他们注定应该得到比他们所得到的更多。

第 3 章
何谓丛林

> 寂静和忧郁 —— 看见丛林 —— 松软的土 ——
> 混合的且多种多样的丛林 ——
> 本地的农民和他们的宇宙 ——
> 牧鞭 —— 边疆思维 —— 米歇尔少校和土著人

我是在今天被人们称作丛林的地方长大的，但是直到二十几岁我才明白丛林对于我们意味着什么。也就是从那时起，我开始在大分水岭的各条河溪中垂钓——贝格河（Big River）、汤姆森河（Thomson River）、麦卡利斯特河（Macalister River）、亚伦戈比利河（Yarrangobilly River）、古德拉迪格比河（Goodradigbee River）、马兰比季河（Murrumbidgee River）以及斯雷德博河（Thredbo River）。为了聆听祖先们早上听到的声音，我不得不去宿营：每只鸟儿都发出刺耳的声音，似乎都迫切告诉其他鸟儿自己已经熬过了这个夜晚。我就是这样第一次见到琴鸟、园丁鸟、马鞭鸟、袋熊和野狗的，也是这样第一次见证伴随着渐暗的天色，寂静悄然爬上大地，还是这样第一次也是唯一一次被一条虎蛇追赶。弗兰克·穆尔豪斯（Frank Moorhouse）[①]宣称他经常在欧洲人或许任何人类从未涉足的丛林里宿营。虽然我不能说我已经做到了，但至少我已经去过那些地方，那里的丛林给我的感觉仿佛它三百年或三千年前给入侵者的感觉。正是在这些营地上，我被丛林所吸引，并意识到它那追魂夺命般的魅力构成了在这块大陆上生活所被赋予的最珍贵的特权。

澳大利亚的丛林既是真实的，又是虚幻的。真实，在于它以各种各样的、明白无误的方式生长、死亡、腐烂、燃烧并重新长成丛林；真实，还在于它是生命的港湾。虚幻，在于它所佑护的生命是澳大利亚精神的魂灵。从很多方面来说，它是这个民族自身认识的源泉。从一棵桉树到生活在其中的任何生物或者遮掩其下的阴凉，丛林就是一切，它是国民性格的发源地和灵感来源。它是桉树叶的气味、长长的待燃烧的碎树皮、凤头鹦鹉的喧闹、乌鸦呱呱的叫声和无敌的寂静。它是蓝色的地平线、车后一团尘土的小卡车、筒仓、（出售牲畜的）寄养场、赶牲畜人的妻子。它是一个未受过良好教育的小奶牛场的主人，一个拥有法律学位的私校毕业的地主。它是每一只笑翠鸟的狂笑和喜鹊的啁啾为之欢呼的黎明，是文学、哲学和艺术的灵感，也是——如有些人声称——所有这一切的羁绊。丛林既是一个社会概念，也是一个生态概念：我们通过在那里生长和生活的动植物以及居住在那里的人们来定义它。

丛林传说的创作大致出现在1900年前后，正值民族浪漫主义鼎盛时期。西澳西南部一个新殖民者在家信中曾写到"丛林的沉闷"。或许他尚未目睹丛林的春天，金合欢和野花开放的时节；要

[①] 澳大利亚小说家、记者、电影剧本作家，在澳大利亚文坛被誉为"新派小说的代言人"。作品屡获澳大利亚国家大奖，在英国、法国和美国出版，还被翻译成英语之外的其他语言，包括汉语。

么他在找寻熟悉的东西，除了记忆中的爱尔兰，他什么也看不见。在丛林里摸爬滚打一两年之后，浪漫的波兰探险家保罗·斯特莱兹奇看见了"千变万化的颜色"以及"纤细而微小的株株青翠草木"。

　　一旦开始看到它们，你就会发现，即使最暗淡和懊丧的矮树也从未停止通过花朵、树皮、叶子和地衣展示微妙的色彩。在多枝桉的枝干上可见米色、黄色、灰棕色、黄褐色和耀眼的白色：在天空的映衬下显露出淡淡的优雅，树枝在风中摇曳，叶子在阳光的照射下发着微光。看一看红皮桉（鲑鱼桉）和健全桉，"就像赛马背部两翼一样磨得锃亮"（乔治·塞登[①] 如是说）；太阳西下时站在异色桉森林里，色彩和光线透过浓密树冠迸发出来，好似透过大教堂彩绘玻璃窗一般绚烂。

　　以红色为例。澳大利亚大陆大部分是红色的：红色的岩石、红色的土壤、红色的灰尘、红土中心[②]。但是在你到达干旱的内陆或者金伯利（Kimberley）很久之前，那里的森林和林地也是红色的。红色是丛林内在的颜色。桉树的"树胶"一般都是红色的。红色的树胶从西澳树皮红铜色的健全桉和其他种类桉树中缓缓流出，好似从气孔中渗出。有时当你劈开桉树皮，树胶就像鲜血般从切开的动脉中喷涌而出。桉树的名字正是取自第一批欧洲人看到的这种树胶。很多常见品种的心材也是红色的，如铁皮桉、帝王般的多花桉、西澳西南部瑰丽高大的边缘桉、红桉和异色桉，东北岸高大的红雪杉。这里还有红色长喙桉、红色小桉树、高山桉、长角桉、赤

[①] 乔治·塞登（George Seddon, 1927—2007），澳大利亚学者，写了很多关于澳大利亚风景的畅销书。他以 1972 年出版的《地方意识》（*Sense of Place*）一书闻名，引起了公众对脆弱的天鹅海岸平原的关注。

[②] 一个神秘的红色国度，地表最大的巨石就落在这里，围绕这颗大石头走一圈要花上三个半小时。它每分每秒都在上演变脸秀，由暗红到橙红，随着日照的不同而变换颜色。

桉和红皮桉。西澳西南部还有开花的赤桉，吸引了全国的园艺师和城市规划者；"树冠末梢"的铜红色在春天染红了丛林的上层树冠，并出现在家庭花卉种植中。当然，丛林可以看上去——并且感觉到——像那位爱尔兰殖民者和成千上万其他人说的那样乏味。在有些日子里，太阳的强光冲淡了红色以及它所蕴含的生命；在另一些日子里，云彩取代了强光。光线决定一切。丛林是光线的媒介。光线对于我们感官的影响是无法预测的、微妙变化的、偶然的。光线统管一切。

尤其令爱尔兰人震撼的是沉默，"暗淡的色调和沉默"。沉默可以压抑和扰乱一颗健康的心。在所有种类的丛林中，包括最开阔的丛林，当太阳毫不留情暴晒时，极易让人感到周遭万物都在屏住呼吸装死。恐怖是"至高无上的统治原则"。那种诡异的沉默是可怕的。如果不是走进寂静，路德维希·莱卡特又去向何方呢？土著人在他们的歌唱中使用了沉默：他们或者用声音，或者共同敲击地面、工具、棍棒打破沉默。巴里·希尔（Barry Hill）[①]写道："沉默是歌曲的一部分"，"它表达了歌曲的含义"。

从众多旅居者的作品中任意选择一些描述，即可管窥人们对沉默丛林的看法：丛林是"忧郁的和令人厌恶的"，景象"极为单调乏味"，充满"可怕的静止""沉闷的黑暗""持续不变的丑陋""干枯的林地和令人心伤的荒野""光秃秃的孤寂"，是一个"呆滞的、绿得发死的、漫无边际的森林"。一个年长的牧羊人说，它像"幽灵一般"。罗莎·普雷德在撰写昆士兰内陆生活时写道："文字无法描述丛林的孤寂。"她是土生土长的当地人，同样吃苦耐劳，但她

[①] 澳大利亚作家、诗人，曾获"非小说、诗歌和散文总理奖"等多项大奖。主要作品有《学校》《靠近精炼厂的地方》等，被译成多国语言。

仍然认为丛林是令人生畏的。年轻的查尔斯·达尔文也说过巴瑟斯特（Bathurst）[①]周围一片"凄惨"。

丛林是如此令人恐惧的地方，但也是一个"完美的天堂"。在昆士兰令人深恶痛绝的金合欢属灌木丛的边缘，托马斯·利文斯顿·米歇尔少校（Major Thomas Livingston Mitchell）报告称丛林为"清晨的伊甸园"。许多人认为，丛林是他们见过的"最美丽"和"最赏心悦目"的乡村景象。这种论断不仅取决于所在乡村的区域，取决于那个区域的某一部分，还取决于一年当中的某个时间段，是旱季还是雨季，是否欧洲人和他们的动物曾经到达过。同时，它还取决于观察者的视角：雷切尔·亨宁第一次看见丛林时感到厌恶不已，但再次造访时她就深深爱上了它。在塔斯马尼亚，路易莎·安妮·梅瑞狄斯（Louisa Anne Meredith）对当地的蓝桉树产生了激情，尽管她倾向于将丛林描绘成"可怕和单调的"。远离丛林长达二十年之后，帕特里克·怀特（Patrick White）[②]又故地重游，为的是重新发现"始终为他的生活做背景的"地貌中的色彩、沉默，甚至它的了无生趣。探险家约翰·奥克斯利的丛林之旅充满了抱怨，然而，在大多数日子里，他的同伴、植物学家阿兰·坎宁安（Allan Cunningham）却发现了绝美或精彩的东西，无论是高耸的悬崖，抑或是蓝色和黄色桔梗兰精美的小花。仁者见仁，智者见智，不同见地取决于一个人在丛林之内是否有宾至如归之感，或者被它的艰难和"不可思议的凄凉"

[①] 澳大利亚新南威尔士州中部高地的一个地区性城市，位于悉尼西北约200公里处，是澳大利亚最古老的内陆定居点。

[②] 澳大利亚小说家、剧作家（诺贝尔文学奖获得者，也是澳大利亚文学最高奖项迈尔斯·弗兰克林奖的首届获得者。他的小说运用幽默、华丽的散文，不断变换的叙事视角和意识流技巧，创造了一种将新大陆引入文学领域的史诗和心理叙事艺术，代表作为《幸福谷》《人树》《沃斯》等。

所困。在与路德维希·莱卡特、罪犯威廉·菲利普斯同行穿越澳大利亚大陆时，阿兰·坎宁安在他的帐篷前栽种了百合花，以缓解那份忧郁。

丛林是19世纪末澳大利亚"印象派"画家作品中的风景，满目枯草、黏质土壤，用一个殖民者的话说，丛林就是"全白的日光"。虽然今天鲜有如此画面，但在19世纪中期，生长在松软泥土里暗色调的袋鼠草就是如此，实属常见的乡村景象。玛丽·安妮·朗福德（Mary Ann Longford）回忆起19世纪50年代或60年代在纳兰德拉（Narrandera）附近的一次乘车旅行，当时"地面非常松软和开阔，后经绵羊踩踏，地面才逐渐变得硬实。如果你乘坐马车来到树下，马蹄就会陷进松软的土里，一直陷到球节。草质粗糙，杂草丛生，且长得很高"。爱德华·科尔（Edward Curr），一个牧场主、旅行者和一流的观察家，追忆当年道："在澳大利亚的大部分地区……最初，草是一大簇一大簇的，高度为2—20英尺。"这使得乘坐一辆狗拉车穿越乡村成为一种极为颠簸——更不用说危险——的体验。

在欧洲人踏足之前，澳大利亚的植被受土壤和气候影响，由于土壤和气候易变，植被也因此多变。在形状、色彩、光和大气的共同影响下形成的数不胜数的物种构成了许多不同种类的森林、灌木丛、林地、无树大草原、牧场、草地和沙漠，丛林只是这许多不同种类中的一种。生态系统如此变化多端且各式各样，以至于我们无法应对，因此公众将所有的想象全部通过丛林加以表达，并且常常将其简化成一棵赤桉和一群羊。

将热带雨林和金合欢乔木林以及二者之间的生态系统简化成一个词或一种形象，的确足够自然、便利，然而丛林描述的不只是植被和生活于其中的本土动物。丛林不仅仅是树木，还有树下的绵羊。丛林是绵羊满山坡的小围场，羊儿正在啃食意大利黑麦草和英国三叶草。丛林是一群牛，从赫里福德牛、安格斯牛、荷兰牛和印度牛进化而来的牛，有时吃本地草，有时吃引种的纤毛狼尾草，不仅与本土的有袋类动物并肩狂奔，还和山羊、单峰驼、猪、水牛、兔子、野兔、马、猫以及蟾蜍齐头赛跑。山羊等都不是澳大利亚土生土长的，但如今已高度适应并为人们所熟悉（并用作食物），因而原住民赋予它们一种精神起源和在乡村合法的一席之地。丛林是鹩鹛、扇尾鸽的呢喃和清脆的叫声，还是卡车上牛犊进入沉睡前发出的哞哞声。它在欧洲人到来之前和今天有着相同的衡量标准。它是我们与自然环境共同作用的结果，是我们的外部世界和内心世界，是荒野、家乡和花园，是神殿、苗圃和屠宰场。

丛林是有些澳大利亚人终生居住而有些人永不踏足之地。它是帕特里克·怀特《姨妈的故事》中呆板、颤抖的希奥多拉·古德曼，坐在宅地的老杏树下，周围是阔叶野草和会飞的蚂蚁，宅地是她的"骨头和呼吸"。它是《人树》中的斯坦·派克，跪在地上将甘蓝的种子压进空地的土里，努力使他的生活变得"有意义"。丛林是12公顷灌溉土地上的小农场主，是在与比利时国土面积相当的牧场上赶牛的剪羊毛快手。丛林是坚定的个人主义中最坚定的范例，也是受保护行业中最受保护的范例。

在大部分丛林植物中，杜鹃花和玫瑰花与桉树一样为人们所熟知且更受追捧，柏树的气味与桉树的气味同样司空见惯且令人愉悦。大约在1868年，露西·格雷（Lucy Gray）在昆士兰注意到："澳大利亚人似乎不在意任何荒蛮和未耕作之地，而是更喜欢修剪整洁的花园和没有任何山峦或树木的开阔乡村。"丛林不是我梦境中重现的森林或赤桉，而是我们家老房子前的那棵大松树；我潜意识里丛林的主要象征不是赤桉，而是原产自加利福尼亚的辐射松，以及澳大利亚自然环境中的一种杂草。除了松树，记得的大概就是红桉和房子后面的另外一棵松树，然后是杜鹃花，或许还有那时小围场前的蓝桉——孤独地站立于黑麦草丛中，无奈地等待被风吹倒或遭受雷击。至少对欧裔澳大利亚人而言，无论在种植其他大陆物种方面，还是在本土物种的命名方面，丛林都是多元文化的见证。澳大利亚最具"象征意义"的树种是赤桉，其名字取自意大利的一个私家花园——那不勒斯赤桉花园。

丛林人常常给丛林带来新物种。胡椒树来自南美，金雀花来自南非。苏格兰探险家安格斯·麦克米兰（Angus McMillan）的兄弟带来了柳枝，折自他的英雄拿破仑·波拿巴在圣赫勒拿岛栽种的柳树。他将柳枝插在南吉普斯兰的小溪旁，从那时候起，那些柳枝以及后来发出的大量新枝就堵塞了小溪。明显出于经济原因的考虑，定居者选择了奶牛和三叶草，而非沙袋鼠和欧洲蕨；同样出于心理学和美学的考虑，他们选择了杜鹃花和锦带花，而非银桦和灌木。现在，号称原生花园的比过去多（狂热的原住民也比过去多），然而，无论栽种这些物种的人将他们自己想象成何类人，他们都与在马兰比季河岸边的花园中栽种玫瑰花的妇人并无二异。

丛林是如此多种不同的东西，把它说成一个地方是一种大胆的假设，正如同现代乡下人自称为"丛林人"一样，抑或任何一个人声称自己是丛林的代言人，或坚持由他们选择具有象征意义的东西来代表丛林，也许是古老的南十字风车，也许是卡普里柯尼亚球员（摩羯座成员）的帽子。从现代意义上讲，丛林意味着一切，也因此几乎什么都不是。十之八九，它就是无意义的废话。如前所述，该术语之所以缺乏严谨，一方面由于定义一种纷繁多变的事物本身有难度，另一方面因为这种景观地貌常常令我们理解的能力和愿望应接不暇。

最初几代定居者使用若干通常情况下不够精准和部分重叠的术语以区分不同种类的丛林。他们常常称林地为"森林"（forest）；称我们所说的矮树丛为"灌木丛"（brush），称稠密的森林为"茂密的灌木丛"（thick brush）或"要塞"（fastness）。新南威尔士北海岸（Northern Rivers）高耸的雨林是大灌丛（Big Scrub），广阔的低矮小桉树和粉绿相思树林地也被称为"矮树丛"（scrub）——显然超出了该词语的内涵和外延。凭借充足的理由，露西·格雷写到她"想象'丛林'意为矮树丛"——二者在普通话语中常常可以相互转换；然而，1868年在汤斯维尔（Townsville）①以外，她看到被称为"'丛林'的是一片长满参天大树的森林，没有（长在大树下或周边的）下层灌木丛，主要树种是桉树，其他树有纤细柔软的树叶，间或还混有棕榈"。

于我们而言，丛林是它在未接受我们"文明化"之前的景象，因而在这个范围内，第一个丛林神话也就是丛林本身。无论称其为丛林或矮树丛，或灌木丛或森林，露西·格雷和她同时代人眼中的丛林与后人看到的或多或少都有些不同。欧洲人对森林的开垦和焚烧，桉树矮林和任何种类的矮树丛，在草地和林地上的大规模放牧和开展农业，都在改变周边的土壤和植被，所有这一切终止了古老的生态系统并永远改变了这片土地的模样。

欧洲人到来之前的大部分丛林并非我们通常所相信的那样，是茫茫一片"尚未开发的"和"疏于看管的"或"原始的"荒野，而是原住民文化设计造就的地貌景观。它永远都是有一半在起火。火塑造了它，以燃烧的方式。几百万年以来，雷电充分满足

---

① 昆士兰北部的最大城市，是澳大利亚大陆南回归线以北最大的居民点，也是重要的港口。

了这一需要，土著人到达后，及时将火变成一种生活方式。1830年，在测量澳大利亚海岸线时，约翰·洛特·斯托克斯感觉在土著人手中，火看起来"几乎改变了它的本性，可以说变得完全温顺了"。燃烧与土著文化和信仰是密不可分的，是法律和仪式的关键。所以殖民者对符合刻板印象的不属于任何人的土地和处女地，以及"乏味的""忧郁的""凄惨的"乡村所做的许多描写中，我们常常发现，每每提及乡村景观的开阔、整齐和美观，就会说它看似一个"绅士的公园"、一个"英国公园"、一个"法国公园"、一个"巨大的公园"、一个"大得惊人的公园"：这些地方如此酷似欧洲的公园，因此极易想到是已经消失的文明的杰作。这些公园有约4000公顷的（畜牧）"草地"，"草随着……波浪般起伏"，"丝绒一般"；这些公园看似玉米田；这些公园"装饰着花朵"，"树木成排挺立，装点着如画的风景"。有位定居者曾说，乡村景观中看似公园的地貌是澳大利亚"最典型的特征"。事实上，仅次于"丛林"和"矮树丛"，"公园"是新到的殖民者描述乡村时最常使用的一个词。

  塑造这些公园的土著人还挖掘了供饮用的水井，为动物筑造了水坝，并用灌木在其上搭建了"具有明显艺术特色的"遮阳棚。他们的道路比较陈旧。约翰·麦克道尔·斯图尔特在托伦斯湖（Lake Torrens）附近发现了他们的村庄，内有多座用石头和木材建造的小屋，即"混合大型蜂窝状泥修建的冬季棚屋"。米歇尔在昆士兰中西部无垠的平原上看到了这一切，因此，该地区取名米歇尔草丘陵（Mitchell Grass Downs）；中心建有"平坦的大道和大型永久性房屋"，那里的草长得又密又高，足以掩藏一匹马。

  1835年，约翰·巴特曼在菲利浦港看到了他平生见过的最肥沃的土壤，"地上树木稀少……但却被3—4英尺高的草覆盖"。

1828年，威廉·沙兰德（William Sharland）眺望塔斯马尼亚西南部的一个山谷，"放眼望去，呈现农业不同过程的景象跃入眼帘——有些部分（最近新被焚烧的）看似刚刚犁过的田地，其他部分则由于青草和灯芯草吐露新芽而一片青翠"。塔斯马尼亚人恰好在下雪之前完成焚烧：在塔斯马尼亚和澳大利亚大陆全部地区，定居者和探险者观察到，为了控制火势并保证新草的生长，土著人也是在下雨前焚烧，至少在大陆的有些地方可以通过蚂蚁的行为预测降雨。远离塔斯马尼亚的西南部，在西澳的黑德兰港（Port Hedland）北部，探险家弗兰克·格雷戈里（Frank Gregory）报告称，塔斯马尼亚人早已利用露水协助焚烧。他们焚烧的目的是刺激生长和驱赶猎物。"系统的"是路德维希·莱卡特描述这项工作时使用的词语，即"系统的管理"。我们几乎可以说其行为是科学的，如果有可能证明土著人理解为什么他们的焚烧对生态是有益和健康的，以及为什么欧洲人开始和停止焚烧均选在一年中最为炙热和干旱的季节时，会印证他们的预测：森林和林地亡于寄生植物的袭击，曾经的草地和"公园"变成无法穿行的茂密灌木丛。

看到了关于有目的、有效力焚烧的如此明显的证据，米歇尔准备使用一个几乎总是否定土著人的词——劳动（work）。在昆士兰西部，他写道："当地人对拥有牛羊的外族人的侵入感到厌恶，这是再自然不过的事了：这些人拒绝承认土著人对一草一木和袋鼠的拥有权或处置权，尽管这一草一木是他们从小的劳动成果，尽管从儿时起他们就随同父辈一起猎杀袋鼠。"

现代科学表明，直到近年，土著人的焚烧行为才成为文化的一个系统组成部分。据记载，土著人的焚烧活动在殖民时期没有增加，但在五千年前就开始了。正如生物学家蒂姆·娄（Tim Low）所指出的，今天北部大草原实施的一些"土著人的"焚烧是根据尚未为人所知的、施用于不再以传统方式使用的土地上的传统进行的，正在损害哺乳动物和鸟类。但是土著人无论在哪里实施冷火焚烧，他们对其正在做的均十分了解，澳大利亚北部的热带大草原就像一个长期以来遵循审美意识而精心照料的植物园，然而未被焚烧的部分却是乱糟糟一团，是欧洲人侵入所造成的"荒野"。

在维多利亚州，到了19世纪末，火棒耕作（firestick farming）不再是当地土著人的专利，出于一些同样的原因，它已经成为牧场主的习惯：有规律的焚烧使林地更加开阔，便于牛羊食草，还可刺激草种和可食性植物的生长。但在以下两方面，牧场主的对策有别于土著人：一方面，他们通常采用猛烈的大火而非缓慢推进的冷火焚烧；另一方面，他们焚烧森林，而土著人则不。此作为的结果就是，牧场主们从根本上改变了环境并增加了火灾发生的危险和频率：1898年和1939年发生的两场巨大火灾就是由农场主和森林管理员的焚烧活动引发的。在1939年黑色星期五，皇家委员会的一个目击者说，"他们的思想与林木背道而驰"。无独有偶，将大规模开垦和焚烧视作重要"改进"的相同心态，势必导致土壤流失、河道淤塞和杂草入侵。

因此，澳大利亚的丛林是由努力创造和努力破坏共同塑造的。每当人们谈及土著人与他们的环境"和谐相处"时，他们意指这两种力量在某种意义上相互妥协。就像空中的鸟儿，它们既不播种也不收获，既"没有仓库也没有粮仓，上帝喂养它们"，然而只有当人们采取下列大量方式管理土地之后，上帝才会喂养它们：精心而严格的保护制度，大量设计独特的拦河坝、捕鱼栅、运河和沟渠，多种方式的栽培、种植、园艺和收获，与动植物行为、特征相关的知识储备等。只有当环境屈服于他们的目的时，他们才会与之和谐相处。很有可能他们在抵达这块大陆之后不久，便通过狩猎和焚烧灭绝了巨型动物。巨型动物的消失改变了生态系统、自然和土地的面貌，而数千年来土著人所实施的焚烧持续改变着这片土地。

几年前，我的一个朋友，也是一位人类学家和生物学家，在研究雍古族（Yolngu）部落成员多年以后，偶然发现了许多属于该族的岩画。当他询问氏族中最年长者，为何在他们相处的岁月中，从未听他提起过这些岩画时，老人反问道：什么岩画？他对这片土地了如指掌，但却否认岩画的存在。即便我的朋友陪他亲临现场，他仍拒绝承认这些画作。（我曾看过这些岩画。它们仿佛白天一样清晰。）进一步追问时，老人轻描淡写地说这些东西"啥也不是"。他说这些东西不是任何人所作。如果说岩石上有任何画作，他说它们是"岩石自身的作品"。似乎很有可能这些岩画是更早时期一个其他文化群体的作品。雍古族至少在过去的五千年就一直生活在这片土地上，然而，这些岩画在他们的神圣地貌之内却未谋得一席之地，它们不存在——不可能存在。除了其他方面的原因以外，这个故事似乎表明：在土著人的丛林中，可见的世界与不可见的意义是密不可分的。因为这些岩画没有意义，所以它们被视而不见，至少作为绘画作品被视若无睹。

土著人对自然环境的了解是深刻而惊人的。土著文明历经数千年得以生存，不仅证明了它是一个强大而全面的信仰体系，而且还是一个适应性强的信仰体系。然而，尽管土著人拥有丰富而渊博的环境知识，但对岩画视而不见的故事或许可以说明，他们对乡村的了解更多是归功于宗教而非任何类似于科学的事物；他们对环境——被认为是一部祖传戏剧的化身——的了解在本质上是一种想象的巧妙构建，并且这种了解所给予的只不过是一种理解和控制的幻觉。两个世纪白人定居者的占领所造成的环境混乱，不仅证明他们同样对科学事实极度无知，而且还证明他们对一种与土地互不耦联的宇宙学的无知。

人类学家、梦幻时代①研究专家斯坦纳（W. E. H. Stanner）写道："高贵的平衡是'恒久'。"这种说法或许延伸幅度过大，因而无法将梦幻时代的生态意蕴与深层生态学的主要概念或盖亚假说相提并论。盖亚假说认为地球（如果它能持续更长时间的话）应该被理解为一个单一的、自我调节的有机体。诚然，对于两种主张而言，大自然确实趋向一种不可思议的平衡，或者倾向"保持平衡"；与可验证的诸理论相比，它们更像是生存的指南，不一定不可信或不实用。不管怎样，土著人与丛林上千年的和谐相处充分证明了将对自然界的严密观察与一种哲学相联系是智慧的，特别是一种将人性置于自然之中而非凌驾于自然之上的哲学。

大约在1847年，当托马斯·奥肖内西（Thomas O'Shaughnessy）和他的父亲（一个获假释的罪犯），赶着牲畜从悉尼去往阿德莱德的时候，偶遇了一个年轻人。年轻人住在拉克兰河边的芦苇丛间，就在拉克兰河与马兰比季河汇合处的北面。他"有几头奶牛"，"住在一个芦苇草屋里"。奥肖内西的日记中记录道，如果那个人（也是一个罪犯的儿子，他的母亲因偷窃而被流放）不是詹姆斯·泰森（James Tyson），此番偶遇便毫无趣味。

在那次短暂相遇后的十年间，詹姆斯·泰森便发迹于他在本迪戈（Bendigo）金矿开办的屠宰场。当他去世的时候，也就是奥肖内西在拉克兰河边遇见他五十年后，他拥有上百万头牛和羊，拥有的土地从昆士兰延伸至吉普斯兰，他的的确确富比陶朱。他还赫

---

① 澳大利亚土著文化中的一个重要概念，土著人信仰的精髓。"梦幻时代"（The Dreaming）意指地球接受其目前形态的时间，以及生命和自然的模式和周期开始的时间。

赫有名，不仅作为澳大利亚白手起家的百万富翁，而且还是一位政治家和社会捐助者。更加闻名遐迩的是：班卓·佩特森（Banjo Paterson）①为纪念他的离去专门写了一首诗，仿佛他属于《滨藜比尔》《快乐的单身汉》《溢口地的克兰西》所在的万神庙。

那就是泰森，芦苇丛中的一神论者，与他的隐形上帝和朱鹭、硬嘴鸭、苍鹭、白鹭、奶牛同在。多神论者、万物有灵者、图腾研究者、"平衡论者"（土著人）几乎都完蛋了。历史学家詹姆斯·博伊斯（James Boyce）对塔斯马尼亚岛的论述也同样适用于大陆本身："历史学家非但没有夸大英国殖民造成的苦难……反而我们仍要面对犯罪的事实。"当奥肖内西一行到达墨累河的驱散山（Mt Dispersion，1836年米歇尔少校"驱散"黑人后由此得名）时，土著人乘着他们的独木舟将他们的物品运过河去，并接受宰杀的两头公牛作为回报。那些"不可靠的"野蛮黑人接着顺流而下来到卢弗斯河（Rufus River），很快就失去野性；在一个稍远的牧场，赶牲畜的人看见安装在树桩上的一把转轮手枪，认为这是牧场主为了震慑惹麻烦的当地人而被迫使用的。他们的猎场已经被羊群占据，他们的捕鱼栅已被移开为满载羊毛的轮船让路；米歇尔看到的那些沿着达令港绵延数英里的"草垛和圆锥形干草堆"，会像生长于斯的当地粟米一样从视线和记忆中渐渐消失。很快，为了与所服务的牧业和农业经济保持一致，从悉尼到阿德莱德的陆路将成为一神论者的"歌之径"（songline），而所有土著人则沦为乞丐，在屠宰场的院子里等待火烤的羊头和内脏，在布道所等待毯子和上帝的祝福。

---

① 澳大利亚丛林诗人、记者和作家，写了很多关于澳大利亚生活的民谣和诗歌，尤其关注农村和内陆地区，他在那里度过了童年的大部分时光。较著名的诗歌包括《溢口地的克兰西》《来自雪河的男人》《跳华尔兹的玛蒂尔德》，后者被认为是澳大利亚的非官方国歌。

随着边疆向北部和西部扩展，欧洲人的宗教神话取代了土著人的神话。在欧洲宗教匮乏的地方，丛林信仰取而代之。尽管取代的速度一日千里，但转变并非易事。到目前为止，情况最糟的是土著人，但是双方都使用了暴力。随着越来越多半游牧式的土著人一度被迫改变生活方式成为定居一族，侵入的欧洲人则变成了半游牧民族，仿佛旧约全书中的人物和住在河边湿地中的泰森。他们四处游荡，同行的还有牛和羊，神的羔羊以及提供羊毛、排骨和油脂的羔羊，前者因献上的爱和救赎而蒙怜爱，后者则因其羊毛、骨肉和油脂而得到喜爱。这是新的文明、新的法宝、新的矛盾，以及与他们相随的数以百万计的羊、牛、马身上散发出的新的气味：来自活物粪便和汗水共生的气味，尸体在大桶中溶解或在地上腐烂的气味。

尽管四十三年过去了，我毫不费力就能记起我们的牛栏、羊场、干草还有青贮饲料、土壤、过磷酸钙的气味。但是，众多被送入高温屠宰缸的牲畜在动物集中营般点缀在牧场的工作间中，散发出不同的恶臭。屠宰牲畜的想法似乎源自俄罗斯。没有什么科学道理：男人手持重重的锤子走进院子，敲击牲畜的头部，将它们的血放至水槽中，而后将其尸体投入装有沸水的缸内，动物油脂顺着沸水缸流入桶内。每人每天可以宰杀130只羊。杀牛则需多费一些气力和时间，牛头需要大力度敲击，整体骨架需要劈碎。若干年过后，有些人认为最初的屠宰方法过于浪费，为了满足这些人的要求，屠宰采用了一种新的工序，将牛变成"提取的牛肉"（或者羊肉，或者马肉）以及牛脂。

在干热的南澳，沸水烫煮操作的气味令人窒息，有一个人向驻地政府官员抱怨，说他的孩子们被恶臭熏病了，他不得不搬家离开这里。在潮湿的亚热带地区，这种气味可能会更加糟糕。罗莎·普雷德写道："当风吹向纳赖金牧场（Naraigin station）的小棚屋时……

可闻到一阵阵的臭气。"在此地以及其他许多地方,每每联想到艰辛与失败——伤口的痂、干旱、抑郁和抵押,这种气味便愈演愈烈。到 20 世纪末,罗克汉普顿(Rockhampton)屠宰场每年将 10 万头牛加工成牛脂。普雷德夫人的"沮丧的拓荒人"说:"为了向银行还款,我要屠宰 1500 只阉羊以及我能找到的尽可能多的、足够肥的牛。"欧洲人到来后,丛林里发生的很多事情,包括它的气味,可往回归根于 19 世纪 30 年代出现的帝国银行和澳大利亚小牧场主之间形成的一种"牢不可破的、着实令人愉快的联盟",然后就是利率。

詹姆斯·泰森将幅员辽阔的"闲置的"丛林变成了一片富饶的牧牛场。他从许多依靠狩猎和采集为生的人那里学到了大量关于土地的知识,并使他们成为畜牧业者和家庭用人。他自己则成了财富大鳄。他也将丛林演绎成了别样风景。没有哪一位万物有灵论者所做的可与其相比,没有哪一位自然崇拜者可以做到,没有一个人能像他那样做。他的讣告中写道,泰森"诚实地成为百万富翁,未损害任何人的利益,仅以自然为代价"。我们可以用杂草、盐分和大分水岭以西所受的侵蚀来估量那个代价,或者用灭绝的物种作为估量的标准,比如天堂鹦鹉、大沼泽地硬嘴鸭栖息地的丧失(他曾在那里的原住民小屋里生活过),或是参照最后一次大旱灾时驱散山附近墨累河里大规模的蓝藻开花。自然付出的代价是无法估量的。在《武装抢劫》(*Robbery Under Arms*)[①]里,当迪克·马斯顿在牢房中等待绞刑时,他悲叹道:"再也看不到在硕大垂柳下荡漾的河水,再也看不到结束了漫长、炙烤的一天,在暮光中来到河边饮水的牛群,再也再也看不到了!"

---

① 罗尔夫·博尔德沃德(Rolf Boldrewood)一部充分表现早期澳大利亚社会传奇色彩的关于丛林强盗的作品。此书中文版改名为《空谷蹄踪》(张文浩、王黎云译,湖南人民出版社 1985 年版)。

但至少迪克见过那条波光荡漾的河流。很可能后人看到的是一条两倍宽却不足一半深的河流，遭受侵蚀并被淤泥阻塞，缠结着柳树和杂草。早在1865年，维多利亚州中部潺潺的河水"很快就变成了满是污泥和泥沙的排水沟"。如今，它们的状况雪上加霜。在过去的一个半世纪里，大部分澳大利亚人只在丛林半死不活、成为自己曾经的影子时才知道它。1936年，哲学家约翰·帕斯莫尔（John Passmore）第一次从悉尼前往墨尔本，六十年后，他记得透过火车的窗子看到绵延至阿尔卑斯山的平原上"散落着枯死的、已被环状剥皮的白色桉树"。整整一个世纪，政府奖励农民和小牧场主"对无用之树进行环状剥皮"，并与一些大的牧业公司一道雇用工人从事这项工作，包括"大批完美的中国人"。正如帕斯莫尔同时代的一个大人物所言，"入侵者厌恶树木"。

我记得20世纪50年代，我们在赶着牲畜穿过吉普斯兰东部时，看到了帕斯莫尔所见的一幕：有些树木因树皮被环割而枯死，有些则死于焦枯病。十几岁时，同样在这个地区，我曾在雅芳河畔的斯特拉特福德（Stratford）的桥下宿营。河床宽五十米，但支流是一连串最多宽二三米、深半米的水潭。在此之前，小牧场主就已生活在一条宽度缩至一半的河旁，但河水的深度足可使轮船从吉普斯兰的湖泊向上游航行，带上他们所需要的一切——仆人、食物、威士忌、乐器、建材，拿出他们的羊毛和小麦。在不足五十年的时间里，欧洲人的占领完成了。

欧洲人定居给环境造成的灾难总是可以被农牧业用地带来的好处抵消：公共财富和私人财富；食品、服装和不胜枚举的其他有用产品，以及参与生产这些产品所度过的无数美好生活；建立在财富之上的乡镇和城市，不仅有较大的乡村城市，而且还有一应俱全的小镇，镇上有面包房、美容院、维护妥当的公墓，公墓纪念名叫沃尔特和梅朵的开拓者以及他们的后代凯莉和莎妮。在西澳小麦种植带的边缘，你会看到奇奇怪怪的空茅草屋，或许只是黄昏中的一个剪影，但你却可以感觉到骨子里涌出的孤独感。穿过灌木丛有一条沙地小路，在小路尽头的大路边上，你可以看见一块警示牌：提醒儿童横穿马路时要手拉手——虽为一个熟悉的国际通用标志，但在此地，当它进入你眼帘之际，一种莫名的恐惧仍会袭上心头。当然这未免有些伤感，然而伤感是丛林与生俱来的品质。小镇海顿（Hyden）坐落在澳大利亚西部那片灌木丛中，到处是作物残桩和盐。墓碑和健全桉在星光熠熠的迷人夜空下闪着光，在那片远离尘嚣、不大不小、装有空调的平房内，男人们和女人们一边看电视，一边叹息、呻吟、大笑，还给对方拿来睡前茶和饼干。走进小镇，你会看到一块牌匾上写道："最美生活在丛林。"有谁会与之争辩呢？

诚然，作为宗教，作为人类的宇宙，自然的丧失是一种没有明显补偿的损失，但欧洲人很久以前就忽略了这一点。事实上，只要所有的文明在其起源中似乎都感觉到某种无法容忍的犯罪或侵犯，不仅需要知识还需要神话与之共存，我们就可能认为，对自然的破坏不仅是物质层面的，而且是欧洲文明扎根澳大利亚必然的心理前提。简言之，如果他们未与自然决战，澳大利亚人也许不会是今天的澳大利亚人，也不会了解他们自己。与土著人的争斗又何尝不是如此，即便自最后一枪打响以来，我们多半时间一直在矢口否认。这并不是说澳大利亚是一个"卑鄙虚伪的国家"，就像1826年公理会传教士兰斯洛特·思雷尔克德在新南威尔士的经历之后声称的那样，然而，每当我们想到丛林，我们还能想到什么呢？在它的下面，永远是被肆意践踏的土地和在劫难逃的原住民。

但是现在，泰森的影响正如日中天，除了土生土长的丛林居民，倘若任何人（包括科学家）告知农民，即使对他们自己有好处，他们对自然的投入也过大，这些人很可能会即刻被视为从未接受过澳大利亚自然世界真正教育的城市白痴。书本知识和丛林学问相对峙可能始于第一个欧洲人到来之后不久，他在远离同伴视线的地方搭建帐篷，并发现他的所见所闻和引导大队人马的普遍看法之间存在着脱节。这种分歧与自由和权威之间的基本矛盾有关。它还夹杂地方主义或反英情绪，甚至更与这座城市长久以来一直在乡村民众中煽动的怨恨和不安相关。因而这种源自开拓者的倾向，谴责抽象思维且只处理具体的、有用的、"可证明的"东西，比如一种工具或浸液，凡此种种（尽管是城市的科学使之成为可能），他们会投以极大的热情，并宣称对于他们的生存不可或缺。

在很大程度上，欧洲丛林是通过两种世界观（唯物的和唯心的）的完美结合演化而成的。曾经有（现在仍然有）许多事物值得我们注意和理解，尝试和犯错是不可避免的。伴随着稳定的有时近乎奇迹般的进步，我们不仅会出现愚蠢的错误，而且还有重复性的犯罪和难以计数的坐失机宜。尽管谬误百出，有时后果是毁灭性的，但我们必须时常提醒自己：总的说来这是一个胜利的故事：战胜了强大、冷漠、神秘莫测的大自然；战胜了所有苦难，包括自己给自己造成的麻烦；战胜了愚昧无知、随波逐流和墨守成规。

错失的良机难以计量，我们不能不对几代有勇气挑战丛林的男男女女进行反思。反常的现象同样令人好奇：当1842年过磷酸钙开发成功，并在不到十年的时间里在英格兰广泛使用的时候，为什么澳大利亚的农民却在六十年后才开始将其用于他们长期缺磷的土壤？为什么给土壤撒石灰时，他们的反应也同样迟缓？为什么他们如此不情愿去休耕和保护土壤？答案或许可以在他们的信仰倾向中找到，他们易于相信新土地永远优于任何种类的人工改良土地。只要土地在最初的几年肥沃多产，农民——和政府——便不会考虑施肥、轮作和休耕等改良手段。有位农业历史学家将此称为"占主导地位的边疆农业思维"：它更偏重短期活力和眼前利益，而忽视英国与欧洲农业的保守知识和传统。

这不仅是殖民地农民和政府的共同态度，也是整个新世界的共识，它在很大程度上归因于大都市的经济需求。部分也归因于现实情况：要理解生活，需要回首过去；要过好生活，必须着眼未来，而在边疆地区只能着眼未来。回首过去，定居者知道冬天需要建房舍安置牲畜，需要种植紫花苜蓿或其他作为饲料的豆科作物，需要给他们的田地施肥。但环顾四周，他们觉得没有这样做的必要。牧民及政治家威廉·查尔斯·温特沃斯（W. C. Wentworth）表明："殖民地上所有的天然牧草一年四季都长势良好且营养丰富，足以供养各种类型的家畜，并且这里有足够的区域供它们放牧。"

毫无疑问，边疆思维也带来了一个衡量创新与动力的宝贵尺度。但边疆毕竟是边疆，承认旧方式并不总是适用于新环境符合边疆思维。传统农民一想到让全部树桩和环割后的树在地里腐烂就会退却。凡此种种既冒犯了农业美学又违反了犁耕的逻辑。然而，澳大利亚农民则认为比起与枯树搏斗，还有更紧迫的事情需要他们去做。危险在于，地方性知识也容易演变成教条，其方式与它正在取代的传统智慧同样僵化。有记录为我们讲述农牧业产值连年增长的难忘故事，然而，没有任何记载和任何人可以告诉我们：如果辅以更仔细的观察和更多的呵护及远见，这些数字会是多少；如果他们免于承担纠错的代价，留给子孙后代的净利润又是多大。

丛林是擅自占地者、选地人、士兵定居者、就近定居者、（拥有少量土地的）小农、伐木工人、锡矿工、赶牲畜的人、赶牲畜人的妻子、赶牲畜人的狗、诗人、预言家、修理工和比赛用马。它是猎兔者、牲畜群测试员、牧羊人、流浪汉、丛林律师、丛林技工、丛林居民、葡萄种植者、粮食种植者、土豆种植者、乡村党、乡村妇女协会。数十种职业相继出现和消失，同时资本找到以廉价的劳动换取更多产值的新方法，市场拒绝一种商品并需要另一种商品，现代性从城市发展而来。一百五十年以来，丛林人不断地迁往郊区。

很多土著人也移居到了城市，填补了许多"标志性的"丛林职业，虽然很少涉及土地所有权。丛林人亚瑟·阿什温写道："如果你想找麻烦，就善待野蛮的黑鬼吧，因为全澳大利亚的黑鬼都惧怕善良。"随着逐渐吸取教训，加之那些野蛮的家伙被"驯服"，土著人成为牧羊人、赶牲畜的人、家庭用人、警察、引路人、水果采摘工和农场工人。他们从事的工作包括环割树皮、砍伐他们刚刚在其中生活过的丛林、在闷热的丛林中榨取桉树油、为追捕"野蛮黑鬼"和逃犯的当地警察分队指路、寻找在丛林中失踪的白人儿童、搜寻并杀死澳大利亚野狗幼崽。

他们陪同官方的探险队，并参与由怀揣热望的牧场主和矿工发起的非官方的向尚待开发地区的推进。他们把一些意欲占地的人，如西部地区的曼尼福德兄弟[①] 带到能使之一夜暴富的地方，却通常在之后被遗弃。自然学家约翰·古德（John Gould）带着土著"随从""几乎走遍了附近的每一个部落或每一个部落的每一部分"。他们教会他到哪里捉鸟和如何潜近鸟儿和蝙蝠以及其他他想要涂色和填充的动物，还经常帮他射杀或者活捉他想要的鸟，他们甚至还向他演示如何跟踪一只蜜蜂至其满是蜂蜜的蜂巢，原来他们在蜜蜂的

---

① 曼尼福德兄弟把时间、金钱和领导权奉献给了西部地区、教会和州政府。他们慷慨、豪放、保守，将英国乡村绅士的角色和职责与澳大利亚的条件相结合，并将先驱者们所获得的大部分财富回馈给澳大利亚。

腿上粘了"一小块最轻的羽绒——老鹰的羽绒最受青睐……扭成两个小点，就像两根微小的羽毛"。

1940年，金伯利的传奇记者欧内斯廷·希尔（Ernestine Hill）写道："他们只是黑鬼，男孩子若见了就开枪，女人若遇到就粗暴对待。"希尔不是一个对社会问题太感伤的人：在同一本书中，她叙述年轻的土著人被"招募"（有时用套索为面粉和烟草加工强征劳工）至采珠船，两年间大部分死于船上；她还描写了挂在酒店墙上的一幅"杰作"，作品描绘的是一个"蓄着胡子驰骋大地的拓荒者旋转手中的套索"掷向一个逃跑的"土著女人"。这些是三十年前的情景。"绝望的男人和绝望的日子"，她写道。但是今天："谁若迫害或不善待他的黑人，谁就是丛林人中的贱民。"鞭打是"禁止的和不必要的"。并非假装同情，然而丛林浪漫主义作家总是幸福地用令人陶醉的亮色去描绘画面（当前的和历史长河中的）。希尔断言，当丛林"呼吸着孤独的忧郁"时，白人和从前"凶残的"黑人"非常高兴彼此建立友谊，不再争吵"。

当土著人为欧洲人服务时，他们也就证明了雇主的优越性。据称他们经常被嘲笑为天生的"不屈不挠的乞丐"，他们很少能得到足够的薪水来克服这一弱点，因此无法改变这种命运。整整一个世纪，北方的养牛业都依赖土著劳动力，依赖他们做骑手和家庭用人，然而，土著人投之以桃，雇主却并非报之以李，土著人得到的只有口粮或白人薪水的九牛一毛。这是一种"不平等的行业援助"。希尔的丈夫（带着"他的黑人"）也曾无意间将这种社会现象概括为一种随意的奴役，我们都会哼唱的一首20世纪50年代的歌曲也是这样概括的：释放我们的土著佬，因为他们已是明日黄花了。

无论土著人是不是真正的丛林人无关紧要：真正的丛林人知道

哪里有水、如何觅食、什么样的植物和种子可以食用,以及如何处理之后才能进食,从这些植物和种子中可以提取什么药物,如何借助火耕种丛林,如何从 A 地到达 B 地,哪里可以看到指示牌。如斯坦纳所言,他们生活在"一种赞同的心境"之中,对丛林现在的和曾经的一切都表示赞同,"不是在风景中,而是在一个充满意义的人性化领域中"活动。丛林,包括它广袤的土地,蕴含的无非是"沉默、毫无激情的重复","永远无法诞生出一个风雅的人"。丛林是他们的庭院、他们的家园、他们的宇宙。丛林人话语中的家园和乡村(我们可以理解为丛林)是同一所指。

还有更好的证据证明他们名不副实吗?家,即使是用桉树皮和金合欢建造的,或者就是一棵树的中空部分,即是丛林,又是抵挡丛林之所:位于灌木丛中,但要把它拒之门外。土著人当之无愧属于丛林,与动植物群有着相同的索求,他们没有像袋鼠那样阻止或改造丛林。大多数欧洲人谈及的丛林是欧洲丛林:虽然我们说生活在丛林之中,但丛林却存在于我们之外,供我们使用;尽管我们身在其中或许会感觉到一些强大的影响,但它只包含我们能看到的。

1846 年,米歇尔少校在他的日记中以最微妙的方式表达了必胜者或唯我论者的观点。当他的四轮马车缓慢地经过昆士兰中西部平原时,他发现自己与神明仅一步之遥:

> 作为获准穿越大半个地球,包括至今荒无人烟地区的第一人,他感到仿佛达到了一种近乎崇高的地位;在孤独与寂静中见证这些地区随意地为其所用,使一个人可以与既是他的存在也是所有物质组合的创始者进行更直接的对话,这是他所能获得的任何其他可想象的地位所望尘莫及的。周遭万物皆空,唯与自然相

拥；他的私欲寥寥，却几乎奇迹般地得以满足；日复一日继续活着，好似与水结了缘；他的存在被认为完全掌握在上帝手中。

  与同时代的人相比，米歇尔对土地的占用情况更加了然于胸。在之前的短途旅行中，他曾与占地者交锋，如果他的人被杀，他便以牙还牙。他对土著人有一种科学的、大半是出于同情心的兴趣，每当他行使权力给山峰和水道起一个欧洲名字的时候，他就表示要保留土著居民取的名字。他可能宣布这一切都是天意之作——对于19世纪的探险者来说，这几乎是强制性的——但在其他方面，他承认土著人所发挥的广泛作用。米歇尔的下一代，牧场主爱德华·科尔甚至说他怀疑"人类中是否有哪一部分人对地球上任何一大部分人的身体状况产生的影响比澳大利亚那些四处漂泊的野蛮人更大"。阿尔弗雷德·威廉·休伊特得出了相似的结论。

  但是，土著人并没有把土地变成欧洲人的上帝所希望的那样。当他坐着马车带着全副武装的大队人马穿过这片土地时，米歇尔展开了想象的翅膀，自创世以来就一直守候着大地的上帝，此刻正微笑地看着他的进步。于是他从这一场景中为征服者祈求神圣的祝福，一种神圣的权力。在今天的维多利亚西部，他找到了他号称的"这个伊甸园"，并宣布它"已为旋即接受文明人做好了准备，况且或许注定要成为一个大帝国的一部分"。这是一般性的解读，占领被视为正确的和公正的，但却赋予了占领者一种更诗意的诠释，一种优雅的气质。

  "齐腰的袋鼠草一片金黄"，它是"最肥美的草"，"饱满成熟，迎风摇曳，曾在骄阳的炙烤下等待"。这是普遍的说法。丛林束手等待欧洲人的发现。它是"给养"。哪里有给养，哪里就是边疆，哪里就是牛羊要去的地方。然后，它就消失不见了。在米歇尔的澳大利亚菲利克斯（Australian Felix）[①]，二十年间，本地的牧草在羊和盐碱化到来之前已消失殆尽；群山"向四面八方延伸"；穿过压实的地面，雨水挟带着"泥土、树木和地上的一切"，冲出三米深的沟渠。如果我们承认是土著人把这块土地变成了欧洲人眼中的完美之地和上帝所赐，我们同样不妨承认，通过他们"恶劣的功利性的改进"，欧洲人践踏和毁坏了他们如此热望和艳羡的土地。如此公认的事实将会重塑丛林神话，尤其是因为这意味着土著人的信仰比宣扬上帝是万物创造者的宗教更要求对造物的尊重。

起初先有丛林，大约在七万年前，最早一批人落户丛林；很久以后，欧洲人才来到这里。大约在四千五百万年前，当今天被称作南极的大陆开始缓慢北移时（每年大约七厘米），它从南方大陆冈瓦纳的丛林里带走了大量植物，一直向北漂浮至印度、非洲和阿拉伯半岛。

尽管澳大利亚的冈瓦纳森林与我们认识中典型的丛林大相径庭，但它们仍不失为澳大利亚丛林。自从欧洲人到来以后，大片森林被毁坏，但是在澳大利亚东海岸和塔斯马尼亚，冈瓦纳物种仍然枝繁叶茂，比如香桃木、南极山毛榉、泪柏和胡椒灌木。冈瓦纳物种的许多其他衍生物到处生长，包括树蕨、苏铁、木麻黄、千年木和墨累松，尽管乔治·塞登提醒我们，现存的冈瓦纳植物没有"历经几千年还能保持不变的"。总的来说，冈瓦纳植物属于裸子植物，它们的种子是"裸露的，没有果皮包被"，想想松果。当今占主导地位的物种是被子植物，它们的种子包在果皮之内，

[①] 拉丁语意为"幸运的澳大利亚"或"快乐的澳大利亚"，是托马斯·米歇尔给维多利亚西部部分地区郁郁葱葱的牧场起的一个早期名字。1836年，他在第三次探险中探索了该地区。

想想苹果和桉树坚果。被子植物指的是开花植物，比如桉树和金合欢。

硬叶植物源于雨林，坚硬的树叶主要用于对付那些难以留住水分和营养的古老土壤。磷明显缺乏。科学家们经常使用富有诗意的希腊语衍生词"edaphic"来解释澳大利亚桉树的性格和种类：该词的意思是土壤、与土壤相关的或受土壤影响的。桉树是土壤植物。丛林是土壤之地，它以多种不同的姿态与土壤形影相随。若移动土壤，丛林将会随之移动。

越向北漂移，大陆变得越干旱。大干旱大约发生在一千七百万年前的中新世时期。雨林失去了它的树冠，蕨类植物在阳光还未到达之前便被烤死了，于是草和硬叶植物取而代之。干旱越严重，土壤越糟糕；大陆越干旱，硬叶植物就长得越气宇轩昂。当土著地区占领者通过不断焚烧植被进一步消耗土壤时，硬叶植物继续蔓延。同样一个巨大的变化是，土著人停止焚烧，大火烧毁的开阔林地被外来杂草（通常高度易燃）和非本地物种所"殖民"。现在澳大利亚的大部分森林比欧洲人占领之前更加茂密。

虽然并非典型，并且已有数百万年的历史，但冈瓦纳衍生物种林地与桉树林一样，都是丛林。同样值得一提的是，数百万公顷的马樱丹如今正生长在曾经森林的所在之地。无论是作为一种环境还是作为一种精神建构，丛林从未停歇适应的脚步。它不受自身毁灭的影响。

第 4 章
丛林不朽

> 佩特森、劳森和开拓者传说 — 新世界众神—
> 赶牲畜人的妻子和赶牲畜的人 — 丛林卫士—
> 伙伴和其他维多利亚人 — 不朽的丛林

奥斯卡·王尔德对乡村生活不感兴趣,他更受城市的诱惑。他曾说:"在乡村,任何人都可以成为好人。"而我的亲身经历告诉我,事情并没有那么简单。乡村并不是淳朴之地,那里所拥有的是怯懦。大多数人并没有勇气离开那里,而坚守使得乡村生活充满辛酸和坎坷。乡村也是好勇斗狠的地方。你就算在那里待一辈子,除了在学校时,几乎学不到什么东西。当然,无知和怨恨并非不可避免,却永远在前方等你落入彀中。生活在城市,有可能实现自我创造、忘却过去、逃离恶劣的天气,不过积累生活经验则需要比生活在乡村花更长的时间。因为除了汽车、啤酒和牲口带来的考验以外,城市还要考验一个人的奋斗精神和生存能力。从这个意义上说,城市比乡村更像是一片荒野。

1967 年,我与其他几百名十八岁农村青年一起考取了墨尔本北郊一所新建成的大学。其余数千名考生则涌入了其他大学和师范院校，有的进入城市就业。年年如此。这些人当中很大一部分会选择长期居留在城市。

今天，只有大约百分之十五的澳大利亚人居住在城市以外和从本质上讲类似郊区的海岸走廊。乡村已经呈现出一棵桉树的特征，几年前一位评论家写道：心材死了，不断剥落，所有的生命都在边材（自我沉迷的郊区）。那些最具勃勃生机的郊区，并非赶牲畜的人和澳新军团后裔的故乡，而是满怀热望的亚洲及中东移民的家园。他们不喜欢乡村生活，对班卓·佩特森描写的于永恒星光下在剪毛棚和溪床边结下的传奇的伙伴情谊不感兴趣。

19世纪的欧洲人带来了时尚的哥特式审美，令在诸多方面与之相对的丛林应接不暇。马库斯·克拉克是这样描述的，哥特品位"不可思议"，充满"怪异"，处处可见的是"荒诞、离奇、大自然仿佛初学写字般怪诞的涂鸦"。自他之后，大量作家、画家及电影制作者在作品中以追求此类主题为时尚：这是一种丑陋、怪诞和危险的邪恶，人们的身上也有类似的特性。

然而，澳大利亚老生常谈的官方世界观一直认为，民族特征和信仰中所有独特和令人敬仰的部分源自丛林。丛林塑造了澳大利亚人的民族身份。一个多世纪以前，迈尔斯·弗兰克林将自己称作"强大的丛林之子"。劳森也写道："我是养育你的丛林之母。"他在其最好的短篇之一《丛林送葬者》中是这样写的：丛林孕育的只有澳大利亚人，"伟大的澳大利亚丛林，你哺育、培养了异乎寻常的人民，你是不可思议者的家园，是迥异于其他土地上繁衍生息的万物之故里"。2010年11月大洪水过后，昆士兰州州长在讲话中指出："澳大利亚民族特征中如此之多最好、最真实、最公平的品质均来自我们的丛林传统；我们的价值观像金子一样，是在丛林生活的挑战和压力与机遇中磨炼出来的。"

倘若询问美利坚民族特征的来源，美国人也许会做出六七种乃至于更多种回答——清教徒的祖先、宪法及其启迪心灵的作者们、内战、自由化的市场、移民、自由、没有国教、西部疆域。不同地区的人们可能做出不同的回答。但对于澳大利亚人而言，有史以来只有一个答案：丛林是民族特征的发祥地。尽管史上也有英国制度以及近来犹太—基督传统的影响，但这些影响并非澳大利亚独有的，其他民族的历史也由此起源。因此，官方的观点仍然是劳森式的：丛林映射了我们想象中自然而质朴的自我，是我们天性的象征；我们的天性如同桉树和金合欢树般吃苦耐劳、能伸能屈，像硬叶植物一样干硬，与生活在缺少这些植被的大陆上的人们的本性迥然不同。大部分澳大利亚人生活在城市并没有削弱丛林的力量，相反，它为我们俗套的郊区生活增加了独特情调或浪漫色彩。丛林是真正澳大利亚人的栖息地，丛林人若受到任何伤害与威胁，其他地区的人们也将感同身受。我们的文学、语言、政治甚至偏见都深深根植于乡村，或者至少存在于与之不断的互动中。经济史学家约翰·爱德华兹（John Edwards）曾经言之凿凿地指出，以干旱、洪水和金融灾难为特征的旧的畜牧经济模式继续以汉拉汉式的悲观情绪（Hanrahan-like gloom）[①]影响着当代经济思想。国家发展的许多方面——铁路和公路、水坝和灌溉、地区发展——都源于陆地，塑造了我们的集体身份和理想。正如劳森所言，将世界与强大的丛林相连时，我们已将自己纳入其中。

班卓·佩特森那首歌颂澳大利亚男子的《溢口地的克兰西》，

[①] 源自澳大利亚丛林诗人、笔名为约翰·奥布莱恩的诗作《汉拉汉说》（*Said Hanrahan*）。这首诗描述了澳大利亚农村反复出现的干旱、洪水和森林大火。汉拉汉是一个虚构的人物，一个相信最坏的事情会发生的农民，口头禅是"我们都将被放逐（毁灭）"。

生动地展现了阳光普照下茫茫平原上的芸芸众生，令人难忘。在昏暗脏乱的办公室，被拴在办公桌前，厌恶着恶臭的空气，厌恶着在悉尼街头游荡的"面色苍白""性格贪婪""发育不良""体格瘦弱"的行尸走肉，他的叙述者梦见了一个在大分水岭以西的世界，他的伙伴克兰西在阳光灿烂的平原放牧，沐浴着习习微风。尽管丛林在亨利·劳森内心激起的忧郁多于喜悦，但他仍然发现丛林赋予他创作的灵感。对于19世纪90年代的《公报》（被誉为丛林人的圣经）和各流派的作家及艺术家而言，澳大利亚的精华就在桉树下，在边疆、农场和牧场，在放牧的路上，在人烟稀少、遍地牛羊的任何地方。查尔斯·比恩（Charles Bean）认为第一次世界大战之前，他在新南威尔士州的西部看到了不同的景象："在乡村小镇支起游廊的"那伙人与"那些生活在城外牧场上彪悍且淳朴的人截然相反"。

不曾有人像埃涅阿斯·冈恩夫人（Mrs. Aeneas Gunn）①那样轻率地相信这一点。在她的经典之作《我们来自穷乡僻壤》中，丛林人汇集人类的所有美德于一身，当然除此之外还有很多其他优点。但他们毕竟是粗人，虽愿意"冒生命危险拯救一个女人……但却让她自己拾起掉落的手帕"。从本质上讲，他们是民主的，因为"丛林之外的等级无足轻重"。如果不看他们的礼仪，而仅观其观念和灵魂，丛林人是基督徒。"丛林人……竭尽所能互相帮助"，"他们有一种第六感，初次相见便可知晓能否成为挚交"，"他们拥有美好而长久的回忆，并喜欢偶尔在过去的里程碑旁歇息片刻"。冈恩夫人坚信，在北领地，"丛林人将征服穷乡僻壤，并将之安放在大都市脚下"的那一天即将到来。

---

① 埃涅阿斯·冈恩夫人（1870—1961），澳大利亚小说家、教师、回国和服务联盟（RSL）志愿者，代表作是《我们来自穷乡僻壤》。

这就是契约的核心：丛林人是为数不多的勇猛之士，他们历尽艰辛"从大自然的心脏正中"夺取了这片大陆，供为数众多的绝非英勇之人享用。而这便是城市居民永久背负的债务：丛林人驯服了乡土，让它为世人所知，设法从中提取的不仅是食物和财富，而且是一种民族浪漫、一种身份认同。套用昆士兰州州长在2011年抗洪演讲中的一句话，自然灾害令他们心碎，但绝不会摧毁他们的意志。这句话也许像冈恩夫人所写。不言自明，丛林塑造了昆士兰州人的品格，倘若他们为救助丛林同胞而募捐的热情可以作为一种评判标准，城市应该继续学会感恩。

对远离它的澳大利亚人而言，丛林也具有与其近亲澳新军团同样的史诗般的力量。澳新军团部分是事实，部分是寓言：故事的含义不仅取决于发生了什么、出于何种动机、源于什么理由，还取决于澳大利亚人如何适当地领悟它。凭借澳新军团这一概念，澳大利亚帝国军队（Australian Imperial Army）的牺牲和战友情谊已经演绎成了理想中澳大利亚人的化身。丛林则彰显了类似的令人景仰的品质。正像基督徒的复活庆典，澳大利亚人一年一度重温澳新军团的故事。丛林就像基督教会一样，在淡季也保持其活力，同时把每一次干旱、洪涝和火灾都创造成一部重生和验证信仰基础的道德剧。

自加里波利第一份战报传来，两种传说就相互交织：事实上，那些早期战报和第一次世界大战官方澳大利亚历史的作者，也创作过经典的丛林传说。查尔斯·比恩1910年出版的《羊毛之路》(*On the Wool Track*)，就是在游历了新南威尔士西部的一个牧场之后完成的。人们之所以记住这本书，并非因为他对羊毛产业入木三分的分析，而是因为对从事该产业的人物性格的分析。当帝国—民族—建设者绝望地看着道德、种族、肉体发生退化（他们认为在城市中看到了这一迹象)之时,就在大分水岭以西的平原上(那里的小牧场主或他们的经理人已经饲养了品种更好的绵羊),比恩发现了一个人,仿佛艾弗·诺维洛[①]和红袋鼠杂交的品种:一个"身材高挑的男子,干净、瘦而结实……有某种优雅的苦行者的力量"。这个人"凡事讲求实际,不依仗权威"。丛林"塑造"了这个人,他的"率真……跃然脸上"。他就在那里,就在那片暗蓝色的大分水岭山脉间。一百年后,政客们希望自我认同为"真正"澳大利亚的"真正"的人,于是他们离开城市里的办公室,翻过大分水岭,来到这些神秘祖先的后裔当中。

  这个场面如果只是查尔斯·比恩一个人所见也就罢了,但无独有偶,目睹此景的,他既非空前之人,也非绝后之士。牧师马修斯(C. H. S. Matthews)认为澳大利亚存在的此类退化,仅限于那些拜物主义的城市,而与"亲爱的丛林之子"无关,"他们强壮、勇敢、幽默、真诚"。19世纪80年代,在澳大利亚生活了五年之后,年轻的英国记者弗兰西斯·亚当斯(Francis Adams)发现城市的中产阶级之间没有大的差异,相互之间没有高下、优劣之分。但是眺望大分水岭的远方,那里有"丰沛的海洋性雨水",他看到了一个"新种族"的诞生,"最高尚的、最善良的、最优秀的"澳大利亚人。他说大分水岭人和内陆人的区别早已"绝对定义"并且"完整无误"。丛林人是澳大利亚("澳大利亚人的澳大利亚")的心脏。

  在同一地区,爱德华·S.索伦森(Edward S. Sorenson)发现了一个人,此人"肩宽体健、胸毛浓密、胳膊浑圆……无与伦比的体

[①] 艾弗·诺维洛(Ivor Novello,1893—1951),威尔士作曲家、演员,20世纪上半叶英国最受欢迎的艺人之一。

质……一个气势磅礴的男人，就像当地的山峦雄壮威猛，一个大自然的绅士"。冈恩夫人在《我们来自穷乡僻壤》中的丛林，创造了不屈不挠、可敬可爱的丛林人，它"将弱者和恶棍退还给贪图口腹之欲，并证明了勇敢的心的价值和勇气"。丛林造就了务实的人：她笔下安静的畜牧工笑着说道，"我学到了这个时代的许多东西，但阅读从未教过我这些东西"。尽管很绅士，他与马库斯·克拉克（Marcus Clarke）[1]作品中的牧童有几分神似，"在辽阔的荒野中，独自带着他们成群的牧羊"，摒弃城市习俗并"感受到一种近乎野蛮的独立的喜悦"。"穿越浩大的灰色森林，或者在某个友好的水坑旁宿营……蓦然间，他们感到孤独和沉默中那妙不可言的幸福。"而且，同行的也许清一色全是男性。

与沃特·惠特曼一样，克拉克为这些"蓄着胡须、皮肤褐色"、来自新世界、像神一般的新男人感到兴奋。他设想了一个理想中的男人，在山脊上驾驭着一匹马，远眺脚下"大片荒无人烟的'丛林'"，行走中"突然意识到他是那个荒野的主人，在这片荒野上他可以不受干扰地、安全无忧地生活，他发现了他的家园和生存空间，除了他自己的双手和头脑无须任何援助，他平生第一次发现作为一个'人'与生俱来的基本人权馈赠了他怎样有力量的一笔遗产"。可以这样讲：当男人们在"被称为丛林的蛮荒的幻境"中发现他们自己时，他们发现的是男子气概。它激发了男性的想象力，满足了男性的自我。E. J. 布雷迪说，它产生了"全人"（Whole man）。

拓荒农民的一部分英雄主义精神在于，他们甘愿忍受单调沉闷的工作，忽略了内心告诉他们生活应该不止于此的声音。反倒是，

---

[1] 马库斯·克拉克（1846—1881），英裔澳大利亚小说家、记者、诗人、编辑、图书管理员和剧作家。其最著名的作品《无期徒刑》（For the Term of His Natural Life）被广泛认为是澳大利亚关于定罪的经典著作，已被改编成许多戏剧和电影。

他们必须听从那个告诉他们事情可能更糟的声音。一个拓荒者应该有希望，但不能太过分而在上帝和邻居面前出丑。对拓荒族的男性而言，劳碌的生活令他疲惫不堪，却使他精神振作，并在某种程度上使其长期保持男子气概。在对身份没有如此迫切要求的情况下，女人们在独立完成家务劳动和生儿育女的同时，也忙里抽闲从事一些"具男子气概"的劳作。

四十年前，安妮·萨默斯（Anne Summers）在一本书中写道，殖民时期澳大利亚的女人被塑造成古代两种受压抑的原型——妓女或理想的顺从女性。如同原住民，女人有充满野性的，也有被驯服的。在最初的五十年中，她们大多委身做了"妓女"。从那以后，萨默斯所说的存在主义的桎梏逐渐扩大，包括选择成为"本分的妻子和宽容的母亲"。在这两种情况下，女人都是商品：要么是妓女，与数量上远远超过她们的男人是交易关系；要么是妻子，与男人保持一致，并养育自由、白种和体面的后代。这些被判有罪的人中，一开始就有被上帝摒弃之人；这些尽职尽责者是自由的移民，他们被招募来纠正边疆的习惯，创造一个更受尊重的但也由男性主宰的社会。家庭和基督教仪式是社会的基础。在我年轻时，乡下社会依然如此，即使永恒的耶洗别①（Jezebels）还在流行。

丛林是一个清纯的少女，一个善变的妖妇，一个超越男人理解力的"非理性"生物。它是子宫、母亲和一个不孕的女巫。历史学家们，包括曼宁·克拉克（Manning Clark），有时会说欧洲人对待这片土地就像对待一个妓女，为了满足他们的欲望和贪婪，强奸和掠夺它。据说矿工分为两种人：一种是那些更喜欢"处女地"的人，另一种是那些喜欢在以前勘探过或开采过的地方找到更多回报

---

① 与上帝为敌的女人。

的人。无论我们选择何种比喻，在男人的掌控中，丛林的女人都没有太多的话语权和维护自己利益的权利。她们应对、忍耐、受苦、照顾孩子，在阳光下被炙烤成青铜色并尽显憔悴。通常，与其说她们做什么，不如说她们代表什么。这样，她们就能以普通的男性特权在丛林里四处走动了，在约瑟夫·弗菲的《人生就是如此》和夏娃·兰利（Eve Langley）的《摘豆工》两部著名小说中，女人都乔装成男人。

带着如此多的象征性负荷，一个女人的丛林经历几乎不可能成为新国家的决定性因素。仅举三个著名的例子，罗莎·普雷德、芭芭拉·贝恩顿和杰西·库夫勒尔（Jessie Couvreu，笔名是"塔斯玛"），在19世纪90年代性别决定一切的年代里，被控制《公报》的几个男人成功地排挤。预感到同样的命运，埃塞尔·理查德森（Ethel Richardson）选用亨利做笔名。

芭芭拉·杰弗里斯（Barbara Jefferis）说，丛林人的圣经《公报》描绘了"世界上另一半人是如何生活的"，它似乎也定义了另一半丛林人的特征。海德堡画派[①]的代表人物偏好画有丛林人的丛林：正在劳动者或探险者用树木和岩石塑造出一个国家。当女人出现的时候，她们穿着衬裙，看起来完全没有适应丛林生活（例如在弗雷德里克·麦卡宾[②]的作品里），除了增加多愁善感以外，她们什么也没做。在西德尼·朗（Sydney Long）[③]的作品中，她们四处走动，但却是与当地的鸟儿和一群好色之徒在灌木丛和水坑里裸体嬉

---

① 澳大利亚绘画流派，1886—1893年出现于澳大利亚南部小镇海德堡，发起人与代表人物是T.罗伯茨。
② 弗雷德里克·麦卡宾（Frederick McCubbin，1855—1917），澳大利亚印象派画家，海德堡画派创建人之一，以风景为载体呈现先辈们立足的艰辛历程。
③ 西德尼·朗（1871—1955），澳大利亚艺术家。

戏。那部了不起的丛林女性画作与劳森的短篇小说同名。正如劳森笔下饱受困扰的女人所生活的丛林，拉塞尔·德赖斯代尔（Russel Drysdale）在《赶牲畜人的妻子》中所描写的乡村风景也是一派荒芜，深受干旱、兔子肆虐和焦枯病之苦，或者像稀泥干后的帕斯尚尔①。劳森的女主人公怀抱嗷嗷待哺的孩子，憔悴羸弱，像周围的丛林一样疲惫不堪；德赖斯代尔的女主角则是胸部丰满、目光柔和的高大形象，是民族之母的化身，尽管处境不佳，她还是能掌控全局。她的丈夫或伙伴是个不负责任的人，在背景里给拉车的马匹饮水，虽未赶着牲畜离开，但也形同虚设。身着朴素的连衣裙，头戴一顶普通而得体的帽子，她可能是再生和常识的最后希望。她甚至就像从前一样，就是这块大陆本身。她可能不会离开她的伴侣，继续忍受他将她拖入的这种可怕的愚蠢，抑或等待公共汽车将她带回城市，永久远离这个愚蠢的人。

亨利·劳森曾经在一次大旱中西行至伯克（Bourke），回来后谈起了"乡村的恐怖"，"男人们如何流浪乞讨，像狗一样生活"。那次经历在他的脑海中久久挥之不去，由于这些记忆影响了他最伟大和最受欢迎的作品，因此，它们也给民族意识打上了深刻的印记。基于那些恐怖创作的故事和《当罐里的水沸腾的时候》中收录的故事，成为澳大利亚身份和信仰确立的基础文献。故事中的人物是具有讽刺意味的人文主义哲学家。当时有很多关于社会主义的讨论，有大量的小册子在传播。劳森的做法很简单，他说："社会主义就是成为伙伴。"他还说伙伴"不会做错事"。

劳森的伙伴 E. J. 布雷迪写道："没有哪个人愿意失去伙伴，因

---

① 帕斯尚尔战役（1917年7月31日—11月6日）是英国和德国之间长达数月的拉锯战。英军期望攻占比利时的帕斯尚尔，以摧毁德军设在该地的潜水艇基地，结果在攻守之间，数万将士毙命。这场惨烈无比的战争，最后以英军攻占帕斯尚尔宣告结束。

为在澳大利亚，伙伴情谊不单纯是一个词。"包括当代政治家在内的许多人也如是说，难道他们认为其他国家的男人要么没有伙伴，要么不介意失去伙伴？对此，我们表示怀疑。当比恩来到这里时，领土已惨遭蹂躏，但他却匠心独具地提出了自己的观点。伙伴不是和你一起剪羊毛的兄弟，而是能够与你一同征战的手足。比恩预测，如果英格兰呼吁澳大利亚人参战，他们会像对待一个老伙伴一样与帝国站在一起。帝国，也同样意味着成为伙伴。

谁能说清有多少人参战是因为他们的伙伴已先行，又有多少人能说清他们战死沙场，只是因为他们的伙伴也马革裹尸。当然还有另一种可能的解释，他们会忠于帝国，是因为充满了爱国主义热情，他们从未放弃过爱国。毕竟他们都是英国的臣民，他们加入的军队是帝国军队。正因如此，澳大利亚的军队被称作"澳大利亚帝国军队"。

1914年，英国人对澳大利亚人的思想施以了前所未有的严格控制。在战争爆发前几年，大量的丛林人就加入了轻骑兵，他们所受的控制尤为严格。在比恩看来，丛林——那个"神秘的乡下"——之于澳大利亚人的影响无异于大海之于英国人的影响。随着他们的勇气在丛林中形成，他确信丛林人会像"伊丽莎白女王时代的海盗"一样战斗。乡村新兵征募站的热闹和战场上澳大利亚帝国军队的事迹，证明了他是正确的。

很久以前，美国历史学家弗雷德里克·杰克逊·特纳（Frederick Jackson Turner）描述了殖民者如何征服荒野，以及荒野如何降伏他们，还描述了边疆是如何锻造民族精神的。他们被迫适应自然环境，呈现了一种独特务实的、民主的、爱国的、独立的性格。特纳说，这个民族从"丛林中汲取了它的价值，并在每一次开发新的疆域时获得新的力量"。

亚伯拉罕·林肯从小木屋到白宫的奋斗史是这个主题的一个英雄主义缩影：大卫·克洛科特、野姑娘杰恩、西部片、克林特·伊斯特伍德、山姆大叔以及其他坚定的美国枪支持有者，只是众多例子中的一小部分。不断扩张的边疆和它自由的土地确实导致了如下这一切：这个国家贪得无厌的资本主义企业、偶尔缺乏的文明约束、"例外论"，以及对新边疆的无尽探索——从帝国探险到太空探索，再到互联网和脸书（Facebook）。

边疆地区的功利主义伦理，在美国被誉为实用主义或"能做到"的不朽信条，在澳大利亚则成为一种对即兴创作或者"她将做到"同样持久的信念。20世纪50年代，拉塞尔·沃德（Russel Ward）回应特纳和比恩，正如美国的民族精神源于森林，丛林是澳大利亚当地传说的温床。沃德认为，半游牧的丛林工人的经历，以及最初流放犯的经历，使澳大利亚的信条得以具化。像美国人一样，澳大利亚人的理想类型是务实的，对权威和阶级界限零容忍，有怀疑精神且不敬神，但这些都是集体主义而非个人主义的信仰。丛林里出现了那些坚信要团结一致的人，这是一种人人平等的关系，这就是伙伴情谊。

但我们所处的狭长的丛林则不然。我们那里的人们不愿意歌唱团结，也不愿意彼此以伙伴相称，他们相信只有应得的人才有公平的机会。工会？流放犯？正是这个想法！就此而言，集体主义理想与勇猛自信的佩特森并不相称，或者说无法给巴克罗夫特·博克（Barcroft Boake）、亨利·肯德尔（Henry Kendall）和亚当·林赛·戈登等诗人带来安慰。对于他们而言，丛林是滋养"恶魔般忧郁"的沃土，这种想法似乎也同样影响了弗雷德里克·麦卡宾颇受欢迎（也很伤感）的画作《运气不佳》（*Down on His Luck*）。当博克赶着牲畜前往昆士兰时，有时候他发现一些"恶毒的"丛林人、赶牲畜的人"双眼凹陷、身体干瘪、渴得厉害",还有一些人躺在外出牧场主家像"污浊的坟墓"般的家畜栏里,他们曾经侍奉过这些牧场主。有一些关于赶牲畜人的故事说,为了喝马血,他们割破马的喉咙,最后和马一起死去。博克和戈登均为自杀身亡,劳森和肯德尔几乎都是酗酒而死。记录和文献表明,就像澳大利亚边疆把人们聚拢在一起一样,它也把一些人逼上绝路,并使他们的精神受到震动,令他们心烦意乱。

这并不是说克拉克笔下的越境者及冈恩夫人作品中的牧场主和牧羊场杂工均非优秀之人,但他们的经典之作所塑造的丛林人似乎从未意识到:满嘴脏话、打架斗殴、私通淫乱、烂醉如泥和自我虐待正是真正丛林人的所为。除此以外,与冈恩夫人的观察相反,赶牲畜的人中一个常见的道德缺陷是偷净牛(不打烙印的牛),但他们熟练驾驭的马似乎没有注意到这一点。无论是冈恩夫人塑造的彬彬有礼的家伙,还是佩特森、劳森和弗菲笔下的丛林人,与丹尼斯·麦金托什(Dennis McIntosh)创作的剪羊毛工是很难调和的,后者的故事发生在20世纪70年代的剪羊毛棚里,就像吉姆·汤普森的黑色惊悚片一样凄凉和痛苦;与哈罗德·刘易斯(Harold Lewis)回忆录中那个与刺梨和乌鸦对话的愚昧无知的边界骑手,或者是芭芭拉·贝恩顿在1902年的《丛林研究》中描写的非常糟糕的部分更是不可调和。在芭芭拉发表《丛林研究》很久以前,詹姆斯·阿穆尔(James Armour)在金矿和剪羊毛棚里遇见了一些奇怪的男人、醉汉、吹牛大王、傻瓜、虐待妻子的人、小偷、恶作剧的人,"伙伴的背叛"是他所讲述的丛林生活的主题。

他们是丛林人,非常可能也是伙伴,一位英国游客观察到,"在浓密的深色灌木丛中,他们成对地生活在一起,他们的住所仅仅是几张树皮"。他们是丛林中的男人和女人,在东海岸的森林里生活，是"怪异和幽灵似的一群人"，由于长期缺少阳光而面色苍白、蜡黄，神情憔悴，但"目光犀利"。我们听说，哪里有灯光，他们就出现在哪里，为的是找寻朗姆酒。他们"躺在裸露的草地上，烂醉如泥，只有重新开始狂欢时才会清醒"。这些是砍伐雪松的伐木工人，一个人口规模很小的群体，但他们当中有罪犯、逃兵、丛林管理员和他们的伙伴，是一个包含了强大文化医学的群体。除了尼姆宾（Nimbin）[①]村民和类似的反主流文化者之外，这样的人现在很少见了，但是任何参加过体育赛事，或去过酒吧，或收听过商业广播的人，都能听到来自那些森林的回声。

描写丛林女性的作品也出现了同样令人感到麻烦的不一致性（和对女子的殷勤）。露西·弗罗斯特（Lucy Frost）所著《不适合神经质女人的地方》中的一些女性很快就适应了粗俗的边疆生活和礼仪，但有一些人却水土不服。有些人感觉被丛林"放逐"、"围困"或"囚禁"，有些人则陶醉于它的空间和自由。有些人觉得与土著人接触会受到玷污，有些人却对他们产生深深的怜悯，有些人甚至会给予他们一种喜爱。有些人欣赏他乡景色奇特的美，有些人却无法忘却英国园艺的完美形象。有些人自愿选择结婚，而有些人则是不得已而为之。1905年有位女士断言："如今在奥尔巴尼，根本没有一场像样的婚礼。"没有人为此感到羞愧。

有些女人嫁给了壮硕的男人。有些女人，就像写下80万字日记的了不起的安妮·巴克斯特（Annie Baxter），则嫁给了无赖：他们在早晨表白爱意，但到中午就把一个土著女人带去贮水柜架子后。有些女人从来不用担心她们的安全或品德，有些则宣称"这个

[①] 澳大利亚新南威尔士州北海岸地区的一个小镇，是嬉皮士聚集地，也是大麻之都、艺术之都。

国家的一个独特之处是……男人……特别喜欢打老婆"。还有些女人,就像莎拉·达文波特太太,发现自己正被丛林男人团团包围,他们"为了达到自己兽性的目的,正把可怜的我从运货马车下拖拽出来"。

然后,就是罗尔夫·博尔德沃德指出的矛盾:从一种"奇怪的"形态学上看,在丛林里,一个缺乏掌控它本领的人,从来不会得到尊敬,然而,世界上没有"一个地方比澳大利亚更能让男人们感到对绅士彻头彻尾的尊敬"。丛林人会"像狗一样跟随着那些绅士,为他们而战,为他们流血,为他们牺牲"。这是"一种自然的感觉……并且……没有什么能使他们摆脱这种感觉"。卑微的丛林人和无情的流氓与受人尊敬的殖民者有共同之处。博尔德沃德说,他在他的主人公对颇具绅士风度的绿林好汉"星光队长"①的忠诚中观察到的特点,在任何地方都能看得到。倘若能活得足够长久,他就会在"王冠下的"联邦看到这种忠诚,同样,在澳新军团中也会看到。

约瑟夫·弗菲的《人生就是如此》中的大部分素材取自他在里弗莱纳赶牛的经历,他欣赏现实的、实事求是的丛林生活方式和平等主义的含义:"获得绅士的风度比获得持斧者的肌肉容易;批评一部歌剧要比辨认十二个月前偶然看到的野兽容易;穿着得体比在雾蒙蒙的天气里穿越陌生的国度时瞄准经纬仪画一条直线容易;比起嗅着油腻破布的气味却还能心满意足地生活,辨认出各种昂贵的葡萄酒更容易。"

大多数边疆文学作品中都可以听到约瑟夫·弗菲说教作品的

---

① 罗尔夫·博尔德沃德的小说《武装抢劫》中一个虚构的人物,是一个澳大利亚丛林游侠。

回响，包括美国西部文学。然而，正如建立一个新国家的任务更倾向于——甚至要求——功利主义，而非理论、学术或艺术，任何人无须为此改头换面成为拓荒者，而只需是一个英国人或苏格兰人即可，或是一个新教徒、清教徒或其他人，或者只是一个时代的人物：那些"丛林"的伤感情绪，回荡在扩展疆土时维多利亚人对工作和功利主义的热情中；"实用意义"，在查尔斯·金斯利的构想中得到回应，在卡莱尔"除了工作，不要问任何问题"的阐述中得以表达。同样的功利主义倾向，可能也云集响应了他们对"绅士的尊敬"。维多利亚人定居在丛林的大部分地区，是他们缔造了丛林的传说。无论他姓甚名谁，传奇的澳大利亚丛林人是穿护腿套的维多利亚人，也是一个忠于帝国者，他的世界观里有各种各样的种族和文化假设。

这并非说丛林对生活在其中的人们的思想没有任何影响，而是说欧洲的意识形态对丛林的影响比丛林对欧洲人的影响更大。福音书中所涉努力工作、坚持不懈、甘愿忍受以及个人牺牲，是维多利亚人的美德，在整个帝国和其他地区都得到了证实。这是一种主导思想，在与新教基督教结盟的时候，它的生命力迸发出勃勃生机。正如约翰·斯图尔特·穆勒（John Stuart Mill）所言，进步或对运河和铁路的崇拜，不仅是澳大利亚农村的默认信仰，也是约翰牛（John Bull）[①]的口号。弗菲的"温和的民主"（temper democratic）和他固执己见的丛林工人早在七十年前就回应了穆勒，当时在弗菲看来，好像在英格兰"每一个业余爱好者……都认为自己的观点和别人的一样好。更确切地说，系统地研究某一学科的人反倒被认为是不合格的。他是一个理论家，而表达人类智商最高等级和最高贵

[①] 指英国人。

努力的这个词却变成了笑柄的代名词"。

丛林或许生下了丛林人，但丛林人却是在其他地方孕育的，通常在那里长大并受教于粗俗之辈。他在丛林里看到的怪异，可能在任何地方都曾见过，它已成一种时尚。正如电影评论家安东尼·莱恩（Anthony Lane）曾经指出的，我们往往遗忘维多利亚人超现实的一面。我们甚至可以在维多利亚人的价值观中发现些许伙伴情谊，我们把陈规老套的男子气概理想化，谴责妇女偏离贤妻良母的模式，以及在履行义务时，把责任——包括盲目的责任——看作最崇高的善举。归根结底，这一信条的倡导者，一定是一个饱受磨难的维多利亚人。那个年代，不是每一个人的童年都像亨利·劳森的那样艰难，或者像艾伯特·费西（Albert Facey）的那样残酷，但这二人的童年经历却足够典型。劳森的出色天赋在这段经历中幸存下来，当然归功于丛林；同理，他对女人和性的长期不安、他的内疚、他对父亲的渴望、他对酗酒的需求——抚今追昔，这一切仿佛一种综合征，在当时或现在任何伙伴聚会上都能察觉到。亨利也许会想，是"丛林母亲"令他厌烦，但他真正的母亲——非凡的路易莎·劳森却与此关系更大。

艾伯特·费西那样的男人不像亨利·劳森那样脆弱，并知道自己的职责和权利在哪里，但并不总是在意那些持不同见解的人。他们是适应力强的殖民者和令人敬畏的、往往冷酷无情的士兵。即便当他在达达尼尔海峡刺杀人类同胞时，费西——比恩预言的化身——似乎仍然保持着一种可爱的平静。其他人，包括本书后面将提到的人，则发现优雅难求。

在《理查德·麦昂尼的命运》中，亨利·汉德尔·理查德森（Henry Handel Richardson）的小说取材于她的父亲，丛林反映了主人公的个人困惑和堕落至疯狂。麦昂尼困惑无法在城市和乡村间做出抉择，无法在英国风景和澳大利亚地貌之间做出抉择，无法在礼仪之邦的英国人与不拘小节的澳大利亚人之间做出选择。某天，丛林引诱了他，但转天他就被它排斥和冒犯。丛林从未引导他与他人缔结友谊。但另一方面，他是一名医生，不是一个剪羊毛工或矿工。

理查德·麦昂尼充满矛盾的忠诚既不罕见，也不难理解。如爱德华·科尔所言，即使是那些适应了壮阔澳大利亚"大陆特征"的人，也可能会被不列颠群岛的记忆所折磨，因为那里"随处可见人类的存在"。那个故国规模要小得多，渊源却如此流长并且更加持续。听不见当地的鬼魂，无法在赤桉树间感知远古的时间，澳大利亚的殖民者渴望英国场景所唤起的与祖先相连的情感。这个新的地方，延续在哪里？仪式和传统在哪里？可预测的季节模式在哪里？根深蒂固的习惯和信仰的节奏在哪里？一个让在生之人活得轻松、归西之人安息的文明在哪里？

在土著人的丛林里，过去一直存在，存在于他们周围的创造中，存在于通往梦幻时代的道路上，存在于"祖先特有的呼吸"的歌声中。受19世纪晚期澳大利亚中部人类学家发现的感召，墨尔本作家伯纳德·奥多德（Bernard O'Dowd）提出将土著梦幻时代作为澳大利亚的梦幻时代（类似雅典的梦幻时代）；三十多年以后，诗人雷克斯·厄加米尔和金狄沃罗巴克派（Jindyworobaks）坚持不懈地尝试将澳大利亚的艺术、文学和认同从欧洲转向本土，包括创世故事。这种尝试从未完全消失，但也不曾繁荣。若要估算祖先崇拜缺乏的后果不太可能，但是如果一个地方的原住民、植物、动物和气候只会让人感到更孤独、更疏离，那么这个地方得到的尊重可能会少于一个至少可以想象出熟悉事物的地方。所以，在当地环境被处理掉之前，必须努力创造另一个能够屏蔽这种景观的环境。

这一切远远超过了柏树篱笆和英国花园，或孔雀、乌鸦、狐狸和椋鸟，尽管它们确是有益的补充。歌曲是大有裨益的，有写日记习惯的殖民者们经常潦草地写下他们记忆中的歌词，而从来不写其他的东西。特别的是，澳大利亚丛林的原创歌曲相当匮乏。其中较为著名的，《跳华尔兹的玛蒂尔德》（*Waltzing Matilda*，又译"丛林流浪"）是一首苏格兰曲调，《剪羊毛》（*Click Go the Shears*）是一首美国曲调。《康达迈恩河畔》似乎是一首改编的关于拿破仑战争的英文歌曲。正如澳大利亚杰出的民俗学家劳埃德（A. L. Lloyd）所指出的那样，澳大利亚关于爱情的歌曲"少得令人吃惊"。这或许是丛林长期缺少女人的缘故。一位牧羊人在他位于大澳大利亚湾附近的小屋中写道："月亮尚未圆，要不我将以诗相赠。"可是他写信的对象是他的主人——绵羊的主人。

有些人发现，每当看到绵羊或葡萄藤时，疼痛即会减轻一些。有些人期待早期的殖民建筑变成残垣断壁的那一天。在澳大利亚的地貌里找寻熟悉的英国景观不是一种休闲时尚，而是为了满足内心的渴望以努力减轻痛苦。没有任何熟悉的人文古迹，丛林以它的外观和声音（或者寂静无声）摧毁着他们。

丛林比人文古迹还要古老：这就是困扰他们的原因。丛林比时间还要久远，这是一种令人不安的感觉。一个老牧羊人告诉罗莎·普雷德："你走啊走啊，莫名有一种感觉向你袭来，你又回到了创世之初。"一个冬日的夜晚，站在她的门廊上，罗莎·普雷德听到了惊马的嘶鸣和"被囚禁的牛"的哀嚎，以及森林中自然力量的声音，于是她写道："可能是死去的雷米利亚人的鬼魂再次造访他们在亚当之前出没的地方。"如同接纳土著居民，丛林也窝藏着鬼魂。巴克罗夫特·博克发现丛林中尸横遍野："面部僵硬的长者，未谙世事的新人 / 有些坟墩精心照料，有些荒冢无人看管 / 有些深深地安葬，有些浅浅地掩埋 / 有些暴尸荒野，有的只是苍穹。"

传说通过多种渠道得以续写和流传。在统计数据显示大多数人生活在城郊以后很久，乡村离我们仍然很近，便于露营、探险和野餐。随着殖民区成为世界上最城市化的社会，相当大部分的城市人口曾经住在农村，并与之保持着积极的联系。我被城市里的一个表兄腐蚀了，每年他都开着一辆莫里斯小轿车摇摇晃晃地来我们家一两次。他身上有股香烟和加州罂粟的气味，带来纽曼的巧克力、薄荷味的口香糖和几本《皮克斯》（*Pix*）杂志——上面印有身穿两件套泳装的女人，时而还带来一瓶飘仙 1 号杯力娇酒。十七岁时，他身高只有 5 英尺半，体重 59 公斤，却谎报年龄，参加了第一支澳大利亚帝国军队。刚到法国，他就负伤了。不久之后，他感染了脑膜炎被送回澳大利亚。他在城里的律师事务所当初级职员。他是为了一份职员的工作回来的。似乎《溢口地的克兰西》激发了他的冒险精神。

他并非唯一一个在家庭老照片中露脸的城里人，穿着花里胡哨的衣服，头发油光锃亮，没戴帽子，与蕨类丛生的溪谷或羊圈格格不入。同样，我们的乡民也常常出现在城市的镜头中，在去看板球比赛或者去弗莱彻·琼斯（Fletcher Jones）服装店试衣的路上，被街头摄影师抓拍，尽管盛装打扮，但晒得黝黑的皮肤仍难掩他们的乡巴佬相。这种文化交流一直在发酵。毫无疑问，有城里人将我们视为乡巴佬。在附近的旺萨吉（Wonthaggi，人口 5000），有人就认为我们是乡巴佬。可是，我父亲那两个住在墨尔本郊区的姑母都还算是文雅的城里姑娘，似乎认为我们质朴的乡下生活比她们邻居的要体面得多。

许多家庭在节假日期间交换孩子，于是培养了孩子适应各种各样场合的习惯。乡下人去城里做手术和住院接受治疗。城里人去乡下，为的是恢复或克服折磨他们的身体疾病或精神问题。每种做法对于另一种而言都是一种道德沉沦。为了逃避在农村无法隐藏的耻辱和尴尬，女孩子被遣往城市。农村，有利于道德提升和身体康复，能够涤荡城里的罪恶，或者至少提供一种隐藏它的机会。疗养院建在城市腹地的杏仁桉和铁线莲之间。为了净化肺腑和灵魂，近郊工人和移民家庭的孩子们乘公共汽车去丛林一日游。当一个人呼吸清新的、充满桉树气息的空气时，顿觉爱国之情油然而生。

从19世纪末至今，博物学家、鸟类学家和各种各样的活力论者，都在广受欢迎的专栏赞扬了在丛林中行走、骑自行车、拍照、观察鸟类和其他生物、嗅桉树叶的好处。我们感恩我们自己去了解和热爱丛林——诚然，我们应感恩丛林。当亨利·劳森和班卓·佩特森以及《公报》学派离我们而去时，R. H. 克罗尔、亚历克·奇泽姆和A. S. 凯尼恩等非虚构作家继续歌颂丛林。对于这些作家以及他们众多的读者而言，"农村仿若他们自己的童年，亲切而私密"。克罗尔是广受欢迎的"清新空气般"小说《维多利亚的开放之路》和《沿着小路》的作者，他宣称，如果他是统治者，他将"坚持每个孩子都应该出生在农村，并在那里度过他们生命中的第一个十年或二十年"。他说，如此国家才能变得健康、强壮和"智慧"。（希望是不忧郁的或没有自杀倾向的。）或许在1947年去世之前，克罗尔能够援引过去的八位总理以支持自己的说法，他们是斯卡林、里昂、佩奇、孟席斯、法登、科廷、福德和奇弗莱，他们都有在农村度过童年的经历。约翰·莫纳什（John Monash）小时候也在农村生活过，甚至阿尔弗雷德·迪肯（Alfred Deakin）也曾在凯恩顿度过一两年童年时光。

为了培养对丛林的热爱和了解，我们举办了金合欢节、植树节和鸟类节；上学的时候我们有自然课，教室后面有一张桌子，上面摆放着鹦鹉羽毛、装在瓶子里的黑蛇、死蝴蝶、皇帝桉飞蛾、扭动的锯齿蝇幼虫和那些盐渍的巨型蚯蚓。金合欢是金色的太阳、金色的丰收、金色的未来。它是医治丛林忧郁的良方。开花时节,乡村家庭通常会在壁炉和教堂的花间插上一簇金合欢。1910年在南澳成立的金合欢社团相信,金合欢代表了澳大利亚人开朗和乐观的性格、"金子般的心灵"以及"积极、健康的人生观"。就连闷闷不乐的理查德·麦昂尼都变得快乐起来,因为金合欢的美丽和芬芳,仿佛将他带回到结婚时的"蓝色春天"。社团坚持认为金合欢"应该等同于澳大利亚的荣誉",他们建议向为国殉职的人颁发金合欢勋章。当战争结束时,他们在加里波利栽种了金合欢树。

每年在主要城市举办的皇家农业展,是另一个文化跨界的时刻,就像成群结队的羊和牛,每周都沿着近郊的街道,拖着沉重的步伐前往市场和屠宰场。二三十年前,去看表演的时候,城市通勤者会发现,走在他们前面的客货两用车,司机是头戴大帽子的男人,他们的妻子也戴着大帽子,拘谨而不安地坐在旁边,汽车迟疑地沿着电车轨道行驶,尾部的车窗上贴了一个商标,上面写着"旺加拉塔(或随便什么)汽车",标签旁写道:"你们这些混蛋,多吃点牛肉!"

密集定居计划、采矿热潮、经济衰退,以及从消灭野兔到甄选葡萄干,再到挖灌溉渠,所有这一切助推人们移向丛林,然而,失败、不幸和郊区的舒适,又吸引他们重返城市。这种漂流持续了整整一个世纪。城市膨胀了。郊区蔓延了。乡村城镇逐渐衰落。大片的土地可获得,有利的条件被提供,美好的生活和国家的未来就在那里。这是澳大利亚人的生活方式,"拥有最多数量的羊群和最少数量的工厂"。同样,绝大多数人选择住在城市里。数以百万计的移民来到这里定居,居然没有瞥一眼袋鼠或美利奴羊。随着制造业在保护性措施(相当于农村补贴)的基础上发展起来,一个由工会、足球俱乐部和工党组成的工业工人阶级发展了传统和观点,而这些传统和观点对丛林的影响远不及剪羊毛工人的罢工记忆。一个富裕而充满活力的中产阶级，把绿树成荫的郊区据为己有，并在政治和精神领域占据很大一部分地盘。后经济萧条时代两个明确的政治讲话，孟席斯1942年的《被遗忘的人民》和高夫·惠特兰（Gough Whitlam）1972年的《黑人聚居区》，几乎都忽视了丛林。孟席斯将农民列入了他的"伟大、冷静、充满活力的中产阶级"，仅此而已。惠特兰提出了一个区域计划，并向农村地区提供低息贷款和其他一些熟悉的架构。不过尔尔。两个讲话均针对郊区。直到惠特兰时代，人们才有理由认为，当一个国家已经超越了其前工业化时代，它的发展肯定已经超过了丛林的范围。

但是丛林不会倒下。就像流浪汉的幽灵，或大火之后的桉树，或那些雨后奇迹般出现在偏僻内地的鱼，丛林重整旗鼓，恢复了在国民心中的地位。十年来，一位总理头戴一种丛林帽，四处奔走，他时常脱帽向丛林"价值观"和他所说的"实用的伙伴情谊"致意。他说，这种伙伴情谊是一种信条，真正体现了"在一个没有阶级的社会中，正派和实用的真正概念"。他还说，"澳大利亚人身上就体现了这些"。至于何为不实用的伙伴情谊，或者如果存在不称心如意的情谊，或者为何伙伴情谊比按照个人判断建立或没建立的友谊"正派"，他从未提及。

如何看待丛林价值观或实用的伙伴情谊，观点不一，我们不妨考虑一下其中一个赶牲畜的老人所说的："丛林人的荣誉守则……要么站在人群中免开尊口，要么拒绝站在人群中也免开尊口。"他讲了在海湾郡（Gulf Country）[①]的那些日子，他引用另一个人的话

[①] 由森林和热带草原组成的区域，围绕着昆士兰西北部的卡本塔利亚湾和澳大利亚北部海岸东部的北领地。这个地区也被称为海湾大草原，蕴藏大量的锌、铅和银。

说，一般的目的是"摆脱黑人，为了让牛在饮水处不被打扰"。玛丽·杜拉克写道：不只是摆脱其中的某些人，许多殖民者觉得全部黑人都应该走。她的一个赶牲畜的人说："用子弹或用诱饵赶他们走。如果一个人威胁说，人群中的其他人枪杀了土著人……很快就会有人劝他保持安静，如果他想活下去的话。"这是沉默的另一个维度，合谋的沉默，四十年前斯坦纳将其称为"伟大的澳大利亚沉默"。除了他自己的残暴行为记录，保持"三缄其口"是博文市长在他日记中使用的措辞。这是乡村一个极端的情况；在另一个极端，出现了同样的沉默以及对屠杀和投毒同样的视而不见。在南澳，直到1890年一个观察家写道："消灭的工作无声地进行。"

很自然，故事发生了不同的变化。重要的是保持农村社区和他们价值观的存在，因为如果我们不这样做，我们将失去我们的心灵。国家广播电台继续用几个小时的时间播报农民的活动、他们的斗争和不满、他们遭受了旱灾或水灾的土地、他们垂死的城镇。一些评论人士，包括一些农民，认为抗旱救灾和其他财政援助正在助长民族神话，并加强了农民指责除了他们自己以外的所有人的这种奇怪趋势。一位记者说，抗旱救灾就像给吸毒者的又一打击。干旱不是因为运气差，而是由于管理糟糕。另一位记者说，人们将干旱视为"令人愤怒的意外"，这是澳大利亚未能适应澳大利亚现实的一个征兆。一位学者说，"干旱是一种构想"；这个词"描述了一个没有达到我们期望的国家"。

习惯于根据实用性判断事物价值的人，可能倾向于一种相关的历史观点。在他那本令人极其喜爱的回忆录《一个幸运的人生》中，艾伯特·费西，一个丛林人、工会会员和士兵，在描述他在加里波利战场上六个月的经历时，与记录过去他在西澳大利亚农村度过艰苦生活时所使用的措辞大同小异。这是另一份需要从事的工作，另一种需要战胜的恐惧，另一个需要履行的义务，另一项需要掌握的技能。最终，他发现"如果觉得这一切都是徒劳的，将会是十分可怕的事情"。事实并非如此。当跃障犁和佛瑞德·沃尔斯利（Fred Wolseley）的机械剪切机对产业大有裨益之时，加里波利证实了我们对国家天才的信心，相信他们能够把最糟的工作做到最好，并证明这对确立国家认同大有裨益。当然，如果一场军事灾难能够变得有用，那么，恶行也未尝不可。功利主义和实用主义的灵魂不需要为事件的实际原因或者它们的真实本质或者是非曲直或者任何类型的理论争论；它们只需要说，在这样的事情上含糊其词是有伤民族风化的，我们不应该深陷其中，而应该继续前行。

如果我们相信，我们"如此多"的优秀品质来自丛林，那么余下的又该如何解释呢？来自战争？我们是由天然障碍物和炮火射击构成的？我们从好奇中获得了什么灵感吗？从科学——或者只有当科学与贫瘠的土壤、仙人掌、兔子和绵羊的疾病背道而驰时——汲取了什么营养吗？我们的品质中是否有一部分应该归功于我们的想象呢？我们只是讲实际的吗？肯定是我们的领导人凭借我们对丛林传说和战争的信仰，以及缺乏对其他努力感兴趣或取得成就的现成证据，诉诸这些传说。有可能的是，近乎宗教信仰的伙伴情谊，包括"实际的伙伴情谊"，与对知识积累的尊重仿佛南辕北辙，并淡化了人们的兴趣。同样的效果可能扼杀了真正的个人主义和好奇心。为什么一个完全的男性信条应该继续成为整个国家的信条，更加令人百思不得其解。

然而，沧海桑田。如今，每每谈及这些丛林人，我们都难掩溢美之词，因为他们与自然所做的抗争，而非因为他们战胜了自然，或成功地与大自然合作。无论他们生活在哪里，我们这代人和上一代人知道，我们是"骑在羊背上"的国家，自从约翰·麦克阿瑟（John Macarthur）以来，羊毛业一直是主要的支柱产业，美利奴羊是地球上最好的绵羊。深知繁荣依赖于土地，如同虚构了丛林，那几代人也渲染了农村经济的成功：政府带来了补贴、帝国特惠制计划和不公正操纵农村席位；公众喜欢看到阳光普照平原，麦浪披着金色，绵羊们穿着精致的羊毛，狗儿也在工作，还有骑在马背上赶牲畜的人。魅力现在已经消失了。工作、进步和繁荣的主题在汤姆·罗伯茨、乔治·兰伯特和汉斯·海森等人的百年老画上永存，还在乡村别墅墙上挂历的照片中流传，但在其他方面，已经消失殆尽了。

电视上更常见到的是那些被毁灭世界的画面——就像国歌中的歌词，"大自然的礼物"的画面，而不是我们创造的世界的画面。澳大利亚人继续寻找他们的认同，在某种程度上，他们更喜欢在以下这些方面继续寻找他们的骄傲，即凶猛和可爱的原生动物、毒蛇的数量、城市之外浩瀚的景观、自然灾害的规模（正如诗人所说，"她的美丽和她的恐惧"），而并非在其他方面，例如，制造业的产品、他们的研究实验室，或者实际上他们的农场。这肯定是因为他们对这种把自己塑造成驯服自然的民族形象更感惬意，至少原汁原味，全部都有些许滨藜比尔①的影子，一只脚踏在大坐垫上，另一只脚在鳄鱼和虎蛇的附近悬荡。

毫无疑问，这种任性的、倒退的精神之所以持续存在肯定有诸多原因。其中一个原因可能是，只要我们相信我们某种程度是身穿桉树皮和生牛皮的、天生的丛林人或林地精灵，我们就无须努力在更复杂的事情上尽善尽美。南澳的一系列发明组合在一起，还有澳

---

① 滨藜比尔是班卓·佩特森《滨藜比尔》等五首诗歌作品中著名的人物。

大利亚联邦科学与工业研究组织的黄金时代，究竟是毁坏了还是创造了小桉树带，取决于你的观点，但此后的经历告诉我们，我们可以依靠其他国家和外国公司，去完成更复杂、更高水准的任务，比如梅西·弗格森和孟山都公司，就像大多数澳大利亚人长期以来为了舒适依靠别人饲养牛羊和开采矿石一样。

或许是这种内疚感使得丛林——或者至少关于丛林的神话——变成我们心理现实中不可磨灭的一部分。现实中，我们对丛林的参与度越低，对它承担的风险就越少；我们对丛林的了解和感情越少，关于它的神话势必越强大。弗洛伊德学说的信奉者倾向于认为，与文明相伴而行的还有恐惧，恐惧过去对曾经清白或完美的侵犯，而神话满足了"我们将自己送回原始状态的本能"。澳大利亚的殖民涉及严重的侵犯行为，因为有些人看到了侵犯行为的后果，并抗议破坏他们所认为美丽、珍贵、天赐的自然。

第 5 章
庇护亡灵

沉默的种类 — 死水潭心态 — 流浪汉、
独居丛林的怪人、骑士和其他行者 —
亚瑟和土著人 — 不幸的西里尔 —
可与自然威力媲美的艾伯特 — 正确的态度

  有一个人，差不多每天都带着他的狗从离我们最近的镇子走到大岭路上的另一个镇子。在其中的一个镇子，他总会花上三便士给他的狗买一个冰淇淋。我不曾记得他的名字或者他的犬种。从他身旁经过仿佛途经一间熟悉的房子或一棵树。我想这个人在第二次世界大战中脑部受到了损伤。还有一个人，身高不足五英尺，皮肤黝黑，大家只知道他叫多米尼克，他行走于洛赫（Loch）和科伦巴拉之间的公路上。人们总爱说，他是"外国人"，至于其他情况，我们一无所知。他穿了一件旧的运动夹克，纽扣扣到下巴，里面套了数不清多少层的衣服。我们每星期都能从校车或汽车上看见他一两次，他始终像门柱一样立在那里，也总是被车辆的轰鸣声所烦扰。他在路边茂密丛生的植物间盖了连排草棚，并睡在那里。他在最后一间草棚里住了若干年,最终草棚被当地的一些年轻人拆了。从未听到任何人曾与之交谈甚至招手。房子被拆之后,多米尼克也离开了,至于去向何处,我们全然不知。他是我们这个地区的最后一个流浪汉。

在我们家,伟大的步行者是那位在加里波利服役、在法国被毒气毒死的叔叔。在大萧条时期,他放弃了士兵定居委员会授予他的九十英里海边沙丘,步行前往昆士兰的朗瑞奇(Longreach),在那里找了工作,并把他的妻子和两个儿子也接了过去。全家在那里生活了一辈子。

其他人最远只去过朗瑞奇,但即使在20世纪50年代,在四轮驱动汽车、拖拉机和四驱摩托车之前,农民们大量依靠步行:每天都要穿着沉重的靴子山上山下行走几英里,燃烧摄取自动物脂肪、土豆、蛋糕和点心的碳水化合物。随着车辆的改进,男人们开始变得大腹便便。对此,女人们会说"香料帮他们打开了胃口"。这是年景好转的迹象。

虽无人提及,但有一种感觉,我们可能会有所进展,至少是随着总体形势的好转而改善。当太阳光洒满青草地,奶牛的皮毛熠熠闪光时,农场里仿佛散发着希望和满足的气息。父辈们年轻时没有条件接受高中和大学教育、享受充分就业和人生繁荣,但他们始终坚持不懈,使得这一切在我们这代人身上得以实现。对一个健康的小伙子而言,这种想法难以忍受。我梦见过逃离。毋庸置疑,那是恋母情结,或者是某种自然的东西,远远超出了我的认识和理解能力。

如果船是一座有溺亡可能的监狱,那么农场就是一座缺少那种刺激的监狱。对狱卒而言,它是一座有奶牛和杂草的监狱。农场里的活应接不暇,没完没了:挤完一头奶牛再挤下一头,忙完一种收获再忙另一种，捆完一个干草捆再捆下一个，应付完一种动物再应付另一种。我想我记得20世纪50年代挤奶棚里面的每一个动作。把杯子扣在奶牛胀得鼓鼓的乳头上，把麸皮放在桶里，把粪便扔出门外。每一个动作都已形成肌肉记忆。五十年后，我相信我仍可以用圈绳将奶牛的后脚捆绑，仍能通过链子感觉到它踢踏的震动，直到它安静下来。这些记忆与牛奶和粪肥的气味以及十几种声音一起存留，那些将牛奶吸进桶里时的机器轰鸣声，与刚被放进空桶里的那些黄色牛初乳的气味是那么和谐融洽。

不过，我还是能轻松应对。我在那里等待他们吩咐，但是一年中的大部分时间里，我都没有在棚子里或小围场上履行日常烦琐的工作，对此，我很感激。我的不满与其说是对农场生活的厌倦，不如说是被其他地方所吸引。所谓其他地方，不是城市，而是小桉树林、里弗莱纳、拉克兰河、德尼利昆。我想象着到那些地方去，体会它们的神秘，赠予它们我所微不足道的拥有。倘若20世纪60年代是20世纪30年代，给予农场男孩的选项是农场或道路，我就会选择道路，并且欣然接受。在精神错乱的青春期，我决定退学。在我的期中学年快要结束的时候，有一天，我陪着父亲在沃勒格尔（Warragul）做了一桩牲畜买卖，我走上街头，向新南威尔士银行申请了一份工作。在我还差四个月过十六岁生日的时候，我梦想着十八岁时有足够的钱买一辆车带我上路，开去免下车电影院等场所。银行的工作是暂时的：我幻想成为一名旅游销售。

无论冲动是什么，如果没有内陆，就不会有离开农场、家庭、教育的梦想和迷失在内陆。丛林具有实用性：它将社会以及生活中的许多痛苦和复杂性拒之门外。我的丛林梦曾对一大群头脑发热（如果不是精神错乱的话）的人低语，召唤他们进入这个无底的深渊，在那里，他们可以像想象的那样相爱或舔舐他们的伤口，还可

第5章 庇护亡灵

以在酒吧或水潭旁放飞自我、培养阳刚之气、远离烦恼。

第一次世界大战之前，海军上将理查德爵士任皇家海军澳大利亚站总司令，他的妻子艾达·波尔夫人（Lady Ida Poore）对澳大利亚丛林居民的性格和习惯印象深刻：她发现"澳大利亚妇女讲求实际的精神"令人钦佩，男人们给她留下的深刻印象是，他们的"沉默寡言、自力更生和深思熟虑；具有一种自然的尊严，对妇女和儿童表现出一种特殊的礼貌和温柔"。她写道，男人们害怕他们自己的想法，或者因为他们的沉默和巨大的空虚而感到不安，这让他们感觉像是"圣保罗大教堂的蚊虫"一样渺小，无法在丛林中生存。据艾达夫人的经历（以及她皇家海军丈夫的经历），那些最终在丛林中得以生存的人，拥有每一个真正的男人所拥有的——"［他们］性格中的坚韧和担当"。

在西澳，坚韧的爱尔兰人詹姆斯·特威格认为，他遇见的丛林人"总是……特别沉默的男人，他们很少笑……［他认为］……一定是丛林的沉默造成的"。可以这样说，当一个丛林人和其他任何人一样意欲表达思想时，他的大脑一片空白，或者即便脑子里有蛛丝马迹，也无法条分缕析。要么就是那些想法太复杂，令他难以表达。这或许得自大教堂般沉默的影响：他的沉默可能是那种宗教的沉默。同样有可能的是，与不可预知的自然长时间接触，使他变成了一个怀疑论者。他或许已经熟视无睹，所以不屑解释或评论，或许做了一些无以言表的事情。丛林的"怪异"可能会对他产生影响。长期孤独地面对丛林，可能使一些人变得古怪或疯狂，也可能给另一些人的生活注入积极和冥想，最终实现完美的和谐或优雅。确实，丛林可以接纳你，并引领你的思想。19世纪晚期，一位美国游客宣称，这种沉默"象征着死亡和荒凉"。

也许是为了抵制这些阴沉的感觉,当他在昆士兰的一个水潭边的桉树下烧水时,那个受人尊敬的流浪汉哼起了小曲。谁知道呢,他也许是在乌鸦凄凉的聒噪中歌唱,也许是在成千上万只凤头鹦鹉的叫声中歌唱,也许是在蝉和苍蝇生活的无形空间发出的嗡嗡声中歌唱,也许是为了淹没那坟墓般的寂静。丛林会说话,它"就像你自己的思想一样与你亲密无间"。

于是,我们歌唱在死水潭边喝水的快活的绵羊。流浪汉走上前去,一把抓起绵羊(并割破它的喉咙,我们猜想),藏进他装食物的背包里。羊的主人,一个牧场主出现了,骑着他的纯种坐骑,同来的还有三个骑在马上的警察。"你包里那只快乐的〔该死的〕羊哪里来的〔或者在有些版本里,'是谁的'〕?"他们问他。这样的一种询问,说明警察已经告诉牧场主由他们完成问话。流浪汉错过了一个聪明作答的机会,他跳进水里,淹死了。我们只能猜测他是被什么附体了。无论在何种情况下,每当我们在学校唱这首歌的时候,老师就会告诉我们,要恭敬而轻声地演唱最后的小节,就好像他是为了崇高的事业而牺牲了自己的生命一样。

公道的是,就在不久前,牧场主也因其开创精神受到人们的钦佩。尽管是一项宏大的事业,但经营牧场一直都是一个高风险的投资。气候和疾病可以摧毁他。经营不善——无论是他自己的牧场抑或他人的牧场——可以彻底将他击垮。他依赖海外资金流,利率比英格兰高很多;凭借短期信贷来支付当地商人所提供的运营费用,以此保证资金的流动;他还依靠借款来支付数月养羊剪毛,然后运到伦敦并在那里销售的费用。尽管其政治权力和社会的影响力往往与他的土地数量同样惊人,但从根本上讲,牧场主以乞讨为生,向自然和英国投资者乞讨。随着19世纪末的临近,他也向大众乞讨。那时,大众的情绪对他不利。选地人(甚至流浪汉)取代了牧场主在万神殿的位置。干旱、兔子、价格崩溃、土壤耗尽、劳动力成本上涨和经济萧条将他推向破产。难怪他与新牧区工会的斗争会陷入停顿。这就是生存与死亡。

班卓·佩特森在位于昆士兰温顿（Winton）附近麦克弗森的达格沃思（Dagworth）牧场上，写下了《跳华尔兹的玛蒂尔德》，并将其谱成年轻的小姐们在维多利亚赛马会上听到的曲调。就像大多数民歌，《跳华尔兹的玛蒂尔德》的歌词流传甚广，尽管其中的故事基本没有变。那是1892年，剪羊毛工大罢工一年之后，到处是一片混乱，全副武装的骑警带着刺刀，护送着羊毛穿越平原和河流。其他市民禁止携带武器。谈论革命的工会会员被送进监牢。

罢工的剪羊毛工人焚烧了达格沃思的剪毛工棚，并与主人和警察展开了长时间的枪战。过了一段时间，一个名叫霍夫迈斯特的流浪汉／剪羊毛工的尸体在几公里以外的水潭边被人发现了。警察说这是自杀。一些学生认为是警察射杀了他。佩特森肯定受到达格沃思和其他牧场上发生的这些重大事件报道的影响，他在《跳华尔兹的玛蒂尔德》之歌中讲述的故事仿佛一堂政治课吸引了人们的眼球。尽管年轻的佩特森不是保守党人，但激进的政治并不是他的风格。显然，达格沃思的牧场主对两种政治都毫无兴趣：根据佩特森的描写，在麦克弗森战役后不到一年的时间里，人们就看到了为剪羊毛工呈上的香槟。如果波尔夫人的所见所闻具有代表性，可见剪羊毛工也失去了对作战的兴趣：袭击发生二十年后，她发现"剪羊毛工、短工、剪羊毛工的厨师、无业的流浪汉"都向牧场的"女主人致意"。她相信，这是一种"无意识接受父权制度"的证明。

流浪汉互助会欢迎所有类型的人：妄想型的怪人、无用的寄生虫、季节性的劳工、失败的选地者、文盲和受过教育的二流子、穷困潦倒的艺术家以及遭遇经济萧条和其他不幸的无辜受害者。文学作品中的流浪汉是"看起来凶神恶煞的"和"面临绞刑的"。芭芭拉·贝恩顿笔下的流浪汉是不祥之兆，欧内斯廷·希尔笔下的流浪汉则是温和的、厌恶女人的，他们只是想让女人别管他们。在西澳的当加拉（Dongara），西里尔·彭尼（Cyrill Penny）记得那些疯子，包括那些衣衫褴褛、不停祷告的宗教狂热者；记得那天一个流浪汉偷走了一只鸡，把内脏留在了前门的台阶上，他的母亲则把自己和孩子反锁在房内，拿着一把斧头站在门后。有些土著人将一个"白种人疯子"带到布雷沃里纳牧场附近的牧场主营地。他饿得半死，被太阳晒得通红，但他却有"相当快乐的笑容"。牧场主说，这种情况"在丛林里是常见的"，"超乎寻常"的是他们中有多少人"由于没有意识到生活的烦恼而快乐着"。

　　如果按"快活的"一词的字面意思来看，歌曲中的流浪汉似乎更可能是某个"独居丛林的怪人"，也就是说，疯狂得像贝恩顿《斯格拉美》中的牧羊人，他可能有双相型障碍、精神分裂、抑郁、躁狂或任何数量的其他未经确诊的精神障碍。他也可能是迈尔斯·弗兰克林所见的："各种外形、身材、年龄、种类和条件……患病的、受过教育的、无知的、畸形的、失明的、邪恶的、诚实的、疯狂的、理智的……肮脏的、烂醉的、衣不蔽体的人……"或者他也许是一个"本地人"——一个乞讨者，衣不蔽体、食不果腹的穷人中的一个，就像劳森笔下的人物米歇尔，或者弗菲作品中接受过大学教育的英国人威洛比。他也许会跳进死水潭，因为他知道他一直生活在骗人的游戏中。

　　无论他的性格是好是坏，快活的流浪汉都不是喜欢制造事端的人，他是一个反英雄、一个没有理由的叛逆者、一个魔法师。当牧场主和骑警显然代表资本和其帮差时，流浪汉肯定是波希米亚个人主义者，而非社会主义者。的确，如果他们是那些为了招募他而来的工会组织者，他也可能会像面对牧场主和警察一样应对。我们的流浪汉是一个离经叛道者。他死了。丛林已夺去了他的生命。当死水潭在下一场干旱中干枯时，他的骨头将会和牛、羊、马的骨头一起变白——谁知道呢，也许还有其他的流浪汉（丛林也夺去了他们的生命）。欧内斯廷·希尔写道，在西北部，每年都有十多个这样被海市蜃楼诱惑最后渴死的"老手"。罗莎·普雷德问道："丛林会不会放弃它逝者的秘密，以及众多桉树下上演的孤独的悲剧？"

　　佩特森歌曲的名字可能来源于德语 auf der walz，它描述了年轻的手工艺人在学徒期满后进行两到三年旅行的传统。"玛蒂尔德"（Matilda）源于古老的日耳曼语，原指一名强壮的女战士。铺盖卷似乎就是流浪汉的玛蒂尔德（妻子或伴侣）。"卷起铺盖"（包行李的蓝色毯子）的意思就是"跳华尔兹的马蒂尔德"。亨利·劳森列出了"失业"或"无固定住所"的常用词汇，其中包括"行走的玛蒂尔德"和"驼背的玛蒂尔德"，但不是跳华尔兹的玛蒂尔德。无论这个表达的起源是什么，佩特森都需要某种天赋将这个场景魔法般地施入国人的心中：闷热中，在孤零零的一个死水潭旁的一棵树下，一个来自消失部落的声音引诱着乌鸦和微风："谁将与我带着铺盖卷流浪？"帕特里克·怀特认为，试想，在澳大利亚巨大的空虚中，"头脑是最微不足道的东西"。

　　流浪汉——或者步行者——也称作旅行者。大量的这种"游牧部落"在丛林中游荡，找寻工作，当没有工作时，至少找点东西糊口。温莫拉的一位老兵回忆道，剪羊毛季前的一个月，总有四五十人来到这里。但牧场主并未给他们提供正式的餐食，而只是给每人一小盘面粉，让他们自己烤面包吃。诗人约翰·肖·内尔森（John Shaw Neilson）在西维多利亚游历了三十余载，估计有过200多个雇主。这是一种衡量事物的标准,他们一生勤恳工作、吃苦耐劳却永远无法摆脱贫困。

　　早期的流浪汉中有许多曾是罪犯,后来大多数则是在没有工作的时候去打沙袋鼠的人。除了《跳华尔兹的玛蒂尔德》以外,班卓·佩特森着实是马背上丛林人的民谣歌神,而亨利·劳森堪称行走的丛林人的词圣诗仙。曾短暂漂泊的索伦森说,马背上的流浪者把自己视作一种优越的社会等级。这种优越感可能缘于他们超出步行者的高度和速度。脚蹬一双不跟脚的靴子在丛林中跋涉,与骑着马穿行,二者相去天渊。

　　在以"全速奔跑一英里"测试了爱尔兰人麦克纳布的阉马"埃及艳后"之后,汤姆·柯林斯(Tom Collins)说:"骑着那匹马感觉自由、快乐、不可战胜。"在《武装抢劫》中,罗尔夫·博尔德沃德赐给他的"混血儿"沃里格尔一匹古怪的、非法得来的漫步者,它的名字叫比尔巴,它对沃里格尔神秘的个性的塑造不亚于比塞弗勒斯(Bucephalus)[1]之于亚历山大大帝、托普之于霍帕隆·卡西迪(Hopalong Cassidy)[2]。博尔德沃德笔下的人骑马穿过"壮阔的草地",那是吉普斯兰"肥沃的乡村",翻越蛮荒的"山地","途经雪河回到熟悉的新南威尔士,然后继续前行至莫纳罗。之后我们就知道我们在哪里了"。

　　那就是自由。一匹相得益彰的马,既能张扬主人的个性,又可放大他的人生格局。一个碌碌无为的人,骑在一匹好马上可以显

---

[1] 亚历山大大帝深爱的马。据说,马贩子将这匹马卖给了亚历山大的父亲马其顿的腓力二世,但没有人能驯服它。出乎所有人的意料,十二岁的亚历山大尝试征服它,并赢得了这匹马,取名为比塞弗勒斯。他非常喜爱这匹马,以至于马死了之后,以马的名字命名了一座城市。

[2] 作家克拉伦斯·马尔福德(Clarence Mulford)虚构的牛仔英雄。托普是霍帕隆·卡西迪最喜欢的马。

得出类拔萃。它可以为他插上一双翅膀，即便它不是一匹配备精良的马，它总能比他承载更多的东西，而且可以成为各种各样的伙伴，甚至是心上人。在他所有的沙漠马拉松比赛中，坚不可摧的丛林人和探险家约翰·麦克道尔·斯图尔特都带着一匹同样坚毅的母马——波莉。就算波莉不是他唯一喜爱的行走动物，或许也是他可以说话的唯一雌性。波莉在他离开她的那棵桉树下饿死了。

马需要饲料。马背上的旅行者总是在寻找草地和水源。通常，他不只拥有一匹马：一匹用来骑，一匹用来驮运他的物品。这样会减少大多数不幸发生的可能（除了坠马），但却大大增加了养出一匹坏脾气的马或一匹狡诈的马的机会。这个骑在马背上的旅行者不只是要应对他自己的个性，还要处理与外部世界的关系。按照弗洛伊德的比喻，自我是骑在马背上的人，驾驭着桀骜不驯的马（本我），约束着它前进的方向。我们可能认为步行者或流浪汉把"本我"从等式中移除了，就像他从家庭和社会中逃离（或试图逃离）"超我"和外部世界的劫掠一样。

按照弗洛伊德的说法，流浪汉是在东躲西藏中被击垮的"自我"（即使有，他也很少意识到自己是在逃避自己）。一个典型的例子是斯蒂尔·拉德作品中的流浪汉，胡思乱想的杰克，他在大厅的镜子里看到了自己的形象，还从中看出了自己父亲的影子，于是用一把斧头砍碎了镜子。当然，杰克代表了自愿的旅行者、流浪汉或者日落客，他们想要或者（因为没有任何其他的办法）需要"简单的生活"，且能从牧场主那里得到，因为与其让牧场被点燃或羊被偷，牧场主更情愿为他们提供食物。

徒步旅行者最大的实际优势在于，只需顾及他自己的嘴巴，只需乞讨他自己的饭食（也许为他的狗讨要一块骨头），只需承担他自己的心理压力。而一个骑马的人，常常需要在早晨寻找一匹在夜间游荡的马,常常在夜晚聆听那只告诉他马儿整夜原地未动的铃铛,常常整日担心有些虚弱的马。同样,一个骑自行车的人需要对付车胎被扎、车轮弯曲、车链有沙砾等状况,而步行者只需卷起他的铺盖卷,开始沉重而缓慢的行走即可。他只不过是大地上的一个小点,正如失业和流浪的弗兰克·胡林所言,在丛林"梦幻般的超然和自我封闭"中几乎是不可见的。因为没有马让他暴露,他可以在盖节拉木树荫下小憩,就像弗菲在《人生就是如此》中留意的那个流浪汉:那个计划现身门前的家已远离视线,他饥肠辘辘,疲惫不堪,时间太晚,无法回到木柴堆——"费思量的时刻……当闪烁的景色渐渐在眼前消失"。

劳森建议:"整理或者'卷起'铺盖卷时,先将门帘或一块印花布铺在地上,然后将包裹放在上面。在一端,留出十八英寸左右的空间,放叠好的备用裤子和衬衫、轻便靴(用鞋带将脚尖与脚跟捆绑好)、书籍、旧的信件、肖像或想带走的任何小摆设、针、线、笔墨、补裤子用的补丁和备用鞋带……"劳森忘记提及面粉、茶叶和糖。带盖的金属罐或器皿单独携带,就像一个小型锡制手提袋,里面可能装有烘焙用的小苏打或酒石。冈恩夫人说,在1900年前后,这些东西已经成为丛林人烤制面包的基本用料。与其说铺盖卷是妻子,不如说是母亲。

爱人、母亲或伴侣的替代品,是出门在外者在这个世上所拥有的一切,也正是他所缺少的。它是他的家和他不曾拥有的家。流浪汉出门在外,他们是缺席者。就像佩特森民谣中咏唱的:"克兰西去昆士兰放牧去了,我们不知道他现在何处。"主人公没有和他的妻子在一起。在劳森的短篇小说中,当丈夫"外出放羊时",赶牲畜人的妻子独自与大自然搏斗。他离开妻儿,与羊为伴。她想知道"他有时是否会忘记他已经结婚了"。即便如此,赶牲畜的人最终还是会回来的，而"去丛林流浪"则是没有确切终点的旅程。

如果说丛林培育了民族性格，那么它就像一家普通的大型廉价旅馆，收容着有各种各样性格和野心的投宿者。快活的流浪汉也许是弗菲或者劳森或者贝恩顿笔下的任何一个角色，或是百万行路人中的任何一个，或是少数留下自己生活和旅行记录的人中的一个。

亚瑟·阿什温有着多重角色——赶牲畜的人、勘探者、流动劳工或牧羊人，他本可以从《马德雷山脉的宝藏》中走出来。他是一个集实用主义者、哲学家和梦想家于一体的根深蒂固的漂泊者，尽管这种集合不太可能。他还是一个传记作家。他在始于19世纪60年代、跨越半个世纪和整个大陆的人生中，遇到了形形色色的旅行者，其中有一个寻马人，狂欢过后受到惊吓，最后被发现死在水潭里，脖子上绑着一块石头，双脚就在水面下。

亚瑟·阿什温于1850年出生在北阿德莱德，并在那里度过了童年。他声称，正如人们所期望的，传奇骑手亚当·林赛·戈登是他家的朋友，经常骑着马跳过他家前面的栅栏。他记得在一次女王生日的那天，"遇到了阿德莱德最大规模的黑人集会"。他还记得在墨尔本看见伯克（Burke）和威尔斯（Wills）离开，以及他们的遗骸被运回来。他记得看见了玻璃棺材中他们的遗骨。

多年以后，亚瑟·阿什温在他的回忆录中记录了这些事情。他充满英雄气概、奇特而通常又很邪恶的长途冒险行程，究竟有多少可信度，无人能够说清，但他说这些都是"原原本本的真相"，尽管他为了保护某些人的名誉不得不"放弃了许多真相"。他写道："我可以写一部关于澳大利亚黑暗面的好书，但不会允许出版，因为这会披露一些有名的家庭。"他花了半个世纪的时间，穿越大陆，寻找金子和工作。他勒紧缰绳，让马把他拖过泛洪的河流；他勇敢地面对鳄鱼，赶牛涉水过河；他忍受蚊子和沙蝇的袭击，忍受发高烧和难耐的酷热。他曾经连续数月靠"生肉和冷水"过活。他看到了伯克在库珀河（Cooper Creek）上建造的"防黑鬼"车站，还在查尔斯·斯图特的格兰车站看到了普尔的坟墓，1881年，"也是在那里，我第一次看见了金子的颜色"。他认为他知道莱卡特的骸骨在哪里。他的《回忆》给人留下这样的印象：在丛林中无论他走到哪里，他身边永远都不缺这样一些人：像他一样思考，与他具有相同的渴望和痴迷，"平凡的"生活像他的一样精彩。无论是否"原原本本的真相"，至少他的记忆揭露了人的本质，以及他所游荡其中的世界的本质。亚瑟·阿什温认为，乡村是像他这样的人开拓的，而且他所说的并非没有一点道理。他们的奋发努力和坚韧不拔令人难以理解。今天，我们很可能会认为他们心理上受到了伤害，但边疆需要狂热分子。

亚瑟的父亲是一个职业人士，举家迁往墨尔本后，他把儿子送到了一所小型的私立学校。但这个男孩"非常任性"，总是逃学，"遭受鞭打以后变得更加不可救药了"。有一次，他爸爸差点就要把他打死了，可他却说，他就是该打。最后，他爸爸不打他了，而是给他上了一堂课，讲的是说谎的危险，亚瑟宣称他一生都遵循了这些训诫。他记得一个十几岁的男孩子对牧场主说的一个谎言：他已经查看过风车和贮水罐，尽管他没有，两天后，一百多头牛渴死了。（除了悦耳的燕语莺啼和巨大的活动空间，在乡下度过童年的一个特权是，如果一旦忘记关闭大门或者水龙头，你将永久生活在受到圣经惩戒的恐惧中。）

在亚瑟的一生中，"许多诸如此类蓄意的谎言"引起了他的注意，他认为这种行为是有罪的。十四岁的时候，他开始抽烟斗，并坚持认为烟斗有健康熏蒸作用，这是他一生中一直保持的习惯。他十五岁在照相馆拍摄的照片中，手里握着一条牧鞭。大约就是在那个时候，他购买了去丛林谋生的生活必需品，卷起铺盖卷，于一天凌晨三点钟离开家，出发去了丛林。或许，他要逃离的正是他的父亲，尽管他按照父亲的原则生活。

他向西边走去，先是做了一点勘探工作，然后继续西行，那里的自由选地者们与大牧场主签订了绝妙的租赁合同，所以正忙着搬入，而那些牧场主则用各种各样的花招来阻挠他们。在坎珀当（Camperdown）附近，亚瑟和他的一个朋友挤牛奶，并一直"非法使用房子"。那是一片富饶的土地，成群的鸭子和天鹅在平静的湖面上玩耍，而野鸡和公鸡则栖息在小溪旁。"平原上遍布着无数的头骨"，他推断这里曾经发生过殖民者和土著人之间的一场"恶战"。在温莫拉，亚瑟找到了工作，赶羊、牧羊和洗羊。而后，他去了阿德莱德。1870 年，当他加入米尔纳（Milner）赶牲畜探险队来到达尔文港的时候，他已然是一个丛林人，精通饲养马和狗，"习惯了坏黑鬼"。探险队包括九个白人、三个黑人男孩和一个（"私奔的"）土著女人、7000 只绵羊、300 匹马、一群小公牛、运货马车、板车、手推车、10 只牧羊犬、15 只猎犬，还有几只引领羊群的山羊。起初的一段时间，山羊适应得很好，但因为吃了有毒灌木，大多数都死掉了，同时死掉的还有 1000 只绵羊。与数以百万计的祖先一样，幸存的山羊在牛群都会挨饿的地方繁衍生息（更不用说在牛群不会挨饿的地方了），而且，尽管它们造成了一些损害，却为把它们卖给世界上吃山羊的国家的人提供了生计。

自约翰·麦克道尔·斯图尔特最后一次成功探险这块大陆的北部海岸，已经过去七年时间了。米尔纳一行按图索骥，按照他广为人知的、精确的地图进行探险。在早期的一次探险中，斯图尔特在他称作袭击溪（Attack Creek）的地方遭遇了土著人的暴力抵抗。米尔纳探险队也遇到了同样的麻烦。斯图尔特的一个队员约翰·伍德福德告诉亚瑟，在袭击溪他们使用枪和短剑对付那些黑人。他认为自己已经竭尽全力劝说探险队两兄弟领队中的约翰·米尔纳，任何"野黑人"都是"坏黑人"，不应该允许他们在营地停留。但是约翰·米尔纳一意孤行，最后被一个坏家伙杀害了。亚瑟近距离向袭击者开了两枪，其中一枪将之打中，米尔纳的猎犬穷追不舍，但据亚瑟说还是让他逃脱了。袭击溪遇险之后不久的一个晚上，亚瑟听到营地附近有土著人的声音，就把狗放出去。第二天早上，回到营地时，它们浑身是血。在离营地约400米的地方，他们发现"一个黑人躺在那里死了，喉咙被撕开"。此后不久，他又和另外两个人一起偷偷地来到一个"土著人歌舞晚会"，并且"驱散了那些人"。开拓者可拉·威尔斯写道："'驱散'指的是此处不便提及的其他意思的代名词。"

在阿什伯顿山脉（Ashburton Range）的北端，亚瑟来到了他称为"黑鬼镇"的地方。中心是一个高2米、直径5米的储藏室，周围大约环绕着五十来处土著人的小屋。储藏室里摆放着"大捆的长矛……和4—5米长的大木盘，装满了米粒般大小的谷物种子"，他猜想"约有一吨"这样的种子，装在十七个圆盘状器物中，上面盖着纸皮树枝。储藏室还有"许多装有红赭石、石墨、白粉和燧石的网袋"。这里没有"空中所有的鸟"①——他们有仓库和谷仓。亚瑟·阿什温收拾起他们的工具和武器，将之付之一炬。

在罗珀河（Roper River）另一侧的湿地上，他们遇到了一群安装电报线的白人男子，一个个饥肠辘辘，于是他们把羊卖给了这些白人。这些白人男子"都是昆士兰人和一些刺儿头，坏蛋黑

---

① 语出鹅妈妈童谣集中《谁杀了知更鸟》："当丧钟为那可怜的知更鸟响起，空中所有的鸟都悲叹哭泣。"

鬼乡村中的好人"，亚瑟继续描述在北领地和后来在昆士兰帕尔默河（Palmer River）的金矿上发生的各种事件，以充分说明他的观点。一个殖民者说，如果没有杀戮，"就不可能解决乡村的问题"。

在1910年之前的四十年里，在北领地，70多个欧洲人和亚洲人被杀害，凶杀一直持续到20世纪。1840年至1897年间，至少有850名"欧洲人和他们的盟友"丧生，这比昆士兰州的平均死亡率要高得多。人们认为一些遇难者可能是在抵抗欧洲人占领的战争中伤亡的，尽管在战斗中阵亡的人很少。这些数字表明存在游击状态的土著抵抗运动，但至少杀人的动机是这种或那种侵犯。它常常由复仇引发，或是女人被劫走，或是在没有必要或约定补偿的情况下虐待女人。一个同行的赶牲畜的人告诉乔治·麦克莱弗，他曾三次射杀土著人，为的是偷走他们的女人。

即使杀害土著人，如果没有土著人的水，他们也不可能在干燥的内陆地区定居。当托马斯·米歇尔来到牛最先发现的水井时，他感到"愤怒"。他说，他们的"邪恶企图几乎摧毁了土著人的整个家园"。然而，开弓没有回头箭，一旦开始，侵略便一发不可收。拉姆齐（R. G. Ramsay）随1891年的老年"科学"考察队从阿德莱德到西澳的默奇森河（Murchison River）进行科考，他沿着"黑鬼足迹"寻找当地的水井，为人和动物取水。"星期日。林赛先生为我们主持了礼拜，之后我们继续沿着一条沟渠……[向]当地人的水井走去——它之前已经被清理干净，然后给骆驼喂水。"这是强身派基督教（Muscle Christianity）：一头饥渴的骆驼半小时内能够喝200升水，以此速度，它们很快就可以把水井喝干。现在，澳大利亚有60万野生骆驼，会吃掉它们栖息地全部植物种类中的百分之八十。

在帕尔默，除了奸诈的当地人以外，阿什温还要应付他痛恨的华人。阿什温认为澳大利亚三分之二的华人是"中国的渣滓,在他们离开中国之前,几乎所有人都是罪犯"。然而,在金矿,作为新鲜食品或许公共卫生的提供者,华人是当地经济的关键。随着淘金热逐渐降温,他们当中的大多数返回中国。留下的几千人要么迁往城市的中国城,要么在乡村找到了称心的工作。勤劳、坚韧,精通灌溉、梯田和园艺,在淘金热结束后很长一段时间,来自中国的园丁们为许多乡村城镇种植了大量的蔬菜和水果。1881年,在查尔维(Charleville)以西的一个大牧场,罗伯特·沃森(Robert Watson)目睹了一个"奢侈的"中国菜园,里面有"桃、葡萄、瓜、圆白菜、红薯等等"。他相信华人证明了这片土地可以栽种任何作物,而且,只要有足够的资本、劳动力、耐心和工业,农业就会兴旺发达。

在昆士兰,华人率先种植水稻、玉米、花生、菠萝和香蕉,他们主宰了这个行业很多年。他们还种植咖啡豆、棉花和甘蔗。在维多利亚州东北,华人农民身先士卒种植烟草,在某个阶段还雇用了1500个劳动力。19世纪80年代,当反华条例出台的时候,帕默斯顿(Palmerston)的海关官员断言:"如果明天把他们赶走,帕默斯顿〔达尔文〕的居民就会吃不到鱼、蔬菜或水果,在很大程度上,人们将会没有肉吃,没有洗衣店,还会没有裁缝、厨师或家政人员。"在农村的其他地方,华人做苦工、灌木砍伐工、树皮环割工、水果采摘工、羊毛清洗工和厨师。但金矿上对他们的偏见已经波及更广泛的经济领域,尤其是劳工运动将他们视为工作和薪资的威胁。在乡村小镇,一些恶棍,包括奈德·凯利(Ned Kelly)和他的同伙,以虐待华人为乐。并不是所有反华条例的动机都像亚瑟·阿什温的偏见那样恶毒,也并非所有欧洲人都像他那样害怕和厌恶华人,但恐惧和厌恶是偏见的核心。如果向他们打开方便之门,谁知道华人还将会对经济和环境做出什么贡献呢？埃里克·罗尔斯[①]认为，如果华人不被孤立的话，北领地的农业可能会超过其他所有省份。

  在帕尔默金矿的一次洪灾中，亚瑟·阿什温丢失了一本日记和"许多小记事簿"。他的一些文件也毁于1972年的一场大火。也许在丢失的文件中，他提到他的五个兄弟姐妹在两个星期的时间里死于白喉，或者提到了他在1879年与安妮·坎贝尔完婚并和她育有两个孩子。也许他叙述了他们分居的情况，或者他们的儿子阿尔弗雷德·克罗伊登·阿什温（第一个在昆士兰克罗伊登出生的白人孩子）加入澳大利亚武装部队赴法国作战，并娶了一个法国女人。读者不难想象他的旅行和工作给他带来的挫折和劳累，但他却丝毫没有流露出情感的起伏。对于这些事情，他无可奉告，同时，丛林也未向他们发出召唤。

  20世纪早期，亚瑟用他新近采矿赚到的钱，投资到澳大利亚西部达洛湖（Lake Darlot）附近的两个牧场，在利奥诺拉（Leonora）以北160公里处的一个干硬地区。后来他将其中的一个牧场移交给了士兵定居遣返部。他则在另一个牧场上养牛和马，钻孔取水供它们饮用，以熬过长期的干旱季节。1916年，他的儿子阿尔弗雷德就是从达洛湖出发远赴欧洲战场的。失去了一个牧场帮手，并未让亚瑟感到人丁稀少。在给他唯一幸存的哥哥的信中，他写道："有相当一群人帮助我，关心我的需要"。这是一群土著人，他称之为黑鬼或混血儿。他对这些人的描述，有一种喜爱之情，同时也暗示着他把最后这几年看作对美好生活的一种恰如其分的奖赏。

[①] 埃里克·罗尔斯（Eric Rolls, 1923—2007），诗人、历史学家、环保主义者、农民哲学家和多产作家，著有两卷本的《中国移民史》，其经典著作《百万荒野》（*A Million Wild Acres*）讲述征服和破坏澳大利亚荒野的历史。

我从来不用弯腰拿工具或任何东西,因为他们总有一个人时刻照看我,帮我干这些事。汤姆·库柏是个混血儿,不受土著居民法案的约束,娶了特里尔比。他们有两个孩子,都是女孩儿……19岁的杰克负责照看牛,还有一个名叫托米·梅森的黑家伙,一个敏感的老黑鬼,擅长各种牧场工作。温妮24岁,现在长大了,犯了两次小错误,生了两个孩子——贝拉·邓恩和詹姆斯·耶尔姆·理查兹,都是黑白混血孩子。温妮负责做饭,特里尔比给她打下手,她们俩还干一些男人的活。被大家叫作伊芙·克莱斯特的女孩照看山羊,挤牛奶,马骑得不错,现在13岁了,脾气不是太好,干起活来手脚麻利,身体很强壮。艾达9岁了,需要温妮和特里尔比的照顾。老母亲跟着他的黑鬼汤姆来这里干三四个月的活,然后再回到黑人那里去。

除了和安妮·坎贝尔所生的两个孩子之外,亚瑟至少还和另一个名叫图帕(或者塔帕、旺顿)的女人育有两个孩子,且后者已经和亚瑟的开矿合伙人哈利·费舍尔有了一个孩子。特里尔比是亚瑟的女儿,可能伊芙和其他那几个也是。显然,亚瑟承认那些他所知道的与他有血缘关系的人,并照顾那些生父存疑的人。

由于患有白内障,在他生命的最后二十年里,他一直戴着运动护目镜。干旱降临在他的土地上,肿瘤压迫着他的膀胱。虽风烛残年,但他"现在不能住在城里了",所以他待在自己那平坦而炙烤的牧场上,在羊粪上栽种飞燕草和玫瑰(最爱的是粉色"minyonette")。他还喜欢和土著人及他们的孩子待在一起。银行对他"关闭"了。他瘦成一副可怜的骨架,在部落人的陪伴中死去。

据亚瑟自己说,在把他们变成自己的仆人、情妇和亲密的伙伴之前,他杀死了许多土著居民。毫无疑问,他相信他自己的种族和文化是优越的，而优越的文明必然会取代较差的文明。但他没有这样说。他确实说过的是，乡下不同地区的土著人都"坏透了"，或者如果不严加惩处，他们将不可救药。这不是一种道德判断：坏意味着令人生厌，就像人们可能说苍蝇或野狗很坏。这意味着它们的存在威胁到了白人殖民者的舒适或利益。

亚瑟对土著人和澳大利亚野狗的态度是一种典型的边疆态度，大概相当于17世纪马萨诸塞州城镇禁止在"任何不必要的场合，或除印第安人或狼以外的任何情况中"使用枪支。"坏"意味着他们必须要像其他威胁那样受到惩处。丛林中重要的事情就是有用或实用。这就是亚瑟·阿什温的准则。他可能认为他的权利源自他的种族或文化优势，但决定这个问题的是优越的力量，而这本身就证明了他的主张是正确的。

伴随着寄予巨大希望的澳大利亚联邦的诞生，西澳一个爱尔兰人西里尔·彭尼在一封家书中写道，他那一年恐怕看不到自己结婚了，因为产羔情况一直"非常坏"，蝇蛆杀死了他最好的母羊，他本人"瘦得像根杆儿"，靠面包和果酱为生。兔子泛滥、丛林大火和工党压垮了这片土地上的这个男人。他出生在当加拉的一个小农场，那里位于西澳海岸的杰拉尔顿（Geraldton）附近。

虽然西里尔·彭尼比亚瑟·阿什温晚出生半个世纪，但他的生活也会遵循类似的轨迹。他的崇高愿望总是与恶劣的境遇冲突，然而他却过着不幸的生活，最终认为这是一个值得讲述的故事。他是对的：西里尔从出生到几乎死亡，见证了丛林如何碾轧一个没有什么财产、目标不切实际的人，最终令其囊中空空，唯存的只有遍体鳞伤后获得的身份认同。

九岁的时候，他的父亲让他和六岁的弟弟一起去农场干活，拔桤叶山柳和药蜀葵。他的父亲会把任务的四分之一划出，要求孩子们在一段时间内完成余下的任务。阴凉处的温度可能就有三十八摄氏度，但是如果他们不能完成任务，父亲就会把皮条缠在鞭子上抽打他们。这不是一般的鞭打。"他会一直抽我们，直到抽累为止……一个大力士般的男人鞭打一个孩子，从上到下，从脖子到后背再到双脚，肯定会留下不堪入目的伤口，我们常常皮开肉绽、体无完肤长达数月之久。"有一次鞭打险些让西里尔丧命。

他说他是"一个丛林之子"，具有丛林的本能和生存技能。他知晓如何在灌木丛中找到牛：将耳朵贴近地面，就能听到一百米以外的牛一边进食一边喘着粗气。他知道在哪里可以找到蛴螬，以及如何把它们从树的根部挖出来。然后他会把它们带回家煮着吃。它们的味道像香蕉。五花八门的丛林食物——"蠕虫、蛴螬和蚂蚁"，他都来者不拒，但他不吃蛇。阅读西里尔·彭尼自传的开篇，人们可能会认为，童年时代的他，在没有遇见任何土著人之前，就已经积累了相当的土著知识，而他讨厌"黑鬼"的事实并没有减少人们对他的猜疑。

所有的鞭笞都使他对父亲心生"怨恨"，但是，像亚瑟·阿什温一样，他也不缺乏孝心。到老年时，西里尔说他总是去看父亲的优点，并为他感到骄傲。他父亲曾走过一连串霉运：两年间，一列驶过的火车曾两次点燃了他的小麦田，令他"损失惨重"。但西里尔认为父亲"无所畏惧"，他是一名骑马冠军，深受女性的喜爱。他"值得大人和孩子的尊重，要是他对我们好一点就好了"。或许也应该对他的狗好一点，西里尔回忆说，父亲射杀了一只卡尔比犬，只因为唤它的时候它没有过来。

在他十四岁生日前的几个星期，西里尔的父亲把他打发到杰拉尔顿以北500公里的一个大牧场干活。父亲告诉西里尔如果他"调皮",牧场主人可以"狠打"他。父亲还告诉西里尔,那里有"两个比你大的黑人小伙子,而且尚未完全驯服,不要和他们玩儿,相反,每次走近他们的时候,你就踢他们一脚或打他们一拳,让他们看看谁是老大"。西里尔说:"好的,爸爸!我会的。"

西里尔并不瞎,因此那两个男孩儿逃不过他的眼睛。他们一个叫温克,一个叫朱皮特,过去一直辛苦劳作。他们是奴隶,"并一直被严密看守"。

长到八九岁的时候,他们就被牧场主从他们父母身边带走,在牧场长大后,成为廉价劳动力。两个可怜的家伙从不认识他们的父母,因为他们的父母不被允许前来探望……他们被当作狗一样对待,晚上挤在工棚的几个袋子上面睡觉。食物从不亲手递给他们,而是随便扔进去,如果掉到沙子里,他们也得吃下去。很自然,他们憎恨所有的白人。

但是西里尔必须遵从父亲的指令行事,并要表现出"毫不畏惧"这些男孩子的样子。他的父亲总是说"凡是值得做的事情就值得做好",所以当他抓住一个黑人男孩时,"我把他打了。我对他恨之入骨。刚开始打他时,他的脸是黑色的,打完时,他的脸是红色的,满脸是血。我不管会不会打死他"。似乎他要打败的不仅仅是这个黑人男孩。当然,西里尔与绝大多数澳大利亚裔英国人具有同样的偏见,更不用说整个白人世界的人了,但这种普遍的种族主义显然并不意味着他在无意识中努力压制某种无名的恐怖。他被那些驯服的、不完全驯服的和野蛮的土著人所困扰。

在牧场上,他每天早晨四点钟起床,给二十二头丛林奶牛挤奶，然后去赶牛、放羊，和赶牲畜的人一起露营。他代表牧场主参加赛马，某一天他必须确保输掉比赛，否则就会受到其他骑手可怕的惩罚。他的一只手腕折断了，另一只脱臼了，但"假想敌"① (windmill man) 将折断的那只手腕当成脱臼的对待，把脚放在西里尔的胸口，用力向上拉扯。"离开妈妈、兄弟姐妹12个月之久，相距300英里之遥，一个小男孩正努力活得像个男人……"他回到家中。

西里尔的生活没有一丝好转。一次从马上摔下并被拖出好长一段距离，他昏迷了一天半，医生以为他死了，险些放弃。一个兄弟在赛马的一场斗殴中丧生。几年来，他一直神经衰弱，"几乎是个古怪的人"。他去珀斯参加拳击比赛。他去猎袋鼠，至少在某些时候，似乎是在晚上骑着自行车追赶它们。他变成了一个漂泊的工人。他生疖子。他被一个更高大的男人打败了。他不得不射杀一匹被篱笆缠住的马。他不得不射杀一条狗。在一个水潭边，他与一只7英尺高的老袋鼠搏斗了10分钟。这是一场殊死搏斗："要么它杀死我，要么我杀死它。"最终，西里尔"把它勒死了"。他和他的伙伴莱斯闹翻了，因为莱斯不相信这个故事。他拿起一只烟斗，但当他把烟斗放在栅栏柱子上时，一只乌鸦把烟斗偷走了。丛林击垮了西里尔。他走出丛林并发誓再也不回去了。"我把一切都留在了营地……步枪、毯子、衣服、自行车还有很多数不过来的东西。我只背上穿的衣服离开了……"

他在当加拉的地方修道院当了一名园丁。他在一个农民那里找到了一份工作，那个农民是一个"愚蠢的老家伙，非常虔诚，每天晚上他会让全家跪在水泥地上做祷告"。他又回到了丛林。他从事

---

① 源自塞万提斯的小说《堂吉诃德》。

了各种工作——骑马、打猎、犁地、清理井和打井，后者是一项危险的工作，因为两个奥尔巴尼人"都因污浊的空气窒息而死"。有一次，他砍下挂满凤头鹦鹉巢的红皮桉树，靠卖掉这些小鸟赚了不少英镑，但这并没有持续多久。一个名叫潘达·可汗的印度人将他的骆驼队交给西里尔，但西里尔放弃了——后来他认为这是一个错误。他开始学习马上腾跃。他成为一名赛跑运动员，并在1924年赢得了杰拉尔顿谢菲尔德障碍跑的比赛。他追求女孩。他设置了500个兔子陷阱，然后去镇上跳舞，直到午夜。他带着一只博美犬和他发现的一只巨大的袋鼠狗去猎狐。

他出生在困难时期，并同样在困难时期的1936年结婚。他在任何地方都找不到工作，不得不每天早上去失业办公室排队。他和他的妻子希尔达很快有了一个女儿，但是救济金和政府的口粮不足以养活她，所以他们把她送到一个天主教儿童福利院，"直到我们有能力更好地照顾她"。失业办公室让他去加丹宁（Katanning）的一个采砾场工作。他携妻子和二女儿同往。这是一份很糟糕的工作，工友们常欺负他。女儿死了。他被派往奥尔巴尼的机场工作。像其他所有人一样，他把生活的品质降低到维持糊口，却终遭生计羞辱。

大约在20世纪50年代，他设法从银行借了400英镑，盖了一座新房子。他们把所有的东西都装上了一辆小载重卡车，可是卡车没法开动，只好由希尔达掌握方向盘，把它拖拽到一辆能开动的卡车旁。他们不再受房东的摆布，尤其是意大利房东们。西里尔写道："再见了，庇护我们的……意大利人……除了在他们的魔爪下遭受蹂躏的人们以外，没有人知道意大利人是一个多么糟糕的民族。"

在屠宰场工作时，西里尔受了重伤。为此他得到了一笔补偿，加之卖掉了第一套房子,他在天鹅观(Swan View)①又买了一套小房子。他们刚刚在那里生活了四个月,他亲爱的妻子一病不起。三个月后,她就去世了。他写道:"在这座新房子里,她迫切地盼望着……我的心都要碎了。"

他的一生是一个令人心碎的故事。炫耀和攻击就像是童年创伤的一种表现,他的恐惧和偏见与其说是偏执,不如说是努力追求信仰,去定义自我。故事讲的也许是,当他遇到一个在漫长的赶牛工作之后踏上回家之路的土著人时,他的内心被同情占据。这个人必须穿越传统敌人的土地,而这些敌人很可能会杀了他。"这个可怜之人不得不白天东躲西藏,夜晚出行,一路上躲避那些黑家伙……白人雇用这些黑家伙只不过是为了他们的利益。"西里尔很可能在这个黑人的困境中感悟到了自己生活中的一些东西。

你可以把艾伯特·费西放在一个死水潭边,让他成为流浪汉的原型,虽然他认为他的生活是"幸运"的,但如果你在黑暗的时刻抓住他,他甚至可能会跳进去。出生于1894年的艾伯特·费西在两岁的时候就失去了父亲——在西澳金矿上死于伤寒。他的童年与西里尔·彭尼和亚瑟·阿什温的童年相比,可谓半斤对八两。他极度贫困的母亲曾两次不得不放弃他。艾伯特相信她已经放弃他了,并为此无法原谅她。如果这是瑕疵,那算是他灵魂中唯一的瑕疵。他八岁时就开始工作,为那些穷苦的农民长时间劳作,他们还拒绝付给他工钱。他在丛林中艰苦度日,捕捉负鼠,狩猎袋鼠。九岁的时候,他就像一个童工,与喝醉的驯马师和小偷生活在一起,只有一个名叫查理的土著朋友有时保护他。一天半夜,他带着他的铺盖卷逃跑了,跑出去三十公里时,又被抓了回来,并受到了鞭打,伤

---

① 西澳珀斯市东部离市区25公里处的一个区。

口好几个星期之后才得以愈合。他像狄更斯作品中的那些孩子一样熟知贫穷、孤独、恐惧和饥饿的滋味。20世纪70年代，他在回忆录《幸运的人生》(A Fortune Life)中描写的童年，攫取了数千万读者的心，令硬汉们潸然落泪。

十四岁的时候，艾伯特参加了从杰拉尔顿到阿什伯顿山脉北部的时长达六个月、路程达六百英里的赶牛行动。一行人中有"六个白人和八个黑人"。此行结束后，艾伯特可以自诩为丛林人了。他自学读书和写作，哪里能找到工作就奔向哪里，如开垦和焚烧灌木丛（后来演变成了西澳的小麦带）、清理水坝和水井、牧场巡边。第一次世界大战爆发时，他和两个兄弟加入了澳大利亚帝国部队，兄弟三人都参加了加里波利战役。两个兄弟阵亡。艾伯特身负重伤，最后被遣送回家。他至少参加过十一次刺刀搏斗，这是他从未忘记过的经历。在加里波利，他丧失了宗教信仰。于是，他认定上帝是一个"神话"。

在加里波利战役中，艾伯特·费西心中的英雄是约翰·辛普森（John Simpson），圣人一般的担架手。辛普森也是一个神话。1910年前后，少年辛普森就放弃了一艘英国商船，在丛林附近漂泊了三四年，大概是为了避免因擅离职守而被拘留。战争打响时，报名加入澳大利亚帝国部队成为重回英国的途径。4月25日他登陆加里波利时，年仅二十二岁。二十三天之后，他就阵亡了。尽管他只是英国背包客的原型，而非澳大利亚丛林一族，尽管记录显示他并没有比其他担架手执行更多的任务，但他的英勇为他在第一次世界大战澳大拉西亚人光荣事迹榜（1916）上赢得了一席之地，并且他的名字成了澳新军团传奇的代名词。澳大利亚战争纪念馆宣称："辛普森的作战行为可视为伙伴情谊的最高表达方式。"这表明，在澳大利亚，可能人们很快就会学到这一道德信条，或者更有可能的是，在英格兰北部，就是辛普森的家乡，人们可能也很容易学会这一道德信条。也许，在约翰·辛普森的行动中，艾伯特·费西看到了伙伴情谊或一些独特的澳大拉西亚人的特征，也许他只是仰慕人性普遍钦佩的无私行为。

珀斯的医生给了艾伯特·费西两年的生命。他做过电车调度、无轨汽车司机、返回士兵的拥护者，并且像辛普森一样是一个工会会员。他结婚了。他活了下来。他和他的妻子伊芙琳接受了485公顷的士兵安置地，在一段时间内生活还算顺利，但是兔子和大萧条迫使他们回到了城市。他在旺内鲁（Wanneroo）的石灰窑附近安营扎寨并找了一份工作，和他的长子巴尼一起，"每天三次将七吨石灰装上卡车"。石灰把他的皮肤烧出了水泡，全身的毛发都脱落了，五个月后他被送回医院。他说，人们"诅咒澳大利亚和它的现状"，而诅咒它最多的当属返回的士兵。

艾伯特的长子巴尼和另外两个儿子加入了澳大利亚第二帝国部队。巴尼最终在新加坡被报失踪，直到四年后，艾伯特和伊芙琳听说他在日本入侵时遇难。他们买了一个养鸡场。他们去养猪了。艾伯特在加里波利战争中受的创伤始终没有痊愈，他的妻子，"最可爱、最美丽的伊芙琳，他可爱的姑娘"，再也没有从巴尼失踪和死亡的痛苦中恢复过来。她得了一种慢性病，在他们六十周年结婚纪念日后不久便撒手人寰。艾伯特在八十三岁时完成了他的回忆录，令人耳熟能详的结尾处是这样写的："我过得很好，生活很充实和富足。当我回首过去，我感到非常激动。我一直都是被命运眷顾的幸运儿。"

高大、英俊、足智多谋、勇敢无畏的战士（他说在战斗中杀死了"数百人"），以艾伯特·费西的形象在丛林中出现的男人，正是查尔斯·比恩幻想在大分水岭以西看到的男人，既有约翰·肖·尼尔森所说的某种温柔的同情,也有历史学家约翰·赫斯特(John Hirst)所说的"粗犷而纯净"的嗓音。

也许丛林是按照他本来的样子塑造了艾伯特·费西,但是卫理公会轻而易举地将他的道德目标与他的社会良知和对工党的同情统统归功于自己。也许真正塑造他性格的是那些堕落的丛林人的虐待,而非丛林本身。也许塑造他的不是丛林的沉默和孤独,而是母亲的缺失给他带来的沉默和孤独,以及被拒绝感。只有忽视他是谁,我们才可以将他放进塑造查尔斯·比恩的模子里。

19世纪70年代,一些流浪者来到詹姆斯·福尔特夫人(Mrs James Foult)位于达令河的家门口,"观察他们不同的脸孔本身就是一项研究"。他们当中有法国人、德国人、爱尔兰人、英国人、苏格兰人和威尔士人,"来自中国的人不多"。这些人对她自己的家庭而言是一笔"重赋",但她不能把他们赶走。有些人"精神矍铄",有些人则因操劳过度而萎靡不振。有些人逃离了背信弃义的女人。有些人虽一度富裕过,但现在却又不得不"在澳大利亚的丛林里寻找他们的每日生计"。传说坚持认为民族性格是由土地的拥抱塑造的,然而,同样真实的是,丛林并没有太多拥抱它的居民,而是放纵他们的怪癖和本能。在丛林里,他们可能是领主,或流浪者,或悲惨的可怜虫,或他们灵魂所适合的许多其他东西,包括创造者和破坏者。

佩特森、劳森、弗菲和拉德等人通常被认为是这一传说的缔造者,他们通常创作一些不符合此传说的人,或者其他一些千篇一律的人物。泽维尔·赫伯特(Xavier Herbert)、帕特里克·怀特、朱迪斯·赖特(Judith Wright)、西·阿斯特利(Thea Astley)、托马斯·肯尼利(Thomas Keneally)、罗杰·麦克唐纳(Roger

McDonald）和罗德尼·霍尔（Rodney Hall）等其他作家，作品涉及的是丛林人性格中更黑暗的怪癖以及生活在其中的矛盾和野蛮，仿佛在说丛林那"怪异的忧郁"往往就和生活在那里的人们的怪异一样常见。

只要他们在流浪中找到伙伴，亚瑟·阿什温和西里尔·彭尼就会发现卑鄙和背叛：如果没有敌人仇隙，又何须伙伴情谊呢？有人偷走亚瑟的设备，卖掉他矿上的股份，放空水潭以使其他人无法跟上。在丛林里，大多数人在生命的某个时刻都曾绝望过，如迷路、饥饿、口渴、破产、束手无策、患病时，慷慨是最大的善良，而它的缺失则是最大的罪恶。他们在寻找好运气和坏运气时，同样也在寻找善良的、可靠的人和背信弃义的、居心叵测的、丧心病狂的人。正像劳森笔下的纵火犯，他说，这样的人是"非常非常普遍的"，使丛林人生活在恐怖之中。索伦森说，丛林是真正丛林人的"圣经"，它所包含的全部生活都是值得我们去反复品读的篇章。它教会人们如何生活、如何判断、珍视什么、拒绝什么、热爱什么、毁灭什么。丛林可以向人们展示怎样做一个好人，也可以轻而易举地引诱他们愚蠢至极和离经叛道。似乎有一条真正的道路穿过丛林，通向救赎和启迪，同时也有许多道路通向绝境。

给亚瑟·阿什温带来巨大满足的是，他只花五英镑就买到了一个贮水罐，就像烧水壶一样。他带着水罐长途跋涉，途经伊尔甘吉（Yingangie）的一个水潭，"常见的树木在这里从红皮桉树变成了金合欢树"。与他同行的有龙·乔治和其他几个人，在炙烤的阳光下，他们穿过凯里湖（Lake Carey），把马从盐壳下面的泥水里拖出来，沿着其他人在盐地里留下的足迹前行，而其他人则跟随着他们的脚印。除了鸸鹋屁股上落下的几英钱的大杜英（一种澳大利亚本地产的檀香科树）碎片，他们在路上没有发现金子，最后找到的也微乎其微,但后来他们听说,如果他们先前在第一个营地挖一个两米深的洞,就会找到大量黄金。即使对于这种目的性极强的流浪者而言,也总有一种暗示:无论他们表面的目标是什么,他们的旅行与其说是对财富或者工作的寻求,不如说是一种心灵的表达,或者说是一种慰藉方式。

1908年,沿着墨累河而下的E.J.布莱迪遇到了许多白人狩猎者——采集者兼乞讨者——流浪汉,这些人发现,凭借河流的自然资源以及过往旅行者提供的补给,为工资而工作并不像通常认为的那样是绝对必要的。在"流浪者"专栏的巡回记者经过此地二十年之前,同样的一群人就已经生活在这里了。一天下午,弗菲笔下的汤姆·科林斯看见一个符合这种描述的人正在墨累河北岸慢吞吞朝他的方向走来。汤姆点燃了一只"巨大的"烟斗——他创作灵感的源泉(老丛林人吸烟斗时常常表现出飘飘欲仙的状态),随后便进入了一种关于上帝、人类和世俗正义本质的冥想和布道。与此同时,那个"人类的漂流残骸""缓慢而稳步地前行,一只手提着他的带盖金属罐,另一只手拎着他的水袋,肩上扛着承载了他四十年积累的马蹄形背包;他那充满耐心的脸上,书写着他四十年的历史"。汤姆通过双筒望远镜观察他,这个形象提醒他(他认为也应该提醒所有的同胞),人类心目中的上帝,即我们所能知道的唯一的上帝,其权威永远是由最贫穷的人所代表的。

似乎可以肯定的是,约瑟夫·弗菲希望我们得出这样的结论,假如流浪汉在我们的小围场宿营,或者来到我们的门前,我们的人性可以用我们如何看待他和如何对待他来衡量,流浪汉因此也是澳大利亚民主的试金石。

第 6 章
文化碰撞

老鼠、小桉树和它们的根 — 绝妙的眼斑冢雉 —
（重新）命名这个地方 — 湖泊和天堂 —
一个和蔼可亲的漂泊者 — 牧羊人的生活 —
墨累河的原住民 — 野狗

  2011 年一个繁星满天的夜晚，正值鼠害期间，我驱车穿过维多利亚州的小桉树区（Mallee）[①]。数百万只引入的家鼠成群结队。我车前的路面上满是淋漓的鲜血、散乱的骨肉，在车前灯的照射下，可以看到一群群老鼠慌乱逃窜，我能够听到并感觉到它们的身体在我的车轮下被碾碎。我沿着泛光灯照亮的死亡隧道走下去，僵尸一般，仿佛置身于一场无法停止的噩梦中。这似乎是对人类境况的一种隐喻，就像对老鼠境况的隐喻一样。但当我意识到这一点的时候，恐惧已经过去了，我对这场屠杀完全免疫，这似乎也是对某

---

① 澳大利亚的一个特殊植被类型，生长于澳大利亚沙漠地区的一种低矮桉树，也有的译作"桉树矮林"。

种事物的隐喻。也许是对殖民者殖民历史的隐喻，也许是对于存在道德豁免问题的边疆的隐喻，这些问题源于占有行为本身，无论这种行为是多么恶劣。这可能是一种隐喻的说法，即愚蠢是寻求历史理解的核心（如果以此定义我这次和其他许多次旅行的目的）。为什么要试图恢复那些不可恢复的，唤醒那些永远沉睡的逝者？为了责备他们，当你知道你在步其后尘的时候？为了惩罚活着的人（那些看电视的好人们），我时常能够看到平原上他们微弱的灯光？

这条高速公路的边界还没有划清，所以那天晚上在黑暗中，我很容易想象我正在穿过一片巨大的小桉树灌木丛。事实上，如果我站在路上，朝任何方向扔石头，它都会落在麦田里。老鼠们当然是奔着小麦来的。大约每三年它们就会酿成一场灾害。许多照片中，农民站在高两米的一堆堆死老鼠旁边，手推车里也装满了死老鼠。在锡莱克（Sealake）[①]不远处一家农舍的厨房里，肯·斯图华特和瓦尔·斯图华特告诉我，有一次，他们看见许多老鼠的尾巴通过天花板的接缝垂下来。两人都活到将近九十岁高龄，婚后一直生活在农场，种植小麦，饲养绵羊。1919年前后，返乡士兵杰克·埃迪第一次去小桉树区见到二人时，感觉他俩好像是定居者的复制品。他说："他们是不同种类的人。"他们住在有铁皮屋顶、贴麻布的墙壁和陶制地板的小屋里，地板擦洗得十分光亮。当他的马休息的时候，杰克就会坐下来和定居者的妻子喝茶，吃她在外面的明火上专门为他烤制的司康饼。比起杰克·埃迪那一代人，肯和瓦尔的日子过得舒适安逸，但他们仍然殷勤好客。他们和儿子一样关心保护自然环境。坐在麦田中央的收割机里，肯告诉我小桉树区不应该被开垦。他说，那曾经是一场灾难。

---

① 位于维多利亚州西北部的一个小镇，坐落在小桉树区。

小桉树生长在干旱地带的南部边缘，横跨四个州，从西澳卡尔古利（Kalgoorlie）金矿区的西部到新南威尔士的中南部。在维多利亚和南澳，小桉树区是一个特别的地方，即维多利亚西北部和南澳东南部，与墨累河下游接壤。并不是小桉树区的所有土地都是以桉树树种为主，其中也有大片欧石南丛生的荒野、松树和盐沼。这些地区与小麦的联系比与当地环境的联系更紧密。小桉树区的农民在可以引水的地带种植其他农作物。他们还牧羊。但浪漫是与小麦有关的：威廉·法雷尔（William Farrer）那金黄色的、抗锈病的小麦田随风起伏着，延伸至远方的地平线，以及铁路旁的混凝土筒仓。小麦装卸工铺建了同样延伸至筒仓的线路。这里的女人有着红棕色的皮肤，身材瘦长而结实。这里还有酷热、鼠害和蝗灾以及沙尘暴。

　　这些东西是我们上学的时候学到的。小桉树区是澳大利亚进步的一个楷模，那里的居民是具有英雄品质的澳大利亚人。通过科学种植法雷尔小麦，凭借每个人在使用雷德利收割机、史密斯跃障犁、麦凯联合收割机、马伦斯种植技术等方面表现出的聪明才智和心灵手巧，凭借非凡的劳动和永不言败的精神，一片近乎沙漠之地已经生机盎然。小桉树区已经从被忽视的状态得到了改造，就像桉树上的桉树油、墨累河里的鳕鱼一样获得了再生。

　　这是一个"可怕的地方"：四周单调雷同，并且没有水。它会像巨魔一样一口吞噬你。A. S. 凯尼恩（A. S. Kenyon，该地区的第一位历史学家）声称，殖民者们告诉调皮的孩子会把他们带到灌木丛中，然后把他们扔在那里。米歇尔少校把小桉树区称作"世界上最贫瘠的地区之一"。探险家爱德华·约翰·艾尔（Edward John Eyre）冒险进入小桉树区，失去了饥渴的马匹，摇摇晃晃地走着回来。植物学家费迪南·缪勒（Ferdinand von Mueller）也是一个探险家和技艺高超的丛林人,然而该地区令他疲于应付:他绕到天鹅山(Swan Hill),那个通往昆士兰牧道上的墨累小镇,在那里,他发现唯一的消遣是猎杀鸸鹋和"数千条黑蛇"。对于转地放牧者霍登,若不是他那些"睿智的狗",他的牛早就丢失在这片小桉树灌木丛里了;他看到了不计其数的蛇皮,挂在小桉树最低的树枝上。一个来到小桉树地区的游客把看到的一幕描写成"满目疮痍",另一位把这里称为一个"恐怖的地区",还有一位认为该地区是"最严格意义上的荒野"。

这里所拥有的只是寂静(一种"庄严的寂静")和空旷。"在从北向南100英里的旅程中,连一只孤独的鸟或活物的影子都没有看到。"约翰·斯坦利·詹姆斯(《阿格斯报》的"流浪者"专栏记者)在巴尔兰纳德南部某处小桉树灌木丛里的一根圆木上坐下来:

> 孤独是可怕的……除了飞过来寒暄的苍蝇微弱的嗡嗡声以外,没有一点声响,数以百计的苍蝇紧紧地贴在我身上。我很好奇它们是怎么活下来的。我希望能看见蛇。我开始想象迷失在灌木丛林里的样子——一圈一圈地徘徊,无助地试图在十分丑陋的桉树上发现一个地标;沿着一条通往兔子洞的小径前行;躺下,死在离救援物品几码远的地方;或者发了疯,就像众多在灌木丛林中变疯的人一样。

如同澳大利亚的其他种类丛林,被称作小桉树的灌木矮丛也是特殊气候和土壤的产物。这里的小桉树共有200多个品种,绝大多数生长在降雨量低和不稳定的地区(在降雨量为200—550毫米的地区比较普遍)以及浅而贫瘠的土壤,即黏土层(古老海床的石灰质土壤)。剩下的生长在土壤干硬而荒芜的地方,即裸露的亚高山地区、悬崖壁面。无论它们长在哪里，这些树以其韧性著称。它们生长在其他树木不敢冒险涉足的地方，但它们并没有感觉到压力，从容不迫地在那里生长。

小桉树的生长方式使它们与众不同。它们通常不像常见的树那样有着单一的主干，而是像灌木一样具有多根主干。它的所有主干长自一个木块茎，即根部木质的、不规则的凸起部分，为树提供承受高温和干旱所需的水分、碳水化合物和养分。对于大部分桉树来说，木块茎长在根部很常见，但小桉树的这一部分却长在阴凉的土壤层下。每一个木块茎都含有表膜芽，这些芽在火灾或砍伐后突然生长。与任何高耸的热带雨林一样，小桉树矮树林也涌动着自然的力量和活力，并激发出同样多的敬畏和恐惧。

1817年，当刚毅和阴郁的约翰·奥克斯利在新南威尔士州的拉克兰河南部探索时，他从远处看到一片"绿灰色"，看上去像是广阔的平原。他朝那个方向走去，发现自己迷失在一片微型桉树的海洋里，每一棵"都从根部向外扩展形成浓密的伞盖状，如此一来，树与树之间是看不到彼此的；而这些微型的桉树……通常由一种藤蔓植物连在一起，底部空间夹杂扎人的狗尾草，形成了同样令人痛苦和厌烦的通道"。奥克斯利的同伴阿兰·坎宁安是一位探险家，也是一位植物学家，他把主要的植被称作<u>丛生桉树</u>（Eucalyptus dumosa）。"dumosa"的意思是<u>丛生</u>的，但所有的小桉树或多或少都是<u>丛生</u>的。

奥克斯利不喜欢这些丛生的小桉树。他沿着拉克兰河在沼泽地吃力地跋涉，艰难地走过一片几乎没有水的"悲惨地带"；现在，可想而知，在这些不比乔治时代风格天花板高的密林里寻找他同行的伙伴是何等的令人伤脑筋。与拉克兰河的旅途同样艰难，他的船员们遇到了多得难以置信的鲈鱼和鳕鱼：一天傍晚，"几乎捕到了一百英担"；另一天晚上，捕到一条重达三十二公斤的墨累鳕鱼。然而，几天以后，在离河不远的地方，他们就开始与老鼠和袋狸周旋了，甚至还有在他们营地范围内游荡的野狗。

这种藤蔓植物是无根藤（Cassytha），一种寄生植物，也被称作小桉树绞杀藤或菟丝子，它的浆果是土著人的一种食物来源，也是眼斑冢雉（malleefowl）的主食。随着时间的推移，丛生桉树被称为白色小桉树（white mallee）。红色小桉树、绿色小桉树以及蓝色小桉树也同样十分常见。一个探险家试图找到一条穿越小桉树区的路，途中从未见过任何喜欢的东西，然而它们引人注目的花朵和反射太阳热量的灰蓝色、蓝绿色的色调，对它们的野外生存至关重要，也使之成为现代澳大利亚花园中的几种特色植物。加利福尼亚人喜欢在庭院中栽种它们。

小桉树灌木丛的矮树不只是小桉树，还有具钩白千层树、三齿稃（鬣刺属）、苦槛蓝、滨藜、爱沙木，以及许多种类的金合欢树、山龙眼、山菅兰和诸如海滨苹果等多肉植物。所有植物都能找到应对缺水的办法：高温下将叶子卷起以暴露较少的气孔，以银色叶子反射太阳，以毛茸茸的叶子转移热空气的流动。很少的叶或扁平的茎，被称为叶状柄而不是叶；深层根系和广泛的表面根系，可以汲取每一点水分。主导大片小桉树丛林的并不是树，而是杂草和灌木丛生的荒地，类似七彩菊这样"投机取巧的"一年生植物，在雨后开始发芽，花朵引人注目，在夏季干旱之前就结好种子。但真正使小桉树地区具有与世隔绝和令人迷乱之独特魅力的却是桉树纤细的裸茎，以及它们窄小的反光的树冠。

小桉树地区的魅力远不止于此。巨大的夜空就是其中之一，但内陆地区一般都是如此。然而，在小桉树的树干间，迷人的不是天空，也不是从树冠透到地面那斑驳的夜光，理论家和侦探保罗·卡特（Paul Carter）曾谈到，夜光好像是在"地球与天空的相互作用中"被捕获。更直白地讲，西尔维斯特·多伊格认为，夜晚置身丛林你可以看到很多白天看不到的，也能听到更多白天听不到的。

约翰·肖·尼尔森描写小桉树诗歌中的某些诗句可能暗示着他害怕黑夜。但是他喜欢鸟。鸟儿们是他在那片贫瘠的土地上没有成为乞丐的原因之一。在小桉树丛林里待上几个小时，或许你什么也看不见、听不到，但灌木丛和荒地是形形色色鸟儿的家园。这里有鹦鹉、蜜雀、长着鸸鹋羽尾的鹩鹩、来自热带的食蜂鸟、鞭鸫、猛禽、鸸鹋、珩鸟、"优雅的水鸟"、鹤等。

对于喜欢观鸟的各种各样的人来说，鸟的本性似乎是古怪的。它们的怪异主要表现在类似（模仿）我们人类。它们是阴沉的、浮夸的、滑稽的、着迷的、残忍的、有独创性的、愚蠢的和神经质的，更不用说通常是美丽的和令人惊讶的。眼斑冢雉属于顽强的、强迫性的，且有点滑稽，但它们首先是勤奋的。所有活着的物种都受生存和繁殖的需要所驱动，但眼斑冢雉却将其混搭——我们也可以称之为一种艺术。它们是筑墩者。乍一看，殖民者们有时会把它们的建筑看成土著人的墓冢或土炉。

这种鸟本身并不比健壮的家禽大多少，如奥平顿鸡，但它们建造的土墩却常令观察者认为是一种更大的动物所为。它们鸸鹋般的脚印给人添加的印象是一些大的动物就在附近，但由于它们善于迅速退场和伪装，这些也就是它们给人的所有印象。在极端危险的情况下，它们可以飞大约一百米，不足以远到把它们从狐狸口中或枪下救出来。在维多利亚州，土著人称之为油桉鸡（lowan）。在西澳，人们把它们叫作 gnow。无论它们身在何处，无论它们被称作什么，味道鲜美是它们的不幸，它们的蛋也厄运难逃。尽管它们的数量大幅锐减,但至少它们幸存了下来。

用它们超大的爪子,眼斑冢雉挖出一个一米深、两米宽的洞,并把它填满落叶。然后,就像种植小麦的农民,它们等待雨水。随着下雨,落叶开始腐烂。冬天,雄禽将腐烂的落叶变成堆肥,然后建成土墩,日夜劳作,直到土墩达到三米多宽、大约六十厘米高。春天到了,雌禽(它终生与那只雄禽相伴)产蛋,每次产一两枚,直到在堆肥的深处积攒三十枚蛋。雄禽以建造土墩时付出的同样巨大的劳动和勤勉来加以照料。它的任务是通过调整落叶的总量来保证温度(用它的喙和舌测定)恒定在三十三摄氏度。秋天,当太阳的热度变弱,雄禽将土墩全部打开,夜间再封上。在寒流和热浪中,它做了所有必要的调整——全部靠它双脚的扒拉。一位诗人咏叹道:"伟大的是你内心深处的爱,/啊,金字塔的建造者!"七周之后雏鸟破壳而出,它们的父母都离开了。它们自土墩挖出一条路,匆匆跑进灌木丛。出生几小时后,它们便会飞了。

科林·蒂埃尔(Colin Thiele)认为眼斑冢雉是"一种承诺的象征",也是"地球上最美妙的生物之一"。他说:"它的设计、它的态度、它的尊严、它不可思议的勤劳、它的智慧令人难忘。"对蒂埃尔而言,这种鸟是神奇的。"在无遮无挡的阳光下,它是华美的;在阳光照耀的灌木丛中,它可以突然隐身,因为当地小桉树下光与影的斑驳图案用一种林地的戏法将它渐渐融进了丛林。凭借它威严而慎重的动作、停下来一动不动的习惯(仿佛在继续前行之前听到了远方传来的微弱信息),它的伪装更加完美。"

当然,蒂埃尔是在把眼斑冢雉的天性转换成他认为男人和女人具有的理想品质。这只鸟是"勤劳的""节制的""全面的"。他有"信仰"。他"每周工作七天"。若不是他在星期天工作,我们就可以请他做卫理公会的教徒。这并非完全愚蠢。拟人论和宗教均享有悠久的历史。为什么我们不能看到眼斑冢雉过好日子，例如享受比一个小桉树区殖民者更美好的生活呢？工作创造了艺术，需要创造了优雅。难道这是一种移情作用，把我们吸引到后门或厨房窗户前的鸟儿身上：画眉鸟或扇尾鸽的生活被解读为在另一个维度实现的希望？

眼斑冢雉不需要饮水。它们依靠从植被中收集的水分，在炎热干燥的夏天存活下来。就像以赛亚和之前的所有沙漠居民的生活方式一样，它们依靠的是植物的果实和种子，以及那些它们在路上遇到的昆虫。1983 年，在南澳大利亚的伦马克附近，一只雄禽意外死亡，它的嗉囊里除了沙子外别无他物。一年后，开膛的一只雌禽的嗉囊里除装有植物纤维外，还容纳了二十只蛹、四十三只蚂蚁、两只蝗虫、二十只蜘蛛、两只蚂蚱、四只甲虫幼虫、一只成年的蜻蜓和一只蟑螂。

游客指南上说 mallee 一词源于土著语。无论该词出自何处，并且意义如何，听过不列颠群岛各种方言的人有时把它写成 mallee，有时写成 malleen、marlie、mullun、mullin、murn，或者像牧场主 J. W. 贝比 1849 年那样写成 mallay。A. S. 凯尼恩说，他们中的苏格兰人引领维多利亚人称为 Mawley，"小麦种植时代初期南澳人到来"后才把它确定为 Mallee，与 Sally 押韵。

可是，它是什么意思呢？土著词汇的早期收集者说，它是土著居民从中提取水分的一种低矮桉树的名字。但是其他词汇收集者用"weah"代表水，用"borung"代表这一物种，其中"mallee"在韦加亚语（Wergaia）中表示这一物种，在邻人所讲的贾德瓦贾利语（Jardwadjali）中表示灌木丛。

愈进一步研究，答案似乎愈加难以捉摸。保罗·卡特和其他人一样认真研究了这个词，得出结论说，这个词似乎"表达了不可调和的文化之间的碰撞"。他的意思是说，这个词确实起源于原住民的语言和文化，而不是像翻译者所断言的那样，与树木、人和地方有特定的联系；相反，它们描述了树木、人和地方彼此之间的关系。用一个欧洲语言中的词来指称这一种桉树、这种桉树占主导地位的灌木丛林以及一度由这种灌木丛林主宰的地区，代表了理解的失败；我们甚至可能会说，它代表了欧洲人缺乏充分理解的意愿。卡特说，这个词代表"理解某一地区创造性原则的一个放过的机会"。

托马斯·缪尔（Thomas Muir）和他的哥哥安德鲁在西澳西南部拥有大量的土地，他发现土著人地区"几乎每一英里都有一个名字，有一些名字还非常贴切"。一旦它们的出处被解开，这些词就包含了各种各样已失落的知识。除了其他方面外，卡特对小桉树区所做的痴迷研究，是对白人殖民者叙事的一种透视。图像是模糊的，但他提出的观点却足够清晰和不可否认。许多欧洲人对这块土地的了解要么基础薄弱，要么毫无基础。他说的不是基础的神话或宏大叙事，而是一些更加微妙的和潜在的东西，这些东西在地名中找到了最常见的表达方式。小桉树区和其他无数地方的名字源于误听的土著词汇，源于误解的或不小心记录下来的土著居民的信仰和关联，源于在缺乏当地知识的土著中介的帮助下编译的词汇。他们给那些地方起了名字，却与这些词语的意义或与过去曾在那里生活过的土著人都毫无关联。牧场主爱德华·科尔认为，将新南威尔士州西南的高地平原叫作 Monaro（或者 Manera、Manuru、Meneru、Maneroo）的不是当地的土著人，而是"悉尼的一个黑人"，当他所陪同的白人问及这个地区的名字时，他回答说"Manyer"（"我不知道"）。

更常见的是，丛林被刻上了从侵略者的记忆、情感和形象中随意汲取的名字，如英国的村庄、苏格兰的婶婶、拿破仑的战争、印度的叛乱、不知名的官员或任何浮现在脑海的东西。既然改变风景是令人欣慰的，那么将熟悉的名字赋予山丘和河流、平原和沼泽，以及梦幻时代土著人的图腾祖先们早已命名的每一微小事物也应该是值得慰藉的，当时土著人的祖先们跨越这片土地并讴歌着土著世界的到来。每一次欧洲人将英语词汇应用于新土地的方方面面时，都会使用一个能令他们想起自己家乡的名字，他们立刻就开始重新改造（用乔治·塞登的话讲）"这片不同于［他们的］语言进化的土地"，通过这种方式，他们确实在那里找到了家的感觉。那棵巨大的桉树变成了白蜡树，那棵木麻黄变成了橡树；那条水道，不管当地人怎么称呼它，就是我给羊冲洗的地方，从今以后，它就叫洗羊河。那古老的一池湖水将会是维多利亚湖。那个被当地人称作露卡美（Nookamka）的湖，我要用我朋友的名字——勃尼先生——给它重新命名。我的马折断了腿，那座远处可见的山将以它的名字命名为步兵（它甚至被命名为从远处观看的"哨兵部落人"）。在与安德鲁·缪尔一起骑马的时候，州长韦尔德（Weld）掉进了西澳的韦尔德河（Weld River，得名于此）。帕迪河（Paddy's Creek）取代了土著名称尤林卡拉（Uringalla）或者惠灵顿（Wellington），成为二十乃至更多的山、小溪和山谷的名字。这种现象正是英国殖民者心理的真实写照，这可能也是为什么奥地利贵族男爵查尔斯·冯·休格尔（Baron Charles von Hugel）曾说过的，这种现象反映了"过度的卖弄学问"，并带有"低品位印记"。

白人殖民者有比土著文化的微妙之处更迫切需要关注的东西，但这并不能使我们忽视他们的冷漠，（我们也许应该加上）也不能使我们忽视一种更注重嘲讽而非理解的观点。1834年，休格尔在新南威尔士的灌木丛林中游走，在他看来，"土著居民从来没有从殖民者那里听到过一个合乎情理的或可提供信息的词语"。英国人从来不屑去学习"新荷兰人"①的语言，通常笑话他们有多少个妻子，或者他们肚子里有多少数量的食物，说着某种愚蠢的方言，直到他们"再也想不出说什么"为止。

约瑟夫·霍登（Joseph Hawdon）讲述了他在1838年的旅行经历：沿着墨累河，他来到阿德莱德，一行十人中每个人都配有一支卡宾枪、一支手枪和一把刺刀。他的这些讲述就是一个明证。他们有理由提防那些一直大量出现的人，那些人还明确表达他们希望欧洲人离开。如果我们能够相信霍登，我们就应该相信他们没向那些人开枪。然而，他似乎已经忘记了这些相遇对于土著人的严肃意义。

> 当他们似乎下定决心要围住这些船的时候，我认为应该谨慎地向他们展示我们步枪上的刺刀，希望吓退他们。一位老酋长问我打算在哪里睡觉。当我告诉他的时候，他和他的手下粗鲁地推我，他指着我要我回到我的队伍里去。我愤怒地用手枪枪托回应了这种无礼……他们的意图究竟是为了战争还是为了和平，我们并不在意。

所以那个捍卫自己地盘的老人是"无礼的"。这就是假设之所在。这段关系是殖民的，这种假设是殖民的。重新命名土著人的居住地（或重新命名土著人）而不关心他们的语言和信仰不是谋杀，但谋杀和夺取土地以及为了保留土地所采取的一切被认为是必要的

---

① 欧洲人对澳大利亚本土人的称呼。

措施都是基于同样的观念。重罪谋杀可能包括这种满不在乎的冷漠。当土著人陷入乞讨和屈辱、酗酒和疾病时,这种不愿意去理解的态度同样属于帮凶。

当然,同样重要的是对一个移民社会的影响,这个移民社会宁愿要自己遥远和外来的起源,而不愿要原生和直接的起源,并愿意自己无知。在移民初期,就有相当比例的游客似乎决意要将澳大利亚的风景与英国的景观进行对前者极为不利的对比。例如,在牛津受过教育的泰雷维特(W. S. S. Tyrewhitt),像许多人一样,发现当地的景色"凄凉而令人沮丧"。他认为在英国人看来,澳大利亚最大的缺点是"看不到前景"。许多年以后,画家弗雷德·威廉姆斯(Fred Williams)通过他的作品解决了这一问题,他采用多个焦点,或者至少没有任何焦点来描画灌木丛。殖民者的补救措施是环割树皮:泰雷维特遇到了一大批被雇来专门从事这项工作的人,尽管注意到有些人认为环割树皮会导致土壤侵蚀并增加干旱的可能,但他认为"青草的新绿和去除枝叶带来的宽阔视野给乡村带来了欢快的一面"。这种意见与温莫拉报纸的观点较一致,该报将这种乡村景象推荐为"一种高度改进的地产",因为土地上"没有任何树生长"。

小镇锡莱克位于墨累河向北绕向达令河的大弯处以西约 100 公里,其名字不太可能源于位于西北几公里处的盐湖。泰瑞尔湖(Lake Tyrrell)因一条地下的河流涌出而形成,那是一条不露声色的盐水河道,大部分时间都在长满草的低山间流动,事实上这些山是风吹形成的沙丘。泰瑞尔湖 113 公里的湖岸线与带栅栏的小麦农场和绵羊围场之间是一圈低灌木、零星的树木和灌木丛(内有千层木、小桉树、盐生灌木、天蓝美洲茶、海滨苹果和檀香)。天空浩渺。光线耀目。"tyrrell"来自韦加亚语的"tirille"一词或"tyrill"，一个的意思是空间，另一个的意思是天空；或者源于"derrell"一词，它可能意指上述两种意思；或者源于"dirili"一词，意指天堂，这一定是欧洲人到来后的措辞，因为在欧洲传教士到来之前，据我们所知，韦加亚语中没有这样的概念，要么就是指地狱。它究竟为何意，白人殖民者并不介意，他们把它变成了一个英国名字，意思是"难以去除的"。

以往环绕湖水的低灌木如今已经不知所终。一个世纪以前，昔日覆盖着沙丘的墨累松树已全部被砍伐。那些壮观的、曾成群结队在此栖息的蓝翼鹦鹉和摄政王鹦鹉也早已无影无踪。白天，湖泊和天空似乎合为一体，成为一个完整的存在。在湖水清澈的夜晚，效果更为强烈。此时湖水就像一面"巨大的镜子"，映照着"苍穹之内的每一颗星星"，站在浅水里"就像倒悬在太空之中"。据威廉·斯坦布里奇（William Stanbridge）所讲，生活在那里的布隆人（Boorung）通过研究盐水中反射的星星来了解天文学。他们在星座中看到了创世之初和造物主戏剧性的场面，看到了梦幻时代的神话角色和故事：眼斑冢雉、鸸鹋、红袋鼠、蛇、澳大利亚鹤、负鼠。银河系的一亿颗星星是化成尘埃的祖先，是现在生活在天上的努兰姆邦古加人（Nurrunmbunguttias）。在欧洲人看到小天狼星的地方，土著人看到了楔尾鹰。当欧洲人占有地球的时候，他们也殖民了天堂。坐在一棵树上的负鼠变成了南十字星。

路德维希·莱卡特相信，"星空……不知不觉地融入了我们的灵魂之中"。当移民们再也看不到熟悉的北方星座时，他们的悲伤就成了船上日记中常见的主题。莱卡特相信这些熟悉的缺失会引起"痛苦的渴望"，"通常情况下，我们无法理解这种渴望，但是我们称之为乡愁"。在澳大利亚丛林里颇有归家之感，不仅因为身处桉树之间有家的感觉,还因为南十字星(负鼠)替补了他们灵魂中昔日的北斗七星(大熊)。在一个布满星星的夏夜,位于昆士兰州的罗莎·普雷德在她阳台上的吊床里感受到了这种感觉:"冰、雪、大熊、冬青树和槲寄生,还有圣诞彩灯。这一切与这个慵懒的南方之夜有何相干呢?在这个夜晚,灵魂会为它从不知晓的事情而叹息和哭泣吗?"当然,两个半球的绝大多数人现在都生活得很轻松,很少关注另一个半球的星星。

无论风向何处吹,泰瑞尔湖水都随之波动,并同时改变颜色。它明亮的蓝色、粉红色和紫色色调与任何热带咸水湖一样绚丽多彩。经过长时间的干燥后,如果你谨慎地择路,便可以在其中穿行。你也可能会被淹死,或者无法挽回地陷入泥沼,死于饥饿,如同不计其数的绵羊和马匹多年来的遭遇一样。就像艾尔湖(Lake Eyre)一样,泰瑞尔湖是一个已消失的内陆海的残迹。被称为小桉树区的整个地区,是由这种海洋环境演变而来的,如同该地貌在艾尔湖附近发生的演变一样,早期在沙丘间旅行的人很容易想象自己是在海边。在南方,永远镌刻在20世纪40年代画家西德尼·诺兰(Sidney Nolan)作品中的温莫拉,曾经是小桉树区的沿海腹地。这种与古代海洋的联系,使得最近的一位作家将小桉树区的树木描写成"干燥的乡村珊瑚"。很多想要种植小麦的殖民者并不是这样看待这些树的,正如另一位作家所言,认为它们就像"烛台"。

约翰·沃尔斯利(John Wolseley)住在离泰瑞尔湖200公里的地方,在本迪戈靠小桉树区一侧的惠普斯蒂克森林(Whipstick forest),生活在啸鹟和食蜜鸟中间。惠普斯蒂克森林被采矿、放牧、环割树皮和烧毁弄得面目全非。土壤是贫瘠的黏土,冬天寒冷,漫长的夏天酷热难耐,但铁皮桉、小桉树和金合欢树却迎难而上。约翰是佛瑞德·沃尔斯利的孙子,他是一名牧师,也是剪毛机的发明者,在 19 世纪末,他给澳大利亚最基本的经济活动带来了一场革命。约翰在英国出生并长大,一生中的大部分时间在澳大利亚大陆的丛林中露营;他说,尽管在大多数情况下露营地并不是传统意义上最吸引人的部分,但却"令我深陷其中"。他无意中发现一扇"进入大地有生命的自然"之门,安顿下来,描画出这些最吸引他的部分。泰瑞尔湖就是其中之一。

难道约翰·沃尔斯利是在试图通过鸟和树枝的形状以及光影的变化来解开谜团、看透寂静吗? 他说他正努力寻找"土地本身移动"的方式。大部分土地正在"散成碎片",但是不管怎样,有些地方正在"燃烧",他感觉到"所有的植物、鸟类,甚至岩石,都在一起移动"。带着蜡笔和水彩,他在盐湖旁斯图尔特的这片土地上安营扎寨,感觉不仅与自然的这一部分融为一体,而且与如此开明的农民对于"宇宙的忧虑"感同身受,他们想要把碎片重新组合起来并再次燃烧。

在泰瑞尔湖的一个小岛上,地上满是兔子洞,到处都是粪球。一只狐狸住在那里。它的粪便里散落着当地一种可毁坏绿色植物的食根甲虫的碎片,在条件有利的情况下,甲虫会摧毁大片的桉树林地。这是一个多元文化社区。野生狐狸和兔子的邻居包括土生土长的橘色鸣禽、在灌木丛中飞来飞去的白翅鹩莺。一只袋鼠最近离开了它在背风的沙坡上做的太阳床。惊恐于我们的接近,它开始像怪物似的越过湖,在岛屿边缘的盐泥里留下间距三米的爪印。当我们看到它时,它已在半公里外,在厚厚的淤泥里疲惫不堪。就像有猎狗在追赶,或者知道随时会有一颗子弹撕裂它的肉体,它不再跳跃,像醉汉一样,摇摇晃晃、躲躲闪闪地走向湖岸。

在湖的最南端,在一片横跨泰瑞尔河(Tyrrell Creek)的沼泽中，旧电报线的柱子仍然屹立着。将柱子立在地里的工人有约翰·尼尔森和他的儿子——抒情诗人约翰·肖·尼尔森。这些柱子仍然矗立着，因为它们用的木材是墨累松（或许是白羽松），不会腐烂并且防白蚁。

每当我们想到澳大利亚的丛林，大多数人就会想到桉树，如同每当谈起北半球，我们中的大多数人就会想到针叶树。但澳大利亚大陆的林地和稀树灌丛里，还生长着超过260万公顷的澳大利亚柏树。在冈瓦纳的全盛时期，澳大利亚柏树是大陆范围内为数不多、占优势的物种之一。大约五千万年前，它开始将领土弃让给新兴的桉树。就像木麻黄一样，最终它败给了适应干燥气候、贫瘠土壤和频繁火灾，找到了生存途径的物种。它叶子的微小表面有助于在烈日下保持水分。尽管这些树不喜欢桉树赖以生存的大火，也不需要桉树无法忍受的磷，但它们仍然设法生活在黄杨皮类桉和铁皮类桉中间，甚至统治着它们领地上较贫瘠的、多沙的边缘地带。只要火灾不过于频繁或不过于炙烤，就有足够的澳大利亚柏树种子存活并最终发芽。一旦火灾停止，就像欧洲人殖民以来的情况一样，这一物种就会以巨大的活力再生。它们从真菌中提取磷：树木从根部为真菌提供碳水化合物，真菌帮助树木找到磷和其他营养物质。

在维多利亚和南澳小桉树区的沙化地带，在整个墨累-达令盆地，沿新南威尔士东北部海岸，在阿瑟顿高原（Atherton Tablelands）的高降雨量森林和阿纳姆地（Arnhem Land）的森林及热带稀树草原，生长着不同种类的澳大利亚柏树。它还生长在西澳的沙漠和其他每年降雨量不到250毫米的地方，以及塔斯马尼亚和澳大利亚的阿尔卑斯山区、雨量为1300—1500毫米的地方。

昔日赶牲畜的人和承包商经常被迫越过松树山脊厚厚的沙土，这些长着松树的山脊将大分水岭以西的大部分地区（包括里弗莱纳在内）分割开来。在一年中的某些时候，松树上落满了粉红色的凤头鹦鹉，它们尽情地享用松子。约瑟夫·弗菲的《人生就是如此》中的丛林人白天在里弗莱纳橄榄绿的苍松翠柏之间度过，夜晚在柏树的篝火旁度过，篝火将他们的罐子涂上一层厚厚的黑色油烟，空气中弥漫的不是桉树的气味，而是柏树树脂——一种更像美国西南部矮松而非桉树叶和桉树皮的馥郁。

澳大利亚柏树可用于栅栏柱、棚屋和房屋的树桩、水井的内衬、木屋、宅院的墙壁和地板以及剪毛棚的平台，是澳大利亚畜牧业发展中必不可少的元素。土著人用柏树脂做胶水，用柏木做武器和工具，用柏树皮做绳子，用球果、树叶和树灰做药材。在新南威尔士州的菲利加（Pilliga）地区，人们仍会收获柏树，主要取其木材，也有人用其制作香薰油。

1857年，乔治·埃弗拉德（George Everard）沿着一条小路来到了小桉树区南部的欣德马什湖（Lake Hindmarsh）。大量失灵的挖掘机被弃在小路上，而牧场的棚屋里满是寻找工作或食物的人。他回忆道，当一个经理建议他换上一套蓝色衬衫和鼹鼠皮裤子时，他的运气大大地好转了，经理还建议他不要穿着其他任何衣服去找工作。英国人詹姆斯·阿穆尔，一个挖掘工，这样描述工装："蓝色和红色相间的衬衫，折叠后产生的明显折痕是我们购买新产品的见证，配以崭新的皮革紧身裤。"这是"普通丛林人"的制服，如今，同样的蓝色衬衫和浅色皮裤依旧是乡下所有牛羊销售场所的时尚。

霍雷修·科克伯恩·埃勒曼（Horatio Cockburn Ellerman），一个在欣德马什湖岸边定居的牧场主，以他出生的城市"安特卫普"给他的牧场命名。他为埃弗拉德提供早餐。然后，他要求埃弗拉德"到客厅去听许多即席的祷告和简短的布道，等等"。根据 A. S. 凯尼恩的说法，埃勒曼是"一个具有强烈的传教士同情心的人"。故事是这样的：他在袭击当地土著居民的过程中杀死了一名年轻女子，而且这不是他参加的第一次袭击。从那以后，他便产生了这些同情心。他感到内疚，或者为他不道德的灵魂感到恐惧，于是他收养了这个妇女留下的六岁小男孩，并从此开始极为关照她亲朋好友的生活。正是埃勒曼将可敬的哈格纳尔博士（Reverend Dr F. A. Hagenauer）——著名的摩拉维亚传教士——引领至温莫拉河这个美丽的地方，从而使他在此建立了他的埃比尼泽救恩会（Ebenezer Mission）。

在为埃弗拉德提供膳食之后不久，埃勒曼放弃了占地，成为长老会牧师。基督徒从未想过要为自己的罪行辩护或原谅自己对原住民所犯下的罪行。虚伪为剥夺的车轮加油助力。在旧约全书中，他们发现了神对于他们征服工作的恩准；从新约中，他们认为应该在异教的土地上成为基督徒，并占有他们的土地，以此传播恩典和救赎的信息。于是乎丛林变成了教会。

在客厅里，埃弗拉德谈及祈祷，他说："我们用一小时左右的时间就把它搞定了。"第二天他穿过温莫拉河，向北走到阿尔巴库蒂亚湖（Lake Albacutya）。在这里，一个叫科波克的人请他帮忙牧羊。科波克的墓碑上写着："一个诚实的人。"埃弗拉德也许会同意这个判断。科波克每天晚上都和他的工人一起吃煮羊肉和硬面包，并且善意地把他拥有的150本书借给了埃弗拉德。在牧羊的六个月时间里，埃弗拉德说，他把所有的书都读了两遍。

想象一下埃弗拉德的生活，就像马洛①的牧羊人，在小桉树区

---

① 克里斯托弗·马洛（Christopher Marlowe，1564—1593），英国诗人、剧作家，代表作为剧本《浮士德博士的悲剧》《帖木儿大帝》《马耳他岛的犹太人》和诗歌《激情牧人的情歌》。

的晚霞中，他坐在小屋的门前，看着绵羊休闲地卧着，羊羔在地毯似的鼠曲草上玩跳背游戏，他渴望着真爱并享受着它们可能带给他的快乐。然而埃弗拉德又是一个特别的牧羊人。牧场主是以羊毛、羊肉和羊脂的产量来估算他们的羊群的，牧羊人是按工钱而不是隐喻来计算的。人类的纯真或乡村梦幻时代的概念，都不容易与这些先前的罪犯或者神志不清的人所共同从事的职业联系在一起。托马斯·米歇尔少校说，澳大利亚丛林的游牧生活是"所有诗歌的解药"，因为"男人没有配偶"，尽管他遇到了一个育有两个孩子的爱尔兰女人，"怀里抱着一个，另一个在她身边"，但她是牧羊人丈夫的女管家。不管神志是不是清醒，他们都是出了名的脏乱不堪，浑身上下满是羊毛脂、泥土和动物粪便，即便神志清醒，看上去也有几分色相。哀伤的大卫《诗篇》中的第 22 篇可能比马洛的诗歌或维吉尔的《牧歌》更能让人窥探到牧羊人的内心。

白天，他们在没有遮挡的树上观察羊群；夜晚，他们从一个特制的观察箱观察它们，箱子长两米，宽一米，两端都有把手，这样就可以像担架一样移动了。树上挂着马钱子碱毒饵，旁边放着一罐一罐的水，供野狗吃食时饮用，以此加速毒药的作用。每根野狗尾巴可以从牧场管理者那里获得半公斤烟草。根据 20 世纪 50 年代初住在伯兹维尔（Birdsville）的莫娜·亨利（Mona Henry）的说法，一磅澳大利亚野狗的头皮在遥远的内陆可倒卖至一个当地货币。

白天，牧羊人要看护 200 只到 1500 只羊；夜晚，他们把羊围在可移动的障碍之间，或者围在一个由两米高的木桩围成的围栏里，围栏"用小桉树编得像一个篮子，以防野狗"。他们吃的是面粉、咸羊肉或咸牛肉，还有茶；他们用烟草寻求安慰；带一把枪，有时带一条狗作为陪伴，当然还有羊。对于他们的劳动，除了每个月分发口粮，他们的收入可能是每周 15 先令；在产羔期，当羊羔超过母羊总数的百分之七十五时,每只羊为1先令——借此精细的计算,以期能够补偿他们为挽救出生虚弱的羔羊或冷漠的母羊所忍受的冬夜的痛苦(美利奴母羊不如英国品种可靠)。他们从未因孤独或恐惧得到补偿——在所有的丛林职业中,他们是最有可能被土著人杀害的,他们也从未因所居住的那个气味刺鼻、到处是蝇卵的污秽场所得到补偿。土地测量员乔治·沃森(George Watson)回忆他遇到的牧羊人和独居的牧场主说:"他们在一种几乎不能称为生活的存在中忍受着无限的孤独。"

1878年,在澳大利亚大湾的尤克拉(Eucla),出生于牧民之家的约翰·穆尔(John Muir)在遭受旱灾的产羔季节亲自牧羊,在井边露营以方便母羊饮水。他感到又冷又湿,于是出去"和许多来自丛林的黑鬼坐在林地上说话",回来以后便冷得发抖,吃不下东西。他不喝白兰地,芥末对他也不管用,他开始"吐血"。他的妻子说:"他握着我的手吻了吻,胸口的东西似乎使他窒息。"对于那些在同样境况下却无手可握的牧羊人来说,同样是令人悲伤的。

一名定居者称,当黄金吸引了劳动力时,华人和土著人(后来是太平洋岛民)被雇来当牧羊人,但土著人有一种习惯,他们会带着古怪的绵羊,"突然没有一丝预兆地消失到部落中"。牧民们意识到,当美利奴羊在广阔的草地上自由地吃草时,它们往往会长得更健壮。于是他们决定,最好是在大的围场围上篱笆。渐渐地,所需的牧羊人越来越少:根据比恩的说法,达令地区的牧羊人是最后一批。

乔治·埃弗拉德对牧羊工作一直甚为满意。他从事任何工作都感觉很快乐。五十五年以来,他徜徉于维多利亚州和南澳,在墨尔本和阿德莱德的酒吧和剧院里大肆挥霍。但他不断回到小桉树区,通常是步行。他第一次去那里的时候,见到了松树平原(他所见过的最美丽的地方），此前他从未在这个地区见过这么多的水。放眼别处，他看到了"一个像花园一样的地方，整个被五颜六色的花朵覆盖着，有白的、蓝的和黄的……人们也许会想象这些花是人工栽种的"。可是，他接着说道，没过几年，大部分植物就被兔子毁掉了：在欧洲人到来之后不久，"全部"檀香果和海滨苹果，以及山茱萸和檀香均消失殆尽了。

杂草除随人而来外，它们往往会提前到达，它们的种子在风中散播，或通过动物和鸟类的毛皮以及腹部传播。在第一次去小桉树区的旅途中，埃弗拉德遇到一群正在吃草的野牛，它们吃的是蓟和锦葵——都是外来的杂草。公牛（"在低矮丛林中变野而掉了膘的牲畜"）是当地的一大危险，因为早在欧洲人殖民之初，它们就生活在乡村的边远地区了。人们花一英镑便可为自己买到一头，然后加工成油和猪食。土著人射杀它们后去换烟草。此外，公牛会传播杂草和疾病（如布鲁氏菌病），在雨林中开辟空地，让阳光照进，从而促进草的生长或引发火灾。

南澳和维多利亚的小桉树区成了众多植物的家园，有黄金菊、金雀花、救赎草、非洲枸杞、非洲香茅、天冬草、巴瑟斯特苍耳以及列当和欧洲苍耳的几个亚种。有些植物伴随畜牧业而来，有些则与灌溉农业同行。还有一些是作为园林植物引入的，比如地中海地区的救赎草（也被称作佩特森的诅咒）。有些仅局限于农业地区。有些，就像可怕的天冬草，以每平方米数千颗种子之势大举入侵国家公园。

你行走在小桉树灌木丛中，永远不知道会邂逅何人，或者会目睹何物：一个男孩正在简陋的小屋里牧羊，他的妈妈在为他做饭；"有点精神失常的"牧羊人，或"忧郁的疯子"，或者那些把一个小贩和他的儿子绑在树上，用斧子把他们的头劈开的人。乔治遇见过一次亚当·林赛·戈登，不是在小桉树区，而是在离纳拉考特岛（Naracoorte）不远的地方，位于诗人在甘比亚山（Mt Gambier）的住所北部160公里处。他们整天都在一起缓慢地前行，埃弗拉德、他的伙伴，以及这个"所谓诗人"：他很少开口说话，除非是说些关于马的事情，然后他"又会沉思起来——我想他在构思更多的诗歌"。在所有作家当中，埃弗拉德偏爱卡莱尔。

这里的灌木丛中散落着一些桉树油蒸馏厂。大概朝着总是从锅炉和燃烧的垃圾冒出的烟走，或者顺着随风飘来的桉树香味走，人们就可以看到简陋的装置。

沮丧失意的淘金者和其他与丛林抗争的人从事蒸馏操作，先把叶子煮沸，推动蒸汽通过安装在一个长长水槽内、由金属管制成的冷凝器，然后从冷凝器末端收集的液体中撇去油脂。如今无意中发现一个老蒸馏厂意味着将要面对一堆古怪的废墟：生锈的金属管、杠杆、水槽、大容器、管子以及扭曲的足迹、车辙和散乱的木炭，好像某种心灵的雕塑。

费迪南德·冯·穆勒男爵（Baron Ferdinand von Mueller）一直在寻找利用桉树赚钱的机会。受其鼓舞，英国约克郡人约瑟夫·博西斯托（Joseph Boisisto）1852年在墨尔本以东30公里处的丹德农河（Dandenong Creek）建立了一家蒸馏厂。后来，他与制药商人阿尔弗雷德·费尔顿（Alfred Felton）和弗雷德里克·格林维德（Frederick Griwade）合作，成立了"小桉树区桉树公司"（Eucalyptus Mallee Company）。博西斯托的桉树油作为一种防腐剂、解充血剂、除臭剂、消炎溶剂和驱虫剂，迅速在澳大利亚和国外市场上走俏，在国际展览会上斩获了无数大奖。八十年来，公司业务蒸蒸日上，在我童年时的冬天，学校的校车、教室和许多学生身上都能闻到一股手帕浸泡过博西斯托桉树油的味道，还有牛奶、干草和甘草糖的味道。

虽然使用了包括蓝桉在内的若干个不同的品种，但小桉树（尤其是那些蓝色和绿色的小桉树以及西澳的油性小桉树）的桉树脑含量仍然最高，这为生产药用桉树油提供了原料。借助种植园的小桉树和大量的严肃科学，博西斯托的桉树油再接再厉，如今，尽管澳大利亚生产的桉树油比中国少，有些人仍然相信，桉树油可以再次成为一个有利可图的行业，而混合桉树油甚至可能替代石油并大大减少机动车的污染。在西澳，小麦带的农民们种植了上千公顷的小桉树，以控制盐渍化，防止清除原始植被造成的侵蚀。现在，政府和生产业看到了碳封存和燃料的潜力。为了发电，人们种植了一万二千公顷的小桉树。

乔治·埃弗拉德一生都在澳大利亚游历，足迹遍布小桉树区和更远的地方，去往墨尔本和甘比亚山，偶尔也去阿德莱德。在墨尔本，他观看歌剧《奥赛罗》《理查三世》《奥卡拉汉的最后一条腿》；在阿德莱德，他观看《罗汉格林》。他顺应季节，有时为剪羊毛工做饭，有时做剪羊毛工、牧羊人或牧羊人的看家人。他赶拢羊群、为羊接腿、接生羊羔、阉羊，再用烟草和硫黄液把羊洗干净——手指被洗液灼伤，指甲脱落。他一定吃了几千只羊，主要是腌制的。他在那里建围栏、猎兔、伐木、赶牲畜、挖掘、打井、筑坝、环割树皮、煅烧石灰、剪羊毛、压羊毛、切割苏格兰蓟和淘金子。他记录了连续几个星期从一个镇到另一个镇不定期的运输，有时和一个伙伴或他的兄弟，有时是他自己，孤独、穷困和饥渴。在干旱和瘟疫中，他目睹了大量的经营失败，成千上万的绵羊和牛死亡。河流和"死水潭"两侧的泥沼中，满是死去的羊和羸弱得无法动弹的羊："可怕的景象——那些可怜的牲畜，在它们还活着的时候，眼睛就被那令人诅咒的乌鸦啄掉了；每棵橡树上都有一群这样的恶棍。"他看见牛"在它们背后，头露出泥沼，一只眼睛都不剩了"。他憎恨乌鸦。"在所有的鸟类中，这些黑朋友是最令人诅咒的。"他看到工人和他们的妻儿患上了坏血病。他看见一个婴儿死于坏血病。

虽然记录显示，人们在墨累河和达令河沿岸已经生活了四万年或更久，但目前没有证据表明人类早在六千年前即长期居住在泰瑞尔湖周边，石头文物表明距今两千年，小桉树区的其余地方人迹罕至。

19世纪后期的欧洲殖民者彼得·贝弗里奇指出，墨累河沿岸的人们每年都到北方小桉树区进行远征探险，为了从一个干涸湖底的坑里发现赭石，并寻找桉叶胶——昆虫的一种甜美的分泌物，发现于树叶的蜡状沉积物中。在炎热的夏季，当这种桉叶胶在小桉树的枝条上大量堆积时，一个人一天可以收集大约20公斤。贝弗里奇写道，这对于糖类而言是一种巨大的冲击，而采集者们则"最不可思议地"靠它发了家。冬天到来的时候，这些部落也会在小桉树地区进行长时间的"漫游"，主要是收集赭石，但贝弗里奇认为，也需要从敌对群体的"持久的身体恐怖"袭击中得以喘息。

有些时候，墨累河完全停止了流动。然而，正如考古学家约翰·穆瓦尼（John Mulvaney）和约翰·卡米加（John Kamminga）所说的那样，尽管水量不大，"但就史前人类的生存和人口统计而言，它堪称澳大利亚的尼罗河"。这条记录表明，河流地区的人口密度比仅仅几公里外的小桉树地区的人口密度大20到40倍。根据早期白人殖民者的描述，墨累河里满是鳕鱼、鲈鱼、海龟、贻贝和墨累小龙虾，它的河床经常挤满水鸟，包括数百只天鹅和当地的鸟类。这些河床现在不时仍然很拥挤：一个长期居住在巴汉姆

（Barham）的农民（他的住宅背倚一个巨大的潟湖）声称，大雨过后，水面挤满了叽叽喳喳的鸟儿。他说道，在有土著人的日子里，"这里一定像图拉克区①"。

土著人与彼得·贝弗里奇和他在天鹅山附近的牛羊共享墨累河，每年至少在八个月的时间里他们可以享用大量的鱼虾。贝弗里奇的哥哥是被土著人用矛刺死的，但贝弗里奇一直对当地人很友好，并请求采取"补救措施"，以防"他们从土地上消失"。有一天，他和土著人一起出去，看着他们用钓丝或鱼叉捉到了93条鱼，有鳕鱼、鲈鱼和鲶鱼，这还不包括他们午餐吃的鱼。

墨累鳕鱼是丛林中引人注目的生物之一。按照一个土著人的说法，这条河流源于一条硕大的鳕鱼在逃离一个很厉害的猎手时上下拍动的尾巴留下的弧线。它们是了不起的食肉动物，以其他鱼类、甲壳类动物、鸭子、老鼠、蛇和海龟为食。曾有人捕过一条长2米、重110多公斤的墨累鳕鱼，但是现在没有人愿意捕这么大个头的了，许多鱼已生活七十年，达到它们的生命潜能——一个进化特征，确保成年后至少参与一个拉尼娜繁殖季节。过度捕捞、堰坝和水坝，由牲畜和清理植被引发的淤泥、盐渍、毒物及污染物，繁殖栖息地的丧失，外来的寄生虫和病原体，以及引进物种（如欧洲鲤鱼）的竞争，已经毁灭了墨累鳕鱼，它现已被列为濒危物种。

墨累河的土著人也从河里捞出"巨量的"龙虾和小虾；他们用长90米、宽约2米的网子从潟湖里捕获"每一种水鸟"。在繁殖季节，他们的独木舟"不加夸张地满载着""成千上万"只鸟蛋归来。鸽子和鹦鹉数量巨大：为了让当地居民有足够的牛肉食用，而不单纯依赖袋鼠肉，约瑟夫·哈顿率领一支由355头牛组成的队伍来到

---

① 墨尔本市的富人区。

阿德莱德，一路上，他看见了大量的"长着红色头冠的白色金刚鹦鹉"（长喙凤头鹦鹉），数量如此之大，"它们几乎使天空变暗了"。世界上的鹦鹉和世界上一半以上的鸟类都起源于澳大利亚。

墨累河的土著人采集并食用睡莲的根（一种名为卡姆旁的菖蒲）、"蒲公英山药"、苣苦菜、车轴草，并且如果能够搞到的话，每一餐都吃一些动物源食品，还有海滨苹果。他们吃袋鼠、鸸鹋、沙袋鼠、负鼠、蛴螬、青蛙、蛇和野狗。贝弗里奇说，冬季，当食物相对缺乏时，他们的皮肤出现斑点且十分暗沉，但天气一变暖，他们便恢复"正常的轮廓和光泽，真的很棒"。晚春时节，当莫纳诺人尽情享受波冈山（Bogong）蛾子时，他们的脸上会现出同样的光泽。

无论有无光泽，许多墨累人脸上都带着天花的疤痕。在1838年的陆路旅行中，霍顿在那些"健康、匀称的男人们"脸上看到了天花的痕迹。虽然有许多学者认为这种病毒起源于第一舰队，甚至可能是被蓄意释放到土著人群中，但更普遍的观点认为，它是望加锡（Macassan）海参采集者在每年一次前往北海岸的时候携带而来的。根据早期殖民者的说法，人类学家估计，这些天花传染病可能已经杀死了百分之六十的原住民人口，其破坏规模与中世纪的欧洲黑死病旗鼓相当。

贝弗里奇说，墨累河流域的人们对这场流行病有着可怕的记忆，就他所收集到的资料来看，这种可怕的记忆早在四十年前就已经"伴随着河水同现了"。死亡和垂死的人太多了，无法给他们一座"得体的坟墓"：部落其他人继续往常的生活，只能任由垂死的人死去，在他们躺下的地方腐烂。1788年前的人口究竟有多少，无人能说清楚。经济学家诺埃尔·布特林（Noel Butlin）估计，仅在澳大利亚东南部就有25万，但多数学者认为要比这个数字小得多。在维多利亚州，助理护林员威廉·托马斯（William Thomas）和爱德华·斯通·帕克（Edward Stone Parker）认为，当欧洲人到达的时候，土著人的数量为6000—7000人，而其他人则认为只有此数量的一半。不管数量如何，如果天花夺走了其中一半土著人的生命，白人在此的殖民肯定会由此变得更加容易，就如同肺结核、流感、百日咳和性病的影响一样。丧失了如此多的人口也意味着，欧洲殖民者看到的内陆永远不会像1788年之前的模样。

小桉树区依然栖息着袋鼠、针鼹鼠、狭足袋鼩、跳蚤鼠、侏儒负鼠、山羊、壁虎、沙背蜥蜴、胡须龙、石龙子、黑白纹毒蛇、棕色蛇、穴居青蛙、澳大利亚野狗和惊人种类的蚂蚁。在早期的欧洲记载中，草原袋鼠、兔耳袋狸、沼林袋鼠、沙袋鼠、袋狸鼠和囊鼠踪影全无。

在绵羊蹒跚穿过大地之前，澳大利亚野狗有所有这些动物可供择食。澳大利亚野狗是一个多面手，既是食肉动物，也是食腐动物。当绵羊出现在它们古老的狩猎场上时，它们一定以为天国已经到了。弗菲称绵羊为"腐肉"。它们比任何袋鼠都要慢，不能飞、钻、爬、藏，不能跳过任何有难度的障碍，而且在被追赶时，它们没有反应。羊是不费吹灰之力即可获得的鲜肉，任何未驯养的狗都曾享受过。当遭到攻击时，它们要么聚在一起，要么盲目地在野狗的小路上奔跑，而野狗则以尽可能多的残害作为回应。一个19世纪的牧场主估计，他在一夜之间就痛失了2000只羊；在20世纪中叶，牧场估计每年仅在昆士兰就有50万只羊被吃掉。野狗使一些牧羊人破产。

这不仅仅是因为它们造成的损害，而且是因为它们经常发动猛烈攻击的方式：杀死的远远超过它们所能吃掉的，撕裂身体，只吃肾脏，在死亡的羊群中留下无数血肉模糊的受伤绵羊。就像北美的郊狼一样，对野狗的憎恨也有一些个人的东西：它们是害虫，但更糟糕的是，它们是放肆的、残忍的、懦弱的。

通常，澳大利亚野狗有姜黄色的皮毛、白色的爪子、白色的胸部，尾巴上有一个白色的端点，但有些野狗的颜色深得多，有些甚至是黑白相间的。有些野狗体型大一些，有些聪明一些，有些——老猎狗人说——袭击羊为的是吃肉，有些则是为了好玩儿。还有些野狗残害羊，只是因为讨厌它们。晨光中，一只体格健壮、吃饱喝足的雄性野狗，耳朵竖立，尾巴拱在背上，看一眼便令人不寒而栗。它们是最强悍的、无情的、残忍的幸存者。我们可以说，它们体现了丛林人的品质。雌性野狗体型较小，长着漂亮的脑袋和纤细、灵活的爪子。野生的澳大利亚野狗和任何野狗一样，包括变野的家犬，是更像狼的猎食者。许多野狗是澳大利亚野狗和家狗交配的产物；有些根本就不是澳大利亚野狗，而只是普通的野狗，但它们的破坏性却丝毫不减。在东南部山区，这些杂交狗和野狗比澳大利亚野狗更常见，令农民痛恨不已。

澳大利亚野狗是东南亚家犬的后代，而后者是亚洲狼的后裔。它关系最近的亲属可能是新几内亚歌唱犬。澳大利亚野狗的祖先并不是很确定，这从它的科学命名即可看出，之前命名为 canis familiaris dingo 和 canis lupus dingo，最近只是称 canis dingo。据报道，杰克逊港（Port Jackson）的土著人称之为"tingo"。澳大利亚野狗很可能是在大约四千年前，随同驯养它们的人类移民到达澳大利亚大陆的。在努拉伯平原（Nullarbor Plain）出土的最古老的澳大利亚野狗标本，可追溯至距今三千四百五十年。在两千年或更久的时间里，它们与食肉的袋狼共存，很有可能它们造成了袋狼在大陆上的灭绝。它们致使有袋动物数量下降，似乎是毋庸置疑的：19世纪70年代,袋鼠在昆士兰州中部的部分地区几近灭绝,而袋鼠的数量之多曾让这个地区"不堪重负"。在澳大利亚大陆的大部分地区,土著人都驯养澳大利亚野狗,和它们一起打猎,享受它们的陪伴、夜晚提供的体温,以及它们作为守卫的实用价值。

虽然它们已经被同化进入土著人的社会和经济生活,并且像水牛一样进入他们的神话,但澳大利亚野狗并未被列入伟大的创造物之列。如果蒂姆·弗兰纳里是对的,那么澳大利亚野狗至少应在此名誉榜占有一席之地。弗兰纳里认为,澳大利亚野狗的到来以激进的方式改变了大陆的生态系统和人类文化。例如,他说,驯养澳大利亚野狗给土著人带来的优势是,他们能够传播他们的影响和他们的语言:帕马—恩永甘(Pama-Nyungan)方言在整个大陆八分之七的地方占统治地位可能要归功于澳大利亚野狗。弗兰纳里说,通过减少食草动物的数量,澳大利亚野狗扩大了草原的范围和多样性。种子成为土著人的主食,磨石成为必不可少的工具,对这些土地的理解和管理于土著人的生活至关重要。当然,如果土著人将他们的大草原归功于澳大利亚野狗,那么在草原上放羊的欧洲人也应如此。

澳大利亚制订了猎杀野生犬法案,成立了猎杀野生犬委员会,几十年来人们对所采取措施不足的投诉和争论从未间断。人们建成了数千公里长的澳大利亚野狗防护栏,在经历了洪水和沙尘暴、盐渍化以及袋鼠、鸸鹋和兔子的毁坏之后,又以巨大的代价进行了重建和修复。对付野狗的战争已经持续了二百年。安东尼·特罗洛普(Anthony Trollope)观察到:"在一个牧场主的房子里,士的宁就像苗圃里的蓖麻油一样常见。"在大型牧场上,人们驾着马车"不断地"撒放这种毒药,而在较小的牧场,"牧场主或他的工头东奔西走,口袋里塞满士的宁和用手绢包着的肉饵"。到处都有士的宁,大牧场主给他们的羊和猎袋鼠狗戴上

"防毒嘴套"以防止它们吃到。遗憾的是，对看到诱饵的鸟类来说并无有效预防措施。

每个大牧场都有一两个野狗猎人：孤零零一个人赶着一辆四轮马车，车上载着他的一些装置，由两匹马拉着，后面跟着一个骑马的人。在任何一个将狗视为妨害的地方，最好的方法是毒死或诱捕它们，这是一个很好的话题，就像我在昆士兰西部的一家汽车旅馆发现的，对一些人而言情况仍然如此。一个名叫丹尼·麦格拉斯（Denny McGrath）的野狗猎人，被一些人认为是新南威尔士州西部地区最好的野狗猎杀者，他用煮熟的野狗内脏作诱饵，并把它放在炽热的阳光下，最后连最狡猾的雄性野狗也无法抗拒这种气味。凯利（W. S. Kelly）建议将一把刀插入一只身体仍有余温的鹦鹉的胸部，然后放入三便士硬币大小的士的宁。把鹦鹉挂在篱笆上或干灌木上，撒上几根羽毛，所有的野狗、狐狸和狗都会上钩。

澳大利亚野狗嚎叫着，好像是让每条狗从一开始就听到它们的叫声。人们说，"真是不可思议"。当它们在附近嚎叫时，艾伯特·费西说，"一种奇怪的感觉在我的后背忽上忽下"。一天晚上，在麦克里伊河（McLeay River），安妮·巴克斯特坐在丛林里的一棵树下，或者为了好玩，或者为了抗议她生活中那些无聊而不讨人喜欢的男人，她开始"像一只澳大利亚野狗一样叫起来"。令她大吃一惊的是，一只澳大利亚野狗从灌木丛中蹿出来回应她。也许没有什么比这更能表达殖民时期的离奇经历了，那种原本熟悉的陌生。毕竟，狗本来就是被驯养的动物。1917年，在位于西澳西南部马拉纳普（Maranup）的农场里，目睹他的羊全部被澳大利亚野狗祸害的景象时，威尔·布朗（Will Brown）气得"暴跳如雷"。他的妻子不知道最后是否要把他送进疯人院。她走到床前给家人写信，而威尔则坐在门旁,"用留声机喇叭倾听着澳大利亚野狗的嚎叫"。

澳新军团日(Anzac Day)两天后,拉莫鲁(Lameroo)和皮纳鲁(Pinaroo)纪念碑的脚下仍然安放着花环。在这两个位于南澳小桉树区的小镇里,维多利亚式建筑暗示了人们的远大理想。在建筑物之间的大路上,巨大的枢轴灌溉器将水从地下海引出,喷洒到洋葱和土豆地里。那里有上帝创造的丛林和人类创造的丛林。随着太阳在身后沉落,我们穿过一大片野生滨藜,作物收割后遗留在地里的残桩和准备播种的耕地土壤呈现灰蓝色、奶油黄色、蘑菇色、赭土色。我旁边的艺术家说这是被火烧过的黄土,确实有些地方看起来像托斯卡纳。

在南澳国家公园和拉莫鲁野生动物服务中心的总部,穿着卡其色衬衫和短裤的年轻女子告诉我们,当地农场的鸸鹋和袋熊必须得到处理。她显然很遗憾,但语气坚定。就在刚刚,农民们还在播种小围场之前等待蝗虫逐渐离开。高个子,宽肩膀,面带微笑,口齿清楚,她站在那里,双脚分开,像农民们常有的样子,仿佛是为了表示他们决心留在原地不动。她管理着纳卡特(Ngarkat)自然保护公园,但她是一个农民的女儿,她能将自己对公园及其动物的情感与那些对袋熊和鸸鹋不感兴趣的人的同情相结合。

纳卡特(以居住在那里的土著人命名)是南澳墨累-达令盆地四个国家公园之一。它们总共保护着近一百万公顷的残余小桉树。令人印象深刻的是,这些公园只占了南澳小桉树区原始面积的百分之六点八。公园管理是指对火灾的管理,对其进行预防、控制,必要时有效使用。它也意味着管理人类对公园的使用:这个地方同样吸引着温和的观鸟者和四轮驱动冒险家(危险驾驶的莽汉)。然后还有杂草、澳大利亚野狗和兔子需要管理，还有养蜂人，几十年里他们的蜜蜂一直在采集沙漠山龙眼科灌木花蜜。

纳卡特在十年前就已经被烧毁了，还留有几棵七米高的老树，有些树枝被熏黑了，有些被截断了。但这片土地已经完全恢复了生机：新生的小桉树闪烁着光芒，白千层属灌木、松树林、山龙眼科灌木和小型开花灌丛（石南、豌豆藤、酸灌木）都在茁壮成长。小桉树的叶子在风中沙沙作响，那是唯一的声响。纳卡特有一百八十五种鸟，其中只有四种是外来的。我看见了两只灌丛鹩鹟。它们在寂静中轻快地掠过。一只眼斑冢雉在沙地上留下了令人吃惊的大大的新鲜脚印，感觉它就在附近，只是暂时隐身了。公园里栖息着各种各样的爬行动物和有袋动物。就像爱尔兰的小精灵，你看不到它们，但你却知道它们就在那里。

纳卡特并不是一个认定的荒野。其中某些部分达到南澳荒野保护法案规定的标准，但其他部分受欧洲人占领的影响过大。公园里五分之一的植物都是外来的，而且大多沿着其他外来四轮驱动车辆使用的道路生长。纳卡特，就像跨越边界的大沙漠（这是一个认定的荒野），是一连串巨大的沙丘。沙丘对四轮驱动者来说是不可抗拒的，或者像他们的一个成员所说的那样，沙丘提供了"各种各样富有挑战性的驾驶体验"。

为了保护纳卡特，公园管理者坚持要彻底颠覆之前欧洲人在小桉树区的所有行为。不要采摘花卉或其他标本，不要惊动石头或岩石，也不要挖洞，除非是处置排泄物。不要在溪流或泉水里洗澡，或在这些地方周围或任何水源处宿营，这些水源是供鸟类和其他动物使用的。不要随处丢弃垃圾杂物。不要毒害、诱捕或射杀本地动物。不要驾车乱穿乱压。不要留下任何迹象表明你曾经来过这里。

《南澳法案》寻求"恢复欧洲殖民化之前土地及其生态系统的面貌"。恢复小桉树区的原貌是令人向往的,但若要说土著人在那里生活时它曾是一片荒野,似乎在重申欧洲人的观点,即他们攫取的这片土地是上帝独自创造的。难道一片被人类所熟知和利用的土地是荒野吗?"澳大利亚野狗诱饵计划"与恢复欧洲人到来前的生态系统一致吗?倘若土著人在那里生活时,那里的确是一片荒野,那么,"保护它免受现代技术、外来的动植物以及其他外来生物的影响",又是如何在没有他们参与的情况下把这里变成荒野的呢?他们的后代正在放弃小桉树区,走向墨累桥(Murray Bridge)和米尔迪拉的街道。

第 7 章
努力生存

基本树种 — 西部树冠 — 伐木工的内心 —
坚韧的赤桉树 — 高大的灌木丛 —
红雪松 — 雪松采伐者 — 奶油经济 —
反主流文化的丛林 — 可持续的和有机的

对印度教教徒来说,榕树是神圣的。对佛教徒来说,菩提树是神圣的。对阿拉伯人而言,崇高、尊贵、庄严而不可亵渎的则是某些枣椰树。按照孔子的说法,"像树一样"伟岸坚定意味着接近善良。诺曼人用紫杉树干建造小教堂。许多其他文化赋予特定的树木、树林和森林以宗教意义。阿多尼斯(Adonis)出生在一棵树上。达芙妮(Daphne)变成了一棵树。乔治·华盛顿勇敢承认砍倒了一棵樱桃树,并因此几乎完美地构想出美利坚。树是男性器官和女性身体的象征。希伯来的卡巴拉以生命之树描述了神创造天地的方式。在《创世记》中,一棵树拥有不朽生命的钥匙,在旧约和新约全书中,上帝的子民被比作橄榄树的枝叶和果实。为了庆祝耶稣的诞生,他的追随者们把树放在起居室,分发棕榈叶(胜利的象征）以纪念耶稣进入耶路撒冷。弗洛伊德观察的一个孩子曾幻想伤害一棵代表他母亲的树。澳大利亚流芳百世的流浪汉坐在蓝叶桉树下。在数百个澳大利亚城镇中，人们建造林荫大道以纪念在战争中阵亡的将士。

然而，犹太教—基督教的上帝并没有遭遇对手。如果没有对树本身的崇拜，就没有对桉树的宗教信仰。信徒们开始对最威严、最神秘莫测的桉树发起了猛攻，他们怀揣着理性的希望，认为他们斧头的铿锵是向上帝奉献的音乐。异教徒、罪孽深重的和被隔离的人居住在荒野中，去那里的人仿佛从上帝的视线中消失了一般。他们越早清除树木，就会越早重回上帝的视线，上帝的王国就会越快实现。毫无疑问，一些清理灌木丛的殖民者确信，在完成自己劳作的同时，他们也是在做上帝的工作；一些殖民者则不需要上帝的指引。就连约翰·肖·尼尔森也是一边写作，一边继续砍树、挖掘和焚烧，他那"可怕的蓝色雷神"也让位于鸟儿和光影的温柔与美丽，他的天才是在几乎已被人类所征服的事物中发现崇高。

1926年的酷暑期，长老会牧师弗雷泽·萨瑟兰（Fraser Sutherland）驾车在维多利亚的曼南塔港（Manangatang）和皮安杰（Piangil）之间行驶时，在小桉树的根中看到了上帝。当所有其他生物都苟延残喘和虚弱不堪时，小桉树却开始了新的生长。农民们称之为"回春"，并诅咒它们的挑衅。正如树根是树木巨大且隐藏的资源，是它们美丽和奇迹的源泉，为在此建立上帝的王国而拼搏的萨瑟兰牧师对于上帝的意义也是如此。受到宣称"真理将从大地诞生"的诗篇作者的鼓舞，牧师希望即使他们把小桉树砍倒在地，努力抗争的教民们也会在这些回春中找到信念，等待一个新的天堂和一个新的世界。

萨瑟兰牧师算是说到点子上了。小桉树的木茎块（俗称桉树根）是生命的宝库和再生的重要工具。万物都力求保持自己的存在，正如斯宾诺莎所说："自然的力量是神圣的力量和美德本身。而且，神圣的力量正是上帝的本质。"

这位哲学家曾说："把自然中的人看作王国中的王国（帝国中的帝国），这是无知者常犯的错误。他们宣称，人类的思想不是由任何自然原因产生的，而是由上帝直接创造的，并且是独立于其他事物的，它有绝对的力量来决定自我，并正确地使用理性。"这也是对殖民者心态的合理描述。斯宾诺莎认为，事实上，人类，就像其他一切事物（包括桉树根）一样，"只是大自然中的一部分"，并努力求得生存。在自然界中，一个配备斧头、链锯或带有5米长刀片、380马力拖拉机的人，和一个凝视着带斑点食蜜鸟的人，究竟应被视为两种完全相反的状态还是同样自然的状态，我们并不清楚；同样，倘若人类对自然造成破坏，这究竟是因为他们的天性，还是因为他们认为自己的存在依赖于自然，对此，我们也不明所以。无论如何，希望似乎取决于他们愿意以同样的敬畏去看待自然的其他部分，就像他们看待他们本身的部分一样。

然而，树木似乎有可能，甚至很有可能在人类无意识中保留了某种力量，而这是单纯的功利主义或加尔文主义观点不能完全阻止的。或许它有些浪漫，无论是19世纪的诗人还是21世纪的环保主义者，人类对树木的同情既顺理成章，又不乏令人尊敬的哲学基础。它只是争论失败了而已；与斯宾诺莎一样，它也被认定为异端邪说。

我记得我们有几十棵或更多的桉树和黑木金合欢，记得它们的形状、毗邻之物还有它们在我们农场的准确位置。它们留下的印记至少和那六条狗或任何其他动物留下的印记同样清晰。树木经常出现在我的梦里，但动物却从未出现过。一棵生长缓慢得令人痛苦的橡树，栽种在未婚的一个姑祖母的坟墓上。有棵松树不断闯进我的梦乡，我曾在树荫下玩耍并怀揣我全部童年和少年的幻想，我不确定它是不是我的父亲、我的母亲、教会或是万能的上帝本身，但我毫不怀疑当时它对我施加的权威，今天仍然如此。

若将树只看作树，而不是一种障碍或效用，它的力量很快就会显现出来，以高度、质量、形式，以力度、坚韧、优雅或它所表达的永恒。它产生颜色、光亮、运动和声音，呈现活力、力量、创造力、生命力。它激发出情绪、恐惧和奇迹。树木激发想象力，活跃感官；它们意味着神秘，提醒我们是自由的，提升我们的精神，在不知不觉中，即便只是瞬间，带我们回归自然，与自然和谐相处。正是出于这个原因，为了满足人类的想象（并充当城市的肺），纽约的中央公园应运而生。我们种植树木是为了它们的许多实际用途，但也是为了肯定生命并纪念生与死。树木施加于我们思想的力量，以及我们与它们之间的关系，或许完全独立于它们对我们人类的巨大效用之外。

我们能够以最好的方式衡量这一效用，正如科林·塔奇（Colin Tudge）所说，当我们谈到石器时代、青铜时代、铁器时代等等时，每一个时代，包括五十万年前人类开始使用火的时代，其实都是一个树木时代。没有树木，就不会有青铜时代、铁器时代和蒸汽时代，如果我们没有在树上生活很长一段时间，就不会有人类时代。正是在树上，我们发展了灵巧性，我们的大脑与我们的手臂和手一起发展，双手为我们大脑的能力提供了回报，确保了我们进化的成功。正如塔奇所言：没有树木，就没有人类，我们"绝对"得益于树木。为了让我们能在地球上生活，在我们到来之前，树木使之保持足够凉爽。

欧裔澳大利亚人和土著居民都需要收集木材，只是欧洲人几乎总是需要得更多。采矿依赖木材,并消耗了整个环境。西澳西南部异色桉森林的木材用于铁路枕木和澳大利亚、南非以及德国的矿井。开普敦的街道到处铺着边缘桉。周围土地上的每一棵树苗、每一根树枝都被清除,六十年来,西澳的金矿依赖于向西延伸至森林的铁路网络。这些都是林产业。它们消耗了巨量的小桉树、熠熠生辉的铜红皮健全桉和神奇的红皮桉(肉红色的枝干上长着闪闪发光的绿叶,还有血红色汁液留下的斑印)。受雇于西澳金矿区木柴供应公司等企业,很多家族多年来一直生活在树林中,他们在林中采伐、运输、装载、搬运木材,当木材耗尽时,他们迁移他乡,留下不断蒙灰的铁制工具、混凝土和玻璃等。虽然工作很辛苦,但林产业提供了工作和友谊,对许多人来说,这是他们在一个崭新国家的开始。一位曾是战后澳大利亚和欧洲流动工人杰出群体成员的妇女说,她和她的家人以及朋友都喜欢那里的生活。她承认自己对这些健全桉有特别的感情。她说:"你会觉得有人整天在那里为它们抛光。"这或许意味着她更喜欢让健全桉矗立在那里。

如果树木真的留下来矗立在那里,或者至少是那些高大的树木留下了,此后一直袭击卡尔古利的沙尘暴就不会那么频繁,盐渍化也不会那么严重。十年前,(澳大利亚)联邦科学与工业研究组织曾表示,盐渍化威胁着当地百分之八十的残留植被,并以每小时一个椭圆形橄榄球场的速度吞噬小麦带。但是,如果这些树不被砍伐和焚烧,金矿又会变成什么样子呢?在森林曾经覆盖的地方,人们曾幸福生活、安居乐业,企业受到嘉奖,伙伴情谊得以蓬勃发展,历史得以罗缕纪存。如果当初没有砍伐,我们了解的丛林就不会存在。

我们绝对继续受益于树木。我们需要树木来固定和改进土壤、封存碳、调节气候、降低地下水位、维持生物多样性以及进行我们赖以生存的光合作用。我们需要树木来提供氧气和阴凉，地球上也鲜有其他东西能告诉我们如此之多的生命运作方式。我们需要树木作为木材、食物、药品、燃料、化学物质、纸张和许多其他种类的材料，我们需要树木作为希望、美丽和灵感的源泉。早在20世纪晚期环境保护主义者出现之前，人们就认为树木是能够指导我们的造物主的设计，并具有情感和智慧。树木是如画风景的一个重要因素，也就是说，是自然界中一切被认为是人类感官所喜爱的东西中的一个重要因素。没有树木就没有完美。

鉴于树木对人类的深远意义——远远超过对绵羊、牛、狗或马的意义，将其全部清除，或许在那些从事此项工作的人们心中并非没有影响。伐倒、环割树皮、投毒、除根或以其他方式导致树木死亡也许不是种族灭绝行为，但也肯定不只是像清扫门廊那样的行为。这可能有点像战争，至于何等残酷或造成何种创伤，则取决于个性和环境。无论出于何种原因毁掉树木，谁都不知道给毁坏者的内心留下了怎样的心理疤痕。如果这些冤死的树木令罗莎·普雷德"神经紧张"，那么它们对适应能力差的人又会产生何等影响呢？一个年轻时在斯切莱茨基山脉地区生活过的人，曾在那里"为了修建农田，帮助摧毁了可能是世界上见过的最好的硬木森林"，他永远也无法原谅过去的这段经历。他的儿子莱尔·考特尼（Lyle Courtney）写道："在那次犯罪中作为帮凶的罪恶感一直困扰着他的余生，并灌输给他一种深深的悔悟和与自然的情谊。"

在刚从英国来的年轻人雷切尔·亨宁看来，赤桉树是对庄重优雅的东西效颦，是一种改造版橡树。她认为麦考里河（Macquarie River）沿岸的赤桉是"荒凉的"和"忧郁的"。在理查德·马奥尼（Richard Mahoney）的眼中，赤桉树和木麻黄，尤其是树枝低垂、长着长长的叶子、在风中低吟的落叶松是"最悲哀的树木"。在不特别苛求重现故里的人的眼中，赤桉是内陆的标志性树种，也是澳大利亚田园景观的精髓。无数的风景画都以它们为主题而创作，其中既有致敬树木的画作，也有赞美绵羊和赶牲畜人的作品（正如一个小牧场主所言，他们享受着"精神上的完全自由"，在飞扬的尘土中缓慢前行）。美利奴羊的成长离不开赤桉：它在赤桉遮蔽下的死水潭饮水，在树根之间袋鼠躺过的土坑中休息。

一百年前，美国小说家威拉·凯瑟（Willa Cather）说道："我喜欢树木，因为与其他事物相比，它们似乎更顺从于自己的生活方式。"如果她看到赤桉树，可能会更喜欢它们。如果我们不为树木可能有足够的意识来接受生命的观念所困扰，我们可能会想，在欧洲人占领了一个世纪之后，它们是否也开始接受死亡。最初的一百年里，开垦、环割树皮、伐木、盐渍化、压实土壤和其他残忍行为致使赤桉树锐减，未来的一百年间也难有大的改观。然而，它们一直坚守，与负鼠、袋鼯、鹦鹉以及生活在它们枝干空洞中的蒙面猫头鹰等一起。

赤桉是内陆枝叶繁茂的树种，也是澳大利亚大陆分布最广的桉树。"繁茂"一词并不足以表达赤桉之高大：居住在维多利亚州基莫尔（Kilmore）附近、研究并钟爱这一物种的专家菲尔·肯扬（Phil Kenyon）在南澳的梅尔罗斯（Melrose）附近发现了一棵树冠直径为21米的赤桉。19世纪中叶，并不常夸大其词的阿尔弗雷德·威廉·休伊特测量了在维多利亚州靠近尤罗阿（Euroa）的地方倒下的一棵赤桉，发现它有61米高。

赤桉是树中最坚实的。它们可能存活长达一千年，一生会经历干渴和饥饿、旱灾和洪水，以及来自昆虫、牛和人的直接或间接的袭击。在所有能够经受折磨和贫瘠、似乎起死回生的桉树中，没有一个品种像赤桉那样带着累累疤痕,这一特点激发了哈罗德·卡兹诺克斯(Harold Cazneaux)1937年拍摄弗林德斯山脉,也激发了汉斯·海森(Hans Heysen)在同一地区描绘许多水彩画。卡兹诺克斯写道:"河床上巨大的赤桉树让我惊叹不已,我感到了它们枝干、体魄和生命的力量,这一切表明了一种忍耐。"于是,他给自己最著名的摄影作品命名为"忍耐"。海森围绕着这些像英雄般永恒伫立的赤桉创作了广受欢迎的水彩画,并因此将这些物种植入了民族意识和民族身份的中心。毫不夸张地说,澳大利亚人已经从这一物种中汲取了一种自我意识,他们已经看到了赤桉,并看到了一种形象化的使命宣言。

原住民用赤桉的树皮做独木舟和帐篷。欧洲人模仿了这种做法,尽管认同探险家约翰·奥克斯利的遗憾——这不是真正的"木材"。在南澳,一些拓荒者的家庭生活在被烧毁和掏空的赤桉中;沿着墨累河,在艰难时期,一些贫困的人也住在树洞里。赤桉是上好的铁道枕木,在这里和在英帝国的其他地方(包括印度),都有大量的赤桉用于这一目的。赤桉还被用于码头桩和建筑支柱、板式小屋、家具和栅栏柱。它为发动机提供动力,包括墨累轮船上的发动机。19世纪,墨尔本亚拉河沿岸的古老赤桉并没有足够标志化,以避免在建造国库花园(Treasury Garden)时被炸毁,或者在新的植物园中被砍倒而为更有趣的物种让路。虽然赤桉被认为是国家的象征,但树木是完全可以被牺牲的,就像袋鼠一样。事实上,大多数了解它的现代澳大利亚人,只知道赤桉不过是他们以每平方米200美元的价格买来投向炉中的柴薪。

1870年,当园艺家威廉·弗格森(William Ferguson)看到托坎瓦尔(Tocumwal)附近的巴尔巴-米利瓦(Barmah-Millewa)森林时,它的宏伟程度不亚于维多利亚的任何森林。尽管历经了密集的砍伐，但每英亩仍生长着80棵到100棵赤桉。弗格森担心这片森林的未来。然而，这片森林经受住了砍伐、牛羊入侵和河流筑坝的考验，在这里露营仍能唤起在别处蛰伏的感觉。鸬鹚潜入水中，携着鱼来到岸边，在折断的树枝擦干翅膀；鹰在高空的气流翱翔；晚上，当苍鹰和猎鹰在老桉树的树枝上捕捉桃红鹦鹉时，鹦鹉们发出尖厉的叫声；河水适时将你淹没。墨累河远非最宽、最长或最快的河流，但它具有一种扣人心弦的力量。其大部分能量和美丽可以归因于引导河流穿越大地的赤桉树。今天它们很漂亮，1853年，当弗朗西斯·卡德尔（Francis Cadell）驾驶着他自己建造的轮船沿着桉树"大道"行驶数百公里时，它们无疑更加美丽。

卡德尔的轮船和随之而来的所有船只都是河流生态的敌人。虽然对在树下安营扎寨的人来说是致命的危险，但成熟的赤桉树毫无预兆地落下大量巨大枝干的习性，为生物在残存的空心树桩中筑巢创造了机会，当树枝落入河流或潟湖时，它们就成了鱼类繁殖的栖息地。反过来，鱼类又能让鸟类茁壮成长。清除赤桉落下的"障碍物"为船只让路的做法破坏了生态，就像限制水流量和减少洪水发生的做法一样，也与造成地下水位和盐度上升的做法如出一辙。然而，赤桉只需要一点点机会就能存活。当最后一次干旱甚嚣尘上时，墨累河畔的一些树木枯死了，另一些似乎也奄奄一息。拉尼娜降雨过后，很快赤桉就被齐腰的洪水围困，它们在水中神采奕奕，纤细的新树苗那泛着紫铜色的叶子在水面上摇曳。

20世纪初政府开始实施对它们的保护。当有人为了开发密集居住区而开垦土地时，法令规定：未经林业部门许可，在水道和潟湖的河床上，或者在其河岸两侧20米的地方，任何人不得"环割、砍倒、采伐或毁坏树木"。虽微不足道，但该项规定可能有助于河流和树木的生存。在大分水岭以西，赤桉依然矗立于河流、小溪、潟湖和洪泛平原——粗糙的树干弯曲多结，守护着牛羊，坚持不懈度过旱季，任凭洪水拍打和淹没。在或平坦或柔和起伏的地貌中，赤桉摸索着穿过大地，形成了一道灰绿色的地平线。从空中俯瞰或从高速公路上眺望，赤桉树往往是唯一的标志，也是唯一的绿色，否则大地不过是空旷荒凉、平淡无奇的平原。

1828年，劳斯船长（Captain Rous）越过障碍，到达了今天新南威尔士州的巴利纳（Ballina）。他在一条以里士满公爵的名字命名的河里抛了锚；他把附近的海岬叫作伦诺克斯海岬（Lennox Head），因为每个里士满公爵都是伦诺克斯公爵。就这样，劳斯定居下来，讲述他所见过的事情，包括"许多当地人"和他们2米高、9米长的棚屋。同年，阿兰·坎宁安发现了一条通往里士满河源的内陆步道，于是他爬上林赛山（Mt Lindsay）眺望。1841年左右，在"土地热"期间，两个小牧场主从南方赶着牛北上，越过里士满，在他们称为卡西努（后来的卡西诺）的地方占据了超过1.2万公顷的冲积平原、"草地"和树木丛生的山坡。很快，更多的养牛人陆续抵达，并占据了相似面积的土地。1844年，在里士满河的一条支流上，利斯莫尔牧场建立了。为了纪念第一个在那里落户的家庭，这条支流被命名为威尔逊河。威尔逊是第一个将家庭落户在那里的人，这位女性家长带着一头奶牛乘着竹筏抵达。人们相信，马缨丹迅速疯长，现在已经占据了成千上万公顷土地。很快，所有的土地都会被占据。短角牛、赫里福德牛和德文斯牛正在河边的平地及两侧低矮的山坡上吃草，日渐肥硕。

但是，一头膘肥体壮的牛不超过10先令或12先令，或者每只羊卖1先令，有什么用处呢？殖民地遭受了大萧条的打击。以南方小牧场主为例，具有远见卓识的克拉克·欧文（Clark Irving）接手了卡西努的租约,在他的大牧场上建立了一套蒸煮装置,开工时,他邀请了所有的邻居。欧文的牛是第一批进行蒸煮的,平均每头牛可获136公斤的牛油,这是一项红利,当时有个人说,"它充分说明了这个地区的丰产",而且很快就安排好了几群牛的蒸煮。

与里士满河的大弯道内侧接壤的是1600平方公里的低地亚热带雨林,早期的伐木工人称之为大灌丛(Big scrub)。玛丽·班多克(Mary Bundock)在里士满河的上游地区长大,当时的里士满是"一条美丽的河,清澈的河水流淌在干净的沙子和鹅卵石上,是任何其他地方都无法超越的美丽和纯洁的典范"。她记得在毗邻家庭牧场的雨林里行走了"几英里"的路程,"除了一棵大树倒下后在屋顶般绿色的枝叶中留下了一个缺口"以外,从未看见过太阳。

"Big scrub"中的"scrub"并不是这个词通常所指的那种不起眼的矮灌木丛,而是冈瓦纳雨林。它生长着南洋杉、红豆、黑豆、猴欢喜、黑白银叶树(用来制作牛油桶的好材料)、檀香科树、黑心樟木、花梨木、郁金香木、野海棠、大叶榕、班加洛棕榈、伯拉旺棕榈、白雪松,以及核桃、白蜡树、山毛榉、桦树、罗望子、无花果、杏仁、赤杨、麝香、桃金娘、蕨类植物、百合和兰花,总共有87种树木、17种灌木和28种藤蔓植物。大灌丛脚下是肥沃的火山土壤,这些土壤形成于两千万年前沃宁山(Mt. Warning)以北的火山喷发。在这片丛林深处,最肥沃的红壤上生长着红雪松(被誉为"红色的金子"),它比其他所有的树木都要高出两三米,新长出的红色树梢十分亮丽。

红雪松是一种树干笔直的落叶乔木,生长在东部沿海从悉尼南部的乌拉杜拉(Ulladulla)到约克角半岛的麦克威拉斯山脉(McIlwraith Range)间的雨林中。它的平均高度为40米,如果生长条件理想的话,将会超过50米。红雪松是新几内亚、缅甸、中国南部、印度及巴基斯坦的部分地区特有的树种。北美具有同样名字的树木是不同的物种。如今，你很难在六个大型公共花园外找到一棵活生生的澳大利亚红雪松。然而，红雪松木材却比比皆是。例如，悉尼市政厅这座建于19世纪中期的庞大历史建筑，集法国第二帝国、意大利文艺复兴、英国维多利亚风格于一体，其内部使用了从霍克斯伯里河（Hawkesbury River）边运至的不计其数的红雪松。作为维多利亚中期公共建筑设计师所选择的材料，未涂漆的红雪松木材出现在市政厅、议会、邮局、教堂、图书馆、法院和火车站的墙壁或陈设中，这些建筑都是1880年以前建于东海岸的。红雪松坚固、轻便、耐用，易于雕刻和车削，被用于制作房屋框架和画框、有轨电车和火车车厢的内镶板、楼梯、门、地板、天花板、百叶窗、窗框、踢脚板、雕花壁炉台、饰面薄板、船、雪茄盒、精美的家具和棺材。在同一时期任何大型私人住宅中都能看到红雪松，包括由约翰·韦奇（John Verge）设计的悉尼建筑杰作伊丽莎白别墅（Elizabeth Bay House）、图斯库卢姆（Tusculum）和罗克沃尔（Rockwall）。约翰·韦奇使用的红雪松来自麦克里伊河地区。在整个殖民地，红雪松是财富、地位和成功的象征，也是坚定的公民价值观和文明本身的缩影。作为一种将英国的品位和价值观带到新殖民地的手段，红雪松清楚诠释了整个殖民计划。

第一舰队到达后不久，就在帕拉马塔（Parramatta）附近看到了红雪松，并开始对其进行砍伐。七年后，州长规定未经他的许可，任何人不得砍伐。二十年后，州长麦考里也试图抑制这一局面，当时对红雪松的砍伐已经扩展到了霍克斯伯里河。但没有任何权威机构能够阻止这种"收割"。亚历山大·哈里斯（Alexander Harris）在19世纪30年代写道，伊拉瓦拉（Illawarra）的锯木工"正在四处屠杀"。在接下来的一个世纪里，从伊拉瓦拉到约克角，几乎所有的红雪松都被砍伐一空。

就在第一批占地人到达卡西诺一年后，一艘名为萨利的双桅小帆船越过障碍，沿着里士满河航行了几公里。据说，他们一边航行，一边向岸上的邦加隆人（Bundjalung Aborigine）投送饼干，邦加隆人则把饼干扔了回去。他们几乎不需要饼干：据估计，在巴利纳河口附近的一堆垃圾含有 23000 吨贝壳，这些贝壳为采集它们的人们提供了 4600 吨的软体动物肉。在河流与鹈鹕湾（Pelican Creek）交汇处的对面，一群锯木工和他们的家人上岸来到雨林。他们为妇女和儿童搭建简陋的小屋，还开了一家商店。很快，大灌丛中挂起了晾晒的衣物，林地中响起了斧头的伐木声。

他们是从克莱伦斯河（Clarence River）北上来到这里的。那里残存的红雪松主要在牧场主的牧场上，也可以说"位于"皇家土地（Crown Land）上，雪松采伐者拥有的 4 英镑许可证无权合法进入。近几个月来，皇家土地专员（Crown Land Commissioner）一直在四处寻找住在红雪松山谷里的"逃亡者……小偷和流浪者"。就像曾经有着相似污点背景的一些牧场主一样，锯木工们也在寻找法律无法触及的新地段。

于是，两种强烈情感同时爆发了。对于这些牧场主来说，生长在大灌丛这片雨林边缘零星的几棵红雪松既是他们建住宅的理想木材，也是一种有用的经济作物，一想到暴徒们要明抢暗偷，实在义愤填膺。同时，他们也不喜欢红雪松采伐者养的小公牛，因为近来皇室认为皇家土地上被偷吃的草是他们的短角牛所为。有些牧场主只允许伐木工砍下他们牧场上的红雪松，并任其留在地上慢慢腐烂。研究该地区的历史学家路易丝·蒂芙尼·戴利（Louise Tiffany Daley）认为，这些牧场主——她讽刺地称他们为"绅士"——骑着马四处"追逐友好的黑人，在树上刻着标示牧场的符号，甚至帮助皇家土地专员，随同他的骑警和鞭打者去追捕他们违法后逃跑的伙伴"。

有些红雪松采伐者是逃犯，按照法律，一旦被抓会面临鞭打和监禁的惩罚。还有一些人已经服刑，但仍在逃避惩罚。有些是从船上逃脱的。在某种程度上，所有的人都在"鬼混"，或者有被指控的危险，因此所有的人都必须遵循一种诚信准则，一种"伙伴情谊"可能由此产生。他们中有的人叫莫里顿湾哈里、莫里顿湾奈德、刽子手杰克、火药桶汤米、老布赖恩、水手吉米和少了一条腿的跳虫红杰克。我们可以假定，他们当中包括三种人：具有雄心壮志、决心摆脱犯罪污点的人，从伐木工生活中发现有些东西比受奴役的屈辱更愉快的人，以及被他们的经历腐化或击垮并终日醉生梦死的人，或者如哈里斯所言，"作为恶棍和替罪羊，从别人的行业榨取他们想要的东西的人"。此外，还有土生土长的"澳大利亚小伙子"和富有冒险精神的移民，如果哈里斯的描述是公正的，通常情况下他们会不得不调整自己的哲学和习惯，以适应那些声名狼藉的伙伴。

牧师约翰·亨德森（John Henderson）写道："他们成对地生活在不见光的浓密丛林中，他们的住所只是临时搭在一起的几张树皮。"如果能找到可靠的人，他们工作时常常两两配对或三人行。不管一开始的两个人性格如何，根据哈里斯的说法，第三个人很可能是一个躲藏在森林里的逃犯，要么靠乞讨为生，要么靠武力胁迫。人们认为，生活在这些散发着麝香味的"灌木丛"中，需要相互依赖和一定程度的忍耐。在大自然这样相当哥特式的环境中，除了腌肉、茶和糖，很少吃其他东西，很难培养出温柔的理解力。烟草和鸽子、负鼠和沙袋鼠可能有助于柔化他们的性情，但在潮湿、闷热、压抑的昏暗环境中生活和工作，那里的"地毯蛇像水蟒一样大，身上的花纹好似闪亮的钻石，以果蝠为食"，男人们当然要学会如何与之相处，如同与蜱虫、水蛭、蚊子、毒树和能将皮肉撕裂的藤蔓和睦相处一样：引用雪莉·沃克（Shirley Walker）的描述，这就是"热带雨林的嗜血循环"。她说："走进它腐臭深处的现代享乐者发现在经历一种倒退，并迫不及待地想要离开。"红雪松采伐工们走了进去并留在那里，在看不见或无法交谈的时候大喊一声"喂"，他们的家人则住在小溪边的茅屋里。倘若他们真在倒退，我们并不知晓他们倒退得有多远，但如果他们确实是民族性格和价值观的先驱，这可能值得我们深思熟虑。

虽然当局认同森林是藏污纳垢之所，但哈里斯却发现那里的人比大多数人更"慷慨"，而且"更有男子气概和公正的情感"。这两种观点很自然地结合在一起：传说中人人平等的伙伴情谊从来都无法避免堕落和骚动的爆发。但我们也可以把这些丛林看作通往实用和体面的道路上波希米亚式生活的中途停留。丛林中的逃犯正在上演一部重要的殖民大戏，开拓本土灵魂。无论过往的经历给他们带来何等的怨恨和神经过敏，忘记或创造他们的过去，成为史前环境中自由的男人和女人、新的男人和女人，他们不仅重铸了自己，而且塑造了民族性格的关键部分。在阳光照射不到的密林深处，他们与怪物搏斗，变得"像尸体一样苍白"并"死而复生"，澳大利亚的丛林人、伙伴、神话由此出现。

无论是否受人尊敬，红雪松采伐工都是硬汉子，必须如此。除了渴死，或者被铡草机慢慢地切碎，很难想象还有什么丛林工作比这更不合意的了。仅仅是穿过丛林的下层，砍掉那些总是把树木缠在一起的藤蔓，就足够繁重了。接下来的每一步，从砍伐树木、剔除枝杈、切割原木、锯木，再到用任何方式进行木材运输，都是费力而危险的，需要协调一致的努力。作为一个在锯木坑里汗流浃背、吃着尘土的人,对友谊的考验不亚于对忍耐的考验。在这种情况下,某些行为准则很可能会进化——如果你的伙伴扭伤了脖子,或者被蛇咬伤了,你就要努力做好自己分内的工作而不要发牢骚,不要推诿,不要迁怒和离开你的伙伴。对于每一对选择成为搭档的丛林人来说,很可能另有半打的人会将伙伴情谊强加在他们身上。

大雪松,尤其是那些暴露在大风和旋风中的大雪松,树桩长得太大了,人们宁愿弃之,也不愿浪费时间去砍伐。借助跳板,他们上升到更容易操作树干的高度,跳板安插在他们事先用斧头在树干上砍出的凹口里。跳板约长120厘米,宽1.5厘米,厚2.5厘米。一旦清理好树桩周边,他们就站在这些细长的跳板上,手持斧头相对而立。斧头是费城和纽约制造的,胡桃木柄,重2公斤,单刃,不是美国人使用的那种双刃斧头。他们先是砍出断口,让它朝他们期望的方向倒下,然后用斧子交替地砍,或者用横切锯推拉,最终把它砍断。

从来没有人仅靠乱砍就能把大雪松伐倒。此项工作不仅需要锋利的斧头和锯,还需要节奏和优雅。一部关于吉普斯兰森林伐木工人的老电影,展示了某些丛林工作所需要的如此完美的艺术:在这种情况下,伐木是一种男性的芭蕾舞蹈,具有轻松的平衡和奇妙的有氧能力及力量。所有这一切都是在没有脊椎指压治疗师、负重训练、拉伸方法、蛋白质补充或按摩的情况下完成的。这些技艺是由工作的性质决定的。其中的一项技能是把握时机:在树倒下之前,它开始裂开和呻吟,用斧匠的话说,大树开始"说话"。当树发出惊人的开裂声即将倒下时,切忌还站在跳板上,或者跳下却着地不当而导致腿被摔断,或者落在斧子、锯子上,或者下跳太早而让这个庞然大物仍在未砍断的树干上泰然自若地待着。

他们首先砍伐最靠近河岸的树,将原木滚到水里,然后使其漂浮至河口等待装船。当河岸的树伐完之后，他们沿着小溪向丛林深处移动。砍伐树木与寻找树木同样艰辛，但二者与艰苦的有时是危险的运输任务相比却轻松不少。找到红雪松的诀窍是搜寻其树梢在春天里新长出的迎风吹拂的红色叶子。一位伐木工回忆道，因为大家认为黑人的眼睛更加敏锐，"所以几乎总有一个黑人和我们在一起"。当溪水太浅，原木无法漂浮起来时，人们就把原木滚到更大河流的河堤上，或者将粗大的一端像发射炮弹一样向下"发射"，等待暴雨把原木冲到河边。

随着工业的发展，人们用较大河流里行驶的货船运送原木，但在很多年里，经常看见人们将原木绑在一起做成木筏的样子，用斧子砍掉伸出的树枝，用细长铁器撬动木筏，而后日夜兼程地乘坐木筏到达海边。

当距离河流太远的时候，他们就开辟小路，让小公牛把原木拖到河边。昆士兰北部的一位测量员在报告他的马接触了一棵巨刺树（Stinging tree）时指出，与马相比，小公牛不易被刺伤，其毛皮也更坚韧以抵抗藤蔓，并且也不易"发疯和两小时内死亡"。有时，红雪松采伐工修整伐下的原木；有时，他们用木块和铲子以及许多巧妙的方法把原木抬上马车。在雨林深处，人类完成了只有鸟类见证的惊人壮举。经过一段时间以后，所有的河谷都被截断了，他们在"大灌丛面对日出的坡顶"劳作。此处他们采用的方法是把原木拖到山顶，在朝向海滩的那一侧，让它们猛虎下山般地滚到海滩上，然后"与公牛或人类游泳者一同'冲浪'到捕鲸船里的水手身旁，最后借助巨浪到达纵帆船的起重机脚下"。

早年，大灌丛的老板是史蒂夫·金（Steve King），一个5英尺2英寸高的前英国囚犯，脸上有伤疤，左臂弯曲。他有伐木许可证，在克拉伦斯河岸有房子和妻儿。虽为一个有过前科的人，但他在那里同样受到人们的尊敬，不过，他的伐木厂雇用了逃犯，因此有可能会失去许可证。史蒂夫·金似乎看到了"往日超越殖民和法律界限的那种自由自在生活"的终结，于是，他决定寻找一个可以再次享受这样生活的地方。据说，克拉伦斯的土著居民告诉他，北方有"很多红雪松"。于是，他带着一群杂七杂八的船员、一队小公牛和一艘捕鲸船，穿过森林，从克拉伦斯到里士满，途经硬叶林和冈瓦纳植被林。他们把船推到河里，划到下游的时候，看到"一座又一座小山，山上长满了树木——红雪松、柚木、豆荚木和檀香木，但最重要的是，在春天里，他们看见红雪松露出了粉红色的树梢，淘金者的心还从未变得如此灿烂"。他们说红色是商业的颜色。史蒂夫·金回到家，把他的同伴和他们的家人召集在一起，出发去了里士满。十八年后，他死在那里，在巴利纳拓荒者纪念墙的著名殖民者中赢得了一席之地。

这帮臭名昭著的家伙是当地经济和社会的基础。他们成为木材、小公牛、谷物的批发商、代理商和经销商。他们设立锯木厂和商店。他们参与建造船舶，沿河流和海滨经营商船。他们变得令人尊敬且不可或缺。

红雪松采伐工没有毁坏大灌丛这片雨林。他们只拿走了他们想要的东西，将其他的留下，包括他们采集的足够多的各种幼苗，以确保树林再生。相对而言，他们是自然资源的保护者。利斯莫尔博物馆的墙壁上排列着几十块"标本板"，每一块都取自不同的雨林物种，上面都有关于这类树的特征和用途的描述。当地的锯木厂为了教育的目的收集了这些标本。

当他们来到吉普斯兰森林的时候，破坏者正是选地者。遵照《土地法》，他们占用了地段相当崎岖和偏远的农场，然后开始开垦和耕种。他们中的一些人肯定察觉到了一些他们的农民同胞没有察觉到的东西,因为他们留存了几公顷的灌木丛。这些留存下来的灌木丛依然存在,并受到保护,不受伐木和其他开采形式的影响,也不受大羚羊和其他杂草的侵袭;不受任何种类动物的入侵,包括老鼠和甘蔗蟾蜍;未遭受火灾造成的损害,一旦火灾反复发生,就会导致桉树在冈瓦纳地区生长,破坏森林的基因完整性。班加罗尔(Bangalow)①博物馆显示,保护区保留了百分之零点四的原始森林;利斯莫尔博物馆称,保护区只有百分之零点二的原始森林。无论比例如何,留下的都不太可能是真正原始的大灌丛。

  选地者对于他们曾经赖以生存的红土的需要多于这些树木。他们先种植玉米,后种植仅次于主食的南瓜。然后,他们中很多人开始种植甘蔗和香蕉,有些人去尝试种植烟草、大麻和剑麻。他们还养猪。手动分离器出现以后,乳品业稳步发展(将乳脂从牛奶中分离出来);很快,小溪边建立了分离站和合作的黄油厂。1892年,南美洲的草皮——毛花雀稗,被引入并成为景观中的典型部分:"被清除的山脉的侧翼,长满了绿色的毛花雀稗,点缀着雨林树木的树桩。"专家们说,食用该草种的奶牛也长势喜人:每公顷草地可使黑白花牛群产出十公升牛奶。不再回眸浩瀚的森林,《悉尼先驱晨报》(Sydney Morning Herald)的一名作者宣称,毛花雀稗已经使北海岸地区的乳制品产业变得"卓越",而且它应该是1913年悉尼皇家展览中该地区最引人注目的部分。那时,奶油是最重要的。成罐的奶油通过钢索装置运送过水道;奶油车在路上行驶,直到20世纪70年代,奶油船(也载来了邮件)在农场和工厂之间的小水道上来回穿梭。

  许多选地人都是木材采伐者,当他们选地时,至少有一段时间

---

① 小镇的名字似乎来源于一个土著词"Bangalla",意思是"一座小山"或"一种棕榈树"。

并没有改变他们所从事的职业,只是增加了务农。红雪松和南洋杉是很受欢迎的品种——南洋杉可用于制作很好的黄油板条箱。那些不适合剥皮或不适于制作屋顶、木栅栏或其他盖房和造船材料的树种,会被环割树皮、砍伐、焚烧或任其腐烂。花梨木、郁金香木、白色山毛榉等质量上乘的家具木材都被砍掉了。

19世纪90年代早期,一系列灾难性的洪水伴随着经济萧条,给城镇和农场带来了苦难。流经城镇的水道被来自上游的动物死尸污染,也被从厕所里冲出的人类粪便弄得浑浊不堪,因而时常有致命的痢疾和伤寒暴发。公共卫生和公众酗酒是新市政当局最关注的两个问题。法庭的报告显示,几乎所有的醉汉都是欧洲人,所有满溢的厕所都属于欧洲人,或者属于排除土著居民的学校,在科拉基(Coraki)的里士满河港口,只有土著居民被驱逐出了城镇。让他们留在那里"是令人不愉快的"。因此,尽管一些年长的白人居民对此做法感到"不安",土著居民还是被带走至一个四公顷的保护区。

在艰辛的劳动和劳思费神之中,曾经生活在大灌丛的人们也能抽时间去参加赛马会,成立体育俱乐部、艺术社团、教会和慈善团体以及轻骑兵团。他们还达成了这样的共识:城镇里放荡和滋事的年轻人正在摧残乡村生活,政界没有人在乎生活在大灌丛土地上的人们,尤其是那些新工党成员,认为他们微不足道。1895年,北海岸新鲜食品和冷藏合作有限公司在拜伦湾(Byron Bay)成立,生产培根。之后不久,他们联合了大约20家小型的合作工厂,成立了诺科公司(Norco),生产黄油和奶酪。奶农的存在得到了保证。该公司发展成了一个巨头,并且仍在发展壮大,在该地区雇用了600名员工。

1840年,大灌丛中没有欧洲人使用斧头;1860年,大灌丛中也没有欧洲人使用犁。到了 1900 年，这里成了一片荒凉的废墟，永远消失了。雪莉·沃克说，位于格拉夫顿（Grafton）克拉伦斯河两侧的雨林现在是"成群的掠夺性男孩经常出没的地方，他们建树屋，掏鸟巢，打死蛇，用棍棒、石块、弹弓和弓箭进行野蛮的帮派战争"。与大自然的亲密接触养成了男孩子们的这些习性。E. J. 布雷迪是一位伟大的、热衷于乡村伙伴情谊和丛林生活净化效果的倡导者，他宣称，这种接触使一个人身体和智力的潜能变成现实："砍倒原始灌木、点火、种植、收割第一季作物，这些东西提供了丰富的物质生活和无限的兴趣，而正是长久的期盼和偶然的兴趣激励了人们的精神世界。"另一学派可能会说，那些掠夺成性的男孩和在丛林中乱砍滥伐的男人都是出于同样的冲动。

如同开创吉普斯兰的选地者一样，大灌丛的选地者也是新世界的创立者，是我们的先驱、我们的创世者。森林被摧毁，所以小牛得以出生和哺育，玉米得以种植，阳光照耀着成长中的孩子——"出生在这片大地上的"新的原住民。这种美德是不言而喻的。他们在"开垦"（clearing），该词来自拉丁语 clarus，意思是光或光明，这是看到真相和前进道路的条件。他们引入光线，甚至上帝的光，并使其闪耀光芒。这个词还暗示了改善——清除杂质和障碍，这是（政府强化的）他们作为选地者存在的条件。

事实上，他们到达之前这里就已经有了空地：霜洼（一直是原住民的狩猎场地和祭祀场所）。红雪松采伐工们把它们叫作草场——奇尔科特草场（Chilcott's grass）、丹草场（Dan's grass）、多洛比草场（Dorroughby's grass），因为这些草场是他们的小公牛群必不可少的加油站，是他们进入大灌丛冒险的一个良好的中间站。选地者们清理了更多的地，确保了更多的长草空间，让更多的光线照进丛林。他们正在把整个大灌丛变成一大片空地。然而，此种"善举"却带来了毁灭性的后果,因为借助光线,殖民者引来了凶猛的藤蔓植物,如马德拉葡萄、牵牛花、葛藤、猫爪爬山虎和马缨丹。马缨丹被宣布为一种国家级杂草[①],也是世界上十大最糟糕的杂草之一。他们的女贞树篱无法抑制。为了遮阴而种植的樟脑月桂树长势疯狂。他们引入了芦笋蕨、紫茎泽兰、火草、千里光、毛野牡丹、云实、黑莓等。很快,这些杂草在许多选地者的开垦地上泛滥成灾,有些毁灭了第一代人的开垦地,有些令第二代人遭殃,有些——比如樟脑月桂树——则在四十年前最具毁灭性,致使当时的乳品制造业和香蕉农场倒闭。

同样,有一种观点认为,这些开垦地所隐藏的东西和它们所揭示的一样多。任何一种新的文化都将瞬息接受神话和否定。对所发生的不文明之举装聋作哑是一种态度问题,这可能是任何文明最基本的技能之一。在丛林中,这一点无论是过去还是现在都是一个决定性的问题。尽管如此,对于发生在埃文斯角(Evans Head)和巴利纳的邦加隆大屠杀,以及据说发生在巴利纳南部的大规模中毒事件,选地者们不负责任,有报道称,这些事件让当地白人感到震惊,他们决定在未来表现出更多的善意。选地者们是在这些事件之后来到大灌丛的,随之也带来了他们自己的戏剧性事件,其中包括洪涝。1863年第一场大洪水糟糕透顶,但是随着森林被破坏,河流和小溪变浅,河岸被侵蚀,情况越来越糟。殖民者们引入的光照亮了他们清贫生活的美德,但却无法使他们看到他们构建的废墟。

占领大灌丛雨林的有英格兰人、爱尔兰人和苏格兰人,他们当中有英国圣公会教徒、天主教徒、长老会教徒(包括自由长老会教

---

① 澳大利亚政府确认了32种国家级杂草(Weeds of National Significance),主要基于这些杂草的侵袭性、传播潜力以及对环境、社会和经济的影响进行评估排序。

徒）和卫理公会教徒。尽管他们之间存在种种差异，但他们都是白人，都是一等公民。其他人接踵而至。根据警方的调查，1895年，有200名印度人和阿富汗人，300名卡纳卡人和9名亚述人居住在北海岸地区，另外尚有50名"印度教徒"旋即将抵达。还有一些中国人。除了卡纳卡人以外，所有人都被称为"印度教徒"，包括一名叫易卜拉欣奶油盒的流动小贩。他们来到甘蔗田工作；一些人开始叫卖猎鹰商品，一些人开始挖掘马缨丹。当地媒体刊登了农民们希望雇用他们的广告，也刊登了一些恶毒的信件和文章，称他们为"人渣"、"疯子"、"臭鼬"以及"最令人反感、最无用的种族"。作家们指责这些"印度教徒"压低了工资，并预测他们将随时随地接管该地区的农场。有些企业拒绝为他们提供服务，不允许他们踏足自己的地盘。当地恶棍还殴打他们。

意大利人在20世纪20年代和30年代来到这里。他们为摆脱贫困离开意大利，但在曾经的大灌丛山脊上又重拾潦倒，种植香蕉。在澳大利亚的许多乡村地区，包括墨累-达令灌溉区，意大利人都是第二波开拓者。在我童年生活的山区，他们租下了无人问津的一大片陡峭山地，把拖拉机开到山上。一个或更多的家人坐在拖拉机前面把握方向，向下俯冲，然后，他们又把拖拉机开到山顶，再向下俯冲。他们种植豌豆和豆角。当地的一些老住户因为他们的存在而感到不快，尤其生气于这些意大利人无畏的耕耘所暗含的侮辱。他们互相说，迟早有一天这些意大利人会被一辆滚轴或是螺栓牵引的拖拉机轧死，很可能他们也希望如此。

在这片大灌丛中，意大利人租用了以前贫瘠的小块土地，用犁清除杂草，用铲子或马拉犁挖地，然后种下他们的香蕉。在迁徙的意大利人中，有举家搬迁的，也有男人独自先行的，直到若干年后，当他们建起一个比装有粗麻布窗的漏雨小屋更好的蜗居时，才让家人过来。在战争期间，他们当中有些人被当作敌国侨民受到关押。战争结束时，大量在中东被俘的战俘中有他们的同胞，且被运至澳大利亚，为当地的农民挖除马缨丹。在战后经济较好的时期，意大利人坚持了下来，他们普遍取得了相当大的成功，购买了土地，建造了房屋，扩展了规模。

火山土壤和温暖潮湿的气候不适宜作物生长。曾经的大灌丛现在变成了大片的牧场、种植园、果园、瘦长的草地、繁茂的灌木丛，还有大片缠结在一起的马缨丹、牵牛花和其他外来物种。它的大部分看起来就像五十年前南吉普斯兰的山丘，仿佛这个地区仍然在抵抗它的征服者所设想的农业天堂，以变异的、杂草丛生的形式进行反击。

奶牛在吃草，每一头都有一只朱鹭在旁照料。香蕉种植早前的优势已经被昆士兰所取代，但它们仍然在这里生长。甘蔗也是如此。现在流行的是澳大利亚坚果（Macadamia，又叫夏威夷果、昆士兰果）——当地园艺业的支柱，还有鳄梨、山核桃、核果、柑橘、扁豆和蔬菜，包括时髦的沙拉蔬菜、南瓜花和香草。现代厨师和食客所需要的一切作物在北海岸地区长势喜人，包括咖啡。

企业不仅要种植粮食，还要增加粮食的价值。当诺科公司把他们的牛奶变成黄油，把他们的猪变成培根的时候，当地的企业家们烘烤并包装他们的咖啡豆，把水果加工成蜜饯，从坚果中提取油并用它们加工什锦麦片和化妆品，或者给它们涂上巧克力。直到四十年前，拜伦湾还一直存在鲸鱼处理场和肉类加工厂，并且散发着鲸脂、血液和内脏的味道。而如今在这里做按摩比吃一条羊腿要容易得多。鲸安然无恙地游过，游客迷迷糊糊地在海岸上注视着。拜伦湾是一个旅游小镇，是一处散发着精油芳香的停泊地，这里居住着追求享乐者、弄潮儿、年轻的企业家和年老活跃分子，他们在1982年来到特拉尼亚河（Terania Creek）拯救森林，便从此乐不思蜀。

20世纪70年代,乳制品行业"进行了合理化改革",在北海岸地区,五分之四的奶牛场"被合理地调整出局了"。尼姆宾,从拜伦湾往内陆大约半小时车程,曾经是一个典型的乳业小镇,有战争纪念馆、活动中心和其他标准设施。在那之前,雪松一直很受欢迎。如今,尼姆宾继续作为另类生活的象征,或者从街道上看,它是嬉皮士世界的化石遗迹,是一个充满浓厚大麻气味的乡村贫民窟。虹膜诊断、声音颜色精神治疗、重金属螯合和灌木花疗法均可获得,还有一位理疗师同时能提供生育咨询。毫无疑问,这个城镇的内部环境较好,但主要街道上的某些东西似乎会给人类对树木的喜爱带来坏名声。这是令人遗憾的,因为第一代另类的居民无法否认他们战胜了具有破坏性的正统学说,也无法否认他们在多大程度上改变了主流对环境的看法。

像任何良好的嬉皮士一样,贝琪·考克拉姆(Betsy Cockram)种植南瓜和卷心菜,养了几头小母牛,一些绵羊、母鸡、鸭子和鹅,还养了一头母猪、一只山羊和一只金丝雀;她还会做果酱和泡菜,把多余的醋栗、豌豆、豆角和家禽运往市场,或者卖给当地华人。贝琪在20世纪最初的几十年里在西澳大利亚的坎宁顿附近务农,与今天选择另类生活方式的农民之间最显著的区别可能在于,他们更多从事的是农场以外的工作,而非农事。贝琪和她的农民伙伴来到这里二十年后,这里出现了礼堂、学校、医院、道路、教堂、农业展览、主日学校和图书馆。他们把握住国家发展的机遇,通过对小事的不懈努力,奠定了澳大利亚农村生活的持久模式。

北海岸地区的土著居民几千年来一直在采集澳大利亚坚果。他们知道哪些物种可以立即食用,哪些需要浸取才能去除氰化物。至于欧洲人是如何掌握这种差异的,我们一无所知,但半个世纪后,当查尔斯·斯塔夫(Charles Staff)在利斯莫尔附近建立第一个果园时，他种植了四叶澳大利亚坚果（Macadamia tetraphylla）——两种无害的物种之一。另一种是全缘叶绿绒蒿。这两种可食用的物种都用于出口，并在夏威夷、马来西亚以及非洲和南美洲的国家建立了种植园。税收激励措施——以及宣传坚果降低人体胆固醇水平和改善肤色的事实——在20世纪晚期推动了这一行业的发展。澳大利亚是世界上最大的坚果生产国。

邦加隆人在灌木丛中发现的其他水果——戴维森的李子、当地的覆盆子、指橙、柠檬香桃、洋李、樱桃、砂纸无花果和罗望子——现在都已栽种了。在这个地区你随处可见的用语是"可持续的"，以及"有机""本地""生物动力""区域""社区""整体""天然""欧米伽3""抗氧化"。这一趋势可能具有时尚性，但却是真实而严肃的。北海岸地区超过百分之二十的产品是有机的，其中百分之十三的产品已被认证，而且这个数字还在上升。在新南威尔士州，超过一千名官方认可的栽种有机作物的农民，在一百多万公顷的土地上，生产着农场门值（Farm gate value）[①]达一百零八亿元的农产品。全澳大利亚的这一数字超过五亿元。

可持续农业和有机农业是世界性的时尚，尽管它们所占的比例很小（在美国所占土地不足百分之一，在欧盟也只超过百分之四），在美国，从1996年到2010年间，有机市场的份额从三十五亿美元增加到二百八十六亿美元，从事有机农业的土地数量翻了一番。欧洲国家的增长速度至少也和美国一样快。在世界范围内，有机生产正以每年百分之二十的速度递增。

有机农产品吸引的高价，以及有机农产品通过在当地农贸市

---

① 农业和水产养殖中栽培产品的农场门值是产品的市场价值减去销售成本（运输成本、营销成本）。

场或互联网上销售而获得高达产品价值百分之九十的机会，都在鼓励农民改变他们以往的做法。向大加工商或零售商销售产品的获利微不足道。在消除被人鄙视的中间商或压迫性的垄断时，从事有机生产的农民所做的不过是每一代农民的夙愿，包括贝琪·考克拉姆那一代农民。当然，吃有机食品被一些人视为中产阶级的时尚，但18世纪的咖啡也是如此，或许，化学农业亦可能如此。有机农业似乎满足了一些已被遗忘的需求——与大自然更加亲密，与之合作而不是与之对抗，找到它的节奏。

所有"可持续"农业的变化也是如此。农民在土地上寻找活力，试图恢复平衡，用自然存在的手段解决问题。种植大量的原初物种，从雨林中的树到草，是迈出的第一步。为本土食肉动物创造栖息地则是另一步。当地的地毯蟒蛇以外来的老鼠为食，这种鼠类靠澳大利亚坚果茁壮成长。一对仓鸮每年要吃掉1500只老鼠。由于诱饵和杀虫剂会杀死无以计数的当地生物并续写着破坏的故事，所以澳大利亚坚果种植者摒弃了对它们的使用，改而大规模种植本土物种和鼓励猫头鹰在它们的土地上筑巢。

这种农业方式经常被嘲笑为不切实际和自我放纵，然而，再也没有比密集的殖民更时髦的农业理想了，大灌丛就是以这个名义被破坏的。很难想象还有比为了几千人的利益而毁灭整个生态系统更大的自我放纵了。这一开拓性信条的核心是，把好土地留给狩猎采集者是不合情理的，坚持现代观点，即从土地中最大限度地提取食物和纤维是一种无可置疑的美德，理应得到政府所能给予的一切祝福。不然，世界怎么养活呢？不是回归完美的自然，用有机的覆盖物和瓢虫对抗杂草、害虫和疾病。

这一论点不无道理，因为任何一个花三美元买两根纤弱韭葱的人都会证明这一点。澳大利亚农场的生产力是不容置疑的事实，同样,许多农田的含盐量、所受侵蚀、物种损失和杂草侵扰,以及许多澳大利亚农民的债务和绝望又何尝不是如此呢?澳大利亚农业一方面是科学的奇迹,是国家的福祉,另一方面是一种自我辩护、排他性和妄想性的意识形态,就像自然或上帝赋予的权利学说一样,土地最初是根据这种学说被征用的。这是一个关于英勇的劳作和牺牲的故事,与此同时人类赋予自己凌驾于一切创造物之上的选择权,可以随心所欲地按照任何突发奇想或冲动来行使,而远不止虚荣心。

如果说丛林的历史让我们感到震惊,那么震惊我们的不单纯是它的毁灭,还有毁灭者的任性。就在殖民者们为自己的孩子及其后代辛苦劳作的同时,他们也在否定所发现的世界。在那个世界里,树木可以被砍伐,或被移除,为采矿或农业让路,无人考虑与商业价值相对的它们内在的价值。红雪松是众多例子之一,对于它的贪婪超越了其商业意义。在20世纪的最后二十五年里,有一千六百万吨的异色桉和美叶桉出口日本生产纸浆,其中百分之九十五的树为原始树种,有些具有上千年的历史。另外一个例子是塔斯马尼亚州的泪柏,地球上第二古老的树种,每年生长不超过两毫米,任何一棵成年泪柏树都有长达三千年的历史。伐木、采矿和火灾(冈瓦纳物种无法应对)已经将其范围缩小至一万公顷左右。十之八九,只有残存栖息地足够崎岖才能免于更悲惨的命运。自第一批欧洲人到达以来,澳大利亚大陆上百分之九十二的原始森林被毁灭了。

那些在他们的地盘上重新种植古老树种并且纵容猫头鹰和蛇的农民,或许看起来被蒙骗了,但与摧毁芸香料灌木、桉树森林和冈瓦纳仙境的数代人相比,他们有更为长远的目光,而他们的远见卓识可能会揭示,不那么以人类为中心的土地开发方式,反而对人类更富有成效,更有裨益。

第 8 章
翠绿花园

消失的海洋和滨藜— 地理学家的叛教 —
土地问题— 方兴未艾的占地人和土地梦以及
愚蠢的行为 — 士兵定居者 — 小业主 —
墨累 - 达令 — 滨藜回归

约翰·奥克斯利从未"在其他地方见过如此违背自然规律"的风景。他从未见过像拉克兰河"如此蜿蜒曲折"的河流,也从未见过哪个地方早上万物丰盈,而到了中午时分,就会被困在地狱般的灌木丛中。他没有抵达马兰比季河,而是回到了拉克兰河,沿着这条河顺流而下,出了沼泽地,才发现它晃悠在一片荒凉的、令人沮丧的平原上;附近的山麓地带是一片荒芜的红色沙地,河岸上长满了"巨大而丑陋的桉树",枝杈上的凤头鹦鹉不停地喧闹。

这条河退化成了一系列奶白色的水洼。植被几乎全部无影无踪。奥克斯利带着他的伙伴来到一片向西延伸的平原,像他曾经看到的那样"荒芜一片","像无边无际的大海一样"。生命的唯一迹象是一条孤独的野狗和人类的足迹。奥克斯利认为,大自然早已判定这个地方"永远孤独和与世隔绝",他完全认同。他们发现了贝类的遗迹。空气中散发着腐烂的海藻气味。他想,或许有一天,无垠的平原会变成一望无际的湖泊。事实上,他们是在消失的大海海底。

他们还到达了环绕澳大利亚干旱内陆地区的外围,即地理学家托马斯·格里菲斯·泰勒(Thomas Griffith Taylor)所称的"翠绿花园"(garden of verdure)。奥克斯利和他的一行人马继续西行不远,到达了今天格里菲斯(Griffith)的位置,一个边缘性乡村地区,在某些年份里,它以健康和活力焕发着光彩,而在另一些年份里,它则呈现出死一般的模样。洪水也时常在此地泛滥。目睹了洪水过境的景象,奥克斯利带着"无限的遗憾和痛苦"总结道:"这个辽阔地区的内陆是一片无法居住的沼泽。"

他们闻到的"海藻"被坎宁安称为"盐藻",可能是澳大利亚盐藻,一种藜科植物,一种盐生灌木滨藜——事实上含百分之三十的碳酸钠。很快,他们就开始制作"美味的藜科植物餐",可能用的是另一种滨藜。后来的内陆探险者也发现,几种滨藜可以作为"绝佳的菠菜替代品",有助于防止坏血病。奥克斯利及其随行者来到了滨藜地带,或称藜灌丛,即盐生植物的领地。它只是看起来贫瘠和无用:事实上,各类滨藜(和几乎是常见的蓝灌木)支撑了各种各样有袋动物、鸟类、爬行动物和昆虫的生活。占主导的物种是滨藜属植物,在六十种最常见的种类中,有老人滨藜、河滨藜、银色滨藜、莓滨藜或匍匐滨藜、气泡滨藜、牛滨藜和灰滨藜。所有的植物都需要土壤,都要以不同的、巧妙的方式适应干旱和盐分:有的通过非常深的根部和无数的浅根;有的通过脱落叶子和根系来减少蒸发;有的让长寿的种子受到发芽抑制剂和光抑制剂的保护,直到它们得到所需的五十毫米降雨;有的通过银色叶片来反射热量和光，这样，最热的太阳就不会烤焦或杀死它们。这些叶子和根部的细胞可以吸收难以置信的大量的盐分，并通过一种称为 C4 光合作用的过程（只有百分之二的植物可以），靠渗透从环境中汲取水分。大部分澳大利亚土壤的肥力和稳定性取决于这些显著的物种。

严格来说，滨藜可能并非澳大利亚"土生土长"之物。一些科学家认为，在西澳鲨鱼湾地区发现的一种没有气泡的气泡滨藜是古老的亲本植物——无人知晓它是何时从何处被吹过来或冲上岸的，在向东蔓延的过程中进化成地方品种，且发展出显著的优势。如果有一种植物能够教会我们如何适应丛林的话，那便是滨藜。

奥克斯利一行发现他们的马喜欢吃滨藜。在几十年的时间里，牧场主们发现，他们的羊也喜欢滨藜，再过六十年，它们就会把大部分滨藜一扫而光。看到滨藜消失，牧羊人认为这就证明了沙漠必须让位给进步，也就是说让位于他们的羊。但是，到了 19 世纪末，达令东部古老的藜科灌木林看起来更像是沙漠，而不再是他们或奥克斯利当年所见的模样。

那时，大量生长滨藜的地区已经被雄心勃勃但资本不足的农民所占据。在他们的斗争结束之前，被击败的工会会员、失业者以及中产阶级的饮食男女，对城市生活给他们的灵魂带来的毁灭嗤之以鼻，进入这片滨藜地带以及其他不适宜居住的边缘土地，建立了合作的农业定居点。政府在金钱和设备上给予帮助，因为向往把灌木变成牛奶和土豆，把潜在的无政府主义者变成坚强的农民。无论何种情况，乌托邦式的定居点在几年内就被放弃了。人们失去了一切，通常包括对同胞的信任。令人惊奇的是，任何人都认为自己能成功。

从 1911 年开始持续至 20 世纪上半叶所发表的著作中，托马斯·格里菲斯·泰勒认为,澳大利亚必须充分利用"翠绿花园环形带",并将干旱的或无用的五分之二大陆让给矿工和敢于在那里放牧牛羊的冒险者。这位地理学家相信,节水和旱地耕作法可以提高"花园环形带"地区的生产力,使其适合更密集的定居①,而且只要不远离河流,灌溉就会取得成功。但是,任何灌溉内陆的想法(河流改道、注水艾尔湖等)都是危险的无稽之谈。至于北部热带地区,最好把它的发展留给"一个有限但令人满意的弱势种族"。

泰勒坚持认为澳大利亚内陆毫无用处,永远无法支持大规模的白人定居,这已经够糟糕的了;更糟糕的是,他相信大部分内陆应该交给非白人居住。对于澳大利亚无限(Australia Unlimited)的民粹主义信徒而言(例如 E.J.布雷迪、欧内斯廷·希尔和艾恩·伊德里斯),让内陆空空如也的想法足以成为叛国之举。这是失败主义的言论。一个科学家怎么敢把澳大利亚的中心称作荒芜!在西澳,政府禁止他的书出现在学校的阅读清单上。泰勒还对民众普遍认为国家可以养活 1 亿人甚至更多人的观点嗤之以鼻,这也触怒了大众。他说,到 2000 年时国家可支撑人口 2000 万。他是对的。他对许多事情的观点都是正确的,但是,他认为丛林不可能是数百万勤劳农民及其家庭的家园,丛林不可能像定义澳大利亚人自我形象那样定义澳大利亚人的生活,这种想法花了一个世纪才被认同。

到 19 世纪中叶,大部分巨大的丛林都变成了牧羊场。羊群像巴比伦军队一样降落在这片土地上,把它们面前的一切都践踏在尘土中。它们数量惊人地成倍繁殖:年景好的时候,500 只母羊可以变成 900 只。1821 年,总督比格(Bigge)说,殖民地的未来在于

---

① 1898 年的《土地法》首次授权以更密集的定居(closer settlement)为目的获取土地。这项立法和后来的立法目的是把地球上最大的庄园变成从事农业的人口密集的社区。

"放牧而非耕种"，为了实现这一预言，这块土地以一种贪婪的狂热方式被占用，而非有序地殖民。1847年，在慷慨的条件下获得了土地使用权的保障，牧民们对土地的控制更加严格了。我开始认为，对于威廉·查尔斯·温特沃斯这样的大牧羊主，他们的经济优势应该在殖民地贵族阶层中找到更普遍和更持久的表达方式，包括世袭的殖民地贵族爵位。

随着淘金热的消退，淘金者们找到了一种替代雇佣劳动的方式，中产阶级也开始炫耀他们的政治力量。两股势力都瞄准了土地。土地问题（谁将拥有丛林的问题）与政治问题（谁将统治的问题）齐头并进。1858年，在墨尔本，上述两个问题都得到了初步的回应，当时以牧场主为主导的议会否决了一项纠正土地垄断的法案，一些没有土地的人聚集起来抗议：在王子桥（Princes Bridge）上，政府召集了一千名特种警察训练野战炮。

然而，激进的丹·丹尼希（Dan Deniehy）说："新南威尔士人将面临一个对付我们的上议院和宪法模式，该模式应该适合那些政治寡头的品位和礼节，他们对待人民就像对待在市场上买卖的牛一样。"他把这种"冒牌贵族"（bunyip aristocracy）的前景比作其他"退化的"返祖动物，比如扁喙的鸭嘴兽。他的讽刺挪揄了威廉·查尔斯·温特沃斯，而"冒牌贵族"则成了任何想要成为澳大利亚贵族者的永久绰号。据说，一些激进派，主要是城市中产阶级，之所以热衷于开放土地，与其说因为他们看到了这个地区和无地阶级的潜力，不如说因为在削弱牧场主和牧业公司利益的任何举措中，他们嗅到了可以满足他们自己权力需求的机会。他们总是坚定地反对畜牧业的利益，他们对丛林自耕农的热情也随着工人阶级队伍的壮大而增长，而劳工运动也以惊人的速度发展成为一个重要的政治对手。

然而，这不仅仅是政治上的便利。所有的东西——圣经、经典、洛克和卢梭的著作、特纳和康斯特布尔的画、土地的浪漫——都告诉他们，殖民地未来的公正和道德基础取决于对土地问题的公正和道德的回答。正如斯图尔特·麦金太尔（Stuart McIntyre）所写的，"在殖民地，自然仍被擅用……殖民化的过程也呈现出春日般的生长与更新"。他的哲学是，让勤劳的耕者有其土地，民主的土地法案可以减缓"不健康的"城市化趋势，并在同样不利的无产阶级的暴徒形成之前将他们瓦解。通过使每一个想要土地的人都能得到土地，就可以创造一个多产的、忠诚的、道德正直的自耕农阶级，并使之成为一种对牧业富豪和有组织的工人阶级都极为宝贵的制衡力量。

在殖民地集会上，成员们回应了一位历史学家所称的"深深扎根的平等呼声"，开放土地，让新一代人加入他们的行列。新一代的勤奋程度不亚于那些处于鼎盛时期的牧场主，并在乡村拥有同样的权利；新的一代虽不再有现实的机会分享金矿区的红利，但却希望只要在丛林有一席之地，他们就能享受生活的美好。他们不会是任何人的仆人或雇员，不会在人口过剩的城市里为求得一份苛刻的工作而去排长队，也不会在农村为寻找工作、食物和住所而四处奔波，更不会为那些财富和权力都建立在土地掠夺之上的农村有产者而劳作。伴随土地的开放（以及随之而来的无数奋斗的灵魂），一代又一代自由的、自给自足的人将会在丛林的怀抱中诞生，他们与妻子、庄稼和牛群在上帝的旨意中生活。土地和人民都将得到改善，"国家的成长、和谐以及未来的卓越"将得到保证。

有财有势的牧场主对此观点并不买账。他们放弃了建立上议院的计划，但仍然设法在不完全民主的立法议会和立法委员会中加强自己的利益,这些立法机构由拥有大量财产的人提名或选举产生。《选地法案》造成了一种邪恶的狂热,诈骗者和投机者从中赚取了巨大的利润,通过各种手段——包括令人发指的欺骗,牧场主通常带着永久所有权离开,去他们牧场上最好的土地。他们没有为人类和优良的美利奴绵羊建立一个天堂,所以他们可能被那些喜欢挤奶和种植豌豆的家伙们赶走。

牧场主起而反对并不全是为了自身利益。他们也在捍卫殖民地社会的安宁和荣誉。难道他们不是冒着一切危险使土地有利可图、适合文明的人类吗?正是他们的(大部分是借来的)资本和他们的事业把边疆不断外推,使羊群成倍增长,使培育出的绵羊更加强壮,羊毛更密更细。他们与牧业和矿业公司,以及所能得到的廉价的囚犯和土著劳动力,加之无能或默许的政府,将殖民地置于羊背之上。在曾经未开化(或杂乱)的荒野里,牧场主建造了宅邸,种植了橡树、白蜡树、接骨木和棕榈树,根植了槌球、网球、狩猎、舞会、苏格兰威士忌和热葡萄酒等传统:换言之,他们使"社会"落地生根。任何被当作趣味和教化的东西都应归功于他们。基督教和英国司法紧随其后而至。

奥斯卡·德·萨特杰回忆道,在选地者和流浪汉到来之前的那些日子里,"一派繁荣","到处都是小牧场,犹如盛开的美丽鸢尾花"。受过橄榄球训练的奥斯卡·德·萨特杰是圣让萨特杰第一子爵的次子,也是第十二任索伦男爵科斯米·德·萨特杰(Cosme de Satge)的孙子。1861年,他和他的伙伴们占据了唐斯峰(Peak Downs)以及后来再向西的科瑞纳(Coreena)的牧场。他使用围栏封育科瑞纳牧场,并以7万英镑的价格将其转手出售,然后将所得收入投资于莱卡特河(Leichhardt River)和乔治娜河(Georgina River)上的120万公顷土地,即名为卡兰多塔的地产。

奥斯卡·德·萨特杰在一段时间内变得富有，并在昆士兰议会中代表牧业的利益，同时成为昆士兰牧民保护联盟的成员；后来他的财产几乎丧失殆尽，留下的只有他对早期昆士兰擅自占地放牧这一"轻快工作"的美好回忆。1882年，他离开澳大利亚，回到了他的出生地福克斯敦（Folkstone）。他于1906年去世，留下价值仅为443英镑的庄园。很可能奥斯卡的弟弟——索伦第二子爵——欧内斯特·瓦伦丁·莱昂迎娶了埃德温·图斯的一个女儿（埃德温是一个商人、牧师和啤酒酿造师），将德·萨特杰的姓氏传给了卡尔卡杜恩（Kalkadoon）①的一个大家族，他们中的一些人被迁移至棕榈岛（Palm Island），其后代仍然沿用这一姓氏。

除了牧场主之外，勤奋的管理者、卡车司机、剪羊毛工人、赶牲畜的人和承包商也都蓬勃发展。大牧场上成群的牛羊给金矿和城市提供了食物。天底下还有什么地方能以一先令六便士即可买到一块像样的羊肉，以一先令九便士买到一条像样的羊腿呢？牧场主们看到了丛林的壮观，了解它的广阔、美丽和野性活力，感觉到目睹如此景致时他们的心在怦然跳动，知晓它对灵魂深入的影响。一位作家在1910年曾说道，无论过去还是现在，这群人"都是澳大利亚繁荣的主要支柱，是澳大利亚性格的主要类型"。他们是城市社会的重要组成部分，在乡下，他们在自己优越的血统周围集聚了富有绅士风度的"暴徒"，他们喜欢豪饮、狂欢、骑马，包括打猎。相比之下，农业显得微不足道。

1861年，新南威尔士州州长约翰·罗伯逊（John Robertson）颁布了《选地法案》，根据该法案的第一条，一块320英亩未测量的皇家土地能够以每英亩1英镑的价格购得。每英亩交5先令的

---

① 一个澳大利亚原住民部落的后裔，生活在昆士兰伊萨山地区。

定金就足以保住土地，余款可在三年内付清。因此，殖民地大部分好的地块都是自由保有的私有财产，其中大部分是旧时牧场主的地产。在新南威尔士州 3700 万英亩（15 万平方公里）土地从皇家土地中剥离出来之后，超过一半的土地只归 677 人拥有。

每个殖民地都通过了自己的《选地法案》，并根据经验加以修正。每种情况都经历了巨大的失败，但也有足够的成功来坚持对土地的信仰，并提出更密集定居和"农村发展"的新方案。南澳则出售（赊销）"高德雨量线"（Goyder's Line of Rainfall）[①] 以南的土地。在好的季节，大多数选地者成绩斐然。不知何故，农民和政府劝慰自己，"雨随犁至"（rain follows the plough）[②] 即可证明是好季节。屈服于这种胡言乱语和来自期望获得土地的农民的压力，1874 年，政府将高德雨量线以北一直到北领地的土地向选地者开放。1880 年，干旱、小麦锈病和蝗虫来袭，土壤也被狂风吹走。他们的石屋像中世纪的废墟一样在烈日和沙尘中崩塌，高德雨量线以北的选地者们只好收拾行囊，再次南下。

新法案改变了占地的条件，增加了地块的面积，而且选地人的孩子长大成人，可以从事劳动了，勤奋的农民开始在优质的土地上耕耘，享受好季节的恩赐，他们努力扩大自己的地盘，不仅得以生存，而且欣欣向荣。例如，约克角半岛上的选地者，凭借他们自己的努力和殖民地的支持，通常卓有成效，即使当他们失败时，更密集定居计划会促使政府扩充道路和铁路线。正如亨

[①] 一条横贯南澳大致为东西走向的线，实际上，它连接了年平均降雨量为 250 毫米的地区。在高德雨量线以北，年降雨量通常过低，土地不足以支持种植，只适合放牧。
[②] 一种现已不可信的传统气候学理论，曾在 19 世纪末风靡澳大利亚。该理论认为人类的居住和农业影响了干旱和半干旱地区的气候，使这些地区更加湿润，因而被用来证明在南澳大利亚的边际土地扩张种植小麦是合理的。

利·劳森所言,"装上了铁轨的强大丛林与世界紧密相连"。选地带来了城镇和社区,一种持久的生活模式。在南澳,它意味着选择小麦产业。

在昆士兰,对土地的信仰尤为强烈和持久。至少一个世纪以来,自由派、劳工代表和保守派政治家(当奥斯卡·德·萨特杰和奥古斯都·格雷戈瑞这样的人的影响力都消失殆尽)都坚持认为,昆士兰的归宿并非工业或郊区生活,而是一种更"自然"和"道德"的农耕生活,这种生活最适宜该州,该州也最适宜这种生活。《移民法案》强调对农业的信仰和殖民地与母国亲子关系对于自耕农的赐福,使拥有健康体魄和良好性格的英国人拥有土地,愿意离开自己的家园远赴重洋。昆士兰州的战略取得了预期的效果:1933年,只有略高于百分之六的人口在工厂工作。

在整个殖民地,一系列所谓农村发展、群体定居、村庄定居和更密集定居计划在《选地法案》颁布后的几十年里纷至沓来。尽管失败和成功一样普遍,并且自乌托邦式诞生以来,许多农场已历经了十几次转型,但这些企业确实广泛地界定了海岸和大分水岭之间的占领模式。井然的秩序和隐约间对肯特郡的效仿吹响了成功的号角——众多的牧场和庄稼地,成排的柏树,整洁有序的花园和果园中坐落的整齐平房,以及半环绕的棚屋。

在迈尔斯·弗兰克林的小说《我的光辉生涯》中,迪克·梅尔文·爱莫林在新南威尔士州的古尔本(Goulburn)附近选择了一块土地,其中一半是无用的,另一半他也管理不过来。他喝酒。一个嗜酒的选地人是不可能成功的。与此同时,他的孩子西比拉(Sybylla)在工作和生活的沉闷中苦苦挣扎。在弗兰克林小说中描写的那个地区,大多数人都是失败者。历史学家吉尔·罗(Jill Roe)写道,这片土地"人满为患、资金不足、饱受干旱之苦"。19

世纪90年代的大萧条就像一阵旋风，把他们从土地上刮走了。这个故事在整个国家一次又一次地重复着。它强行进入文学和民族的思想空间。

如今，这种失败在老选地地区很难看到。那些未对丛林进行改造的农场被增补给了其他农场；有些农场上的建筑物倒塌了，有些被烧毁或被推土机夷为平地。许多选地通过多次转型以各种各样的形式幸存下来，现在可能是马匹爱好者的休闲农场，或者是种有黑比诺或蓝莓的丛林环形山坡。有些再被细分或填掉了，取而代之的是郊区和购物中心。选地人用环割树皮后死掉的树木建造的棚屋周围种满了黑莓，或者建成一座带四个卫生间、占地五十平方米、仿旧日殖民风格的住宅，住宅的主人在家办公，渴望听到喜鹊的欢叫，欣赏桉树的英姿，同时享受家有母鸡下蛋的生活。在所有梦想的道路上，土地梦是千变万化的，不可能永远被管制。

这就叫选地，但选地的结果往往要靠运气来决定。人们"选择"了他们的土地，但往往是在不知情的情况下做出选择：他们不清楚溪流究竟是常年都有还是只在冬天才有，不知道山坡的一侧看起来土壤肥沃，另一侧则是否稀薄而贫瘠；不了解似乎在他们初遇的季节里美好的乡下是否会在其他季节变得糟不可言；或者，更不明白当他们清除了丛林之后，土壤是否会飞走。他们不知道兔子要来了。对此，他们常常一无所知，正如他们不知道他们的牛会死于黑腿病，他们的马匹会摔倒，或者胸膜肺炎会对他们的母羊做什么一样。即使最初的几年他们过得还好，但他们也不知道自己的身体和思想是否能承受工作、挫折、孤独和压力。

于是，许多选地者纷纷离开那些无用的、已清理一半的地块，转眼间又"回到了"那些为杂草和侵蚀所改变的丛林。当丛林回到从前，失败的选地者也重回昨日的生活状态——在其他农场和城镇做工的奴隶。有些人在从事当地工作和季节性工作的同时还尽可能地坚守自己的农场。总而言之，这些运气不佳的选地者是值得文学缅怀和国家铭记的。澳大利亚的选地行为通常被认为是失败的，尤其是与《美国宅基地法案》相比：在超过七十年的时间里，美国大约一百六十万"自耕农"的农场创建了美国大约百分之十的农田，并在此过程中为小说家和剧作家提供了取之不竭的故事源泉。事实上，美国的农场主经常失败，原因和澳大利亚的选地者一样：农场太小；植被一旦消失，土壤就变得太贫瘠或太不稳定；气候太恶劣；或者与市场距离太远，市场也不太靠谱；或者牧场主太狡猾、太无情；或者农民太无能。即便如此，仍有许多人取得了成功，并在此过程中确立了一个响亮的国家主题：勇敢地努力付出和坚韧不拔。

许多情况下，澳大利亚的选地者并不欠缺这些品质。在每一个殖民地，都有一些人做得很好：在达令平原地带，尽管牧民们几乎垄断了最好的土地，但粮食种植者却创造了一千个新的农场；在昆士兰的其他地方和新南威尔士州北部，他们种植甘蔗；从布里斯班到墨尔本及其他沿海地区，他们发展乳品制造业；在维多利亚小桉树区和南澳的约克角半岛，他们种植小麦。无论成败，他们的经历都融入了这个国家英雄主义的自我认同。的确，美国农业传奇的成功比澳大利亚的更具有说服力，但也在某种程度上反映了其他一些非农业方面的现实。澳大利亚没有罗杰斯和哈默斯坦（Rodgers and Hammerstein）。美国有《俄克拉荷马》，澳大利亚没有《里弗莱纳》！ ①

---

① 理查德·罗杰斯和奥斯卡·哈默斯坦是 20 世纪最成功的音乐伙伴之一，他们的合作给百老汇带来了一场革命，被视为百老汇的奇迹。除了里程碑式的《俄克拉荷马》以外，他们还先后成功合作了《国王和我》《花鼓之歌》《灰姑娘》《音乐之声》等音乐剧。《俄克拉荷马》是美国一部诞生于 1943 年的音乐剧。

在澳新军团纪念日的清晨，当地居民聚集在主要街道，向阵亡的战士表示哀悼。这里是维多利亚西区的西部，位于联邦选区瓦农（Wannon），是蓝丝带自由党和马尔科姆·弗雷泽（Malcolm Fraser）的老席位。在远离大路、树木（英国常见树）掩映的地方，许多往日牧场主的宅第仍然矗立，而路边更清晰可见的是士兵定居者装有护墙板的平房。虹销雨霁，苍翠欲滴。凭借更为圆润的元音和缺少升调的音调，以及他们的针织衫和运动外套，残存的有着更高贵血液的冒牌贵族成长为社会中产阶级，运动服和连帽衫将他们与社会底层的人分离开来。在澳新军团纪念日，当地的橄榄球杯赛开始了。在酒店的街道对面，一些穿着仿冒爱斯科特（Ascot）服装的年轻人喝着啤酒，看着我们鱼贯进入大厅。

一个瘦削的秃头男人负责主持纪念活动，他的胡须和明显的驼背使他看起来像是一个经验丰富的老水手或隐士。据说他是权利联盟①的成员，他不过是在20世纪50年代服过六个月的义务兵役，但这已经足够使之成为现代澳大利亚退役军人服务联盟的一员。的确，只要是一名警察、救护车司机或国家消防局志愿者就足够了。那个人是在礼堂发言时告诉我们这一切的。他的演讲从动员征募新兵开始。然后他号召我们一起唱皇家颂歌，由舞台上的一位女士弹钢琴伴奏，只有那些年纪大的人能记住歌词。紧接着我们演唱了《慈光歌》，后又背诵了《主祷文》。然后，退役军人服务联盟的人介绍了一位在该地区长大、最近刚刚退役的海军士兵。在简短描述他在海上的经历之后，这位发言嘉宾讲述了1915年在达达尼尔海峡突破土耳其防线的潜艇的故事。他的讲述与查尔斯·比恩讲述的

---

① 澳大利亚的一个极右翼政治组织，宣称崇尚自由的美德和"忠于上帝、女王和国家"的价值观。

第一次世界大战史非常类似。当地人虔诚地听着。一位女士唱了一首致敬阵亡者的歌。然后,我们合唱《与主同行》,接着演奏著名歌谣《麦克克里蒙的悲叹》的风笛手和鼓手沿着中间的过道走了出去,走进后厨,我们听到风笛声在那里戛然而止。

这位退役军人服务联盟的领导人具有无限的但并不感人的爱国能量。他率领游行队伍走出大厅,沿着街道走向市政纪念馆。馆内摆放着花环,一个小男孩在读经台后吹起了起床和《最后的哨所》①的号声。他的头几乎被讲台挡住了,就在他还没吹到令人心碎的结尾时,一辆闪闪发光的四轮驱动汽车和一辆马车呼啸着从邻近的街道上驶了出来,去参加杯赛。几乎澳大利亚的每一个乡村小镇都一样,小小纪念碑上名字的数量令人惊叹不已。风笛又吹响了,绅士们发出了一两声欢呼,爱国者们开始沿着街道行进。按理说,他们应该冲进当地的商店,抓住店主,据传他在经营冰毒和安非他命,每只手背上都刺有纳粹标志。

第一次世界大战是一场灾难。当人们结束战争重归现实之时,旧的土地理想因新的道德目标焕发力量:作为他们服兵役的回报,士兵们将得到一块国家的土地。几乎所有人都认为,这些人应该得到帮助,这样他们就可以比为工资和生计而劳作享有更多的尊严和经济上的独立。还有其他动机,包括那些促进早期更密集定居计划的考虑。一个名叫默里·约翰逊的学生,是密集定居计划时来到昆士兰的,他断定说,这些定居者都是"棋子";"一种相对廉价的手段,用来确定哪些农村企业适合该州的不同地区"。这种做法"成本不高",因为联邦政府提供资金资助各州政府实施这些计划。在

---

① 在军事葬礼或纪念仪式上,如澳新军团日和阵亡将士纪念日,它被用来表示士兵已经进入最后的安息。

维多利亚州，一个1915年的皇家委员会在更密集定居计划中听到了人们"绝望挣扎"的议论，有的说男人、女人和孩子像奴隶一样工作，结果却每况愈下，也有人说这是在浪费生命、岁月和金钱。有人恳求政府不要让退役军人重蹈覆辙。他们提议建立合作工厂，让他们加工我们的原材料，在工厂附属的新技术学校参加培训。但是土地胜出了。没有人像士兵的热情那样高涨：在整个大陆上，他们聚集在士兵安置办公室，决心尝试土地开发。

他们是大批回归的，其中的许多人身有残疾，不适合艰苦的体力劳动。澳大利亚帝国部队开办了教育项目，并根据孟德尔定律（Mendelian principle）出版了专家撰写的如何饲养家禽、种植作物或培育羊的小册子。而且他们还获得了土地。后来，西澳大利亚州的负责人麦克拉蒂（E. H. McLarty）说，他们当中很少有人会种地，但却都认为自己可以学习。他说："按照惯例，任何不适合从事其他职业的人，都被视为适合耕种土地。"

问题是，大部分土地都会考验最强壮的人，尽管他们是令人钦佩的士兵，但他们中的许多人并不强壮，而且很多人身体都受过损伤。很多士兵从未设法清理过他们所分的地块，哪怕任何一小部分。皇家委员会曾多次听说，有些士兵当初申请土地的时候曾向当局表示自己是"真正的好男人"或"没有残疾的迹象"，但却在他们所分得的土地上"垮掉了"。麦克拉蒂说，有些人"在战后变得不正常了"。他的意思是他们在心理上受到了伤害。他说，还有一些人身体受损，有些人失去了四肢，而种地这项工作对他们来说负担太重。皇家委员会发现，"绝大多数退役士兵都因战争而负伤和受到打击"。一位观察敏锐的战前定居者说，很多退役士兵都感到"疲惫"。

其他州的情况也大同小异。在整个澳大利亚，超过9万平方公里的土地要么被征用，要么从皇家土地划拨分配给了23367名退役军人——他们大约每十二个人当中就有一个人是从战场返回的。尽管初衷也许是真诚的和慷慨的，但将退役军人置于维多利亚的小桉树区、新南威尔士州的偏远地区、昆士兰的森林，或者是饱受毒灌木、盐渍化和杂草折磨的土地上挣扎，这样的做法使"一战"的计划成为愚蠢和恶行的代名词。即使他们设法把农场整顿得井井有条，将野生萝卜从农作物中拔除，让柑橘树生长且没有红圆蚧①，或使他们的奶牛产奶而免于挤奶热，士兵定居者仍然同样面临糟糕的市场、不合作的天气和高利率，这使所有农民的生活都很困难。

昆士兰的第一个士兵定居计划是在玻璃屋山脉（Glasshouse Mountains）脚下的比尔伯勒姆（Beerburrum）实施的，那里有数十名伤残退役士兵。他们获得了一些适合栽种菠萝地块的永久租赁权：获得的是永久租赁权而非不动产权，因为它是工党政府将土地国有化的纲领之一。老兵们在他们居住的营地里学习菠萝种植技术——他们大多与妻子生活在一起，"住在一种轻型结构的房屋里，用圆圆的丛林木材建造而成，铁制房顶，帆布墙体"。租赁权的条款非常苛刻，但即便条款更友好，这些人也必然要与饱和的市场做斗争，而且当肥料中磷含量过高时，水果品质和产量也会受影响。政府建了一个州立罐头厂，在罐头盒的商标上，一个身着制服的士兵一手拿着步枪，另一只手拿着菠萝。人们翘首企盼那些吃菠萝罐头的英国人能够表达来自帝国的谢意，于是水果罐头被出口到母国，广告语还力劝他们"从为帝国而战的种植者手中购买"。英国人明显没有受到感动：他们更喜欢便宜的加利福尼亚产品。

在恩诺格拉（Ennoggera），士兵们无法靠销售鸡蛋谋生；在

---

① 一种危害柑橘、葡萄等的昆虫。

格雷瓦特山（Mt Gravatt），1929年，最初的48家公司中只有4家仍在运营。这项任务超出了大多数人的一般身体条件，那么对于1920年在比尔伯勒姆"蹒跚而过"迎接威尔士亲王的"大批装有木头假肢的士兵"来说，他们又有什么希望呢？在亚眠（Amiens），有一个人放弃了养牛和种庄稼，圈了50公顷的土地用来饲养负鼠，从事毛皮贸易。士兵们请求部长或相关部门给予他们更多时间以履行他们的义务；让他们能够收获一些像样的玉米、豆类或李子；恳求他们要有耐心，孩子们将近十三岁了，从学校毕业后就可以去农场工作了。第二次世界大战之后，在这样的农场上，如果一个孩子到了十三四岁以后还继续上学，那是很不正常的事。

在巴尔德山（Bald Hills），大部分土地都是盐沼，一些地块在涨潮时被洪水吞没。很多地块都生长着茂密的刺梨、欧洲苍耳和千里光属植物，极易遭受毛虫、蛞蝓和其他害虫的肆虐。在伊普斯威奇（Ipswich）附近的库米尼亚（Coominya），情况与巴尔德山一样糟糕，并非因为盐水，而是因为没有水：至少在地下30米以内的地方，没有可靠的水源。就在士兵们被安置在所谓"非常适合种植柠檬和葡萄"的土地上之后不久，政府的农业化学分析师宣称，这里的土壤"无疑是他们分析过的……最贫瘠的"。政府的水源探测师和另外两名官员被派往调查，他们却对所看到的印象并不深刻。干旱使情况变得更糟。下雨时，白粉病摧毁了大部分的藤蔓植物。士兵们又被告知种棉花，但棉铃却没能破开。海员和士兵父亲协会提供了一些产蛋母鸡和一名丛林护士。三年过后，库米尼亚被遗弃了。一位老定居者说，这些计划是"恶劣的行为"。

在另一个定居点，昆士兰州南部平原的派克戴尔（Pikedale），定居者们接受栽种有硬核水果的培训，对有一小块土地是这样描述的："47英亩土地内有15英亩的固体岩石、10英亩的沼泽、5英亩不适合水果生长之地,另有5英亩(已经种植)位于河道口,6—8英尺深的巨大水渠从园地中央穿过,将果园一分为二,一部分果树留在岛上无法照料,余下的部分则会在多雨的天气里被淹。"

在派克戴尔附近,一些士兵定居地依然存在。它们的名字,梅西讷、亚眠、布里库尔特、波泽莱斯、巴波姆等,不仅纪念了澳大利亚士兵在西线战场上的战斗,而且还消除了公众对许多在战争爆发前三四十年到达的德国定居者的记忆。在法国和比利时作战的澳大利亚军队中,伤亡率为百分之六十。在澳大利亚的士兵定居地,退伍军人经营失败的比例与之相仿。每一个州都能看到他们的房屋坐落在一片破败背景之中,这让你不禁要问,他们是否有时会觉得和平与战争只是同一场噩梦的两个部分。有些人在得到地块一到两年的时间里就死了,许多人在几年之后就破产了,在那段时间里,所有人都背上了债务。玛丽莲·莱克(Marilyn Lake)写道:"他们无法偿还账目,不得不躲避店主,再加上使他们正式破产的法律程序,他们的生活变成了一连串的羞辱和对他们梦想的嘲弄。"在新南威尔士州,悲剧的程度至少同样深重,塔斯马尼亚的情况可能最糟糕。在所有的州里,人们发现自己的状况和1858年在墨尔本街头抗议的人们基本相同,尽管他们的希望更加渺茫且痛苦更加深重。

在昆士兰,士兵安置计划于1929年被放弃。但是,任何痛苦或失败,即使是大萧条和出口价格暴跌,都不会让政府偏离其农业梦想。1933年,昆士兰州州长说道:"这个州将始终是一个主要的农产品之州。"这位州长不是乡村党(国家党的前身)的成员,而是一名工党成员:对于威廉·福根·史密斯(William Forgan Smith)而言,务农是"人类的自然职业"。

罗莎·普雷德写道:"在被自由选地者破坏之前,邓加丁灌木丛（Dungadine Scrub）还是很漂亮的。"玉米和谷子取代了"再也不会出现的孤独而美丽的灌木丛"。在许多地方，为了避免工业社会的出现，前工业时代的环境遭到破坏。斯温（E. H. F. Swain）曾在20世纪20年代和30年代领导昆士兰州和新南威尔士州的林业部门，几十年里他一直在与那种"为发展二流农场而摧毁一流森林"的土地痴迷情结做斗争，没有什么比贫穷、艰难和无知更能说明问题了。一开始人们对建立一个自耕农阶级的执着已经变成了努力"在乡巴佬定居点处理失业的麻烦"。更糟糕的是，这些计划催生了一个强大的农业游说团体，致力于保护一个在整体上看来不值得继续的行业，因为该行业给人类带来苦难，对环境造成了破坏。斯温甚至警告说，区域气候变化是开展农业的结果。

斯温说，更好的办法是创建一个可持续的现代林业产业，为木材工人和林业工人提供良好的生活，并创造至少与农业相当的收入。他设想，这个林业产业将会是一系列不断扩大的木材产品，包括燃料和食物。为了使退伍军人免于遭受为养奶牛和栽种玉米而开垦的辛苦，斯温认为，他们应该重新在清理过的土地上种植一些有用的当地软木树种，如肯宁南洋杉，并且在气候适宜的地方引进辐射松。他梦寐以求的无非是以森林为基础的社会和经济：商品林与原始人类的大片土地和睦并存，以满足"城市居民所自我寻求的、短暂回归自然的……强烈愿望"。他的计划将有利于国家的土地和土壤、水的供应、气候、收入、身份以及人民的身心健康。

斯温在战场上战功显赫、屡获殊荣，但他却输掉了与农业的战争。事实证明，西方文明的未来比他想象的要美好；石油和煤炭并没有像他想象的那样消耗殆尽，农业寻觅到了比他所部署的更具生产力和更少破坏性的方法，而木材并非"制造万物的源泉"。然而，他的判断并非全部错误。他对农业（以及采矿业和畜牧业）所造成的损害，以及许多从事农业的人所承受的苦难的看法是千真万确的。国家仍在为这些错误付出代价。假如他的远大理想能够得以实现，可能会促成很多好事，许多我们时代特有的争论或许可以避免，或者会有更好的解决办法。综合调控使用土地以提高生产力和保护环境，少砍伐，多植树，留出更多的本土森林作为其内在价值的展示和旅游资源，更好地理解森林生态，保护和可持续地利用物种——如今他会有更多的听众。

查菲兄弟（Chaffey Brothers）在世纪之交创立的墨累河灌溉计划帮助了从第一次世界大战返乡的士兵，并进一步扩大，为第二次世界大战归来的士兵提供机会。在河地（Riverland）地区定居的第一批士兵与整个大陆的同胞一样，遭受了许多同样的不利条件，其中有一些是在非常艰苦和陌生的环境中灌溉不科学和不完善导致的。当地的一项研究，包括了一百多份简短的传记，揭示许多人在战争中身体和心灵受到伤害、被毒气熏死或被炮弹击中。它还记录了一个相当令人惊讶的事实——因为传说中澳新军团士兵的四肢特别修长——男人平均身高比理查德三世矮一点。国王在他没有驼背之前直立身高为5英尺8英寸：112名归国士兵的平均身高在5英尺6英寸至7英寸之间。他们的平均体重只有63公斤多一点。这些来自欧洲农业/工业社会的男人似乎比墨累河上先于他们存在的土著居民要矮小，如果贾雷德·戴蒙德[①]的观点是可信的，他们比最后一个冰河时代末期希腊和土耳其的狩猎

[①] 贾雷德·戴蒙德（Jared Diamond, 1937— ），美国演化生物学家、生理学家、生物地理学家以及非小说类作家。他最著名的作品《枪炮、病菌与钢铁》获1998年美国普利策奖和英国科普图书奖。

采集者至少平均矮 3 英寸。

由于吸取了教训，第二次世界大战后回来的士兵一般都分到了较好较多的土地。政府还为他们铺建了道路，提供了围栏和房屋。政府对未来的农民进行了更仔细的筛选，他们中的大多数很可能比他们之前的一代更健康、更强壮。当然，士兵们对土地的热情丝毫未减：仅就该州西部地区的 204 个地块，新南威尔士州政府就收到了 1 万份申请。经济状况良好，有时产量惊人，特别是羊毛的产量。大多数地方，至少在最初的十五年中，有降雨。联邦科学与工业研究组织以惊人的速度战胜患有多发性黏液瘤病的兔子：该病在新南威尔士州暴发仅一个月，在暴发消息还未传到各个社区之前，数千只兔子在 1000 公里外的昆士兰大批死去。并非每个季节都景气；这里有洪水、丛林大火、丛生的杂草，还有其他常见的危险，但是在 20 世纪 50 年代和 60 年代较好的大环境下，更多的士兵定居者不仅生存了下来，而且兴旺发达。在新南威尔士州西部的 204 个地块中，有 76 个地块在 1959 年之前已经全额支付。

第二次世界大战的士兵定居者开始在 1949 年抵达墨累河流域。他们来到半沙漠地带，苍穹之下几乎是一片死气沉沉的平地。大部分都是沙子，由啤酒花和小桉树的根扭结在一起。第一项任务是清除植被。此后，他们经受了沙尘暴的洗礼。完成了灌木丛的开垦之后，他们开始打桩，成排的木桩钉完之后，就开始挖坑。然后等待树苗的到来。在建起装有护墙板或墙面贴砖的两居室房屋之前，他们带着妻子和年幼的孩子住在帐篷或尼森式半筒形铁皮屋中。

土地部根据他们的土壤调查确定了在不同地块所应栽种的不同品种。柑橘树需要栽种在 60 厘米深的土壤里，栽种杏树和桃树只需要挖 45 厘米深，葡萄藤栽种在泥土里即可。当他们挖洞时，老兵们意识到土壤多变且喜怒无常，但最终决定这个问题的是政府的种植检查员。幼苗的到来是一个激动人心的时刻，但由于许多幼苗质量很差，无法生长，第一次种植失败后需要紧接着二次补种。

历经长久的等待，定居者们的土地终于迎来了灌溉用水。在这之前他们都是用手浇灌幼苗，现在听起来并不像以前那么辛苦。一些定居者不想要灌溉渠，担心他们的孩子会溺水而亡。但是这些灌溉渠还是建成了，定居者们靠在这些灌溉渠修建工地打工勉强度日。有些管道需要铺设在山上，所以人们需要花更多的时间。当水到达时，主渠过窄，但至少定居者现在可以每次灌溉不止一棵树。白天，丈夫和妻子在沙漠的高温下并肩作战，将幼小的孩子们放在任何可以找到或创造的阴凉处。扬沙、霜冻和恶劣的沙尘暴威胁着他们的果园。他们用餐时和着灰尘，直到安装了百叶窗才把灰尘挡在屋外。野兔袭击了他们的幼苗。蛇潜伏在他们中间。但是，在黏液瘤病来袭之前，兔子是最能兴妖作怪的。定居者们常常发现所有的树和藤蔓皮都被剥光了。他们挖开兔子洞，给作物涂上石灰和血，还建了防兔子的篱笆，可谓十八般武艺都用上了。

在墨累河靠近维多利亚的这一侧，定居者被称为 blockie（拥有农场等小产业的人）；在靠近南澳这一侧，他们被称为 blocker（原意为黑色圆顶硬礼帽，英国绅士与文化的象征）。无论在哪一侧，生活中的重头戏都是在定居者和各级政府、他们的官员以及他们的纲领之间上演：水的供应不成问题时，核心问题则是水对土壤和植物的影响。联邦政府和各州的官僚机构提供园艺顾问、一个水务主管、部门官员、地区官员、一个土地委员会、一个液体控制委员会和一个水咨询委员会。尽管有这些政府的监管，南澳库尔通（Cooltong）的士兵定居者们仍然在不断的尝试和错误中摸索。几年后，定居者们看到树叶从树上脱落，发现树根在黏土聚集的积水中腐烂。

这又作何解释呢？谁是罪魁祸首呢？是浇水过多的定居者，还是给他们指令的当局？提高河道的水位，而又不增加测量流向农场水流的德氏轮（Dethridge wheel）①，就会导致定居者浇水过度，这反过来又抬高了水位，并造成了盐渍化。谁来为这一切买单呢？它是怎么发生的呢？谁来修筑排水沟将积水排走呢？法利赛人和以色列人各执一词。是谁想出聪明主意把空气输送到坏掉的水泵里，而坏掉的水泵在水务主管洗澡的时候导致了他的芯片加热器爆炸？当植物和房子的水都散发出令人作呕的气味时，原因何在，是谁之错？原来是暴露在阳光下的管子里的水生生物被煎熬致死导致的。在未暴露在阳光下的管道中，泥浆是数以百万计的鸟蛤的家园。怎么会有人知道呢？为了清理泥浆，当局向管道中注入了氯气。这一招对泥浆起到了作用，但却杀死了鸟蛤，它们的壳和腐烂的尸体被冲进了整个灌溉系统。除了臭气熏天之外，这些泥浆还粘满了沟渠的水泵，填满了德氏轮下面的污水坑，堵塞了定居者的管道和喷雾器。其中的科学在哪里？为什么它没有预测到电解侵蚀了库尔通泵站的螺栓，并导致多支管"从外墙破裂……上演了一场壮观的泥水表演"？

第二次世界大战的士兵定居者在头两年每周得到5英镑8先令的津贴，所有的工作费用都由土地部的贷款支付。这些津贴可谓杯水车薪，所以他们还要做其他的工作，比如种植南瓜、西瓜和西红柿，以帮助他们偿还垫款。他们种植橙子（现在被鄙视的瓦伦西亚品种）、葡萄柚、柠檬和柑橘；种植葡萄，主要是戈多和苏丹娜，

---

① 1910年，约翰·德里奇在澳大利亚发明了德氏轮，他当时是维多利亚州河流和供水委员会的委员。

还有许多其他适合于制作葡萄干和强化葡萄酒的品种；种植穆尔帕克杏和埃尔伯塔桃。用水桶浇水让位于犁沟和便携式水管灌溉，然后是人工降雨。每一种都比前一种更便利，但同样更加浪费并且肯定会提高地下水位。现在他们使用滴水器。他们不翻耕，而是使用除草剂；对红圆蚧不用烟熏，而使用生物控制；不用新来的移民和学生帮助收获，而是使用机械装置。他们也不再种植戈多和苏丹娜葡萄，而是将纸板桶装的霞多丽（chardonnay）、梅洛（merlot）和设拉子（shiraz）等在底端市场销售给那些已经设立在那里的酿酒厂。

库尔通始于这四十七名退役军人以及他们的妻儿。他们中的大多数历尽苦难，在1956年洪水和1966年至1967年的干旱中幸存下来。一位定居者写道："我们有人自杀、离婚、遭受溺水和其他致命事故、乱伦，少数人酗酒，但没有谋杀者。""除了我们都是退役军人之外，这里和其他社区没什么区别。"它不是乌托邦，只是偶尔的乌托邦式的梦想。乌托邦是一个过于具体的概念。他们带着希望定居下来。也许他们是为了满足远古人类从地面谋生的渴望。丛林仍然承诺独立。恰巧，在一个精神相似的群落中，还可以有一种满足感。还有友谊，不是乌托邦主义者所推崇的社群主义，甚至不是兄弟情谊，只是朋友而已。这可能是最接近土地梦想的表达：独立加上和睦。在到达此地半个世纪后，其中一人说，这是一种"美妙的生活"。不管她是说这比她在城市里所拥有的任何生活都要美妙，还是比任何人可能期待的生活都要美好，这似乎是一种共识，因此是对土地能够满足人类灵魂的一个公平的总结。

这些干旱地区的灌溉已经证明了可怜的约翰·奥克斯利是错误的。并非所有的地区都不适宜居住，如果他能看看谷歌地图，看到盐渍化的范围，他可能会觉得自己是正确的。雪山工程将东部的水调至其他的边缘地区，扩展了"翠绿花园"，并使许多人在其中生活。墨累-达令盆地的面积相当于澳大利亚大陆面积的百分之十四，借助于占全国百分之七十五的灌溉面积，如今，全澳逾百分之四十的农业财富源自此地。雪山工程和受益的灌溉社区也成为澳大利亚多元文化的基石。大量来自欧洲流离失所的人参与了这项工程，南欧移民则是灌溉者中的主力军。这一工程意味着技术技能的有效转移，并帮助这个国家认识到文化多样性是有回报的。像库尔通这样的社区代表着最基本的希望得以实现，就像雪山工程本身一样，被编织进了历史的脉络和国家的精神。正如迈克尔·卡思卡特（Michael Cathcart）所写的，雪山工程实现了"用工程来拯救（干旱）地区"的夙愿。它充分证明了我们可以支配自然，并成为土地的主人。

我们可以在墨累河的下游驾车观光，惊叹那些巧夺天工之作：宁静的城镇，熠熠生辉的果园、小树林和葡萄园。同样可能的是，我们开车去南澳的河地，却看到大片土地被盐渍化摧毁，果园和葡萄藤被破坏，房屋和棚舍被遗弃。葡萄价格低廉，种植者的生活十分艰辛。长期的干旱，加之高价的服务和增加的成本，包括投资更多可持续方式的成本，使他们难上加难。于是，沮丧和愤怒的情绪随着地下水位和债务的上升而增长。当政府和科学家们坚持认为水必须从灌溉者手中返还自然环境时，种植者们感到怒不可遏。当经济学家谈论市场原则时，他们再一次愤愤不平：期望这里的人们像这个大陆上的其他人一样努力工作，但如果没有政府的援助，他们的任务是不可能完成的。种植者们想知道为什么在过去的三十五年里没有建造水坝。他们说，这是"对政府的可耻控诉"。在争论的另一端，很多人会起诉政府，即使它考虑修建另一座大坝。

毫无疑问，任何计划都无法满足流域内各种利益者的所有需求，也无法满足河流系统本身的所有需求。即使有可能平衡一个健康环境和健康的区域经济的需要，政治任务仍然存在：无论出于何种原因——好的或说不清楚的，州政府或许会颁布法令，要求不同流量的水必须回归自然环境。当堪培拉方面决定必须停止对这一地区的土地进行开垦时，或者当堪培拉方面做出任何决定时，州政府都可能出于正当的理由或政治原因进行抵制。与此同时，事实仍然是，在21世纪干旱的头十年中，有三年从河流中提取的水量超过了流入的水量，在这个十年的最后一年，提取的水量占平均自然流量的百分之九十三。

在南澳伦马克附近的一个灌溉定居点怀克里（Waikerie），一个混得不错的流浪汉的女儿——三十多岁的塔米·阿泽（Tammy Atze），种植滨藜并卖给农民和政府机构。根据需求，她有五十万到一百五十万株幼苗可以种植。塔米种植的是"改良版"的老人滨藜，被认证为德考克（DeKock）。

老人滨藜可以使边缘地区的承载力最大提高十倍，在降雨量较高的地区可提高三倍。它能防风、防沙和防土壤侵蚀，并能抵御干旱。它是"活草垛"。在一个轮牧周期，它能提供有价值的草料，使其他牧草地得以休牧；它能很好地防风，减少人工喂养的需要，吸收大量的盐分，并将地下水位降至最低，因此可以用来改良湿润的盐渍化土地。同样，它在减少杂草、促进有用昆虫生存、助力原生草的再生以及使羊肉更美味、更瘦、含更多维生素E等方面的作用也是毋庸置疑的。它是一流的防火墙，可以用来修复矿区被破坏的土地。

老人滨藜拥有罕见的能量，能够在其他一切生命都屈服的地方生存。垂直的根系长达六米，三层大面积横向扩展的浅须根可以吸收每一滴水分，包括晨露。实际上，这些植物是水泵，有能力改造饱和的盐碱地。根据某些说法，深根还会吸收一些矿物质，食用这种植物后动物会更健康；还有些人说，它的叶子里含有一种油，食用后能杀死体内的寄生虫。土著居民食用滨藜属植物，美洲印第安人也是如此。在《约伯记》的几个译本中，"咸草"或"盐沼的草"是贫民的食物。欧洲人食用这种草已长达几个世纪，直到14世纪菠菜问世。

奥斯卡·德·萨特杰称它是"一种有矫正作用的草本植物，确保着澳大利亚大部分地区羊的健康"。他写道，在过去的日子里，"成片的滨藜环绕着垂枝相思树，肥硕的绵羊常常喘着粗气，四处寻找阴凉"。第一批牧场主知道滨藜的好处，他们也知道当地草种的优点——可以用他们所输送的牲畜数量来证明这些草的裨益。这些牧草味道如此鲜美，以至于他们过度放牧牛羊，后来发生了干旱和兔灾，滨藜被毁掉了。

维多利亚州中北部的农民大卫·米尔索姆（David Millsom）指出，所有的灌溉系统都会导致土壤盐渍化。他说，"据我们所知，没有例外"。"我们知道，从过去六千年来看，灌溉系统的平均寿命是一百五十年。这个系统已经有一百二十年的历史了，一直在运行。"为了降低土地的盐度，米尔索姆一家种植滨藜已有二十年了。一百年前，他们位于希望山的农场维多利亚从一个牧场分割出来。在牧场主的年代，土地被描述为"大约115000英亩的荒地"。当米尔索姆一家接管了他们的土地时，土地的状况还不如荒地，并且情况越来越糟。几乎所有的原生植被都被清除了。采石已经葬送了三个永久性水源地。土壤被侵蚀，牛群在被侵蚀的土地上放牧。米尔索姆说，在20世纪80年代，几乎没有人对改变"强奸和掠夺心态"感兴趣。当剩余的原始林开始消亡时，农民们种下了除当地特有物种以外的多种植物，毕竟当地的物种随着死亡已经证明了它的不足。米尔索姆一家从当地残留的植被中收集种子,不仅仅是冠层树,还有下层植物。他们创造的"新"丛林使鸟类的数量增加了一倍,并引来了更多的爬行动物、无脊椎动物、蝙蝠和昆虫。生物多样性有助于控制害虫,且由于植被是豆科植物,所以它改良了土壤。在岩石和被侵蚀的山坡上种植滨藜,产量增加了一倍。在被洪水淹没了一个世纪的小围场上种植滨藜,以降低地下水位,减少盐度。

新南威尔士州中部的一位拥有古老家产的农民给米尔索姆一家讲述了"滨藜魔法"的故事。由于上一代祖先懒惰而未清除滨藜,因此下一代祖先才能够发现它们的特性以及管理它们的方法。他们从不喂干草,并期待着干旱来临时买到廉价的牲畜,产出国内最好的羊毛(据说滨藜是牲畜上佳的食物。)

和所有严肃刻板的农民一样,大卫·米尔索姆只不过是个农民。我和他待了还不到十分钟,他却时刻流露出要去工作的意思,眼睛里透着紧张。他说,我们的梦想是在这里建造一些可持续的东西。"可持续性"是一个现代的时髦词,它在丛林中的含义是其他环境中没有的:它意味着土地将在未来的二十年、五十年或一百年内能用于耕种。米尔索姆一家知道在有生之年,他们不会得到答案。在这一点上,他们的观点与选地者和士兵定居者不谋而合,他们认为农业不是一种工作,而是一种生活,他们的梦想是造福子孙后代。

当大卫·米尔索姆向我讲述滨藜的故事,以及在哪里可以理解他所做的一切时,我心中涌起了一丝信念。复垦(reclaim)这个词恰如其分地表达了欧洲殖民者的解决方案,不仅在公认的定义层面(把未开垦的土地变为耕地),而且在暗含的意义上也是如此,就像殖民主义本身的历史一样古老,通过占领土地,殖民者们行使了一种道义上的权利，并实现了上帝的意图。1902年，美国政府为了"将干旱的联邦土地转化为农业生产用地"，颁布了一项旨在修建大坝、疏导大河的法案，并将其命名为《国家复垦法》(*National Reclamation Act*)。西部就是这样赢来的。农民、矿工、政府、国家——他们都从土地上拿走了他们认为人类应该拥有的东西。土地需要复垦，如果不是从拥有它的人那里，就是从长期治理它的习惯中。思考一下这个词，大声说出它，你就会感觉到"复垦"的力量。这在某种程度上解释了殖民者坚定不移的信念和勇气，以及超人的努力。如果这就是破坏丛林的原因，那么重建它、使它可持续发展、复垦它，可能也需要付诸同样多的努力。所有这一切，加之更好的科学、更深刻的智慧、更多的投资，以及政府提供的至少与提供给选地者和士兵定居者同样程度的支持，复垦便指日可待。

第 9 章

城镇乡村

> 小芝加哥——"利用"历史——充分利用矿山——
> 白人土地管理员——休整丛林——遗传物质移动——
> 科学家和分类学者——马兰比季河畔的城镇——
> 令人难以置信的破坏——沃尔格特

纳兰德拉是马兰比季河上的一个小镇,第一艘平底船几乎还没有安装完成,人们就说这个城镇将是新的芝加哥,或是西部(或南部)的芝加哥。而事实上,什么事情也没有发生。伯克也并没有成为达令的芝加哥,尽管有几则自信的预言。它们都是同样重要的城镇,都是了不起的丛林城镇,都是各自地区的决定性力量。当然,丛林是由自然诸元素和在其中工作的人组成的,但城镇也塑造了丛林,正如工厂、实验室、银行、市场、城市的欲望和能量塑造了丛林一样。一个丛林人可以将 1000 头牛从纳兰德拉赶至阿德莱德,一个农民可以为 1000 头牛挤奶,一个牧场主可以为 10000 只羊剪毛,当然他们没有人会像工作一上午的测量师或工程师,或一个提供印刷服务的人、一位有天赋的老师、一位提供贷款的银行经理那样,改变丛林生活的轨迹。

"……像梦一样。城市也由欲望和恐惧造成。尽管二者之间只有秘密的交流、荒谬的规律和虚假的比例,尽管每种事物隐藏着另一种事物。"伊塔洛·卡尔维诺(Italo Calvino)更关心芝加哥,但他的话不需要太多修改就能直接用于纳兰德拉或伯克。

边疆存在于一个转型时刻:一个文明和它所存在的环境让位于一个新的存在。无论其执行的具体手段如何,这都是一种暴力和利己主义的行为,但也是被那些执行它所承受的苦难救赎的行为,并且,似乎矛盾的是,还是被他们纯洁的动机、勇敢的心灵和宏伟的殖民事业救赎的行为。他们是屠龙者和历史战利品的归属者。在同样短暂得令人咋舌的历史时刻,失败者变成了仆人、乞丐、边缘人,证明了征服是正义且不可避免的;而他们的征服者,那些残酷无情、继续暴力和利己主义行为的人,却被赋予哲学家和圣人最应该了然于心的灵魂的优雅与宁静。到那时,他们心如金石。拓荒者的作用就像所有神话一样,迫使我们服从,并发出"今朝或来世正确行为"的指令。

城镇始于剥夺行为,不久便成为神话的中心。在最初三十年左右的时间里,幸存的无家可归者在街上随处可见;后来,随着城市的发展,这些人消失到了边缘——城市和心灵的边缘。在最初搭起帐篷的一二十年中,这里出现了商店、旅馆、学校、教堂、银行、邮局,很可能还有图书馆、力学研究所、公共礼堂。有一两个医生、一两个律师、选举出的议员和议院,甚至还有医院和法院。街道以英国皇室、英国政治家、总督、殖民地官员、探险家、诗人、早期殖民者的名字命名,很快这座小镇就拥有了比本土事物更有价值、更切实的起源。这一切都发生在铁路到达之前。偶尔,土著居民可能会乞讨一段时间,丛林人会进城喝得酩酊大醉、购买食物，丛林劫匪甚至可能突袭。但是，他们在主街和毗邻的几条街上都显得格格不入，因为在这里，边疆已经被正式撤销了。声誉已经确立，有时还会重新确立。正是城镇发展的速度和实质使他们的文化受到了蹂躏，也让人们想起了这种蹂躏是如何造成的，是谁造成的。说到过去，沉默仿佛夜幕般降临。

最先进入各个地区的牧场主，当城镇形成时就在那里，也出现在第一个地方代表机构里，并首先涉入殖民地政治。他们每走一步，都从他们的资本和个人利益中获利，他们的城镇也一样获利——但只是在一定程度上而已。铁路才使他们兴旺起来。随着铁路的发展，真正的发展开始了——主要是酒店，也有大量商业阶层的住房和商店。这些人在塑造丛林生活的品质方面，包括便利设施的不断增加方面，有着举足轻重的作用。正是这些城镇的中产阶级成立了进步协会和运动俱乐部，在议会中占主导地位，为医院和教堂——接生、接骨、拔牙、殡葬——筹集了大部分资金。同时，他们还制造砖块和砂浆，出售啤酒、茶叶和房地产。他们办报纸并经常参与政治，传播爱国主义。丛林小镇是民主运动的中心，是现代化、时尚和格调的传播通道。电话、电视、澳松板、发型在丛林小镇随处可见。流言蜚语亦是如此。城市"是一个自然的事实，就像一个洞穴、一条鲭鱼或一个蚂蚁堆"，就本质而言，小镇亦复如是，就像自然界的其他客观事实一样，它渴望坚持自己的存在。

在城镇能够适应和发展的地方，它们尽可能适应和发展，扮演新的角色，呈现新的面貌，必要时它们还会进行调整。当无法适应时，它们就会死去，有时是悲伤地、缓慢地死去，就像一只被扔在地上、仰面朝天的羊。除了环境，人类的判断决定了它们的命运。"进步"是乡村小镇的流行语。它们的进步协会也可称作适应协会，因为适应对它们而言刻不容缓；在一个时代看上去是进步，在另一个时代可能看起来像疯狂。如果澳大利亚的许多乡村小镇——和城市——不是坚决认定进步必须消除历史的话，它们看起来会更令人愉快，也更有存活下来的可能。其他城镇则选择不但不隐瞒自己的历史，而且将其融合："利用"（leverage）是咨询顾问们常用的术语。

不久前，有人劝说里弗莱纳地区的杰里尔德里（Jerilderie）镇"利用"丛林悍匪奈德·凯利的历史。无论他从殖民地银行偷取了什么，也无论殖民政府为了抓捕他而付出了何等代价，奈德·凯利对于旅游业（不必说还有艺术和文学）的影响都远远挽回了损失。1879年夏，凯利一伙短暂占领了杰里尔德里，带着从新南威尔士银行抢劫的两千英镑，骑着马穿过平原而去。如今，人们利用黑色金属雕刻出这位穿着铁铠甲的反社会者以纪念这一事件，这些金属造型被钉在城镇主要街道的建筑物上。凯利和那帮匪徒在杰里尔德里突袭中并没有穿戴疯狂头盔和铠甲，但这无关紧要，紧要的是我们是通过头盔认出他的。他和他的同伙入住的客栈现已变成了博物馆。你可以追随他的脚步，去访问黑帮造访过的十六个地点，或者聆听这位"被当作偶像的丛林大盗"所说的一些警世恒言。即便是耶稣和他的门徒骑马来到此地，镇上的人们为之能做的也超不过这些了。

新南威尔士银行旧址（Ye Olde Bank of New South Wales）外悬挂的牌匾告诉游客，他们看到的是"维多利亚时代的优雅"。银行的正中央摆放着一幅维多利亚女王的肖像，似乎在强调"优雅"是不可重复的历史状态，这或许是为路对面几座20世纪中期的建筑辩解的一种无心之举。五十年前，乡村城镇习惯推倒老建筑（或者至少是它们的门廊），以进步的名义改建为现代风格。现在，他们在拆除旧房子之前慎之又慎，但仍不打算建造漂亮的新房子。不久前,他们在杰里尔德里建了一个新的警察局。值得注意的是,鉴于奈德·凯利射杀了三名警察,并密谋杀害了数十名警察,警察局的正面设计模仿了奈德·凯利的铁头盔,而同样的头盔,如一些人所说,也成了整座大楼内部的"标识"。

正是在对杰里尔德里的突袭中,奈德·凯利写出了他著名的《杰里尔德里之信》,这是彼得·凯里(Peter Carey)①赢得布克奖小说的主要素材来源。《杰里尔德里之信》非同小可,每隔一年的2月,这里就会举办《杰里尔德里之信》纪念活动,包括游行和汽车、自行车、卡车、拖拉机表演。我想他们不会用锡铁制作的奈德·凯利写信的造型来装饰街道,但这可能会鼓励当地孩子培养写信这种有用的习惯。

约翰·莫纳什在杰里尔德里上学时,他的父亲在那里开了一家商店。约翰是班上的佼佼者。成年之后,他建造了桥梁,成功地指挥了军队,成立了维多利亚州电力委员会,并被国王授予爵位。1931年,25万人参加了他的葬礼。在墨尔本的国王领地花园(King's Domain),有一尊令人印象深刻的他作为将军骑马的雕像。在杰里尔德里的主街上,雕像的复制品或许恰如其分。但是正如市场营销顾问所称,莫纳什永远不可能拥有丛林劫匪那样的"品牌"效应。他缺乏声望。

事实上,当我到达杰里尔德里时,奈德·凯利对生意似乎并没有多大作用:星期日晚上七点半,除了两个男孩在小路上踢足球,他们的妈妈从自动取款机上取钱以外,宽阔的大街上连个人影都没有,既没有当地居民,也没有外来游客。奈德和他的同伙可以大摇

---

① 彼得·凯里(1943—),澳大利亚小说家,曾三次获得迈尔斯·弗兰克林奖,并经常被提名为澳大利亚下一个诺贝尔文学奖得主的竞争者。他是四位两次获得布克奖的作家之一。

大摆地走进去，再次占领这个场所。我独自在酒店休息厅里用餐，此时，凯尔·桑迪兰兹①在几台平板电视上主持一档天才问答节目，整个漫长的下午，酒吧里一直传出刺耳的音乐和噪声。休息厅裸露的砖墙上装饰着当地的土著绘画。

星期四可能会有更多的人来，因为是帕尔马干酪（小牛肉或鸡肉）之夜。帕尔马干酪是意大利南部移民带来的，他们用茄子而不是用肉来制作这种干酪。就像在古老的乡间房屋旁生长的胡椒树一样，这种干酪很快就融入了当地生活——先是在郊区，然后是丛林。如同众多的传统版，在杰里尔德里，他们有内地帕尔马（烧烤酱、烤培根、洋葱、奶酪）、澳大利亚帕尔马（番茄酱、熏肉、鸡蛋、奶酪）和肉类爱好者帕尔马（培根、卡巴纳烤肉、洋葱、烧烤酱、奶酪）。我吃了一份丛林劫匪牛排。

你不得不喜欢这个小镇——就像一条通往市中心的高速公路允许任何地方成为一个小镇，但你渴望看到这个地方的本真和原汁原味的迹象。它并不是一个暴躁的爱尔兰—澳大利亚亡命之徒及其同情者的小镇，而是由种植油菜、燕麦和西红柿，饲养牲畜及经营企业的人组成的小镇；一个大约有1600人的社区（他们中大约有一半的人住在镇上），其中5%出生于欧洲，2%是土著居民。同样真实的是，十年前，这个小镇即使没有真正死亡，也在不断衰落，当时，它的领导人认定发展旅游业是拯救它的最佳途径。他们请求联邦和州政府提供160万元，资助该镇将奈德·凯利作为一种（用该郡郡长的话说）"以旅游业驱动复苏经济"和"为遭受旱灾的农民寻找其他赚钱机会"的手段。

旅游观光提供了逃避。当澳大利亚人决定去"感悟澳大利亚"

---

① 凯尔·桑迪兰兹（Kyle Sandilands，1971—　），澳大利亚广播电台主持人。

的时候，他们就会放弃熟悉的生活习惯，去寻找纯正的澳大利亚。不知何故，丛林比郊区更本真，古老比现代更加原汁原味。流逝的时光是丛林的岁月，而丛林的岁月是真正的澳大利亚历史。丛林小镇看到游客们到来，就为他们提供博物馆和历史公园，里面摆满了旧马车、犁和耙、横切锯和斧头、一根大圆木、一辆拖拉机、一间维多利亚时期卧室的立体模型。他们卖给游客茶巾、盘子、明信片和印刷品——上面印着赶牲畜的人、当地的花朵和动物、绵羊和狗、快乐的流浪汉、一个喊"喂"的牧人，兜售一种尼采式的理想化的丛林生活。游客们被要求闭上眼睛，想象一辆科布公司（Cobb & Co）的马车疾驰而过，鞭子抽得啪啪响，狗吠叫着，丛林劫匪高喊着"站住，交货！"，仿佛人类的意志只有在丛林里才能得到真正的锻炼。

媚俗与旅游业是密不可分的伙伴。也许是因为，从定义上看，两者都不是真实的。当需要发展旅游业时，城镇就需要媚俗，而在这种程度上，媚俗是城镇的真实写照，就像装满小麦的粮仓、装满馅饼和香草片的烘焙房。这可能是因为当地居民也被庸俗的美学所吸引，不过，如果他们的品位是前卫或新古典主义的，那我们也无法假定这座小镇会呈现出一张更真实的面孔。没有奈德·凯利，这个小镇可能会消亡。没有帕尔马干酪，酒馆可能会倒闭。缺少了上述二者中的任何一种，杰里尔德里将近乎成为一潭死水，就像很多城里人想象的乡村小镇的样子，尤其是当他们找不到浓缩咖啡和松饼的时候。

次日早上，我在杰里尔德里的早餐是速溶咖啡加面包店的馅饼，屋顶上还有奈德·凯利的雕像作陪。这是一顿索然无味的早餐，离开时，油酥饼还粘在我的上颚。但几天后，回来的时候，我发现了一个隐藏在树荫下的小地方：浓缩咖啡、松饼、外卖食品和庭院里的桌子。没有消极怠慢，服务既亲切又有趣。如今，在许多乡村小镇，你都能发现这种鲜明对照：马路的一侧有坎帕里遮阳伞和羊角面包，另一侧则是馅饼和薯条。

垂死的城镇可以指望发现一座金矿，但如果做不到这一点，它们就必须"利用它们的自然优势"，在没有任何可用资源的情况下，试试农贸市场、"主题"旅游、牛仔竞技表演会和各种节日——乡村音乐、骆驼赛跑、猫王模仿等。这样的文化活动等同于修复河岸带或阻止土壤被侵蚀，对保持整个丛林的健康和特征同样重要。虽然只有一些项目成功了，但所有的活动都表达了生存的意愿。

如同大多数生物需要氧气，城镇也需要投资。没有投资，它们只能尽最大的努力掩盖它们不想消亡的事实。从杰里尔德里沿纽维尔高速公路往北，从我以前造访的经历看，西怀厄朗（West Wyalong）就是这类小镇。19世纪90年代早期，当该地区发现黄金之后，小镇就开始蓬勃发展。20世纪20年代，随着金矿开采的衰落，小麦和绵羊使该地继续维持运行。小镇外观镌刻着那段美好时光留下的自信和风格，但主街酷似拍摄完成后留下的一个电影拍摄基地。

如今，在路的最后一个拐弯处，就在小镇中心，有一家新的咖啡馆叫汤姆、迪克和哈利（Thom, Dick and Harry）。意大利浓缩咖啡仅仅是开始：这里还出售浓缩咖啡机。如果你不介意的话，这里还有意大利脆饼。就像他们在《美食家》杂志上说的那样，西怀厄朗的镇中心有些许像托斯卡纳。就像旧城本身一样，这个新咖啡馆的存在与金矿息息相关。

19世纪的矿业建设了美丽的内陆小镇，这些城镇在矿业消失后依然繁荣。它也产生了一些从地球上消失的城镇，以及既没有繁荣也没有衰落的城镇。想发展得庄严壮观且能自我维系，就像本迪戈，取决于矿产资源储量的大小和其他偶然性，但首先取决于资本。没有公共和私人投资的商业、教育、交通、住房和社区设施，当矿工离开时，城镇就会变成大大小小的矿坑。19世纪中期的淘金热就是如此，一些人认为，除非政府和社区向矿业公司提出更多的要求，否则到本世纪中叶，今天繁荣的城镇也将重蹈覆辙。

加拿大一家名为巴里克黄金（Barrick Gold）的跨国公司，拥有并经营着离西怀厄朗湖大约30公里的考瓦尔湖（Lake Cowal）金矿。当我走近大门时，一只鸸鹋和两只半成年的鸡正踱来踱去，被围在柏油马路和篱笆之间。古老丛林的生灵在新的地方显得极不协调，对于如何来到一个有篱笆的土地并成为本土一族，它们似乎毫不在意。在金矿，人们正在挖一个深200米、宽1公里的离奇古怪的大洞，15辆卡车每辆都装载190吨的岩石，每天24小时工作。当这家矿业公司在十五年前后离开时，此洞将会深达400米。

卡车将岩石拖向一排巨大的研磨机，使其逐步粉碎成沙砾。在氰化物溶液的帮助下，黄金以每吨岩石不到1克的速度过滤而出。该项操作每年要消耗6000吨氰化物，每天要消耗17兆升的钻井水。在这一过程的最后，氰化物溶液被泵入巨大的沉淀池，如山一般的碎矿石堆积在公司租赁的土地周围。每辆卡车一天燃烧3500升燃料。2010年，以每千瓦时6美分的低价计算，这个公司消耗了24.7万千瓦的电力，公司每月的成本约为150万美元。每隔两周，黄金就会从矿上运走——它很容易装在一辆装甲车里。

反对现代黄金开采的人士估算，为了制造出一枚普通的结婚戒指，需要挖出18吨土石，并倾倒出12立方米的残渣。除了这一反对意见，考瓦尔湖项目的反对者还指出，考瓦尔湖已经被宣布为一个重要的国家级季节性湿地，而该矿靠近这片湿地。这个湖每十年中就有三年是干涸的，在干涸的那些年里，农民们在湖的斜坡和平地上种植庄稼。但雨水充足的年头，从周围的小溪，有时从泛滥的拉克兰河中溢出的水会填满考瓦尔湖。整个湖长17公里，宽10公里，深2米。它坐落在29000公顷的生态系统中，支持超过400种植物区系、72种陆生动物群、277种鸟类以及奇迹般存在的14种鱼类。上次湖水注满的时候，湖中有大量的鳕鱼和鲈鱼，足以供养两个全职的职业渔民。如此巨大的矿井产生如此巨量的化学废料，却如此接近这个罕见而美妙的生态系统，这样的前景不可避免地引发了反对。

即使像考瓦尔湖这样的矿山对环境不会造成太大的伤害，反对者也坚持认为他们制造了经济泡沫，一旦矿井不复存在，就会对社区造成损害。巴里克黄金公司的一位反对者说："纵观全世界，社区永远不会受益，土地永远不会受益，土著居民永远不会受益。"

巴里克黄金公司已经习惯了这种抵制，如果它在大多数情况下最终没有胜出的话，也不会成为世界上最大的黄金生产商。在接受调查委员会的调查之后，该公司提出了妥协，新南威尔士州政府——就像哥伦比亚和坦桑尼亚的政府——非常愿意接受妥协，并且阻挠实施禁令，通过立法使该矿继续开采。政府、当地郡，可能还有大部分市民都被说服了，他们相信这个项目将会是"在生态方面非常非常无损的"，当然，他们也喜欢该公司提供的300个工作岗位和2000万元左右的工资。矿工们将在十五年左右的时间后离开，但金矿的支持者们无疑希望短期内他们带来的财富和设施也将在长久的未来为这个地方带来好处。即使这些财富和设施起不到这种作用，像这样的机会还从未光顾西怀厄朗的世界，所以他们会尽可能地抓住这些机会。

只要这不意味着目睹随之而来的屠杀和环境破坏，农牧业的努力就会与自然的浪漫愉快地共存。牛群的哞哞声，咩咩的羊叫声，起伏的麦浪，都与理想融为一体。每个农民都不得不与大自然合作，即便他经常与之作对。矿工喜欢说他们从地球上"找到"或"回收"矿物质。他们所说的与农牧民所说的几乎完全相同：矿物，就像土地本身，正被纳入"人类使用和控制的范围"，也就是说，它们原本就属于这个范围。但是，无论他们是回收岩石还是仅仅挖出岩石，矿工们都会对地球进行残酷的破坏：他们在地上凿洞，留下巨大的垃圾堆。他们不播种，也不收割；不剪毛，也不挤奶；不剔骨，也不切肉。他们不养育，也不照料。耶稣出生在马槽里，而不是在地洞里。

矿工有些像路西法（Lucifer）：身上闻起来有硫黄的气味。卫理公会牧师乔治·韦斯利·布朗骑着自行车穿梭于昆士兰的矿业小镇——穆利根山（Mt Mulligan）、奇拉戈（Chillagoe）、赫伯顿（Herberton）和科米特（Comet），即便用引人入胜的三个以色列人被投入炽热的火炉的故事①，他的布道都无人喝彩，无法感染和吸纳哪怕只是几个信徒——尽管致命事故频发，矿工的肺也"难以名状地痛苦"。矿工们只有在他们希望举行葬礼或婚礼，或者需要基督徒必须提供的那种慈善援助时，才会想到宗教和灵魂。但当布朗牧师向一群选地者布道时，他"感受到了令人鼓舞的上帝的存在"。

澳大利亚的历史至少在很大程度上是由采矿业和畜牧业书写的，并且采矿业已经产生了看得见的影响。澳大利亚的乡村地区出现了众多的小镇和城市，以及联结它们的公路和铁路。这种景观图在很大程度上得益于采矿，但更主要的是地貌本身。然而，如果说

---

① 故事出自《但以理书》。犹太人但以理是圣经里的一位先知，与另外三个犹太青年被选中服侍巴比伦的尼布甲尼撒王。尼布甲尼撒造了一座大金像，让所有人跪拜。但以理的三个伙伴不从。尼布甲尼撒下令将之扔进火炉。

澳大利亚的丛林，哪怕一英亩的土地，没有被人类挖掘的痕迹，那才令人生疑呢。只要有蕴含宝藏的一丝希望，哪怕微乎其微，就会留下人们挖掘的痕迹：竖井、洼地、废物堆、挖出的沟壑、木材和瓦砾、机械零件、杂草、轨道和铁路线、坟墓、沙丁鱼罐头。矿工们在他们的行业里就像蚂蚁一样：成千上万地涌入此地，把地球翻了个底朝天，把它变成蜂窝结构的废墟。牧民和选地人自己造成了破坏，尽管杂草、害虫和各种侵蚀的影响也不可忽视，他们用符合新的审美的植物代替了原生植被。

挖掘不仅仅给地貌留下了累累伤痕。整个大陆的采矿消耗了成千上万公顷的树木和灌木丛，用来制作竖井框架、为锅炉提供燃料、建造房屋和烧火做饭。英国人阿尔弗雷德·威廉·休伊特从事了两年的采矿工作，眼前的一切令他惊恐：开矿已使河岸光秃、河水污浊，森林的山坡被剥光。他写道："我们挖掘者对如画的风景具有可怕的杀伤力。"休伊特热爱风景如画的地方，尤其是他在澳大利亚城市和宅基地周围看到的自然景致，仿佛重现的英国美景。采矿是黑暗的魔鬼，是上帝造物中的反基督者。上述感叹是休伊特在最具破坏性的采矿、疏浚和排放等活动破坏地表景致之前写下的。

没有一个矿业城镇保留了原始的丛林。在塔斯马尼亚的皇后镇（Queenstown），采矿把热带雨林变成了一个超现实的、令人望而生畏的永久性沙漠。在维多利亚州的许多地区，面积大大缩小的灌木丛最终在这片坑坑洼洼的土地上扎根，取代了昔日的铁皮类桉和黄杨皮类桉森林。通常，非地方性物种会增加，其中一些可能被称为杂草，还有一些（如胡椒树、杏树、鸢尾和"粉红女郎"尼润属植物）则告诉我们：有人曾住在那里，并想象着他们有可能留下来。在其他许多地方，回归的丛林创造了有趣的采矿后环境。在塔斯马尼亚的东北部，沿着丛林小路穿过高过头顶的茶树和散发着香味的瑞香科灌木，可以看到被废弃的锡矿工人及其家人曾经的简陋住所。很难判断这里的生活是幽闭恐怖还是令人痴迷。除了熟悉的垃圾——生锈的机器和水罐，澳大利亚的丛林中很少见到混凝土遗迹。

马尔科姆·卡内基（Malcolm Carnegie）在靠近考瓦尔湖的一个绵羊农场长大。他家在20世纪20年代搬到了那里。他们从600公顷土地起步，多年来购得了周边的地产，如今已拥有近3000公顷的土地。他们饲养了3000—4000只羊，并在800公顷的土地上种植小麦、大麦、燕麦和豌豆。考瓦尔湖干涸以后，他们在那里种植高粱和向日葵。二十年来，马尔科姆·卡内基一边务农，一边承包绵羊割皮防蝇工作，在这个过程中，他对该地区的所有农民都十分熟悉。

2011年我去那里的时候，马尔科姆·卡内基家装有护墙板的房子仍然矗立着，爬满了藤蔓。花园的中央仍然是两棵棕榈，四周环绕着胡椒树。那里没有人居住。大部分家具都从房子里搬走了，但它的风格犹存，还有烧木柴的炉子、苍蝇拍和挂在旁边的烤炉手套。很容易即可构想曾经有人在此居住的画面，听到他们的谈话以及羊叫、犬吠和羊毛剪子的嚓嚓声，闻到烤肉的味道，感觉到记忆的纷至沓来。但是废弃的剪毛棚一片寂静。旧的秤、羊毛打包机和驱动剪毛机的滑轮都搁置在瓦楞铁皮墙上。围栏是用原木树枝围成的，多年来绵羊的进进出出使它们油光发亮，仿佛涂了层清漆。墙上挂着给羊毛捆加盖印章的模板：上面写着"C&NMC Cowal West"。房子在下沉。油乎乎的黑水渗入花园。西考瓦尔家园很快就会被矿井吞噬。

当地的纳伦格德拉人（Narrungdera）是维尔朱里（Wirdjuri）的一个土著部落。他们培育药用植物的种子，给檀香果树施肥，在溪流和水道里养鱼，建造鱼梁以拦截游鱼。他们在沼泽地耕种，用火维护草场。他们建造了鸟兽保护区。他们对土地进行严格管理，调控土地收成。特别的是，他们实施了水资源的管理。他们有专门负责强制执行土地管理任务的人——土地管理员。土地管理员是具有知识和权威的成年男人。马尔科姆·卡内基使自己成为一个白人土地管理员。当他清楚地意识到采矿还要继续，在西考瓦尔多年的务农生涯行将结束时，他决定尽一切可能从这家矿业公司获取最大的利益——不是为了自己，而是为了当地的环境和农民。他与巴里克黄金公司做了一笔交易：作为对西考瓦尔的回报，该公司将成为考瓦尔湖基金会（Lake Cowal Foundation）的主要资助者，该基金会将"保护和加强"湖水的生态环境，并承接项目，以保护当地环境、发展可持续农业、支持教育和研究。这些努力具有紧迫性。新南威尔士州西部平原上的许多农场，如果没有政府的帮助就无法生存，因为没有累累债务的农场寥寥无几。有些农场靠捕获野山羊，然后卖给屠宰场来勉强维持生计。环境的恶化也许不是他们陷入困境的原因，但土壤侵蚀和植被的退化似乎确实反映了农民生存的挣扎。对有些人来说，最好的办法是，就像畜牧时代的管理者所采取的方式，让他们照看土地，穷尽一切可能来恢复土地，甚至管理一个共同的牛群或羊群。

　　基金会的工作地点设在考瓦尔湖保护中心。该中心位于一个专门修建的大型棚屋，里面有会议室、多媒体，以及新南威尔士州西部和考瓦尔湖地区植物的标本室。保护中心是基金会、巴里克黄金公司、当地高中和拉克兰集水区管理局四方合作的机构。其目的是提高对土地和气候的了解，并为依赖它们的人们提供实际援助。棚屋用于学校活动和会议，毗邻的小围场和残余的丛林用于研究试验、野外实习、示范、学校组织的丛林徒步以及开展修复土壤和牧场的各种项目。90多个当地的土地所有者参与保护中心的工作和活动，中心管理15000公顷土地。项目已经启航，合作伙伴包括来自土地保护、联邦科学与工业研究组织、澳大利亚绿化等组织的成员，以及无害化种植的支持者。62位当地农民已经完成了与西部职业技术教育学院（Technical and Further Education）①联合进行的地产规划研究，9位已经取得了土地保护和管理的三级证书——这是他们中的一些人获得的第一个正式资格证书。

在附近3000公顷的斯普林溪（Spring Creek）集水区，该基金会正在试验自然序列农业（Natural Sequence Farming）系统，这是由彼得·安德鲁斯在更湿润的猎人谷（Hunter Valley）开发的系统。那里土地复垦的大部分努力都是为了尽可能多地重建原始的植被和地貌。安德鲁斯的出发点是，我们应该模仿澳大利亚自然地貌巧妙的自然演化系统。一旦池塘和沼泽草甸减缓了水的流动，森林砍伐、放牧和农业（包括池塘和沼泽的排水）会致使水无限制地流动，对土壤养分、生产力、生物多样性和水质等将造成严重后果。自然序列农业系统可以人为地恢复池塘水系，这样做不仅恢复了肥力和生物多样性，而且减少了土壤的盐度并降低了火灾的危险。安德鲁斯认为，恢复欧洲人到来前景观的某些功能是重建的关键：要恢复的不是欧洲人到来前的地貌本身，而是以同样方式运行的地貌。

开垦、顶枯病、风和水的侵蚀、硬蹄的震荡甚至穴居哺乳动物（如袋狸和草原袋鼠）的消失，自欧洲人到来后，这一切都加速了水在地貌的流动。新南威尔士州南部亨蒂（Henty）镇附近的一座

---

① 澳大利亚一种独特的职业教育培训体系，隶属于澳大利亚政府的各州教育部，提供的课程均以实践和技能为主。

小山丘上发生的事情，是该大陆大部分地区的缩影。

几代人以前，当地居民注意到当环割树皮的一行人将库克拜因山（Cookarbine Hill）洗劫一空之后，山坡上的泉水消失了。雨水没有渗入多孔的花岗岩中，也没有渗入斜坡，而是迅速地掠过没有树木、灌木和倒伏树枝的山坡，山坡也失去了从前减慢和捕获水的粗糙的表面。在20世纪早期，当杜达尔沼泽（Dudal Swamp）在特别多雨的季节泛滥时，亨蒂镇居民聚集在一起举行划船比赛。几十年过去了，山坡逐渐沙化，小围场遍布沼泽。赤桉幼苗越长越大，阻碍了船只的航行，即便最小的船只也无法驶过。

斯普林溪是整个大陆典型的集水区，也是通常横跨公路的典型干溪谷。斯普林溪和为它提供水源的水道已经渗入土壤，并演变成持续侵蚀土壤的排水沟。曾经滋润土地、补充土壤和植被养分的雨水反而把土壤冲走了。过去用来循环利用水并保持景观凉爽的植被常常被移除。芦苇溪中不再有芦苇，沼泽也已从沼泽溪消失，就像无数以鸸鹋和火鸡命名的小溪不再有鸸鹋和火鸡一样。

考瓦尔湖基金会，连同当地的土地所有者和澳大利亚国立大学的学生，已经在斯普林溪建造了十五座安德鲁斯所说的"溢流堰"、大约四十座干草堤坝以及三条岩石引水槽。堤坝的设计是为了减缓水的流动，并为冲积平原"充电"。所谓"充电"几乎囊括了一切：过去的丛林意味着什么，现在的丛林是什么模样，未来的丛林又可能有什么。三万多种树、水生植物和原生草将加固河岸，昔日的不毛之地和受侵蚀地区现已绿意盎然。

安德鲁斯认为，旁观者眼里出杂草。总的来说，他与传奇的环境科学家、作家乔治·塞登的观点一致,那就是杂草是"没有公民权利的无国籍人士"、"持不同政见者"、归属不当的植物。正如塞登所言,从本质上讲,如果植物与人类的意图相反,它们便被列为杂草。但如果人类的意图与常识相悖呢?对安德鲁斯而言,人们所称的杂草对土地的再生至关重要。如果黑莓和柳树阻塞了溪流,索性把它们留在那里。通过砍伐、种植遮阴树和本地物种来控制它们,但不要毒死它们。安德鲁斯基于两点反对使用除草剂和化学耕作,一是药物残留对我们吃的食物和种植食物的人的影响,一是杂草在年景不好时可以呵护土壤,并为我们的利益恢复土壤。它们的深层纤维状根吸收水分和矿物质,不仅把土壤固定在一起,而且使土壤变得多孔、肥沃,为草和其他植物的出现做好了准备,并最终为这些草和植物让道。正如一位早期的欣赏者所说,杂草是"大自然的先驱"。

黑莓可能会做所有这些事情,还会防止牲畜破坏河堤,但对于农民来说,很难想象种植遮阴树并把它们用栅栏隔开,可以解决一公顷两米高的黑莓树窝藏成群的兔子和狐狸的问题。现在,政府科学机构和土地保护组织很难确定,他们致力于根除的柳树是否应该保留下来任其茁壮成长。但在安德鲁斯位于新南威尔士州威登(Widden)山谷的"巴拉莫"(Barramul)农场,以及由他的诸多追随者(安德鲁斯一直在培养学生)所管理的农场,木麻黄和其他当地物种正在淘汰杂草和外来物种。

每当马尔科姆·卡内基走进丛林时,他看到的植物都是标准分类所无法描述的。这是因为在自然界中逆境创造机会:抓住这些机会的植物和动物不符合分类。这些发展需要时间,卡内基想知道自然序列农业是否存在时间问题。如果我们试图模仿自然序列,难道我们不需要模仿它们所花费的时间吗?安德鲁斯的回答是否定的。

他说：种植"开拓性杂草"的目的是加快恢复生物多样性和土壤修复的进程。与此同时，农民们将淘汰除草剂，并且种植柳树和白杨树而不是桉树，使他们的土地不易受火灾的伤害。

考瓦尔湖基金会的事业可能需要十年乃至更长的时间才能知道结果。它能恢复土壤的生产力，再生原生草种，减缓地表的水流吗？它能否帮助农民保住他们的农场，并扭转当前趋势——拉克兰河流域只有三分之一生产性土地掌握在当地人手中，而这些人很大程度上被难以承受的累累债务束缚着？或是剩下的家庭农场是在预定的时间和资金上运行吗？如果没有资源来改善他们的土地和牲畜、采用新技术，或者使他们的业务适合全球化的自由市场，他们注定要在农业综合企业及其庞大的垂直整合公司的强大竞争中消失吗？就目前而言，这些问题的答案可能没有那么重要，因为许多人已经意识到土地本身的重要性，他们比从前的农民拥有更深入的知识和更多的尊重来管理农场。如果模仿是最真诚的恭维，这可能是欧洲人对他们的祖先所取代的人们致以的最高敬意。

从一辆时速100公里的汽车向外看，澳大利亚的植被可以长时间保持不变，但当人们徒步或骑马旅行时，常常会感到沮丧的是，这种变化是何等的频繁。在考瓦尔湖的西南坡上，垂枝相思树生长在较低的海拔，黄杨皮类桉的地方则略高。在地势较高和较贫瘠的土地上，生长着铁皮类桉、黄杨皮类桉和灌木丛生的下层林木。土壤的另一变化是长出了白羽松和小桉树。景观是古老的，但不是静止的。这是一个不断变化的有规律的完整系统。不仅仅是土壤，地形也决定了这一点。大地轮廓上几乎无法察觉的差异——山谷、小丘、挡风的屏障——可能意味着物种生存和灭绝的差异。任何对环境的干扰——犁、路、马、路过的探险者——都会造成区域植被的变化。非本地特有的物种，无论是本土的还是外来的，趁机侵入并占据主动，也就是说，它们归化了。受干扰的环境也鼓励特有物种杂交；杂交种通常优于亲本物种，并很快取而代之。

科学家们说，最好把丛林看作移动的遗传物质的碎片。物质会根据所接触的元素而改变：从前，气候变化改变了丛林，现在仍在改变它。在西澳炙热、干燥、易起火的皮尔巴拉（Pilbara）地区，残存的雨林物种生长在不受火灾影响的白云石岩脉上。亚高山的雪花桉是丛林特有的，在我家就可以看得到，虽然它远离亚高山带并生长在很少下雪的环境里。它们是最后一个冰河时代遗留下来的幸存者。黑桉也许是另一种遗留的幸存物种，可能是在冰层下无法生存的更大群体的残留物。

新英格兰山脉的小镇纳拉布里（Narrabri）附近也生长着雪桉，罗伯特·戈德弗里（Robert Godfree）没去堪培拉的联邦科学与工业研究组织担任高级研究科学家之前，就曾住在那里。戈德弗里在新英格兰长大，八岁时，直至在400米高的卡普塔山（Mt. Kaputar）看到雪桉时，他才第一次注意到植物是如何随着高度的变化而变化的。它们是不同的亚种，生长在离我不远的地方，离墨尔本也不远。从卡普塔山向南走，直至澳大利亚的阿尔卑斯山脉①，你才会看到雪桉。戈德弗里想知道为什么山上的桉树都很古老，为什么从来没有新树长出。他注意到海拔较低的植物在向较高的山坡攀爬，并认为这可能是因为气候变暖的缘故。他从小就对干旱以及干旱对植被的影响颇感兴趣，对干旱的研究使他爱上了澳大利亚植物"难以置信的韧性"。他办公室的墙上挂着一幅照片，拍

---

① 澳大利亚的一个过渡性生物区，是澳大利亚最大的山脉之一，也是大分水岭的一部分，位于澳大利亚东南部，横跨维多利亚东部、新南威尔士东南部和澳大利亚首都直辖区。

摄的是一列火车在 250 米高的新英格兰山脉间穿行。当时是 20 世纪 60 年代，大地覆盖着皑皑白雪。从那时起，冬季的最高温度已经从 12 摄氏度上升到 14 摄氏度，降雪在新英格兰地区已经是多年前的事了，最大的降雪也已经过去三十年了。

在 2010 年底爆发的大干旱期间，戈德弗里开始研究西怀厄朗附近草原植被的变化。2006—2009 年是该地区历史上最干旱的三年，也是最炎热的三年。此前的七年是仪器记录上最干旱的时期。戈德弗里一直坚持比较地方物种和外来物种对这些条件（如气候变暖）的反应。本土物种会因为它们更强的适应能力而优于外来物种吗？抑或外来物种对疾病有更强的抵抗力？

戈德弗里从一个不利的方面开始了他的实验，即对澳大利亚植物的一无所知。

在欧洲，至少有百分之九十的物种已经被发现；在澳大利亚，虽然在过去二十年中发现的数量有显著增加，但完成基本认证查验工作的则不超过百分之四十。

某种程度上澳大利亚人认为丛林定义了他们，他们也因此而缺乏自知之明。澳大利亚是一个严重依赖初级产业的第一世界国家，这使得这个缺陷更加令人好奇。但是，边疆曾经是实干家的地盘，这些务实的人也常常是未受过教育的人，以及没有能力兑现土地承诺的人，更不用说可持续耕种土地了，即使他们知道耕种的技巧。在乡下，学识和知识技能仿佛公牛的奶子一样毫无用处（乡下人常常这样说），只能招致鄙视和闷闷不乐。正如美国的情况，这种反智主义随着边疆开拓的终结继续存在，并在国民的思想中烙下永久的印记。

一个占用土地的人不需要接受植物学或园艺学的教育，只需要具有为了达到目的而改变生活的欲望。土地所有者有时被迫"改良"土地，但从不研究或照料它。毕竟，问题的关键在于谋生，依靠银行和政府的支持，尽快实现目标。的确，从一开始，有些人就能很快地察觉到当地自然的古怪性格，做出很敏锐甚至很巧妙的反应。但对大多数殖民者来说，这片土地是一项孤注一掷的事业，不需要深思，也不抽象。这是数量相对较少的定居者日志的一个显著特征，他们很少提及在他们土地上生长的少数优势物种，除非这些物种可作为良好的饲料，在描述这些物种的时候带着好奇或喜爱的情感则更为罕见。

服务于畜牧业的利益，探险家们有着相同的想法。与伯克和威尔斯同行的科学家在半途就被落下了（事实是死了）。约翰·麦克道尔·斯图尔特让他讨厌的植物学家放弃他的仪器和笔记，以减轻大家的负担。对探险者来说，重要的是他们能够到达那里并且还能返回，而对他的投资人而言，重要的是为牲畜寻找土地——还有黄金或其他他们偶然看出有价值的东西。路德维希·莱卡特对科学的态度更为认真，尽管他失踪后人们束手无策，但他的名字很快就成了理论知识分子的同义词，被所有真正的丛林人及其追随者所鄙视。

分类澳大利亚物种是一项庞大而艰巨的事业，但人们对它的关注却很少，以至于今天已命名的植物区系大多数都是在《物种起源》发表之前就已描述过的。1817年，阿兰·坎宁安在欧洲人从未去过的地方兴高采烈地溜达（距离大约四十年后崛起的西怀厄朗有两天的路程），所到之处，他种植楹梓和杏树：

> 山菅兰，一种新的美丽的植物……灌木米花，一个新的物种……在西南海岸发现了黄花槐、金合欢树……爬到一个高点的山顶，我采集了一些榛树、美洲茶（一种结实的灌木）的标本。

甜茅，是羊茅族的一种。黄钟花在裸露的岩石上触目皆是，花朵很漂亮。

自坎宁安以来的大部分时间里，看起来相似的植物往往被归类在一起，而事实上，正如DNA分析所显示的那样，尽管它们可能进化成相似的（趋同进化）植物，但它们的血统可能也还是不相关的。可靠的分类学为科学家提供了一个稳定的工作基础；由于缺乏分类学，科学家们不知道什么是杂交品种，什么不是，什么是近亲，什么不是。进化论的故事被模糊或曲解了。没有可靠的分类系统，人们就不能科学地理解丛林。

布伦丹·莱普希奇（Brendan Lepschi）是堪培拉国家植物标本馆馆长。他在那里工作已经有二十年了，他办公室里乱七八糟的标本箱似乎是对那段时间的合理评价。地下室的档案柜里有140万株植物标本，他给人的印象是，通过标本的常用名和拉丁文名，他认识每一株植物。他欣赏它们的坚韧、精巧或美丽，对它们过去或现在遭受的苦难以及被打上梣木、木麻黄和山毛榉烙印的屈辱感同身受，只因为它们的木材外表与这些并不相关的欧洲物种相似，例如木麻黄即指一种劣等的橡树。

数量未知的澳大利亚植物物种已经消失或撤退到残余的土地，与它们一起消失的还有许多相依相随的有袋动物、昆虫、鸟类、爬行动物和无脊椎动物。鹊鹅曾经在大陆的南部活动，但现在却无影无踪；许多从前在东南部活动的动物现在只出现在西南部。莱普希奇向我讲述20世纪60年代在西澳的埃斯帕朗斯（Esperance）开垦时，成百上千的动物——鸸鹋、水龙、蟾蜍和小桉树鸟——在推土机、铁链和随之而来的大火到来之前四处逃散。澳大利亚人每年仍在清理大片大片的土地。即使土壤不好，也没有什么东西可挖，他们仍然要清理。莱普希奇认为，在这种对自然的完全蔑视中，他们可能是在遵从一种原始的无意识冲动。

对于像罗伯特·戈德弗里这样的生态科学家来说，澳大利亚是一个难以生存之地，但对像莱普希奇这样的物种分类学家而言，它却是一个几乎拥有无限可能的地方。举例来说，在19世纪60年代到90年代之间，没有人研究一种分布最广的澳大利亚物种——白千层。专业的伐木工们把它砍下来用作篱笆材料，他们注意到，一种会在砍伐后死亡，另一种会重新生长，但通常被称为金雀花的白千层其实是一个物种。莱普希奇的调查确认了不只是一两个物种，而是12个物种。同样，在20世纪80年代对小桉树进行研究后，原来假定的5个物种变成了15个。被分类成尤加利树的桉树，由原来的5个物种变成了28个。

莱普希奇说他的工作既是科学又是艺术。他的目的是识别上帝创造的所有事物，这恰好是戈德弗里科学的基本出发点。因为没有分类学，科学家不能走远，自然保护论者也不能。如果不能识别，你就无法保存，也不能制定立法。但是，鉴定澳大利亚的植物存在着独特的困难。当我们驱车经过贫瘠山坡上一组不引人注意的桉树时，这一点就变得显而易见了。戈德弗里和莱普希奇就它们是不是杜氏桉或桉叶桉的一个亚种争论不休。

戈德弗里说，我们的天性就是把事物看成互不相连的。我们是"寻找模式的生物"，很有可能天生如此，在我们认识到模式可能会使我们免于被吃掉的时候就已经如此了。澳大利亚丛林的植被却阻碍了这种本能的探索，因为有着根深蒂固的杂交倾向。我们用以分类和理解的二分法在这里通常不存在。我们看到的是奇怪的涂鸦。但是，令欧洲人感到困惑的混杂交合，是使桉树如此具有适应性和持久性的原因。密味桉和脆桉是不同的物种，但它们杂交的后代和亲本一样充满活力。白盒树（White Box）和窄叶红皮的铁皮桉可产出具有二者特性的杂交品种。这种现象现在被称作网状进化，它是澳大利亚进化故事中的一条主线。对于品读这个故事的学生而言，戈德弗里和莱普希奇说，这不是什么不同、什么相同的问题，而是识别不同程度的进化分离的问题。

戈德弗里对西怀厄朗附近草原的研究是与考瓦尔湖基金会合作进行的。在残存的长着原生草的小围场中，他建造了几个塑料材质的六边形"顶部敞开式被动加热室"，这意味着他可以将空气温度提高1—2摄氏度。通过观察气温升高对室内植物和土壤的影响，他希望了解原生草如何适应全球变暖。

戈德弗里的另一项研究是关于入侵的一年生植物对原生草澳式针茅的影响。为此，他创建了27个排他性地块，每一块都划分为1平方米的网格，然后再把平方米网格划分成边长10厘米的网格，这些网格又被划分成边长5厘米的网格。他和莱普希奇对这些网格进行了深入研究并很快发现了一些原生草：禾本科澳针茅、露籽草、龙胆草、蓖麻、向日葵科草、小金梅草属、硅藻属、针茅肠蕨、大戟科草本植物。稀疏的牧草下是由苔藓、地衣、蕨类、金鱼藻和欧龙牙草等组成的地下世界，这些孢子生成的植物有时被称为隐花植物，隐藏它们繁殖的方式。有点像俄耳甫斯，科学家们认为，通过对未知领域的了解，我们可以更巧妙地生活在上界的光明中。

拔出所有黑麦草和其他欧洲植物后，戈德弗里计算了原生草的数量——物种的数量和单种植物的数量，并测量了它们所覆盖土壤的百分比。仔细观察，他发现了一种生长在高地上和一种生长在低几厘米土壤中的野生燕麦。他在寻找入侵、衰落和复苏的模式。帮助他完成这一项目的莱普希奇说，这是最费力、"乏味得难以置信"

的工作：在为期两天的实地考察中，他们进行了4.5万次计算，"几乎疯掉了"。

戈德弗里研究的草原之所以是草原，是因为树木无法在裂缝极深的黏土上大量生长，也不可能在长期的干旱中生长。在新南威尔士州西部，蒸发率决定着植物的寿命。原生草是多年生植物，在低营养的土壤和频繁变化的气候条件下生存。像本世纪头十年大部分时间的持续干旱可能会杀死它们，但它们储藏的苗床会因雨水而复活。袋鼠草已经消失了，但是还存在很多其他的原生草，其中包括杂草：车前状蓝蓟、壳斗科植物、黑燕麦、蒙这拿酢浆草、大麦草、马鞭草、小花锦葵、瑞士黑麦草……最后一种是一年生的（或温莫拉）黑麦草，因为它已经适应了草甘膦，因此它入侵庄稼和草原，是世界上最糟糕的杂草之一。就像戈德弗里山坡上的其他杂草一样，当过磷酸钙和动物粪便向土壤中添加营养物质时，它就会茁壮成长。这是欧洲人到达澳大利亚以来的一个重大变化——草原从多年生转变为一年生。但基于他迄今为止收集到的证据，罗伯特·戈德弗里认为气候变暖可能有利于本土多年生植物的回归。

从南部平坦的乡村向纳兰德拉靠近，你会在马兰比季河前20公里的红色沙质山坡上发现一处原生柏树林。小镇就坐落在那里，因为即使洪水来袭，人们也可以从那里过河。当维多利亚时期的淘金热开始时，小镇悄悄出现在一些平底船周围，这些船载着牲畜开始了前往金矿屠夫那里的死亡之旅。现在，纳兰德拉的主街沿线，中间下沉，北部升高，剩余带阳台的维多利亚建筑完好无损，赋予这个小镇一种优雅的气质。在美丽的早晨，一些当地人（共有4000人）沐浴着阳光，在面包店外的人行道上或

G 咖啡馆的院子里，喝着拿铁，吃着鸡蛋。G 咖啡馆外面有个牌子，上面写着"生命太短暂，须喝好咖啡"；咖啡馆里面的一块黑板上，写着今日特色，建议顾客要积极乐观。纳兰德拉有一个湖、一个漂亮的游泳池，以及位于大街旁边的皇家道尔顿喷泉，它是在第一次世界大战后建成的，至今仍在正常使用。在另一个方向，一个完美无瑕的板球场和闪闪发光的白色尖桩篱笆依偎着一个桉树小公园。可能是建筑物和明亮灯光的组合，使这些新南威尔士小镇具有宜人的氛围：它们看起来既繁荣又亲切，仿佛一直都是如此。

的确，从 1829 年在那里安营扎寨的探险家查尔斯·斯图特开始，早期的欧洲人普遍认为，纳兰德拉现在所处的地方曾经像公园一样，水量丰沛，植物、兽类、鸟类和鱼类数量可观，仿佛一处天堂般的世外桃源。根据早期一个口才极佳的赶牲畜人的说法，当时的里弗莱纳是一个"畜牧天堂"，而纳兰德拉地区在"50 年代后期受天宠爱的季节，值得上一千名国王的赎金……河岸两边是茂盛的青草；一派翠绿、开阔的乡村风貌；牛群肥硕；阳光普照的大地上，是放眼望不到边的壮丽景象，这一切对赶牲畜人的心灵和视野来说，都是一个宏伟的愿景"。比尔·甘觅奇（Bill Gammage）[①] 在谱写纳兰德拉的历史时引用了这个赶牲畜人的感慨。他说道："不难感到这块土地处于平衡与和谐之中，迅速从洪水和火灾中恢复，规避了最坏的干旱影响，不管不确定的季节会带来什么影响。"他是一个重视证据胜过花言巧语的历史学家。因此，我们应该认真对待他说的这一切。

[①] 比尔·甘觅奇（1942— ），澳大利亚著名历史学家、澳大利亚国立大学人文研究中心荣誉教授、澳大利亚社会科学院院士，致力于土著人土地管理的历史研究，代表作是《地球上最大的庄园：土著人如何塑造澳大利亚》。

纳兰德拉的名字取自小镇形成的时候就已在此生活的纳伦格德拉人。"纳伦格德拉"的意思是褶皱颈蜥蜴。1843年，一位欧洲定居者不厌其烦地估算了他和他的同伴们正在取代的纳伦格德拉人的数量：他估计在2000人至2800人之间。疾病是最大的杀手，如肺结核、流感、梅毒、麻疹、伤寒、腮腺炎，所有可能杀死白人的疾病都导致了土著人的集体死亡。然而，如果认为致命的暴力并不常见，无论是殖民者的叙述，还是土著人的口头传说都无法提供广泛的证据。在纳莫伊河（Namoi）、拉克兰河、马兰比季河和达令河流域，换句话说，在整个墨累－达令盆地发生过零星的恶性战争。在纳兰德拉周围，1840年是纳伦格德拉人反攻的一年。他们袭击牧场，杀死欧洲殖民者，设法赶走其他人。然后殖民者反击。最终以在马兰比季河上杀人犯岛（Murderers Island）的大屠杀结束了双方的战争。

土著居民认为殖民者会容忍他们的抵抗，或乞求和平，或收起行囊打道回府，这是致命的错误。对于殖民者来说，大多数人似乎已经相信，在厚颜无耻地占领土著人的土地时，任何一个体面的土著人都应该冲到他们的门下申请工作。当然，这种观点的基础是否定土著人对土地的任何固有权利，继而认为他们的数量太少，他们的文明太原始或太野蛮以至于不值得承认。因此，根据1834年的《建国法案》，南澳大利亚的土地被宣布为"废弃的和无人占用的"，1842年的《废地法案》确认了这一描述，同时将出售土地所得资金的百分之十五用于最近才占有这些土地的土著居民的福利。

这片土地被正式定为无主地（terra nullius），殖民者被一些不存在的人刺死，尽管他们是女王陛下的臣民。虚构的无主地一直盛行到20世纪90年代，直到澳大利亚高等法院通过认定存在土著人所有权时才将其撤销。马博裁决①和后来的威克裁决②从法律上认定畜牧者和土著人的所有权可以共存,这在澳大利亚乡村产生了完全可以预见的焦虑。同样可以预见的是对此的否认:毕竟,这已是欧洲人最早开始掠夺土地时形成的一种习惯。在马博裁决之后,这种模式将会延续下去,关于发现贝冢、砍倒的用于制作独木舟的树、隐藏的或毁坏的长矛、斧头或家族收藏的其他人工制品的报道意味着土著人曾经生活在他们现在耕种的土地上。

2010年的一个晚上,我在墨累河一个宽敞的乡村俱乐部餐厅里吃着滨藜羊排。一个穿着橙色短上衣的矮胖绅士带领乐队演奏着《追求时尚》和《不是行为不端》。女人们身着长裙,男人们穿着针织套衫,将裤脚塞进长靴,在夜色中随着乐曲时而跳狐步舞,时而跳华尔兹。在这个美丽得令人陶醉的幻境中,一个来自天鹅山的人插入了这样的评论:俱乐部所在地以及通向它的小路都是建在土著人贝冢之上的。

在《生活就是如此》一书中,约瑟夫·弗菲谈到了"客观存在的革命",即早前约翰·奥克斯利观察到的,原始的多草丛的、松软吸水的地貌被殖民活动改变了。弗菲欣然接受了这一改变,不单纯因为这样就意味着旅行者不至于经常陷入泥沼。绵羊——相对于之前那些"半专业化和迟来的动物"——将会导致"所有树木和灌木的最终毁灭"。他认为,如果它们"尖利的小蹄子"压实了吸收

---

① 马博裁决承认了土著人是澳大利亚最早的居民,认定"无人居住论"不过是一个法律谎言。
② 1996年生活在昆士兰州约克角西部的威克人将昆士兰人告上了澳大利亚最高法院。他们要求得到昆士兰北部的两块租赁牧场的土地所有权。法院认为大牧场主只是土地的租借者,他们并未得到土地的"全部占有权",而且他们的畜牧活动并不能终止土著人对土地的权益。

性土壤,那就锦上添花了。这个国家终于从原始的睡梦中醒来,进入了一个拥有"富饶而广阔的平原、形形色色的湖泊和森林,并可能享受稳定降雨"的文明世界。这场革命在弗菲的脑海中证实了澳大利亚是一个大陆,像一个等待的新娘:"还要等多久才能迎来她的良辰吉日!"

在某种程度上,弗菲是正确的:在许多地方,在二三十年的时间里,那些入侵的动物形成了适合它们的土壤和植被。约翰·麦克道尔·斯图尔特在阿德莱德北部的沙漠边缘写道:"饲养牲畜会使这个国家有很大改善。"仿佛在1860年,这是一种普遍的看法。到处可见牧场主大量引入的牛羊。1879年,新南威尔士西部地区有羊650万只。1891年有1540万只。反常的声音出现了,警告人们要小心后果,但凭借风和日丽、借入资本、笃信天意,人们义无反顾。然而,福无双至,祸不单行,先是干旱降临,紧接着兔子接踵而至。1901年,西部地区有羊350万只;在整个新南威尔士,羊的数量已经减半。

在西部边远地区,沙土掩埋了水罐和羊圈,并大有要吞没棚屋和住宅之势。为了围住绵羊、隔离兔子而竖起的篱笆,变成了沙丘,兔子在上面奔跑。牧民们在篱笆沙丘上筑起篱笆,沙子又来了,兔子又在上面奔跑。在20世纪的第一个十年里,新南威尔士州已经建起了7万公里的防兔围栏。兔子蜂拥而至,在沙子和毛皮中窒息而死,其他兔子则翻过尸体爬向另一边。剩下的草寥寥无几,兔子越争抢,绵羊饿死得越快。当没有草吃的时候,兔子就用后腿站立,吃下足够多的滨藜和灌木,使之变得又黑又枯。它们环状啃咬树皮。它们爬上了树:托马斯·格里菲斯·泰勒看到"挂在树杈上的死兔子",这些绝望的动物在试图接近树叶时滑倒并窒息而亡。

在两代人的时间里，曾经令牧场主心驰神往的平原，约瑟夫·弗菲预测会在他们的财富之上建立起新文明的平原，变得一片荒凉：他们曾幻想那里有一个新芝加哥，结果现在土地"空空如也，一片荒芜"，就像古代的尼尼微（Ninevah）一样。大叶桉林地和老人滨藜消失了。原生植物已经被吃光，不再有恢复的机会。牛羊永远在钻孔、储水池和小溪之间跋涉，被它们坚硬的蹄子踩踏过的土地渐渐枯竭，贫瘠平原的表层土壤被风吹走，留下了巨大的黏土层。大量土壤落脚纳兰德拉：1915年的一张照片上，一团黑棕色云，就像世界末日来临一样，降落于这座小镇，使其成为沙尘暴的代名词。下雨的时候，雨水会从最缓的斜坡流下，冲刷掉更多的表层土，在黏土中形成沟渠，就像1901年皇家委员会听说的，在地势较低的地区种下"有毒的灌木"。丛生松矮灌丛迅速蔓延到它从未到过的地方，长得如此茂密，没有动物可以通过。

过度放牧、干旱和兔子的泛滥不仅破坏了土壤和植被，而且对之进行了重新调整。洪水把杂草冲到每条水道和溪流的岸边。风把它们吹进了庄稼地和牧场。在没有土著居民焚烧的情况下，随着有袋类小动物的消失，如草原袋鼠和甲尾沙袋鼠，它们曾在澳大利亚柏树和桉树幼苗间觅食，稀树草原变成了长满树的灌木丛；一种灌木变成了另一种，草地变成了巨大的"灼伤"或沙漠。科巴（Cobar）的一个殖民者谈到他的土地时说，"十九年前，这里是一个美丽而开阔的长满黄杨皮类桉树的乡村，还生长着一些大松树"，但现在它变成了"灌木丛乡村"，只是成了"灌木丛问题"的又一个例子。

皇家委员会宣称："干旱并没有毁掉城镇。""不熟练的、没有经验的、无知的白人"已经走出城镇来到平原，二十年间毁掉了"自世界开始以来逐步储存在那里的大部分财富。正是这些财富与澳大利亚本身的疾病痛苦地抗争并幸存了下来"。在这场生态战争中，偶尔也会听到抗议：有些人猜测原生草之所以繁荣是因为它们适应了环境，因此移走它们可能是愚蠢的；另一些人认为消灭本土动物的"残忍欲望"着实是错误的。罗尔夫·博尔德沃德就是抗议者之一。牧民们经常写下他们的忧虑和遗憾，即使他们还在继续进行这场战争。

环境灾难创造了工作机会。在全国各地，所有的人都被雇来把兔子推到槽内、坑里和水库里，把它们打死，或踩死它们，或拧断它们的脖子。为了消灭兔子，人们采用陷阱捕获、布网捕获、投毒致死等方式。他们挖开兔子洞。接连几个星期，灭兔人杀死了数万只兔子，但兔子的繁殖速度远超任何一支灭兔大军。

无论是本土的还是引进的，要猎杀的动物有很多。本地物种中有兔耳袋狸、渡鸦、老鹰、跳囊鼠、豹猫、凤头鹦鹉、考拉。昆士兰在19世纪90年代毁灭性的蜱虫热暴发后，又接着发生一场瘟疫，政府悬赏捉拿沙袋鼠。一些最凶猛的猎手，如乌鸦和鹰，很容易在大屠杀中幸存下来，因为羊、兔子和母兽成为丰富的食物，并且凤头鹦鹉的数量随着作物面积的扩张而增长。对于某些动物，除了皮毛可以换钱外，它们的耳朵、头或喙还能获得额外赏金，如昆士兰沙袋鼠剥皮后晒干的尾巴。

野牛和野马都需要消灭。成千上万的野生马——传说中的澳大利亚野马——在当地被土著居民捕获或驯服，并被作为牲畜出售或运往印度，成为英国军队马匹的后备力量。一群野马当中通常都有许多可怕的近系交配品种，与具有高贵血统和轻盈体型的马匹混在一起。它们都非常吃苦耐劳。澳大利亚野马虽然体魄强健，但每天需要30多升水，而干旱最终给它们造成了损失。珀西·希德玛什太太（Mrs Percy Hindmarsh）是昆士兰州诺戈河

（Nogo River）上弗罗贝尔（Rawbelle）的居民。她报告说，在1880年干旱期间，野马挖了些两米深的洞，以便从河床上取水，最终生存下来，而牛则因缺水而毙命。在一种情况下，野马是受人敬爱的，而在另一种情况下，它们只是射击者和捕兽者的一种谋生手段，人们以每匹野马两先令六便士的价格出售，或者，当野马在水坑饮水时，开枪射杀它们，把它们的长鬃毛和尾巴割下来，卖给床垫制造商。

猎杀野马是非常可怕的事件。玛丽·吉尔摩（Mary Gilmore）在新南威尔士州西南部报道说，除用其他方法以外，他们还把野马逼上悬崖。比尔·甘觅奇还描述了另一种方法："大部分野马被迫沿着路边行走，最长可达三公里，到达一个院子。如果它们拒绝进去，就被击毙。如果它们进去，就被推上跑道，当它们跑过时，脖子会被绑在杆子上的刀片刺伤，这样它们会飞奔到丛林中再死去。"吉尔摩看到在野马流血而死的肥沃土壤上长着一片片荨麻，它们的尸骨之下生活着巨蜥。

就在昆士兰边界以南100公里处的小镇沃尔格特（Walgett）外，一条身体断了的黑蛇躺在柏油马路上，红色的肚子朝上。一公里外的一排树木，标志着纳莫伊河与巴旺河（Barwon）交汇的最后一段路程，当然这取决于季节，然后继续流淌或一直延伸到卡斯尔雷（Castlereagh），再从那里流向达令。2010年湿润多雨，乡村一片翠绿。道路的两边长着桉树：这是一种迹象，就像镇上的防洪堤一样，说明纳莫伊河很容易决堤。有一张照片拍摄的就是沃尔格特的福克斯大街，大概是在1890年的洪水中，十几个人坐在政府的划艇里，还有些人站在新南威尔士州银行的屋顶上。1910年又发生了一次大洪水，此后又发生了几次，包括

1956年的特大洪灾。

沃尔格特的人口为1700人，几乎一半是土著居民。在这里或澳大利亚的其他乡村地区，土著人口的增长速度比其他任何区域都快得多。它是新南威尔士州最贫困的城镇之一，家庭暴力最严重的地区之一，也是种族分裂最严重的地区之一。原住民的孩子在当地学校上学，非原住民的孩子基本上被送去寄宿学校。1965年，自由乘车者（Freedom Riders）①前往沃尔格特，因为当地的退役军人服务团不接受土著退役军人。当他们开车出城的时候，有人将坐有自由乘车者的车驶离大路。种族问题是一个和城镇本身一样古老的问题。

19世纪30年代，约翰·奥克斯利在墨累-达令盆地发现了这片珍贵的土地十年之后，白人牧民和他们的骑警造就了一种文明，《澳大利亚人》报纸将这种文明称为"最悲惨、最可耻的类型"。报纸称，土著居民"使土地荒废——周围的一切都呈现出一种荒凉的、早已过时的景象"。而如今，这里到处是庄稼，遍地是牛羊。

荒凉，只是旁观者的感受。1860年奥斯卡·德·萨特杰路过这里时，他看到了"一个悲惨之地"，但当他描述纳莫伊河的周边时，所用词汇表明：报纸上所说的"早已过时的"乡村看上去比改良的好得多，对牛更有利。到那时，河流已经流经养牛场二三十年了，由于牛在河边游荡，两边都是"光秃秃的"。用第二代殖民者的话说，"旧时候"在光秃秃的河岸那边，有大量的"早已过时的"草、垂枝相思树和滨藜，但到了1860年，它们中的大部分都已经消失了。

---

① 1965年，受美国民权运动"自由乘车者"的启发，一群以土著大学生查尔斯·珀金斯为首的悉尼大学白人大学生来到澳大利亚内陆抗议种族隔离。他们的举动有助于提高公众对澳大利亚社会种族主义和种族隔离的认识，展示了社会变革的必要性。

像纳拉布里、威沃（Wee Waa）、库南布尔（Coonamble）和新南威尔士州西北坡及平原上的其他几个城镇一样，沃尔格特是19世纪60年代早期由测量员亚瑟·杜赫斯特（Arthur Dewhurst）规划的。因为如果没有明确的司法管辖权，就不可能有任何法律，所以要把丛林置于英国法律的管辖之下，就必须画出界线，标明什么是什么、归谁所有。土著人的界线——歌之径以及把一个氏族的土地和另一个氏族的土地分开的界线——欧洲人是看不见的，也不会出现在他们的地图上，就像原住民的法律不会出现在他们的法律体系或世界观中一样。新地图具有填补野蛮空虚的基本法律功能，可能还有心理功能。

亚瑟·杜赫斯特是帝国军队中被埋没的一员，一个有韧性和毅力的人，像他一样的一些人按照他们自己专有的习惯，重塑了丛林和世界其他地方，似乎以此来展示英国人的官方思想。在规划沃尔格特时，他将三条主要街道命名为皮特街、福克斯街和皮尔街，这是一种天主教的选择，以殖民的方式纪念英国风格，而不是政治归属。二十五年后，杜赫斯特回到这个地区，驾着一辆轻便马车旅行，在日记中抱怨道路、客栈、食物、尘土、醉汉、公共债务的水平、"无赖的政客"和土地的平整度——"糟糕透顶的凹凸不平的地面"。在纳拉布里附近一家有跳蚤叮咬的旅店里，他遇到了"一位被殖民生活折磨得品位低俗的女士"，她给他讲述了她的一些朋友的遭遇，尽管他们精力充沛，经历过美国和印度的苦难，但还是在西澳失去了"大片土地"，被"政府和有毒的牧草"打垮了。

当他再次回访这一地区时，杜赫斯特被如此壮丽的生产景象所深深吸引：一支由14头小公牛或12匹马组成的队伍，拖着满载13吨或更多货物的大篷车，"穿越原本无路的莽莽平原"。除了马和狗之外，小公牛是丛林中最有价值的动物，也是最出名的受虐待动物，尽管一个年老的赶牛人——有着不可思议的名字斯特雷斯（Steers，意为引领）——认为只有傻瓜才会虐待他们的动物，或者真的用鞭子抽它们的皮。在一片相互厌恶和怨恨的气氛中，在森林里或苍蝇乱飞的平原上笨拙地行进，只会让一个孤独的职业更加孤独和令人沮丧。奥斯卡·德·萨特杰说，赶牛人是丛林的脊梁，是出色的男人，不仅对商业，而且对交流、人类的希望和幸福都做出了不可估量的贡献。

尽管杜赫斯特有种种抱怨，但他的目光总体上是赞赏和同情的，既对自然，也对"善良和友好"的人民，以及他们所供应的上等的殖民地葡萄酒。乘坐木材搬运车，轻快地穿过纳莫伊灌木丛，他被"摇曳的松树，一簇簇银色叶子的镰叶相思树……芬芳盛开的金合欢花"迷住了。但亚瑟·杜赫斯特很失望地看到，他所规划的城镇在迅速"缩小"，而在那些幸存下来的城镇，"无知、傲慢和粗俗十分横行"。

沃尔格特并未萎缩。羊、小麦和河水使它得以复活。当时，巴旺河上没有一艘得体的轮船，但在19世纪下半叶，沃尔格特出现了一个码头，年景好的时候，羊毛就是途经这里运去海边的。绵羊和农作物（包括棉花）使沃尔格特得以存活，同时莱特宁岭（Lightning Ridge）的澳宝（Opal）[①] 生意也得以继续。整个郡都很有钱，尽管小镇看着不像有钱的样子。

一位学者在20世纪40年代对沃尔格特进行了研究。除了其他方面的成果之外，她还发现，很少有白人认识黑人居民。很难说有几个人了解土著人的历史，或者想了解是什么使他们陷入现在的悲

[①] 也称欧泊，是澳大利亚天然宝石。

惨境地，或者被人遗弃是什么感觉。但是，无法触及他人感受的人也是被遗弃的人。种族隔离对于双方都是一种病态。

在他20世纪60年代里程碑式的研究成果《澳大利亚社会土著居民研究》第二卷中，罗利（C. D. Rowley）写道，无论一个人实际是什么种族，在像沃尔格特这样的城镇——如同美国南部的城镇，把自己塑造成黑人无异于一个无法逃脱的无期判决。这一点并非你开车在镇上穿行时就能注意到，或者即便你停留一两天观看牛仔竞技表演、泥地拉力赛、钓鱼比赛、篝火晚会、牛羊交易、卡姆拜钱斯（Come by Chance）的赛马、年度表演、从牛粪灰到沥青土节（Bulldust to Bitumen Festival）[①] 等活动，也不一定会留意到。正如卡尔维诺所说，"一切都在不言中"。

[①] 这个节日是为了庆祝沃尔格特的一切（包括人或物）而举办的，届时有鹰嘴豆烹饪比赛、摄影比赛、才艺表演、星光下的晚餐和郡议会提供的美味下午茶。每年8月在郡内的不同地点举行，为期一周。

第 10 章
泛洪平原

巨大的洪水 — 水堵塞 —年度农民 — 免耕农业 —
农达①和批评 — 安格斯 —出售公牛 — 牛的成本

丛林着实是两个不同的地方——有水的地方和没有水的地方，这意味着在时间和空间上都是两种迥乎不同之地。1881 年，罗伯特·沃森在昆士兰州的中西部发现阿拉马克溪（Aramac Creek）干涸了；因为生病，他回到了罗克汉普顿几个星期，当他重回的时候，阿拉马克溪已是一条三公里宽的河流。又过了几个星期，一条"美丽的大河"在这片看上去壮观的土地上奔流不息。亚瑟·杜赫斯特也一直在西部边远地区，当时河流断流、溪水干涸，他的勘探队不得不用帆布袋运水。一天，他和他的手下们坐在一棵桉树下吃午饭，一个小伙子拿出一袋水倒进他的杯子里，他刚端到嘴边，还没来得及喝，一只小鸟两次落在杯子上，"喝了一大口"。1903 年，

---

① 即农达草甘膦（Glyphosate），一种有机磷除草剂，20 世纪 70 年代初由孟山都公司研发。

沃尔格特的气温达到了四十九摄氏度。

杜赫斯特也目睹过多雨的场面。他回忆自己在1864年的大洪水中曾在沃尔格特东南的班巴（Baan Baa）牧羊场露宿。水面有几英里宽，这是一种"恐怖得令人震惊的景象"，它把"牧场、茅屋、羊毛棚、泰拉温旅馆和麦纳斯太太的房子"都冲走了。随着河水的上涨，"无数的蚂蚁"蜂拥到他们宿营的高地上。杜赫斯特和另一个人从屋顶上救下了四个人，还有两个人紧紧抓住树，"快要疯掉了"。整晚，他们都听到树木被冲倒，木头在相撞，以及"当牲畜被冲走时牛群低沉的呻吟、可怜绵羊的哀嚎还有马儿的抽泣"。黎明时分，他看到破碎的建筑物、床铺、一袋袋面粉和各种各样的货物在河中相互追逐、顺流而下。

洪水对澳大利亚来说就像干旱和火灾一样自然，而殖民活动很可能比其他灾难合起来更致命。殖民是一种戏剧性的、古老的模式。当厄尔尼诺的干燥变为拉尼娜的湿润时，干涸的河床就会变成巨大的湍流，沙漠就会变成海洋和湖泊。如果北方的潮湿空气与南方的低气压槽相遇，洪水将是史无前例的。这种最引人注目（最浪漫）的现象的代表作是威廉·查尔斯·皮奎尼特（W. C. Piguenit）的画作《1890年达令的洪水》(*The Flood in The Darling 1890*)。皮奎尼特呈现的不是破坏（伯克被淹没了），而是平静的灾后景象。有时看着这幅画，你会怀疑他不是在画一幅宏大的怀旧画、一幅消失的大海的影像；这是一幅关于失落的画，是澳大利亚巨大的心理空洞。我们也可将其看作一种浪漫机会主义、一种对光的研究，或者是一种声明，这种声明与公众异口同声对大坝的需求和对灌溉潜力的认同别无二致。

托马斯·米歇尔描述了一场非常受欢迎的洪水，在月光下麦考里河水流蜂拥而出。他听到了"一种像远处瀑布连续发出的轰轰声，间或夹杂着木头开裂的声音"。然后，河水蛇行穿过沙地，"像具有生命的东西一样在黑暗、干燥和阴凉的河床最深处蜿蜒前进"。洪流紧随其后。它冲进我们的视线，在月光下闪闪发光，像一道移动的瀑布，在古老的树前翻腾，然后拍打着堤岸。露西·格雷从她位于昆士兰北部弗林德斯河（Flinders River）岸边的宅地上，听到了她认为是夜间猛烈风暴的声音，第二天早上，她看到河流穿过山谷，"伴随着一声沉闷的咆哮"。格雷夫妇最初住的那间小屋和所有挡路的树木瞬间消失了，一棵巨大的桉树"摇晃了两三次，好像受到了剧烈的打击，一鞠躬，二鞠躬，然后轻轻地倒下"。

在1956年的洪水中，墨累河流域的7000平方公里土地被淹没。至少有25人在猎人谷（Hunter Valley）丧生。在大分水岭以西的麦考里河、卡斯尔雷河、纳莫伊河和格温迪尔河流域，成千上万的动物被淹死。达博（Dubbo）、纳罗迈恩（Narromine）和吉尔甘德拉（Gilgandra）被洪水淹没。在纳拉布里的街道上，积水有三米深。对于我们这些战后出生的人来说，这场洪水是我们经历的第一次全国性灾难，是戏剧性事件的第一个符号，第一次表明我们生活的国家并非总是温和的。我怀疑，洪水是我记住的第一个"新闻"，也是第一次这个大陆的其他部分在我看来变得鲜活而真实。从照片中我们看到，有些人被困在房屋和干草棚的屋顶上，有些人悲伤地看着满是泥浆的厨房，有些人则在酒店阳台上供应啤酒。他们看起来既陌生又熟悉。

达令河与墨累河在米尔迪拉以北几公里处新南威尔士州的温特沃斯（Wentworth）交汇。墨累河发源于大分水岭，由冬天的雨水和融化的冰雪滋养。达令河发源于昆士兰东南部，接受北部雨季的降水。当拉尼娜来袭时，两个流域同时下大雨是很常见的。

如果洪水接连发生，第二场洪水几乎不会渗入已经饱和了的土地。1956年2月，昆士兰流域的径流达到了百分之百。在两条河流的交界处，电力塔漂浮在液态地球上。盆地被淹没长达数月之久。"浑浊的洪水不断蔓延着，不断达到洪峰，并以不规则的爆发和累积的波浪在流域内脉动。"在温特沃斯，当地的灌溉工人夜以继日地用他们的弗格森小拖拉机修建堤坝。为了纪念这些英雄事迹，这座小镇后来将其中一台"弗格森小拖拉机"吊放在柱子上作为纪念碑。

1956年和1958年墨累－达令洪涝过后的数十年里，人们开展了大坝和运河建设，以及包括雪山计划在内的其他工程建设，旨在规范河流的流量，确保下游灌溉区块全年供应，甚至包括干旱时期的灌溉供应。在上游地区，无法灌溉的农民往往对建坝不满，认为大坝有利于下游的灌溉者。当他们的土地被洪水淹没时，他们归咎于大坝和建造并运营大坝的政府机构。政府机构说他们还不如责怪这条河。他们说，从"远古时代"开始，当河水的流量"太大而河道无法容纳时，它就会蔓延到自己的泛洪平原上"。新南威尔士的四分之一是泛洪平原。除了洪水，他们还能在泛洪平原上期望什么呢？至于大坝，墨累河委员会的总工程师宣布，没有将储存的水放出。但是，大坝挡住了水，如果没有大坝，水就会流走，农民们说：这种对河水自然流动的干扰并没有引起洪水，但却使洪水变得比自然预期的更严重。

这已经不是农民第一次因为自然灾害而诅咒当局了，除此之外还有更多次。20世纪50年代，代表技术、经济和社会进步的工程师与受到威胁的农民之间的争论，预示着当前对于墨累河以及整个墨累－达令盆地未来的抗议。在写于20世纪早期的作品中，E. J. 布雷迪认为，墨累－达令河流域的水争端最有可能引发澳大利亚内战。从那时起，战线发生了变化。今天，灌溉者与他们在1956年的立场相同，但持不同意见的非灌溉区农民已经被自然保护主义者所取代。面对盆地超过1000公里长的蓝绿海藻，以及整个盆地的盐分增加，自然保护主义者希望尽可能使河水回归自然流动，包括生态系统所依赖的洪水。

从任何有机意义上讲，单独的和结合在一起的河流不再是河流，它们是部分河流和部分机器。以拉克兰河为例，温亚拉大坝（Wyangala Dam）控制了近百分之七十的流入量。主要支流也由大坝控制。大坝和机器的其他部分对依赖大坝灌溉土地的丛林居民来说是一种恩惠，但就它们也能防止湿地的定期泛滥而言，它们对丛林本身是一种威胁。大量流入拉克兰流域布利格尔（Booligal）湿地的水量在2007年之前的二十五年间下降了百分之五十，这不仅对植被产生影响，而且对多种候鸟也产生影响，其中千百年来在这些湿地和其他湿地中繁殖的朱鹭可以被视为整个生态的象征。威胁着这些依赖洪水的湿地的因素，包括外来物种的入侵、盐渍化、杀虫剂、开垦和放牧，也同样威胁着这些朱鹭。

如果这个物种从该地区消失，人们可能会认为，对于国家从灌溉土地上收获的粮食以及作物所支持的家庭和社区而言，这是一个很小的代价：世界上（包括在澳大利亚）还有很多其他种类的朱鹭，事实上，自欧洲殖民者到来的大部分时间里，鸟类的生存或灭绝一直是靠运气。但现在，毫无疑问，一些只关注眼前利益的人会感到失望，澳大利亚有义务根据几项关于候鸟的国际公约和协定保护光彩夺目的朱鹭的栖息地。因此，墨累-达令盆地委员会对拉克兰的各种湿地和该盆地内的其他湿地进行了研究，并将确保足够的水流入这些非商业、非实用的沼泽。这真是了不起的平衡各方权益的举措。当河流灌溉工程由墨累河委员会负责，朱鹭只好听天由命之时,现代的墨累-达令流域委员会在不破坏区域经济的前提下,承担了拯救河流以及流域生态这一更为复杂的任务,区域经济的实践使得这一任务十分必要。

尽管在河道修建了大量水坝、开展了各种防洪工程、加强了科学预测和及时发出警告的能力,洪水仍然夺去了人类的生命:例如,2011年,昆士兰至少有35人死于洪水。当人们生活在一个预测不够及时和准确并与世隔绝的地方时,失去的生命则不计其数——确切地说,比记录显示的要多得多。很少有白人会游泳,这一点对他们很不利。1845年莱卡特一行从布里斯班旅行至埃辛顿港(Port Essington),他们当中没有一个人会游泳;一百年后,游泳仍然是丛林中一项相对罕见的技能。

1852年6月的一个晚上,马兰比季河冲走了小镇冈达盖(Gundagai)。250名居民中有80人或更多的人被淹死。当地的威拉祖利族人(Wiradjuri)用他们的独木舟救出了40多名幸存者。为了表示对这种特殊的伙伴情谊的感激,社区授予他们铜章和乞求六便士的权利。当墨累-达令的领航员弗朗西斯·卡德尔在洪水暴发当年的11月造访冈达盖时,小镇已不复存在,他看到"倒挂在桉树树枝上的马和小公牛,离河岸足足30英尺,离溪流40英尺"。后来,该镇在高地上重建。

有报道说,小公牛队及赶牛的把式被昆士兰"邪恶和骗人"的河流冲走了,镇上居民在高高的树枝上度过了数天,房舍在半夜里被冲毁,"伴着点点灯火在洪水中跳着华尔兹"。从一份不够全面的昆士兰洪水资料汇编中抽取的一个随机样本显示,在1914—1918年间,有97人死亡,其中包括1917年彗星河(Comet River)上一天内死去的61人。1920—1929年的汇编中提到89人死亡,其中"至少39人"死于英格汉姆(Ingham)地区的洪水。当然,失去的不只是人类的生命。资料还记录了巨大的牲畜损失。在海湾郡，无数的牛在1974年的洪水中丧生，据估计，2009年有10万头被淹死。动物们陷入泥沼，慢慢地集体死去。

1890年，一场洪水席卷了位于大瓦朗布尔河（Big Warrambool River）上的杜南布里和兰德里洛牧场，向位于科拉伦达布里（Collarendabri）和沃尔格特之间的巴旺河冲去。一个叫汉弗莱斯的人（在河流上游有块选地），骑马日夜兼程去向下游牧场发出洪水来临的警告。一个名叫威尔逊的人，在这个地区放羊的时候，得到了消息，立刻跑上高地，"一个老黑鬼"紧随其后，还不停地拾起小羊羔并把它们装在一辆弹簧马车上。高地并不够高：那天晚上第一次看守时，"黑小子杰克"报告说，水已经没过了羊的膝盖，所以他们借着月光出发，到他们能看到的最高的沙丘上去。但是他们和沙丘之间有一个洼地，洪水正冲过洼地。整晚，他们都试着让羊群游过去，但绵羊既不聪明，也不会游泳。威尔逊丢了两条狗，后来在水里找到了它们，"趴在淹死的羊身上"，在月光下为它们的主人哀嚎。

他们将7000只羊中仅剩的1100只赶到了仅有一公顷大的山顶上，但是没有一只羊羔幸存。两天之后，水还在上涨。他们在最高的松树上搭了一个平台。水不再上涨了，他们砍了些松树喂羊。过了三个星期他们才离开那个岛。穆格鲁拉牧场的辛克莱先生告诉威尔逊，他手下的一个人乘独木舟下来告诉他，他的12000只羊已经被冲走了。那人前一天晚上在树上过了一夜，什么吃的都没有，只好把一只淹死的母羊的肝脏给吃掉了。在这场洪水中，总计有成千上万只羊丧生。据亨利·布洛索姆（Henry Bloxsome）报道，仅在巴旺牧场，一夜之间就失去了45000只羊。两年后，亨利的兄弟西德尼，在兰德里洛牧场做徒工时，在边界篱笆上发现了数千只杜南布里牧场的羊的骨架。

距沃尔格特20公里处，迈克尔·奥布莱恩（Michael O'Brien）的安格斯小母牛在黑土平原上齐腰深的燕麦草中放牧。他的庄稼长得又壮实又稠密，像女贞树的树篱。沃尔格特周围的乡村是平坦的，当迈克尔第一次提到高地的时候，我想他说的一定是他拥有的其他丘陵似的土地。但高与低其实是相对的：在地势平坦的乡村，一两米的高度就会成就一座与众不同的山。

多年的干旱之后，黑土平原迎来了雨水。到处是成片的积水，但庄稼地里没有。我们一边沿着小路慢慢地前行，不断溅起水花，一边分辨他的蚕豆和小麦、小麦和大麦、大麦和鹰嘴豆、黑牛和美利奴羊，有时鸸鹋会从我们身边跑过。一对灰色的袋鼠跳跃着跑开了。迈克尔说过去袋鼠有红色的和蓝色的，但现在他只看到过灰色的。

当然，他也经常看到更多的树木，尤其是那些给大地赋予特色的树枝低垂的相思树。垂枝相思树有紫罗兰的气味。丛林人用它雕刻烟斗和牧鞭把柄，并用它的树灰处理袋鼠皮革。在干旱时，绵羊会吃垂枝相思树的树枝。但是树木会妨碍现代种植中使用的巨大的喷雾装置。农民用来播种和收获的卫星技术需要近乎完美的平坦而开阔的土地，这意味着在沃尔格特周围，最后仅存的垂枝相思树也已经时日无多了。中西部保留下来的原生垂枝相思树现在只有大约百分之二。

迈克尔·奥布莱恩的豆子和大麦不是种植在习惯食用它们的人称之为小围场的地方：他在路的一侧种了1000公顷的豆子，在另一侧种了1500公顷的大麦；沿着这个或那个方向数公里后又如此种植同样的庄稼。他的庄稼地一眼望不到边。他总共有4万公顷土地。除了种植农作物之外，他还饲养了4000只多恩美利诺绵羊和2000头安格斯牛。在我到访的这一个好年头里，他预计农作物将会带来1400万美元的回报。他新建了三个100米长的棚子用来储藏粮食。不是所有的粮食都会被卖掉，也不是所有的都需要收回。有些燕麦会用作牧草。许多蚕豆会被埋在地下，以备干旱之用，留下的植株会枯萎并腐烂到地里。

2009年新南威尔士年度农民奖得主迈克尔·奥布莱恩是现代农民，是农民中的领袖和开拓者。大约从二十年前开始，也就是他的父亲在六十三岁去世的时候，他就开始稳步地发掘这块土地的潜力。现在，他已经六十七岁了，幸运地在曾经夺去他父亲生命的心脏病发作时得到救助。他不是那种寡言少语、行动迟缓的澳大利亚农民。穿着破旧的蓝色风衣和牛仔裤，挂着几乎到膝盖的T形拐杖，他似乎从来没有停止过活动或说话。他对这片土地充满激情且历久弥新。他说，他已经揭开了土地的秘密，征服了它，成功使他比从前更"勇敢和大胆"。除了他自己的成就之外，他还为说服郡上的农民们采用他的方法、分享回报而感到自豪，并将沃尔格特郡变成了一个高产的、似乎是可持续的粮仓。他还说，农民们过去常常互相竞争，可现在开始合作了。他们相信自己所做的。二十年前，郡上有12万公顷的土地种植农作物。现在他们拥有48.6万公顷的良田，迈克尔·奥布莱恩相信，在下个世纪这个地区的土地将会翻一番。

尽管变化是革命性的，但从某些方面来说，当代故事是以往故事的解决方案。亚瑟·杜赫斯特在1887年注意到了这一点：当他第一次来到这一地区时，牧场主放牧绵羊和牛群的牧场占地25000英亩或更多，"每英亩的花费却不足一便士加半便士"。他们雇用了数量相当可观的劳工，劳工们以土壤中轻而易举长出的作物为食。然而，当人们要求将大牧场分割交由小农户耕种时，牧场主们却宣称，这些土地甚至连卷心菜也长不出来，这些被误导的鼓动者一定会面临毁灭。一名商人兼银行家在早期给他的英国投资者的信中写道，耕种是没有利益的，并不能支撑"大地主和大牧场主"。"羊毛是值得关注的重点，其次是……可在市场上销售的牛的品种。"他强调，重中之重是"羊毛"，只有羊毛"最终才能带来回报……任何大笔的资本支出都能获得一定的回报"。迈克尔·奥布莱恩取得的成功为这两种情况做了辩护：他在农业方面的成功证明了鼓动者的观点，同时他也延续了大地主和大牧场主的传统。或许，他的成功也代言了现代的19世纪英国投资者，尤其是荷兰拥有的农业综合企业巨头荷兰合作银行（Rabobank）。

沃尔格特的土壤有保持水分的自然特性；在一个降雨不稳定、干旱频繁的地区，粮食种植者的艺术是充分利用其土壤的自然特性。通过轮种谷物、豆类、油菜和高粱，迈克尔·奥布莱恩把作物从土壤中汲取的所有东西都还回了土壤。因为耕作会弄干和压缩土壤，使其容易受到侵蚀，所以他免耕。在一个百分之七十的可耕地不断退化的地区，在一个土壤受到侵蚀的速度比可被取代的速度快的地区，免耕种植是一个非常受欢迎的进化。一寸土壤在一个下午就会被吹走，而恢复它可能需要五十到一万年的时间。免耕种植减少了百分之八十的土壤侵蚀。为了除掉杂草——任何可能与作物竞争的东西，迈克尔用甘氨酸除草剂农达喷洒土壤，然后直接将种子嵌入地里。随着作物的生长，他会多次喷洒除草剂以防阔叶杂草和昆虫。以这种方式种植，土壤可以保持水分；通过轮种蚕豆等含氮植物，土壤可以保持甚至增加肥力。除了偶尔使用尿素，沃尔格特的土壤几乎不需要施肥。

农达之于农作物，就像青霉素之于医疗、电话之于通信、喷气式客机之于航空。它彻底改变了农业。植物将农达吸收入它们的酶途径，从而无法产生三种生命必需的氨基酸。任何可能与作物竞争的植株都无法抵抗它。制造商称，尽管具有致命性，但农达"很快就分解成环境中的自然产物"。被杀死的杂草当然也会分解，并被吸收到土壤中，产生有益的效果。同样，用制造商的话讲，农达"对人和动物的毒性都很低"。的确，他们会提醒你防止农达进入溪流和储水装置，或者要彻底清洗你的皮肤，但是与过去所有的除草剂相比，农达对环境是友好的。

农达于20世纪70年代由美国化工企业孟山都开发并获得专利，孟山都是美国农业综合企业的旗舰企业。当市民抱怨家庭农场的损失、农产品质量和品种的下降，以及农业社区的高自杀率时，他们脱口而出的第一个名字就是孟山都。作为转基因作物和化学耕作的主要创造者，它几乎总是出现在法庭上，也从未淡出过新闻。

孟山都的转基因种子中，大约有四分之三的品种能够耐受孟山都的除草剂，其中超过一半的转基因品种能够耐受孟山都的农达，此即所谓抗农达种子。其后果是大大增加了公司除草剂的使用和杂草对它们产生抗药性的可能性。抗农达作物加强了孟山都对美国农业的控制（礼貌地称为垂直整合）。他们为能抵抗孟山都生产的喷雾剂的植物申请了专利。孟山都不仅从原始种子中，还从所有后代种子中提取特权使用费，并对非转基因农民征收百分之三的税，因为这些农民的农作物被发现含有转基因种子，即便这些种子是被吹进他们农场的。该公司基于在他们的农场上发现的转基因种子的任何痕迹，以"专利侵权"为由对美国农民提起诉讼。2012年，该公司威胁称，如果佛蒙特州通过立法强制标示转基因食品，孟山都将起诉该州。

评论家说，造成的威胁是多方面的：对于必须应对除草剂并解决不断进化的、抵挡除草剂的"超级杂草"的农民的威胁；对于吃转基因食品的消费者的威胁；对于世界食品供应多样性和健康的威胁；对于农业社区和乡村文化的威胁，因为他们受控于他们创建的农业综合企业以及大规模的、资本密集型的单一文化。他们坚持认为："流行病学研究已经发现，接触农达与流产、出生缺陷、神经发育问题、DNA损伤和某些癌症之间存在关联。"其他研究认为，与草甘膦混合使用的表面活性剂不但对人类有害，而且还会使农达对人类有毒，并有可能导致基因损伤。澳大利亚的一项研究（以及其他国家的研究）发现，除草剂对青蛙和水生环境有毒。美国科学作家迈克尔·波伦（Michael Pollan）坚称，根据孟山都化学配方生产的作物（以马铃薯和玉米为主要例子）是有毒的。更重要的是，他找到了与他意见一致的农民，他们不会吃他们自己种植的作物。

　　孟山都目前正在应对代表三十万美国农民提起的诉讼，其中包括种植和唱歌的威利·纳尔逊（Willie Nelson）。在巴西，百分之八十五的大豆作物使用的是孟山都的抗农达种子，联邦检察官已要求暂停使用农达。加拿大的四个省份、丹麦以及最近加入的荷兰和斯里兰卡都禁止使用农达。

　　往植物身上喷足够多的农达，持续足够长的时间，植物很可能会找到打败你的方法。经过二十多年的喷洒，抗药性杂草在孟山都的转基因抗农达作物（棉花、玉米、大豆和马铃薯）中长得生机勃勃。在美国，这些超级杂草的进化已经博得了《纽约时报》的一篇社论。在澳大利亚，第一个被注意到的是一年生的黑麦草。就像意大利的黑麦草和多年生的黑麦草一样，一年生的黑麦草是一种地中海的原生植物，早期被引入澳大利亚作为一种耐寒和有营养的牲畜饲料。由于是一年生植物，它每年都会死掉，但在死之前，它会播下种子，当土地经过耕作种植农作物时，它的种子就会发芽，因此需要草甘膦除草剂。2010年，澳大利亚发现了大约100个黑麦草种群对草甘膦具有抗药性。

很少遇见澳大利亚农民能够轻易地容忍对农达的质疑。一个人不妨赞扬政府。种地的人总是这样。一想到政府，他就会发火。《原生植被法案》限制农民从自己的土地上砍伐树木的权利，这激怒了他们。告诉他们什么树可以砍伐！好像他们知道似的！谈论气候变化也会产生同样的效果。

迈克尔·奥布莱恩对自己的庄稼感到骄傲，就像一个真正的凯尔特人，他也为自己的羊群和牛群感到骄傲。他认为放牧与农耕相结合有很好的经济意义：他能得到更好的收入分配，同时二者能够相互抵消风险。另外，这对土地也有好处。但最重要的是，他喜欢从配种、饲养及处理绵羊和牛的劳动中得到乐趣。他喜欢羊，因为除了最糟糕的年景，养羊能使每个人的口袋里至少有饭钱。绵羊的胃很小，食量不大，在任何地方都可以放养：先剪五六年羊毛，之后它们的肉仍然有价值。羊毛产业今不如昔，而且很可能永远时过境迁，但比20世纪90年代初的情况要好，当时整个行业都在巨大的未售出库存的重压下崩溃了，数百万只羊被宰杀，农民们破产了。

但肉类是另一码事。2011年，澳大利亚人每人每年消费牛肉大约33公斤，不到三十年前的一半。吃掉羊肉9.3公斤，只有20世纪70年代初的四分之一。但在其他国家，人们消费的牛羊肉比澳大利亚多。阿拉伯人喜欢吃肥羊，而在中国、印度和印度尼西亚，那些购买力较之前提高的人群正逐渐对红肉产生兴趣。牛肉的形势良好。

迈克尔·奥布莱恩只养安格斯牛。安格斯牛有一定的实际优势。一是它们分娩难产率低，这无疑是它们具备的第一个特性。

老奶奶（Old Granny）于1824年出生在阿伯丁郡，据说她活了35岁，生了29头小牛，最后几头是与老乔克（Old Jock）共同孕育的，老乔克是灰胸乔克（Grey-Breasted Jock）的儿子。老奶奶和老乔克被认为是最初的阿伯丁安格斯牛。安格斯牛安静、驯良、健康、适应力强。它们没有角，肉很好吃。它们有一块大大的肉眼牛排，只有日本和牛（Japanese Wagyu，在澳大利亚经常用于与安格斯牛杂交）的肉才有比它更多的被称为大理石纹的柔软肌内脂肪，这是老练的肉食者所青睐的。凯利（W. S. Kelly）是他那个年代的专家，他说，安格斯牛有"死重"的名声，也就是说死后肉的重量与活畜体重的比例非常之高。安格斯牛还具有一种美学价值，或者至少是一种由营销活动创造的黑色时尚，这让它比竞争对手更具优势。

迈克尔不需要市场营销。他就是喜欢他的黑牛。他不是为比赛而养牛的，但他喜欢它们在他的牧场上吃草的样子，喜欢它们线条流畅地在买卖家畜的围场乱兜圈子的样子，喜欢它们在饲养场"加工"的样子——澳大利亚百分之五十的肉牛在宰杀之前都送去饲养场。因此，当9月沃尔格特的牛市到来时，迈克尔·奥布莱恩早已准备好了他的支票簿。

公牛都是由维多利亚州南部的一个种畜场繁殖的，然后用卡车运到沃尔格特，146头全部是安格斯牛。前一天晚上，当地人和种畜场的人聚在一起，在接待中心的阳台上喝饮料、品小吃，然后在宽敞的室内吃晚饭。种畜场的主人是个身材魁梧、蓝眼睛、神情威严的四十岁上下的家伙，他的声调很有男子气概，元音圆润，举止文雅，这是吉朗文法教育赋予维多利亚西区地主阶级的优良品质。他起身欢迎来宾，背诵班卓·佩特森的《吉朗马球俱乐部》，并对肉牛产业科学进步的主题进行了五分钟的演讲。当然，品尝牛肉和推杯换盏都离不开谈论种牛。

第二天，我们开车去买卖家畜的围场，把丰田四轮驱动车停在所有其他丰田四轮驱动车当中，其中还有一辆闪闪发光的宝马四轮驱动车。在威沃镇用早餐时，餐厅给亚瑟·杜赫斯特上了一份他所见过的"最大的牛排"，足够12个人享用的，但却"单独给了我"。热情好客等传统在该地区得到延续。在一个遮阳篷下，种畜场的人们开始烧烤，并给所有相关的人分发牛排，还有面包卷、凉拌卷心菜、汤、咖啡、茶、蛋糕、啤酒和软饮料。在拍卖开始前，买家们带着目录去查看牲畜。大约有80个买家。来的农民们有高有矮、有胖有瘦，皮肤有粗糙有光滑，但聚集在买卖家畜的围场时，他们有着巨大的一致性：他们都是部族成员，他们戴的那些大的灰白色帽子就是他们的头饰。除了头顶带帽檐和夹冠的帽子外，他们还身穿鼹鼠皮裤或牛仔裤、棕色的靴子、深蓝色的针织套衫和格子衬衫——全套装备与1857年詹姆斯·阿穆尔穿的如出一辙。当年，有人告诉詹姆斯，如果他想在丛林中被人认真对待，就要这样穿戴。迈克尔·奥布莱恩因为没戴大帽子而引人注目。女人们也表现出了更加独立的态度，但还没有到不能完全融入男人们和彼此的程度。

买家们坐在斗牛场一侧看台的长椅上，阅读产品目录中每一头牛的名字、系谱、种源和遗传特征——如产犊难易、繁殖能力和畜体结构。他们一边研究目录，一边吃着牛排三明治，有些买主吃完之后，漫不经心地向斗牛场观望。拍卖师在斗牛场另一边的一个小包厢里找位置坐下来，他的小助手紧挨着他。他巨大的帽檐投下一片阴影，只有他们的头和肩膀可见，看起来有点像英国传统木偶剧人物潘趣和朱迪。那个面无表情的牛仔，就是前一晚坐在我对面吃晚饭的那个人，手拿赶牲畜用的尖头棒站在斗牛场里，带着意大利西部片式的凝视面向来宾。

就在几天前,"悬浮议会"(Hung Parliament)[①]刚刚决定成立工党政府。支持工党的两名乡村独立人士中,有一位是新英格兰毗邻选区的成员托尼·温莎(Tony Windsor)。托尼·温莎在这次牛市中广为人知。拍卖人,具有讽刺的智慧、保守的心境和洪亮的声音,一开始就说:"我们的新政府太可爱了。"他提到那位新英格兰地区成员时所用的措辞,可能是为了使他在再次踏足沃尔格特之前三思。整个斗牛场泛过一丝嘲弄的涟漪。

第一头公牛被带进来了,和大部分公牛一样,是个健壮的家伙。它迅速地飙到场地的一边,突然停了下来,又迅速地飙回另一边。然后,它冲到以前从未到过的一边,再返身冲到对面。它绕着场地顺时针方向转,然后再逆时针方向转。它哼了一声,用左前腿刨土,然后用右前腿刨,把灰尘扔到背上和人群中。等到泥土落地的时候,它的身价已经拍到了4000美元。拍卖人喊出了买主的名字。那头公牛刚刚慢跑出场地,就又有一头进入场地并冲了过来,跟前面那头牛奔跑的模式差不多。

一位苏格兰牛肉购货商曾告诉我,他所见过的在山坡上吃草的牛,最终全部都被挂在了冷藏室的批发货架上,无一例外。当每一头公牛进入沃尔格特的交易围场时,160只眼睛会肢解它、给几个部分称重、检查带大理石花纹的肉块,想象见到它们与小母牛繁育的后代并同样肢解它们。拍卖师将我们的注意力吸引到公牛的优良骨质或完美肩部、紧实肌肉、健壮骨骼或明亮双眸上。当这头猛兽疾驰而过时,买家们在目录的系谱中权衡遗传印记,并用他们训练

[①] 英国政治术语,指在议会制国家中,没有任何一个政党在议会取得绝对多数。一旦出现悬浮议会,通常会有筹组联合政府、组建少数派政府或重新选举三种解决方式。

有素的眼神在这头公牛身上搜寻匹配标志。那天下午，我们都在注视着公牛，但关注点不尽相同。

他们卖出了场地内的132头公牛，未能满足底价为2500美元的16头小公牛没有成交。一头秉性与其他牲口完全不同的公牛以16000美元的最高价格成交。首先，它的个头就是其他牛的两倍，脸上带着一种悲剧性的表情：皱纹较多，这些皱纹会让人觉得它有能力进行更深入的思考，或者看到其他公牛做梦也想不到的东西。这就好像温斯顿·丘吉尔在十几个政治仆从后步入斗牛场一样。它哼一声，就会令人毛骨悚然。当地的职业技术教育学院把它买下了。

只有一头公牛逼着那个神秘的牛仔躲起来，与其说是出于恶意，不如说是出于一种兴奋。其他公牛的举止无可挑剔。迈克尔·奥布莱恩在拍卖会上买了15头公牛。他买了一些体重较轻、系谱表明它们的后代出生时体重也较轻的小公牛配他的小母牛，还买了一些体形较大的公牛，与成熟的种畜一起饲养。他没能买到最优秀的公牛，因为一家总部设在冈尼达（Gunnedah）但最近在沃尔格特收购了3万公顷土地的大型畜牧公司占据了上风。同样，在迈克尔·奥布莱恩想要而这家大型畜牧公司不想要的公牛争夺中，拍卖场中的其他人都被迈克尔击败了。有人猜想那里有些人也许还想再买一头公牛，但付不起2500美元的底价。

那个公司的负责人身材高大，戴着眼镜，身上有一种禁欲主义长老会的光环。没有粗俗的得克萨斯人的影子，他戴着一顶棕色的宽边帽子，一种"牧民"或"牧场主"的风格，压得低低的帽子平顶卷边，外加一个圆形的、向下折的帽檐。我相信，他一定是一个了不起的澳大利亚商人和畜牧业主的儿子。他们说，今年早些时候，该公司已从同一家种畜场购买了价值176000美元的公牛——"优良的、实用的公牛"，"用于生产而不是表演的公牛"。当迈克尔·奥布莱恩在斗牛场外看到那位高大的绅士和他的同伴时，或者当他在停车场看到那辆巨大的宝马时，他就知道自己寡不敌众了。但最后，迈克尔和那个高个子男人同意平分12头未售出的公牛，所以，他以大约9万美元的价格共买下了21头公牛，并对下午的工作感到满意。

公牛的拍卖会最终以更多的牛排、啤酒和葡萄酒收官。一场细雨洒落在他们的帽子上，这些人站在那里，喝着啤酒，粗矮酒瓶上的广告宣传着种畜场公牛的出色品质。他们还即兴举行了一场狂欢。在一张用粉色丝带装饰的大公牛睾丸的海报前，我和一位来自种畜场的女士聊天。她告诉我，为了尽量减少他们对化学物质和肥料的需求，种畜场实行"微区放牧"和"生物耕种"（不使用杀虫剂，不使用农达），而且看起来效果还不错。

的确，城市居民——一般是消费者——希望拥有高效农业的所有优势，但并非总是知道如何才能获得高效。他们的兴趣停留在超市，仿佛食物源自柜台后面的加工或生产。初级生产者总是感觉至少有点不被重视：现在，已经适应了一个成熟的消费者民主制度，大多数人对他们的食物来源知之甚少，更对其置若罔闻，因此，当少数"忧国忧民"的中产阶级抱怨他们的生产方式时，这些初级生产商会强烈地感受到这一点，也就并不奇怪了。

不可否认现代农业的高效。然而，同样不可否认的是，农民的思维和生产方式有时会带来灾难性的后果，因此，当居住在澳大利亚大陆上的其他人对他们的生产方式持怀疑态度时，他们也不应感到意外。尽管农民们做事效率很高，但面对他们所养动物的低效则显得黔驴技穷。在生产供人类食用的蛋白质方面，牛是最低效的。首先，令人不安的事实是，每头安格斯阉公牛每长1公斤的牛肉就需要 54 公斤的草料，每天要喝 40—80 升的水（这取决于草料的种类）。一只鸡可以提供同样的营养，但所需饲料和水只是牛的三十分之一。与许多农民不同的是，我们没有理由怀疑气候科学家的普遍观点，即地球正在变暖，而人类活动产生的温室气体是气候变暖的主要原因，那么，我们有必要质疑，在该大陆百分之五十六的土地上放牧反刍动物的做法是否明智。反刍动物产生的温室气体，相当于全国公路上所有汽车和卡车的总和，也就是说，它们产生的温室气体占总量的百分之十一至百分之十五，如果我们把清理土地算作促进该产业发展的手段，那么这一数字将达到百分之二十。科学原理为农民提供了更多产的动物和庄稼、先进的机器、各种肥料、充分改善的天气预报、化学制品以及使他们和他们的动物保持并恢复健康的药物，气候科学是依照同样的科学原理发展的，因此农民们似乎没有理由不相信它，就像他们深信农达一样。

现在这一代的牛和羊只承担部分责任。自 1788 年以来，每一个反刍动物都增加了甲烷和一氧化二氮的比例。在那之前，澳大利亚的土地上从来没有过这样的动物，也从来没有过带有硬蹄的动物。现在澳大利亚大陆上大约有五亿家畜，不包括不计其数的野生山羊、马、水牛、驴和骆驼。在澳大利亚，百分之九十的植被遭到砍伐，都是为牲畜让路。澳大利亚大部分干旱和半干旱地区的沙漠化都是由砍伐植被为饲养牲畜让路造成的，同样，整个大陆的许多盐渍化、侵蚀和水道破坏也是由此造成的。很难用我们从牧业中获得的利益来衡量损失，同样也很难估计在任何激进程度上削减损失的成本或可行性。

无论我们将其称为澳大利亚景观中最具破坏性的变革动力，还是仅仅是最具影响力的变革动力，如果它建立的时间不是那么久，与这个国家的历史和认同不是那么密切联系的话，畜牧业将是一个永久的引发公众争论的话题。在这样一场争论中，如果环保主义者不为之努力，那么动物福利的倡导者可能会为之争辩。2012年，澳大利亚电视台播放了简陋的印度尼西亚屠宰场的可怕行径，吓坏了观众，以至于联邦部长感到有必要暂停向该国出口活的婆罗门牛，并有效地暂停了澳大利亚北部的肉牛产业。此后不久，两家澳大利亚屠宰场内的场景被曝光，公众再次感到震惊。当局关闭了这两家屠宰场：其中一家被描述为"流氓经营者"，另一家的经营者是一个受人尊敬的人，据当地媒体称，这段视频捕捉到的场景不是典型的人道加工程序。

然而，所有这些镜头中的动物都在被屠宰，与在澳大利亚畜牧业的大部分历史中被屠宰的动物无异。今天，即使埃及、印度尼西亚或土耳其的动物不是被残忍地屠宰，或凶手不是当地的"流氓经营者"，牛、绵羊、猪和山羊也是在屠宰场的高墙后被"人道地"杀戮。屠宰场这个词来自法语的 abattre，意思是砍下（头），大约在屠宰从公众视野消失的时间——以伦敦史密斯菲尔德市场（Smithfield yards in London）[①]为例，该词开始在英语中广泛使用。在某种程度上，这是因为注定要死的动物们互相爬跨的景象被认为可能会使道德败坏。屠宰场杀死动物对于道德的影响仍然是未知的。

屠宰场是现代性的先驱。亨利·福特（Henry Ford）曾说过芝加哥的屠宰场是他汽车装配线的模型。小说家库切（J. M. Coetzee）指出，纳粹就是以现代芝加哥屠宰场为模型，设计了杀害600万犹太人的死亡集中营。这种模式是一种有效的模式，不仅在于有效的屠杀机器和方法，而且在于它能使屠杀（或加工）的人在精神上

---

① 史密斯菲尔德市场的历史可以追溯到中世纪，当时它是伦敦城墙外的一块空地，用于骑士的长矛比武、马术比赛、集市和集会，也是处决犯人的地方，现在是伦敦仅存的一家肉类市场。

（和道德上）远离这种模式："对操作人员和观察者产生最小化有害影响"，是"人道屠杀"的基本要求。现代肉类产业的批评家们认为，该行业已经制造出巧妙的骗局，让人们假装他们食用的动物并不是曾在围场里"哞哞"叫的牛，也不是童谣中"咩咩"叫的羊，并否认被屠杀的牛羊等动物与他们饲养和喜爱的宠物有任何关系。事实上，针对动物的"声音"，至少正如黑格尔所言，是其在"暴力死亡"中发出的声音，现代工业一直在努力使其安静下来，或者至少远离公众的听力范围。

这些争论激起了动物饲养者的愤怒，也燃起了那些把它们加工成肉排和肉胶的低收入男女的怒火。他们说，动物只是因为这个行业才有生命，并且尽了一切可能让它们生活得快乐而无忧无虑。它们可能会成为一种产品，但直到死亡的那一刻，它们才会被当作一种有知觉的生物来对待——能够感受到痛苦，感受到焦虑和抑郁的折磨，就像狗和猫一样具有个性。批评人士说，正是这些品质使得我们将它们转变为消费产品的所有行为变得不可饶恕。

婆罗门牛身上有一种神秘的东西，就像刺猬一样，它们好像知道有大事发生。新南威尔士初级产业部对婆罗门品种的描述是："聪明、好奇和害羞"。婆罗门，在美国繁殖的印度血统，能够更好地抵御热带气候——炎热、干旱、蜱虫感染和其他虫害。这是一个关于牧业的真相，其当代的反对者往往忽视的真相：即使屠宰场内最残酷的死亡也比饥渴、洪水、火灾和疾病造成的死亡仁慈，而后者则是自最初的牧场主在近两个世纪前带着他们的羊出发以来数百万动物难逃的命运。

对企业残酷行为的抗议并不新鲜。人们公开谴责19世纪末的干旱给数百万动物带来的苦难。包括亨利·劳森在内的水资源保护的倡导者，在提出自己的主张时，指出了这种痛苦。在这个行业的日常记录中，它们的下落总是"家畜损失"：在 19 世纪 80 年代的干旱中，达令河沿岸数百万牲畜丧生，"大地散发着腐肉的臭味"；据说干旱中每个牧场均有 4 万—5 万只羊死于干渴和饥饿，并且在两次世界大战之间，新南威尔士州西部遭到兔子的蹂躏；在澳大利亚北部，每年死于肉毒杆菌中毒的牛不计其数——高达百分之二十五的未接种牛群。由于无法从北部热带大草原的缺磷土壤中获得所需的食物，牛会啃食马、驴、山羊、猪、啮齿动物和其他牛的骨头与尸体。死亡仅需 1 天到 14 天不等。"当尸体被发现时，地面上的半圆形可能是唯一明显的标志，这是由于腿部不受控制的摆动造成的。"

处于拓荒阶段的畜牧业没有符合现代产业屠宰规则的设施和相关意愿。也许任何一个能够以先前描述的方式杀死马匹的人，早已受过某种"有害的影响"；也许一个能割断 25000 只羊的喉咙的人，也已经受过这样的有害影响。据报道，奥尔伯里（Albury）附近的一个牧场主在 1888 年前后就曾割断 25000 只羊的喉咙。事实上，大量动物的死亡对丛林男女的影响可能是普遍而深远的，这一点可以从多产的记者和帝国统治拥护者弗兰克·福克斯爵士（Sir Frank Fox）的评论中推断出来。他在 1910 年写道，与大自然的博弈赋予了澳大利亚丛林人许多美好的品质，其中目睹"牛羊成千上万地死去，且在罕见的大旱中，数十万只就在眼前命染黄沙"，给他们增添了"一种强烈的残忍感"。残忍也许是个错误的措辞。它更像是必须按照自然本身的道德准则来对待自然，也就是说，要像它一样视若无睹。

第 11 章
万物皆硕

三齿稃草 — 无用的镰叶相思树 — 刺梨 —
汤姆·多诺万、丛林人等等— 卡尔卡杜恩遗址 —
汤姆和奈德 — 巴特尔山 — 米歇尔草 — 朱利亚克里克 —
昆虫 — 昆士兰统治 — 寂静

在澳大利亚约四分之一的干旱地区，最主要的植物是鬣刺草（spinifex）。然而，对于植物学家而言，它根本就不是鬣刺草，就像考拉不是熊：真正的鬣刺草，鬣刺草属植物，只生长在沿海沙滩上。而这种银灰色的、带尖刺的草，生长在澳大利亚内陆的红色沙地和岩石中，赋予这片风景以修剪和雕刻的特点，并使它在荒芜中呈现出一种古怪的美，实际是三齿稃属（triodia）。幼嫩的三齿稃草和大火后再生的三齿稃草外层叶子是扁平且柔软的，但为了保持水分，它们会卷曲，然后随着年龄的增长而变硬并长出尖尖的刺——因此又有"豪猪草"的俗称，并促成紧身裤在勘探者和其他丛林行人中的流行。每一个小土丘都是一头缓慢增长的豪猪，外面多刺，里面是大量的茎和枯叶。有些种类的三齿稃草，汁液非常丰富，它们会像桉树一样大量地渗出，在地上留下厚厚的沉淀物，埃里克·罗尔斯形容说，散发出"一种令人兴奋的赤霉素、甲酸、麝香和羊毛脂的混合气息"。

1881年，罗伯特·沃森在昆士兰布莱克北部进行勘测时写道："地图上所称的'三齿稃草'与鬣刺草相同……"这表明，这种异常现象为最早的白人殖民者所熟知。但他们对此类事情漠不关心，他们的后代对此也毫不在意。三齿稃草大约有六十余种，但大多数的牧牛人会为牛选择柔软的、卷曲的鬣刺草。丛林的性格是由不确切的东西滋养和浇灌的。有用的东西——或者极令人讨厌的东西——都有一个俗称。既无用又非令人讨厌的东西都不值得了解。然而，人们虽然对于何物令人讨厌有普遍的共识，但对于何物为有用则看法因人而异。

"三齿稃草是一种不可食的草，因而这个地区毫无价值。"意志顽强的卡罗琳·克雷格（Caroline Creaghe）在她的日记中写道。1883年，她在昆士兰西北部徒步旅行。1891年在南澳跟随林赛探险队向西进发途中，拉姆齐写道："这是一个生长着三齿稃草和无脉相思树的无用的地区。"埃塞克斯第九伯爵阁下，大卫·W.卡内基（David W. Carnegie）在前往尼日利亚之前，曾在澳大利亚内陆长途跋涉并身中毒箭。他说："丛林人知道的三齿稃草有两种——三齿稃草和'雄性'（或'老翁'）三齿稃草。后者的刺比较坚硬，几乎不可能穿行……"他当然应该知道，因为他花了数月的时间试图穿过这种"可怕的"和"可恶的"植物，它们可以长到2米高、3米宽。卡内基承认，"一大片舞动着三齿稃草的平原"看上去很美，而且三齿稃草"有若干用途"：它提供了阴凉；根部是有袋类动物的食物，还可以固定红色的沙子；若将根部从沙中挖出并翻过来，就可做成一张上好的床垫。但是作为饲料，除了三周的结籽期以外，它是"无用的"。

另一方面，欧内斯廷·希尔从西部发来的报道称，那里的冠毛三齿稃草使"上千平方英里的土地收获了巨量优质的牛、羊、马饲料"。在殖民地生活了数月之后，雷切尔·亨宁不满地说，所有的草都是"饲料"。任何不能用作饲料的东西都是"无用的"。一个半世纪过后，同样的态度依然盛行——一切都由它的有用性来定义，就好像丛林人的眼睛将大自然转化成了机械棚。三齿稃可能不是特别好的饲料，但它是饲料。所以，这才是问题的关键：牲畜食用它，即使常常苦不堪言。

近来科学已经表明了立场。作为最佳饲料品种的卷曲三齿稃和浅裂三齿稃，它们的消化率不到百分之三十五。牛所获得的能量更多源于一些特有的树木，而非三齿稃草。然而，尽管三齿稃不能提供太多营养，却能填饱牲畜的肚子，并且它寿命长，极其耐寒。多数情况下，牛都是将三齿稃与其他草——本土的和外来的——以及树木混在一起吃，搭配很健康。

有照片显示，20世纪中期昆士兰内陆的一些建筑物的墙壁就使用了三齿稃草。希尔说，在西澳内陆，他们正在用"加固的三齿稃草"筑路。同一地区的土著居民也将三齿稃草用于建墙和筑路以及其他多种用途。澳大利亚中部的沃尔皮里人（Warlpiri）将三齿稃称为"玛尔娜"（marna），这个词证明了该物种的普遍性，因为它也有"草"的意思。沃尔皮里人为不同的物种和植物的不同部分命名，为植物的生长阶段和习性命名，为不同物种生长的地区命名，（当燃烧发生的时候）为不同物种的燃烧方式命名。他们把某些物种的种子碾成粉末作为食物。他们将树脂、毛发和动物的筋组合在一起，用来将斧头和矛尖捆绑固定在柄上。将浓密的三齿稃草与树脂结合制成防水居所。三齿稃草是鸸鹋、鸸鹋鹩鹩、七种草地鹩鹩、彩雀、棘鳍鸟、七彩文鸟、铜翅鸠、棘鳍鸽、夜间鹦鹉、虎皮鹦鹉的栖息地，也庇护着巧妙地适应了环境的有袋动物、爬行动物和昆虫。有十种窜鼠是食用昆虫的，其中的五种现已绝迹。布朗尼（J. H. Browne）曾在一个袋子里发现了170只窜鼠，一个土著人已连续吃了半个小时。三齿稃草是土著人的主食。它支撑着他们所吃的食物、他们所实践的文化、他们所居住的宇宙。

罗伯特·沃森向西前往克朗克里（Cloncurry），然后向北前往伯克敦（Burketown）和海湾。他被派去勘测一条即将修建的铁路线，以便为铜矿和牛肉产业提供运输。这一次，我们有了一个对"供给"产生一时兴趣的观察者。沃森观察着植被，试图寻找枕木，随后又观察地面，尝试寻找道砟。就这样，他走进了位于罗马（Roma）和查理维尔（Charleville）之间的"并不令人愉悦的镰叶相思树林"，他注意到那里"连一片草都没有"，只有大量有待开发的石头、黄杨皮类桉和铁皮类桉，后来，当看到"一种新的树——茶树"的时候，他看到了三五十条枕木。

对有些旅行者来说，镰叶相思树是"阴郁的和带些许悲伤的，有着暗绿色的树叶、裸露的树干，光秃秃的地面上散落着枯木"。但记者梅丽莎·斯威特（Melissa Sweet）在那里长大，她在2009年的一篇文章中回忆起镰叶相思树和小相思树灌木丛："到处都是紫荆花树，开满大朵白色的花，犹如兰花，还有大片的树荫。这里有如此多的草，如此多的花。"即使当托马斯·米歇尔少校迫不得已沿着干涸河流的沙床穿行时，他也不无钟爱地这样描述镰叶相思树灌木丛："喜鹊唱出的音符，在繁茂的镰叶相思树林中回荡。富饶多产的丛林中，饱满的褐色、略带红色的绿色与浓重的灰色阴影形成了强烈的对比，非常漂亮。"清晨的喜鹊能给最单调乏味的场景带来一抹亮丽，自米歇尔到达后一个世纪，残余的镰叶相思树受到引进的卧龙柱属仙人掌的侵袭，这些仙人掌已经在昆士兰中部和东南部的大部分地区落脚，在那里的地面和其他植物上长出高达两米的带刺植株。

最高的镰叶相思树，粗糙的树干高达二十米，曾经覆盖了昆士兰东南部广大的亚热带地区，从汤斯维尔的北面呈带状延伸至新南威尔士的达博。百分之九十五的镰叶相思树现在都已消失。其中大部分让位于农业，有些让位于采矿。镰叶相思树有很深的主根，能忍受干旱、洪水和盐渍。在过去的一个世纪里，它的消失导致了土壤的大量流失。有些农民说，自从镰叶相思树被清除以后，风暴减少了。

早在20世纪60年代，昆士兰州政府就在这个地区开垦了140万公顷的土地发展农牧业。这项工作被称为"镰叶相思树计划"（Brigalow Scheme），是昆士兰州长达一个世纪的一系列更密集定居计划中的最后一项，比之前的计划要成功得多，之前的计划是每个家庭靠4公顷玉米地生活。这项计划之所以成功，是因为镰叶相思树生长的黏土土壤总体上是肥沃的，外加采用了实用的科学，市场和价格都很好，农民们经验丰富且能很好胜任，这些地块的面积也足够大。就像上一代人带着满满能量开发小桉树区一样，他们蓄势将大片大片的镰叶相思树灌木丛清除。用推土机和拖拉机牵引的锁链，将树拉倒、砍断、烧毁。大部分被开垦的土地都变成了多产的牧场，通常引种纤毛狼尾草和绿黍草，这些草在几年内使土地的承载能力增加了十倍。其他部分种植庄稼，包括小麦，近些年来还种植棉花。"镰叶相思树计划"为现代独立的昆士兰农牧民奠定了基础。农牧民们借助先进的科学、技术、交通和基础设施，以农村企业的方式在广袤的土地上开展工作，撇开所造成的环境影响因素不谈，最终与物质条件和经济现实完美契合。

2002年的一项政府研究发现，澳大利亚大陆绝大多数地区均承受着巨大的生态压力，并宣布镰叶相思树地区有60个生态系统受到威胁或濒临灭绝。这些威胁来自于被引入的植物，如蓝藻、巴西茄（茄属海葵）和纤毛狼尾草，以及被引入的动物，如猪。当地的动物，如黑色条纹小袋鼠，其数量随着生态系统的变化而大大增加。火灾、放牧牛羊、房屋开发、盐渍化，更重要的是开垦，这一切都是构成威胁的元凶。

农业和畜牧业的发展，从来都会对现有的环境造成破坏性的后果，而且普遍观点很少认为应该以牺牲希望在土地上谋生的饮食男女为代价来保护环境。规则从未改变：环境是我们创造的，如果以现在的形式，它阻碍了我们的雄心壮志，那我们就要改变它，使之变成一些为我们所用的东西。这就是镰叶相思树一开始就被清除、现在仍被清除的原因：不是因为它"令人不悦"，而是因为在某些方面，就像三齿稃，它是无用的。曾经用锁链清除的镰叶相思树地带现在被再次清理，使用为此专门制造的、安装在560马力推土机上的8米长萨凡纳刀片，推土机以每天60公顷的速度将重新生长的植物和树根扯走割碎，后面跟着600马力的"超级拖拉机"，以每小时20公顷的速度耕种土地。当梅丽莎·斯威特回来时，她看到了"大规模屠杀的结果……土地本身已经发生了翻天覆地的变化"。

在1910年离开英格兰之前，哈罗德·刘易斯查阅到昆士兰政府向有意定居的人提供160英亩免费的"永久产权土地"，并且每英亩支付10英镑用于开垦和种植。到了澳大利亚，哈罗德以砍伐刺果植物为生（人们昵称他为布鲁伊），他把这些广告告诉了他的同伴斯诺依（也是刺果植物砍伐者），斯诺依纠正说：

> 那片土地是刺梨地带。你见过刺梨吗？它是仙人掌属植物，

把一株刺梨扔到铁丝网上,它都能活。有时我看到它像树林一样直挺挺地往上蹿,一棵挨一棵,都没办法穿过。有时我看到它长高了,大概有八英尺,可是太高了,你没法从下向上抡斧头去砍它。我看到他们用几百加仑的煤油把它烧光了,可来年它又全都蹿出来了。刺梨果都让鸟吃了。里面就像西红柿,长满了种子。鹧鸪携带它远至数百英里,掉到地里的全部都可以发芽。刺梨,布鲁伊!它会毁了澳大利亚——让它窒息而亡。

镰叶相思树地带作为一个大面积农牧业地区的命运就这样被刺梨耽搁了几十年。尽管卧龙柱属仙人掌很糟糕,但与刺梨比起来则是小巫见大巫。斯诺依看见过形状和大小各不相同的仙人掌,因为有六种仙人掌进入了新南威尔士北部和昆士兰。最初的一种是和第一舰队来的,同时抵达的还有吃它的胭脂虫:主要是为了制造红色染料,因为红色是英国人非常需要的一种颜色。

这种植物的后代仍生长在新南威尔士州,但真正的恶棍是后来到达的一种仙人掌,在英国俗称"常见的为害梨"(Common Pest Pear)。它就是刺梨。作家朱迪思·赖特听说最初的样本是装在罐子里带到梅特兰(Maitland)的,从那里又被带到北方地区,作为天然篱笆以阻止土著居民收回土地。她说,这是一个"长期被隐瞒的"事实。1868年,露西·格雷在格莱士顿(Gladstone)看到了一片"散落着的低矮木制房屋,有宽大的阳台、丛生的香蕉和刺梨围的篱笆",但她没有说这些篱笆是否只是为了挡风。更常见的说法是,一些殖民者把刺梨带到干旱的乡村,作为牲畜饲料以备旱灾之需,或者种植刺梨作为防风林和边界,并把它当作水果种在花园里,除了其他用途外,还可以做不错的果酱。到了联邦时期,刺梨仙人掌和其他一些后来加入的物种占据了大约100万公顷的土地。

在"联邦大旱"期间,昆士兰的一些农民用400加仑的容器把它煮熟,喂给饥饿的牛:强壮的牛活了下来,而弱小的牛肚子里却塞满了纤维,最终死掉。

刺梨与国家一同成长。每年它以100万公顷的增长速度大踏步前进。到了20世纪20年代中期,刺梨覆盖了2400万公顷的土地。数以百计的务农家庭被迫离开了他们的家园,带走了他们对农场地狱般景象不可磨灭的记忆,这一景象是刺梨在农场上创造的,同样不可磨灭的记忆还有煮麦子和糖浆的味道——因为这是他们中许多人赖以生存的食粮。萌芽阶段的农村社区被扼杀在摇篮中。在这些植物下面猛禽无法触及的地方,致命毒蛇成倍繁衍。这是一片令人诅咒的土地。

锯掉它,撕裂它,铲平它,燃烧它,掩埋它,所有这一切都失败了。用五氧化二砷喷洒刺梨是很受欢迎的做法——至于对喷洒者或鸟或放牧牛羊的健康有何影响,无人知晓,因而有必要在昆士兰的斯坦索普镇(Stanthorpe)附近建立一个砷矿,但这并没有阻止刺梨在整个地区的野蛮生长。新南威尔士和昆士兰政府通过了《刺梨破坏法案》;政客们巡视了被入侵的牧场,设立了委员会,任命了专员。数百人被雇来使用五氧化二砷或罗伯茨改良的梨毒喷洒仙人掌,这种改良毒药将一份砷和四份硫酸混合在一起。1926年2月,昆士兰州慷慨解囊,悬赏消除鸸鹋和鸸鹋蛋、乌鸦和灌木喜鹊,因为它们都会携带刺梨种子。在最初的18个月里,4万只乌鸦和8000只灌木喜鹊的头,6万多只鸸鹋的头及数量相当的鸸鹋蛋被呈献给了昆士兰的地方政府当局。总体而言,在不到三年的时间里,有报道称,该计划已经收集了超过31.7万个鸸鹋头和超过11万枚鸸鹋蛋,但对抑制仙人掌却没有明显的效果。或许,这些鸟对所控罪行是无辜的,但考虑到2先令6便士一个鸸鹋头、1先令两枚鸸鹋蛋的奖赏,在许多人看来,鸸鹋还是死得其所。

科学提供了答案。生物控制方面的实验已经进行了十余载,1926 年,有关部门在钦奇拉(Chinchilla)周围饱受刺梨侵袭的农场上释放了以仙人掌为食的南美洲昆虫仙人掌螟。其效果和杂草的传播一样惊人。这些植物消失了,在农民们的眼前分崩离析了,正如朱迪思·赖特所说,"确实软塌塌了"。诅咒解除了,一片几乎被遗忘的景色又出现了。在六年的时间里,常见的有害刺梨得到了控制。废弃的农场被重新占领。几乎消亡的乡镇又死而复苏了。其他物种,包括一种被称为橙黄色仙人掌(tiger pear)的物种,在许多地方仍然如此,人们总是有足够的果酱原材料。但是诅咒已经结束了。为了纪念仙人掌螟"拯救天灾"的功绩,表达对它们的"感激"之情,昆士兰妇女历史协会在达尔比(Dalby)以及布里加洛(Brigalow)和钦奇拉之间又长又直的沃里戈高速公路上竖起了牌匾;布昂纳加(Boonarga)的居民建造了一个大厅,并将其命名为仙人掌螟大厅。

在爱丽丝河及其他地方,罗伯特·沃森看到了"可怜的小相思树",并十分讨厌它,就像厌恶镰叶相思树一样。这两种植物有时会一起生长,但小相思树主要分布在干燥的土地上。殖民者告诉沃森说,它"直径为 9—12 英寸,生命力顽强"。但他看到的却是"一根可怜的不值两便士的棍子"。 这种树通常被命名为小相思树,共有 6 个不同的物种,而沃森对它的评价可能取决于他所看到的某个物种。几乎可以肯定的是,他看到的是坎贝格相思树(Acacia cambagei),澳大利亚本土 900 多种相思树中的一种。它也被称为"臭小相思树"或"臭金合欢树",扭曲的树干包覆着厚厚的灰色树皮,还有恶臭的分泌物和树叶,是一个可以装饰格林兄弟童话故事的物种。但是乡下的不同地区还有黑色小相思树、蔓延小相思树、沙丘小相思树和（非常有毒的）乔治娜小相思树。

　　小相思树的特性，就像澳大利亚丛林里的大多数物种一样，因土壤和气候的不同而各异，毫无疑问，还有其他一些特性为非专业旅行者所忽视。每隔25公里左右，"单调的千篇一律"便会有所变化，而这正是这片土地的诸多矛盾之一。于是，沃森看到小相思树和镰叶相思树长在一起，目睹小相思树、澳大利亚洋槐和檀香木一起生长，以及在马塔巴拉（Muttaburra）附近，"七米高的小相思树和垂枝相思树灌木丛和谐相处"。土著人使用它来制造飞镖、棍棒和战斗杆。对卡尔卡杜恩人来说，它是生活的必需品，就像他们制作斧头的玄武岩和石英一样。对于测量员来说，它是制作短桩的材料。它用来做篱笆桩也非常不错，用于锅炉燃料也好处多多，因此班卓·佩特森宣称，在自流泉盆地里，钻孔沉降器可以从一个由小相思树提供的20马力的发动机中获得30马力的动力。

　　汤姆·多诺万（Tom Donovan）将小相思树称为吉吉（gidgee）。他曾是一个放牧者，一名勘探者，还有许多其他身份，如一名士兵。罗伯特·沃森曾断言："昆士兰人的诅咒很特别，在很大程度上毫无意义。""他把他能想到的所有淫秽和下流的字眼都收集起来，把它们拼凑在一起，不管意义如何，然后用最野蛮的凶猛方式把它们喷射出去……"或许，汤姆讲话的方式的确像沃森观察到的那样。虽然他只使用两个淫秽的词语，但每隔一句话就会使用一次，有时是为了辱骂，但通常只是为了强调或加强语气而已。其实，这些脏话不是生硬喷出的，而是以一种细弱的慢吞吞的腔调与礼貌用语混搭，中间还夹杂着问话式的"呃"，就像新西兰人和加拿大人经常做的那样。当沃森所看到的昆士兰人用"怪诞而毫无意义的手势"说话时，汤姆·多诺万的手却一动也不动。他的嘴唇也几乎一动不动。他是一个非常沉静的人：穿着格子衬衫，戴着宽边帽子，惊人地向外弯曲的罗圈腿（骑马放牧者常见）上穿着一条紧身的蓝色牛仔裤。我们的谈话是这样的：

"这种草叫什么？"

"它是狗屎。纤毛狼尾草，呃。"

"牛喜欢这种草吗？"

"婊子喜欢它，呃。"

很难说如果埃涅阿斯·冈恩夫人还活着，将会如何塑造汤姆。在她认识的所有丛林居民中，她最喜欢的是那些赶牲畜的人。她在《我们来自穷乡僻壤》一书中写道："正是因为有了他们，澳大利亚才有了今天。"她的逻辑是，以马鉴人，马匹最能真实地反映主人的品行。它们把贵族和痞子分开："如果他坚定不移、刚毅、勇敢、真诚，一切都会显露出来；但如果他缺乏自我约束，或者胆怯、狡猾、卑鄙，他会竭尽全力避开考验，因为马儿会背叛他。"汤姆可能更倾向于这样一种观点：骑手对马的考验至少和马对骑手的考验一样，马在考验中学到的东西至少和骑手一样多。如果马没通过考验呢？汤姆和他的朋友奈德说，碰上一匹桀骜难驯之马，赶牲畜的人通常骑着马离开大众视线，把枪管塞进它的直肠，然后扣动扳机。然后他告诉老板这个可怜的混蛋死了，一定是心脏不好，呃。

为了使他适合她想塑造的丛林人物，冈恩夫人不得不忽视汤姆对基督教的厌恶、他本质上的孤独，以及他从事畜牧业的任何经历都无法使他认同等级在丛林中无足轻重的观点这一事实。不仅如此，她还得让他相信，如同在整个世界一样，丛林中有些是真实而有用的东西，其余的都是扯淡。这是一种实用的道德哲学，但"扯淡"的含义远不止谎言、欺骗或幻想。这意味着什么是不能容忍的。冈恩夫人小说里的"追捕黑鬼"——如果汤姆读了——会认为是扯淡，不是因为它没有发生，而是因为……这就是扯淡。有时候扯淡似乎意味着无法言说。汤姆参加的越南战争、军队、许多人———一切的一切都是扯淡。

汤姆在伊萨山（Mt Isa）出生并长大，他和父亲在一个奶牛场里工作，每天要给三四十头牛挤奶，去镇上卖牛奶和奶油。母牛脖子上挂着铃铛，在丛林中游荡，与丛林野牛交配。在没有电的情况下，汤姆一家用手挤奶，用手动分离器将奶油分开。即使到了20世纪60年代，他们也是骑着马匹或乘坐单座两轮马车出行。汤姆的母亲曾就读于天主教学校，希望她的孩子像她一样虔诚；他的父亲，一个来自查特斯堡（Charters Towers）的爱尔兰裔澳大利亚人，他把选择信仰这个决定交给了汤姆，汤姆旋即认定基督教是胡说八道。他自己去了健身房，老板是一位前重量级拳王，他从拳王那里学会了如何抵御男孩们的进攻，而对男孩们来说，"黑崽子"是他们每天的攻击目标。汤姆的曾祖母是卡尔卡杜恩人。孩提时代的她是巴特尔山（Battle Mountain）家族最后一场战斗中幸存下来的十几个人中的一员，她被当地警方中一个阿富汗裔爱尔兰人救出并带回家抚养，改名波普西并长大成人。

目前，汤姆在一个工业区的大棚里工作，那里到处都是机器、工具、丰田海拉克斯、岩石和聚氨酯管长度的岩芯样品。他小时候读过关于岩石的书，又从与地质学家的合作中学到了更多相关知识。他驱车穿过伊萨山砖红色的山脉、岩石露头、石英和用铁矿石砌的摇摇欲坠的城墙垛，区分了原生代与中生代、火成岩与沉积岩；追随倾斜、向斜和褶皱等所有地质创造的天工之作。他走过三齿秤草，眼睛扫视着地面和远处，寻找矿化的迹象。仅用"专注"二字并不能准确描述他的举手投足：要成为一名探矿者，在某种程度上是需要着魔的。

19世纪的探矿者，比如欧内斯特·亨利（Ernest Henry），历经了史诗般的冒险旅程，在山脉和平原间上下跋涉，穿过三齿稃草和松脂，除了岩石——还有绵羊——他们心无旁骛，因为在伊萨山周围的第一批探险家也是牧人和赶牲畜的人，或者，就像亨利，是现实中和期望中的牧民。他们中的许多人可能已经走出了《生活就是如此》的篇章，可对亨利而言，除了其他磨难，他的背部还曾被卡尔卡杜恩人用长矛刺伤，因此《奥德赛》可能于劫后余生的亨利更加恰如其分。卡尔卡杜恩人把亨利带到铜矿露头（之后成为阿吉拉矿），他在那里劝说男人们碎石，说服女人们做他的女仆。卡尔卡杜恩人还带他去了奥克赛德山（Mt Oxide），在二月的酷暑中行走了数日，直到他们到达一个洞穴，并看到了洞顶的铜矿藏。但在亨利成为昆士兰州的矿业英雄之前，他在昆士兰州中西部已经有了自己的牧羊产业。

　　除了卡尔卡杜恩人之外——且他们很快就要走了，没有人比牧人更了解这个地区，没有人比他们更有可能看到地下的希望，或者至少想象一下。更没有人愿意谈论这件事。根据杰弗里·布莱恩（Geoffrey Blainey）的说法，这是一个老牧人的故事，他曾谈起当年赶牲畜西行时看到的石英礁，这促使约翰·坎贝尔·迈尔斯（John Campbell Miles）前往。坎贝尔·迈尔斯是一个谨慎而喜欢独处的人，他在马匹的陪伴下感觉更自在，1923年，他发现并命名了伊萨山矿脉。不久，古老的山脉就被一个由丛林人变成的掠夺式采矿者部落占领了，他们全副武装，带着镐和铁铲，最重要的是，还装备了短桩（主要是小相思树做的），以此标识他们对白银或铅或任何他们能找到的东西的所有权。很快，不管有没有卡尔卡杜恩人或绵羊，几乎每一英亩的丘陵和山谷都要受采矿租约的约束，直至今日依然如此。

汤姆·多诺万继承了这一传统——马、牛和地质学家的锤子。自打他从事畜牧业的那天起，就对由南部的布里亚（Boulia）到海湾上的伯克敦这片区域了如指掌。伊萨山的正北是卡尔顿山（Carlton Hills）牧场，19世纪80年代，亚历山大·肯尼迪最初就在这里赶牛，近代由土著居民和托雷斯海峡岛民委员会（Torres Strait Islander Council）所有，现在所有权则归属卡尔卡杜恩人的一个委员会。这个牧场的大小与英国的一个郡相仿，当年做畜牧工时，汤姆曾踏遍了这个牧场的每一寸土地。他以一个牧人和卡尔卡杜恩人的双重视角观察这片土地。这是一个艰苦的地区，尽管对于勘探者而言并非如此，他们专注的是岩石和红色及黄色的大地：红色的石质斜坡生长着三齿稃草、杂乱的桉树、小相思树和无脉相思树；植被稀疏的平原、石英露头、古老且坍塌的城墙、深深的溪谷、水坑旁边白色树干的桉树和桃金娘科植物，河岸长满了2米高、12米宽的欧洲苍耳。到处生长着纤毛狼尾草，这种草颇受养牛养羊者的推崇，牧羊人和赶牲畜的人也会特意在牧场上传播。纤毛狼尾草是一种澳大利亚归化植物，一旦有这样一种植物，对草、瓶子树和桉树等原生植物是一种威胁。纤毛狼尾草和另一种外来的无芒虎须草，比原生草更容易燃烧，且硬度更大。有关部门估计，这两种草可能会令北部广阔的热带林地变成草原。

在一片起伏的红色平原上，几头牛在草丛中吃着草，在铀矿工人留下的鼓鼓囊囊的塑料袋之间移动。围栏附近的几个标志牌警告人们有放射性粉尘。成千上万只塑料袋，横七竖八堆在一起，大约有一平方公里。一半的袋子在阳光的暴晒下已经开裂，灰色的粉状物质散落在地上。小路旁的一个标志牌上写着，卡尔卡杜恩社区和深黄股份有限公司（Deep Yellow Limited）正在"携手合作，共创未来"。

在几公里外的一片平地上，一处旧围栏在巨大的三齿稃草丛和杂草中风化成了灰色。当年汤姆做畜牧工时，牛群就在这里集合，被选送去市场、被阉割、被打上烙印。现在，土地里面还留有杂物，从马蹄铁、钉子、缰绳碎片到烟草和沙丁鱼罐头盒。役马围栏（bronco rail）依然还在。"bronco"是西班牙语中的一个词，意为粗野、粗犷或粗暴。因此，在北美，bronco 指的是野马，野性十足或驯养但未驯服的马。在昆士兰，bronco 是中型的役马。骑手用套索把一匹未打烙印的马拖到役马围栏，牧场工人在那里用绳子捆好马的双腿，将之扔在一边，然后从附近的火上取出烙铁，给马烙上烙印；如果是公马，就把它阉割了。一次大规模的赶拢需要花几个星期的时间，那个旧场地周围的景象给人的印象是，这份工作对人类和牲畜都是残酷无情的。

汤姆的祖母是波普西和一个阿富汗裔英国人的女儿，她用传统的卡尔卡杜恩知识教育她的孙子。汤姆十四岁的时候，她说服他的父母把汤姆送去和"杀手乔"一起生活，乔是一个卡达恰巫师（kadaicha man）①——土著职业杀手。一百英里外的所有黑人都惧怕杀手乔，而且有充分的理由。唯有汤姆喜欢他。他教会了汤姆很多关于土地、马和牛以及土著人的知识。汤姆凭借他的土著—阿富汗血统，从一个局外人成为一名畜牧工，同时也成为克朗克里赶牲畜人停歇站酒吧里男人们中的一员，玛丽·杜拉克（Mary Durack）曾这样描述他们："身材瘦长的、皮肤黝黑的、留着胡子的赶牲畜的人，互相交流奇闻逸事，食指蘸上威士忌或朗姆酒，在吧台或地板上画地图。"

---

① 澳大利亚土著人中以"骨指术"执行死刑仪式的行刑者。

十几岁的时候，汤姆在矿上找到了一份工作，一直干到1964年被召唤去越南。回来的时候，他把军装带到灌木丛中，"全他妈的"烧了。然后他离开了两年，"开车跑了个遍"。回到伊萨山之后，他娶了一个卡尔卡杜恩人的后代为妻，名字叫罗宾。她讽刺地说，他是多诺万家族他那一代人中唯一一个娶了"有色人种为妻"的男人。

虽然童年很艰苦，但他比很多人都更幸运。在昆士兰，所有的土著居民都面临着一种威胁，就是突然被当地一名心血来潮的警察逼迫离开家园搬至棕榈岛或巴拉巴（Barambah）的郊外住宅。他们可以找任何借口，或者是因为对一个白人顶嘴，或者是因为一个体面的白人所生的带来麻烦的后代。数以百计的人被迫搬离，因为他们是"麻烦的""贫穷的""年迈的""患性病的"，或者是在当时被认为毫无理由值得记录的。威胁送去棕榈岛是一种强迫服从任何指示、任何形式的言辞和任何雇主的手段，而不管所受到的待遇如何。按照"法案"，土著居民的孩子可以被带走，送到千里之外一个城市与白人家庭和睦相处，或者在一个同样偏远的牧场做无偿的用人，没有任何工资。

卡尔顿山牧场有几十个卡尔卡杜恩人集结点。若探访所有这些集结点得花上几个星期的时间，但汤姆可能是唯一一个探访过全部集结点的人。在其中的一个集结点，深蓝色的水坑在破碎的石英岩壁下闪着微光。白色树干的优雅桉树紧贴着水坑的岩壁。小相思树和散发松脂味的灌木先于牛群在此抵达，杂草紧随其后。成群黑色的蔗蟾蝌蚪在水面下滑行——它们也是新客。汤姆说当地的爬行动物正在从入侵中恢复：乌鸦们首先找到了一种方法，现在巨蜥学会了在背上轻抛蟾蜍，然后在不摄取有毒皮肤的情况下吃掉其内脏。尽管杂草丛生，癞蛤蟆横行，但不难想象，当这一切进行得如火如茶之时，人类就会在这里出现。在 100 米的范围内，水坑两侧的平坦岩石都覆盖着石刻：同样的符号——一个 20 厘米的圆圈内刻着一个 5 厘米的圆圈——不断重复。峡谷的岩壁上，以及它旁边巨大的岩石上都有绘画和石刻。在离地面半公里高的地方，一块巨石向外伸出悬垂着，上面有一块染有赭色的磨石。

河流拐弯处陡峭的石英沟中有一些岩画，据一位曾见过的考古学家说，岩画可能有四万多年的历史。河流穿过浓密的草地和灌木丛，一边是沙质的河床，另一边是几近垂直的岩壁，闪闪发光的白色树干设法支撑着高高的树冠，以令人惊愕的角度悬挂在河上。当第一次在 30 米或更远的地方看到时，岩画可能是古希腊或古罗马圆柱上的浮雕，或许是与碎石一起运送到这个不可思议的地方。岩壁装饰有鸸鹋爪、蛇、巨蜥和中心有圆点的圆圈。石头正在剥落。这一切可能还要再过一百年后才会消失，但如果有人追随我们的足迹，也许用不了那么长的时间就没了。据了解，矿业公司的雇员，或先于他们到达的勘探者和测量员，曾破坏或污损这些岩画，他们甚至喷漆涂鸦；一些土著人热衷于主张对他们称为自己的土地的所有权，安放了一些从邻近但毫无关系的集结点淘来的工艺品，以此增加自己的说服力。

大约在 1900 年前后，克朗克里和卡贾比（Kajabbi）之间有了长途汽车服务站，卡贾比是位于莱卡特河西北部 100 公里处的一个城镇。汽车穿过卡尔顿山牧场，在三齿稃草和小相思树灌木丛中留下一处临时驿站的遗迹。那里有马厩、铁匠铺、厨房、肉铺和睡觉的地方，现在有几个砖砌的地基露出了地面，壁炉的瓦砾堆成了红色的泥土，上面有生锈的罐头和手工打制的钉子。在曾经安放牲畜栏的地方，有几根柱子的残桩，地上散落着一些栏杆。该地的短暂历史显而易见：一群实干家和马群在毫无用处的、炙热的平原上等待着下一辆车的到来。这是牧业帝国画卷中的细微一笔，由一个残破部落的幸存者添加，他们坐在尘土中，把玻璃、罐头和铁丝的碎片磨成他们从前用石头做的斧头和刀刃。他们的努力成果仍然留在地上。

距离此处一小时路程有一条河流，河边有一平方公里左右的红土，汤姆猜想那里过去曾经是沼泽，红土上有几十处壁炉地面遗迹，地上散落着切割用的石英薄片，还有石头做的斧头和碾磨工具。考古学家称之为石器时代的遗址。谁知道有多少代人曾在此集结？一千？两千？但这一切在某一代人存留期间结束了："石器时代的遗址"会立刻揭示出考古学家所没有传递的东西。一处被废弃的壁炉遗迹位于山顶的一个岩石掩体前面，俯瞰着一个巨大的马蹄形峡谷。铁矿石俯拾皆是。汤姆到处捡样品，用地质学家的锤子敲击它们，把它们劈开。"该死的石头！我一直都很爱它们，呃。"近来，他与矿业公司签订了一份矿业测量员的合同。当他不做测量员的时候，他自己去勘探铜、铅、锌、铀、银、金，目的是出售租约，而不是开发一座矿山。他的兴趣在于寻找这些玩意儿，而不是开采挖掘。

再回到他的棚子，里面有水槽、桌子、冰箱、罐子和一个垃圾箱，垃圾箱内装着啤酒的空罐和用过的茶叶包。一扇门通向一间整洁、有空调的办公室，窗户旁边有一张双层床。汤姆的老朋友奈德·伯克住在附近的一所房子里。奈德忧郁地沉默了良久；他善于思考，无法容忍愚蠢和种族歧视。他还不时滔滔不绝地讲述故事，如赶牲畜和偷小牛犊、一些人的私生子、赚来的和花掉的钱，以及和蟒蛇相遇：他带着偷来的牛进行了三天滴水未进的骑行，黄昏时分，他跪在当地的一口井旁喝水，这时一条蟒蛇试图先吞下他的头。休·莫斯曼与奈德有亲戚关系，这条主要街道的名字查特斯堡就是为了纪念他而命名的。奈德说，莫斯曼把他所有的钱都留给了他的土著后裔，但这些钱都在英国，他不愿意去拿。奈德和汤姆一致认为，棕色蛇在捕食老鼠的时候会发出口哨般的声音：他们确实听过棕蛇发出的口哨声，不在乎别人说什么，或相信与否。在维多利亚州西部的多石山（Stony Rises），我的侄女总是在看见棕蛇之前听到这种口哨声。汤姆和奈德猜想袋鼠会把白蚁丘的顶部敲下来，然后吃掉蚂蚁。在卡尔顿山上，我看到强壮有力的羚大袋鼠（antilopine kangaroo）在吃草，我还看到白蚁丘的顶部确实被敲掉了。汤姆认为幼小的云杉有毒，长大后就无毒了，所以牛可以吃。奈德认为这是胡扯。腐蚀性杂草是有毒的，无论如何牲畜都不会吃它，这是他们的共识。他们在大多数事情上是一致的：例如，黑人（和阿富汗人）已经从当地的历史记录中被删除；牧工从未得到足够的报酬——在20世纪60年代的时候，他们每周的收入不足10英镑，当时奈德在通往凯瑟琳（Katherine）的新公路上驾驶推土机，收入是这些牧工的两倍。

汤姆的棚子里留了一小块空间存放他的露营装备：担架床、水罐、便携式冰箱、蚊帐、锅碗瓢盆、自制的火锅。几年前，正当他骑着一辆四轮摩托车驱赶牛群时，由于被灰尘迷住双眼，奈德骑着马全速撞向了他。这次碰撞造成了汤姆多处骨折，使他险些命丧黄泉。他的肩膀需要做手术，因为缺了一块骨头。两次，医生把他送到汤斯维尔的医院；两次，医院让他卧床待了好几天；两次，他走出医院，回到了伊萨山。三次，他被棕色蛇咬伤：一次是巨型棕蛇，两次是普通棕蛇。当巨型棕蛇咬到他时，他正在露营，他整夜躺在行囊中，不知道自己是否能活到天亮。一天傍晚，他看到暴风雨即将来临，决定在下雨之前把草烧了，就在此时，他被一条普通棕蛇咬了一口。他穿着人字拖鞋和短裤，四处划着火柴，当他看到有个黑头从草丛中冒出来扑向他裸露的双腿时,他并不感到惊讶。他想,它要杀死我。他把宰杀的公牛装上卡车,出发前往伊萨山。一个半小时后,他摇摇晃晃地回到家,他的妻子开车送他去了医院。汤姆的左臂"有些麻痹",他认为自己的肝脏可能也受到了一些损伤,但他不确定究竟哪条蛇是凶手。

巴特尔山在伊萨山东北大约100公里处。它位于一系列起伏不平的山丘——形成了一个盆地,开口面向彩画山脉(Painted Range)。山脉的较远处是卡贾比遗迹。卡贾比曾是一个繁荣的小镇,当时铜矿开采繁荣,它是铁路线的终点站,牛从北方的牧场被赶到这里。现在,这里是位于莱卡特河上的一处孤零零的住宅,可供40人居住,住的主要是卡尔卡杜恩人和卡卡杜嘉人(Kalkadunga)。在卡尔卡杜恩饭店对面有一座纪念碑,纪念两种土著人的祖先。去卡贾比,你要在克朗克里以北大约80公里的高速公路上转弯。我们沿着泥泞的路走了一半,才注意到油表显示油已耗尽,只好掉头向南缓慢开行。在匡比(Quamby),一个旅馆老板,来自威顿附近牧场的热心年轻人,卖给我们一些燃油。匡比官方统计的人口是7人,我们在的那段时间是8人,因为一个来自瑞典的年轻女子为了帮旅店主人的忙,暂停了背包旅行。在匡比的南面,高速公路穿过科雷拉河(Corella River),河上有一个叫警察水坑(Police Waterhole)的地方。

就在这个位于克朗克里以北约40公里的水坑,督察弗雷德里克·厄克哈特(Frederick Urquhart)——后来成为昆士兰警察局长——建立了一个营地,与卡尔卡杜恩人作战,因为卡尔卡杜恩人近年来杀害了一些警察、牧人和华人矿工。当听到另一桩谋杀案时,厄克哈特率领部下寻找那个部落。卡尔卡杜恩的男人、女人和孩子们来自于彩画山脉,那里有一座巍峨的山峰叫卓越山(Mt Remarkable)。厄克哈特发现他们驻扎在巴特尔山准备战斗。第一次进攻被卡尔卡杜恩人用长矛和石块击退。第二次进攻则完胜卡尔卡杜恩人。据通常的报道,卡尔卡杜恩人的死亡人数是200人。但在由厄克哈特率领的,由他的当地警察、牧场主、经理和牧人参与的"驱散行动"中,还有更多的卡尔卡杜恩人被杀害。

整个昆士兰的情况大同小异。1883年,在西北方遥远的草坪山(Lawn Hill)牧场,勇敢的卡罗琳·克雷格的旅伴告诉她,"他看到牧场主的墙上钉着40双黑耳朵"。牧场主杰克·沃森"对黑人心狠手辣"是出了名的。在东部,波文(Bowen)的第一任市长科拉·霍尔科姆·威尔斯(Korah Halcomb Wills)——他的女儿嫁给了澳大利亚联合银行的经理——对卡尔卡杜恩人也相当残忍,但他却说这是"为了整个文明世界的利益"。也许为了他的灵魂,在其他狩猎队员的注视下,他解剖了一个土著人,剥下了肉,把头颅和骨头装进马鞍袋里带回家。在他那个时代,黑人被"成百上千——即便不是成千上万"地驱散。

西尔维斯特·多伊格对他所建立的那片亚热带森林的人们非常冷血,主要是因为他们对"英国的非法侵入法"没有任何概念。在中西部的休恩登(Hughenden),罗伯特·格雷和查尔斯·格雷两人都是相当儒雅的绅士,不可能为人苛刻,但正如查尔斯的益格鲁—爱尔兰裔妻子露西所记录的那样,必要时,他们必须"驱散"土著人(给他们"适当的甜点",这是克雷格对这种做法的描述),而"驱散"土著人时,他们同样精气十足,丝毫不亚于那些暴戾恣睢之徒。罗莎·普雷德的父亲曾在昆士兰的哈克伍德(Harkwood)附近进行了一场野蛮的报复性屠杀,对此,罗莎说道:"每一个英国人的胸膛里都充满了对残酷射杀无辜人类的极度憎恶。"查尔斯和罗伯特可能曾一度与罗莎的此种说法斗争过。在英国人身上，成功的欲望总是与讲究义气的本能相冲突。

查尔斯·格雷写道："我第一次看到他们的烟的时候，他们就应该被发现了。"就像他第一次看到门廊上的鸟粪就发现了燕子窝一样。就像可拉·威尔斯（以及他的朋友，一个土著人的保护人，一个彻头彻尾的"绑架者"）一样，格雷夫妇从土著人家中带走了他们的孩子，以教化他们，并为自己的家庭服务。

其中的一次"警察水坑"探险是由一个叫爱德华·科尔的牧场主带领的。1881年4月，罗伯特·沃森一行，其中包括一个名叫帕甘的"可怜的黑人小男孩"，在科尔的牧场上留宿。邂逅科尔并非罗伯特·沃森初次领略昆士兰边疆暴力的一面。几周前，在奥斯卡·德·萨特杰的科瑞纳牧场，一名边疆骑手造访了他的营地，这位骑手"曾因杀害黑人、活活烤死黑人小孩等行为而被判死刑"。沃森写道，"许多白人对黑人所做的一切是可耻的行为"，无数的其他行径也证明了这一点。十一岁或十二岁的女孩被抓走。在其他地方，人类学家西奥多·施特雷洛（Theodor Strehlow）称之为强奸，另一些人则认为"和一个土著女孩有几次性交"并不算强奸。白人殖民者将妇女——土著女人——视作性工具和劳动力，有时还将她们囚禁或关在篱笆后面。有时，土著女性是由渴望安抚入侵者的土著男性"随便"给予的；有时，她们选择自投罗网；有时，她们被强行带走。不管怎样，剥削粉碎了部落，使殖民者的任务得心应手。的确，昆士兰保护者和一位有着长期赶牲畜经验的老板都说，这种做法使殖民成为可能。赶牲畜的老板说："如果没有土著女人，澳大利亚内陆地区仍将是野生状态。"

科尔对最近一桩谋杀案的叙述很有启发性，与罗伯特·沃森自己无可奈何的判断不谋而合：

> 科尔先生告诉我，那个牧工和一个黑人男孩正在寻找迷路的牲畜；他们走上一条通往黑人营地的小路；然后，他们赶走了黑人男人，占有了他们的女人并与她们待在营地。不一会儿，牧工睡着了，其中一个女人偷了他的左轮手枪，把信号传给周围的黑人，黑人走上前用长矛刺穿了他的大腿，把他钉在地上，并用木棍击打得他脑浆四溅，然后他们就逃走了。这是那个男孩的说法，但直到四天以后他才报告这起谋杀。好像是那个牧工已经鞭打他好几天了，人们认为他可能是在报复。科尔先生告诉我，他和其他人一直追击黑人，射杀了五人，警察赶来狠狠地教训了他们，因为警察不了解前因后果。偷了一个男人的女人或孩子，然后就因为他反抗而开枪打死他，似乎很难下手；但我相信，除了迅速的和表面的毁灭之外，米已成炊，无可挽回。

巴特尔山是一座古老的、严重磨损的石头山，有些部分是赭红色的，几乎壁立千仞的表面沟壑纵横。山脚下是一片长有高达两米的银桦的茂密森林，森林中还生长着三齿稃草和发育迟缓的桉树。在地势升高的地方，是一个20世纪废弃铜矿的竖井，四处散落着机器和建筑物的碎片。卡尔卡杜恩人一定是历经长途跋涉才爬上通往鞍形山脊的缓坡。除了能得到暂时的喘息之机，他们别无所求：山上没有水，没有食物，没有别的出路。骑警跟着他们爬上同一个缓坡。

如果说攀登这座山无异于自杀，那么杀死欧洲人亦复如是。然后，卡尔卡杜恩人又尝试了其他方法来对付欧洲人。他们曾将欧内斯特·亨利带到了他的铜矿区。他们曾为牧场主打工。他们几乎走遍了全国各地，从事过各种各样的工作，从赶牲畜到抚养孩子。沃森在靠近克朗克里时发现，"这里的牧场似乎完全是黑人在工作"，"据说年轻的土著女人在马和牛中间很有用；事实上，她们是'最重要的牧场工人'"。爱德华·科尔说他们骑起来像"半人半马的怪物"。班卓·佩特森说，他们紧勒缰绳的动作，"就像抓住岩石的章鱼一样"。一位土著牧人发表了不同的见解："自从我们学会了骑马，我们就一直在挨饿。"

就像美国的大平原一样，澳大利亚北部也激发了壮美的梦想。奥斯卡·德·萨特杰说："丛林之内，万物皆硕。""这个巨大的西部流域……现在正致力于发展为庞大的畜牧业神圣之地。"没有人会反对有神圣目的的人，尤其是当他们乘着一股随时可能把他们抛到岩石上的信贷浪潮时。他们的思想，他们对自己重要性的认识，一定随着创造的规模而膨胀。这是牧羊人的"生存空间"（Lebensraum）[①]。任何被认为是劣等的种族，要么被安排做苦工，要么被彻底消灭。就像玛丽·杜拉克所写的，白人的观点是，昆士兰西部"只有在最后一批黑人被消灭的时候才适合居住"。

向东朝着克朗克里的方向前行，一旦离开伊萨山岩石的边缘，大地迅速呈现单调的形状，天空变得异常巨大。乘车观赏这片地貌景观是一回事，骑着马旅行则完全是另一回事。当然，还有另一种方式：作为一个步行者生活在其中。当土著居民从这些地方被驱逐时，人类就丧失了一个视角，换言之，遗失了一个世界。白天，常见的动物只是路边死去的有袋动物和以它们为食的鸢。婆罗门牛排成一列，沿着篱笆游荡，或在木本杂草的阴凉下安营扎寨，也许是

---

① 德国法西斯用作向外侵略的反动理论。

在追忆祖先,梦想着重返家园。

2010年3月,旱灾即将过去。洪水兵临城下。现在,这里的草是绿色的,但很脆弱,一点也不像米歇尔草原——犹如摇曳的草海,曾经无人不知,这里"如果不是整个世界上最肥沃的牧场,也是澳大利亚最丰饶的"。当地的一些居民认为现在饲养牛群可能还为时过早,他们回忆起当年为了弥补损失,牧场主匆忙在新草还没长好之前就再次补购种牛。事实上,在休恩登和温顿之间的这片狭长的平原上,浅绿色的草地上点缀着多刺的金合欢树,孤零零地长在灌木丛中,仿佛干旱把它的裹尸布抛在了身后。

这些平原是米歇尔草丘陵的一部分,从昆士兰州的中西部向北延伸,穿过巴克利高原(Barkly Tablelands),一直延伸到金伯利。这是一个夏季大部分时间降雨量都在250—550毫米的地带。除了河道的小径和"陡升"的台地之外,草地非常典型地向四周大范围伸展,在树木的衬托下几乎完美无瑕,台地上覆盖着三齿稃草和低矮的桉树,仿佛弗雷德·威廉姆斯的画作。有一些起伏的丘陵几乎看不见树,而开阔丘陵地带则散布着垂枝相思树和小相思树灌木;在南部,无规律地分布着空旷的丘陵,长着桉树、镰叶相思树和无脉相思树的丘陵,以及柏树、蓝叶桉和铁皮桉地带。也就是说,有五六个物种不仅是该丘陵地带所独有的,而且也是澳大利亚民族文化中特有的,比如米歇尔草就出现在了澳大利亚50分硬币上。

米歇尔草生长的地方都有同样营养丰富的昆士兰蓝草和沙漠蓝草,以及弗林德斯草、袋鼠草、龙爪茅、野黍、风车草、鸸鹋足、本地黍以及其他五六个物种,它们在一年中的某些时候都是有用的饲料。该丘陵地带是两条河流的分水岭,一条向北流入卡彭塔利亚湾(弗林德斯、格雷戈里),一条向南途经迪亚曼蒂娜、乔治娜、海峡地区流入艾尔湖以及中部大片沙漠。这是一个典型的"干旱和洪涝"地区：澳大利亚大陆许多重要的故事就发生在这里。传说中的城镇朗瑞奇、温顿、巴卡尔丁、卡穆威尔和朱利亚克里克都是丘陵城镇。旅游手册称之为"跳华尔兹的玛蒂尔德"乡村。

1835 年，在新南威尔士州的伯克附近，米歇尔少校第一次看到了米歇尔草属的草丛（主要是卷曲米歇尔草、披碱草、大麦草和雀麦草）。十年后，当他看到大海般的丘陵时，他宣称这里是"澳大利亚的黄金国"。这是他旅行途中"所见过的最好的地方"。他从两岸观赏爱丽丝河，"与墨累河一样水面宽广"，有时甚至比墨累河更加汹涌澎湃。

> 鹈鹕和鸭子漂浮在水面上，特大的贻贝壳堆成小山，仿佛地面上堆起的雪堆，当地人习惯吃贻贝……现在只有碧绿的河水闪着亮光，河水时而上涨……这些平原上生长着两种草，其中一种是雀麦草，具有从老茎上发出新芽的非凡特性。

事实上，它们不是雀麦，只是由于燕麦状的种子在微风中摇曳，看起来像雀麦。它们的蛋白质含量更高。

证据确凿：在昆士兰畜牧业的鼎盛时期，丘陵地带的牧场共给 20 万只羊剪毛。亚瑟·阿什温回忆，1878 年在索尔特恩溪（Saltern Creek）的剪毛棚里，共给 30 万只羊剪了毛。当时他在该地区建造围栏：他和另外两名男子建造了 645 公里的"改进"围栏。无垠的平原从此有了边界。

卷曲米歇尔草是最富营养的米歇尔草属，而雀麦草的营养含量最低。它们垂直的、长达数米深的根在洪涝到来前的长期干旱中吸收很少的水分，快乐地栖息在开裂的土壤中，树木也在这样的土壤中苦苦挣扎。各种草已经进化得可以抵抗干旱，但在干旱、过度放牧和在结籽前进行放牧的共同作用下，仍然生存艰难。然而，这些草似乎是专为绵羊和牛的消化道定制的，驯马师巴特·卡明斯宣称，还从未有任何类似为马准备的草。

这种奇异的环境产生了各种各样的特殊生物：蜥蜴、蛇和小型有袋动物等适应了草丛和裂缝中的生活，鸟类——其中有鸸鹋、大鸨和鸽子——适应了没有树木的生活。它们都是美味佳肴。殖民者报告说，有8.2公斤重的大鸨成群结队在此栖息，最多时有70只；雨后，有数十万只栗顶地鸽出现。雨水也引发了长毛鼠灾害，它们在全国各地缕缕行行，吞噬着路上所有可吃的东西。栗顶地鸽随着牧场的建立而退却，到1950年被认为已经灭绝，但随后又起死回生，像老鼠一样，下雨时，它们仍然大量聚集。

奥斯卡·德·萨特杰写道："一种'对乡村的贪婪'气息笼罩着开拓者。"要理解贪婪，我们只需要想象一下美好的季节，牛车上堆满了一捆捆的羊毛，像轮船一样颠簸着穿过平原，一路来到休恩登站，大地荡漾着金黄色的草浪。当时的小镇是"一个极其喧闹、熙熙攘攘的小地方，是羊毛大量运往伦敦的交易中心，也是汤斯维尔的家畜交易中心"。再想象一下雨后的景象：马车陷入泥沼，或者侧翻，大捆的羊毛滚落在地上，车夫的污言秽语和鞭子的噼啪声凄然消逝在广阔的空间里。

当牧场主抱怨政府将更密集定居计划作为当务之急时，这不仅仅是出于自身利益，也不仅仅是抱怨殖民地对他们贡献的忘恩负义。他们认为，如果没有"英国投资者慷慨而大胆地将资本注入澳大利亚的山川"，澳大利亚的乡村将一事无成。这是一个公平的观点，尽管流入牧场主腰包的钱——主要是从大不列颠经过墨尔本流入——并未全部用于创造一个更好的羊毛产业，当然更不指望创造一个安全的产业了。许多资金用于追逐土地和其他投机企业，而不是改善羊群和管理。在截至1891年的十五年中，当繁荣的泡沫破灭时，羊毛产量的年均增长率仅为百分之四；在那之前的十五年间，投资额只有一半，但羊毛产量的年均增长率却达到了百分之十一。

目睹了利物浦平原（Liverpool Plains）等"一流"地区的后果，奥斯卡·德·萨特杰提醒人们牛的饲养数量不要过多。但显然他对自己的建议无动于衷，他和他的伙伴们确信，凭借钻出的自流井的水，米歇尔草丘陵可以在任何条件下承载任何数量的牲畜。他写道："确保获得迄今为止在昆士兰州中部和西部最具价值、最稀缺的水源之后，未来是有保障的，不会失败。"在1892年的干旱中，这一看法致使卡兰多塔的9万只羊和1万头牛死于饥饿。"有什么能比看到它们缓慢地死亡更痛苦呢？"德·萨特杰问道。这个牧场经营者"落入陷阱，无法解救牲畜"。没有理由怀疑这种判断，也没有人否认"对乡村的贪婪"为他设置了陷阱。

缺少树木，米歇尔草丘陵就缺少树荫。为了提供树荫，牧羊主在20世纪初开始种植南非多刺相思树。昆士兰农业部推荐说它"既可为羊提供阴凉，豆荚又可为羊提供食物"。19世纪80年代末，丘陵地带开始向牧民和选地人开放，他们发现这种植物非常适合在丘陵种植，只需把种子从马背上撒出去，它们就能生根发芽。种子落在牛粪中时，它们甚至长得更好。如果它们落脚在钻孔周围的潮湿土壤或钻孔之间的沟槽，也会长得更加生机勃勃。洪水和雨季是这些种子的天堂。牛比绵羊和山羊更能有效地传播这种种子，而且自从20世纪50年代以来，牛已经稳定地取代了绵羊在丘陵地带的地位，多刺相思树也已取代了许多当地的草类。所以现在如果你驱车穿过丘陵地带，每次长距离地驾驶，你就会看到婆罗门牛在5—10米高的杂草中觅食。这种景象算不上最美的，更何况，当你知道每棵相思树每年能结出 17.5 万个豆荚，并且在你看不见的土壤下面，每平方米大约有五六种植物休眠时，这种景象就更打折扣了。

当局建议，"不要过度放牧"，放羊而不是放牛，用管道代替明渠。政府就根除多刺相思树这一主题进行实地考察。引进甲虫和毛虫；在周围的土壤喷洒叶面化学药剂和除草剂，从根部砍倒并在十秒钟内将化学药剂涂抹在树桩上。你可以在秋天用一台 80 马力的拖拉机挖掘它们，或者在冬天用推土机推倒它们，在干旱的时候用钉耙或双链轮对付它们。多刺相思树被宣布为一种国家级的杂草。它使草原的生产力减半，改变了草原的生态平衡，威胁着草原生物的多样性。它使牲畜无法进入广阔的区域，妨碍牲畜集合，并阻止牛群靠近水源。它每年造成的生产损失是 500 万美元，努力控制它的成本为 400 万美元。现在，它生长在 660 万公顷的丘陵地带，并使 50 万公顷的土地无法放牧。据一位观察人士说，这种灌木有可能把丘陵变成"类似非洲草原的多刺灌木丛"。而且，根据昆士兰第一产业部门的说法，即便这种有害物种得以根除，阿根廷牧豆树也可能令自然环境更糟。

如果此时奥斯卡·德·萨特杰能让他的马转向伊萨山方向的话，这位老保守党人就会惊叹于当地的市井百态：当地议员鲍勃·凯特；俱乐部，红男绿女在其中吃牛排、喝啤酒、玩自动扑克机；咖啡馆，他可能会在那里点一杯卡布奇诺。在咖啡馆里，凭借一些服务业方面的培训，女服务生将会用职业的语气说"别担心"，和你在大城市里听到的别无二致。它的意思等同于"不客气"，或者"很好"，或者"当然了，先生"。有时她们会说"没问题"，好像是在告知如果她们发现了一个问题，可能不会给你找零。

在勇敢的朱利亚克里克（Julia Creek，人口为 600 人）这样常年受着阳光炙烤的平原小镇，她们会如此讲话真是不可想象。当然，那里的人总是心口如一。在大街的中央，人们竖起遮阳篷遮挡停放的车辆，并在周围布置花坛。这座小镇坐落在自流泉盆地上，围绕着一个孔洞而建。水以 400 摄氏度的温度流入一座巨大的葡萄酒杯形状的塔楼，这是一座极其实用的建筑，也被视为具有深远象征意义甚至宗教意义的纪念碑。到了晚上，他们点亮高塔，内心怀着崇高的希望——也许它会在银河系的某个地方引起注意。他们建造了一个博物馆和图书馆，旁边立着一块写有"知识中心"字样的牌匾，前面的人行道上还有椅子、桌子和花盆。这里有一个红爪热带淡水螯虾农场和濒危动物袋鼩的保护区。城镇两端的标志都是"朱利亚克里克袋鼩之乡"。根据这些标志可以看出，朱利亚克里克也是"中西部繁荣的心脏"和"通往海湾的门户"。

朱利亚克里克袋鼩（狭足袋鼩）是一种类似老鼠的有袋类食肉动物，与稀有和濒危的兔耳袋狸、夜鹦鹉、领鹑一起，曾在平原的米歇尔草丛中繁衍生息。袋鼩很好地适应了干旱和匮乏，在风调雨顺之际以进食小蜥蜴、蜘蛛、蝎子、蚱蜢和其他各种各样的昆虫为生并蓬勃发展。但它很难与羊、牛、狐狸和猫共存，已濒临灭绝。现在，昆士兰环境保护局已经在 250 公顷相对完整的米歇尔草地区周围设置了防猫和防狐狸围栏，保护这种动物可以继续生存。

朱利亚克里克源起于伯克和威尔斯的探险。约翰·麦金利和兰德斯伯勒都在寻找这两位探险家，他们进出于周围的地区，不到十二个月，那里就有了牲畜。麦金利以自己的名字命名了该郡，以伯克的名字命名了镇上的主要街道。但是直到 1907 年这里才有了城镇，比人们期待已久的通往克朗克里的铁路线早一年。他们打了一个钻孔为来往火车提供水源，在远离洪水侵袭的缓坡上打造了一条主要街道。在 1974 年的大洪灾中，洪水淹没了 15.5 万平方公里的土地,使30万头牛丧生,但小镇只是边缘地带受到了一些影响。到了20世纪20年代,小镇有了一所公立学校、一座天主教学校、一所艺术学校、一家羊毛清洗厂、一个赛马场、一个影剧院以及乡村妇女协会和共济会分会。到了1940年,那家影剧院已经发展成为埃克福德娱乐中心,又增加了一个舞厅和溜冰场。主要街道铺设的是柏油马路。一个新的医院开始运营,还有四家咖啡馆、一个橄榄球队、男女板球队、一个网球俱乐部以及一年一度的自行车比赛。萧条和干旱使一代人的机会化为乌有,迫使他们去猎杀兔子和野狗,屠宰他们的牛和羊,但无论灾难对个体生命造成何种影响,它非但没有挫伤社区精神,反而使之更为加强。

火车把士兵和装备从东海岸运到克朗克里,再运到达尔文,第二次世界大战振兴了朱利亚克里克,尤其是咖啡馆行业(士兵们在咖啡馆里囤积糖果和烟草)。战后,该镇有了污水处理系统和电力,并建造了一个游泳池、一个退休住宅、一个长老会教堂、一个新的天主教教堂和修道院学校、一个医疗中心、一个新的医院、一个新的竞技表演场和宿营地。这里有一个除尘节(每年4月)和一个袋鼬丛林节。小镇有社区减肥计划、健康生活方式计划和老年人预防衰老计划。联邦政府和州政府为此类计划提供资金。这个小镇得益于牛肉产业的健康发展,以及矿业巨头必和必拓附近的坎宁顿银矿和铅矿。

黄昏前的一个小时,路上的交通突然增加:主要是袋鼠射手驾驶的四轮驱动车,其中很多车仿效了《疯狂的麦克斯》中的聚光灯和镀铬装置,好像射手们觉得如果不先震慑这些袋鼠,就无法杀死它们一样。他们把自己的交通工具变成了自然界中凶猛的生物,和任何一种巨蜥一样具有良好的适应性,并被同样的掠食本能所控制。射手们的任务很重要,尤其是现在,因为野狗的数量锐减,钻孔提供了稳定的水源，袋鼠会直接与牛羊争夺放牧空间。篱笆对它们来说毫无作用。射手们减少了袋鼠的数量，但如果杀死雌性而不是大型雄性符合他们的商业利益，他们会做得更好。清晨，他们带着袋鼠又迅速回到小镇，砍掉袋鼠的头和尾巴，一排排地把它们挂在卡车货厢。

钻孔也使鹦鹉的生活愈加美好。在20世纪50年代，自然学家文森特·塞文蒂（Vincent Serventy）看到由数千只凤头鹦鹉组成的鸟群向迪亚曼蒂纳（Diamantina）迁徙，数量相似的虎皮鹦鹉则飞向其他地方。塞文蒂很喜欢这一景象，但农民却饱受鸟儿的折磨。小麦和其他作物之于凤头鹦鹉、美冠鹦鹉和粉红凤头鹦鹉而言仿佛绵羊之于野狗。新播撒的种子和喂牲畜的谷物对它们来说可谓天赐之福。这些鸟类的数量成倍增加，它们的活动范围也随着小麦带的扩大而扩大。至少在澳大利亚西部，它们使当地鸟类的栖息地受到了大肆破坏，包括凤头鹦鹉和粉红凤头鹦鹉的在内。笑翠鸟、长喙凤头鹦鹉、裸眼小凤头鹦鹉和硫黄美冠鹦鹉等，全部原产于澳大利亚大陆的东部，现已落户西部，它们不仅在此吃庄稼，还攻击行道树、板球场和高尔夫球场，并弄脏汽车和晾衣绳。这些鸟还喜欢生菜、胡萝卜、杏仁、核桃、蓝桉幼苗，以及鸟类专家所说的"鸟喙的维护站"——网状管和配件以及建筑物的重要部分。

农民们开始讨厌这些鸟，于是，就像对付野狗那样，他们开始采取行动了。他们射杀或毒死这些鸟，用网和瓦斯攻击它们。他们还为这片土地引入了一种新的声音，与丛林定义的鸟鸣声相呼应：小围场上，不时传来一阵枪声把它们吓一跳。所有这些方法仍在使用，不过当局建议采取一种较克制的方法：例如，西澳环境与自然保护部认为用毒气杀死被网缠住的鸟儿不具"美感"，"而且很容易让一些公众感到不安，因此应该只考虑在一个受控的场所使用"。

通往休恩登的路两边杂草丛生。叉尾鸢从路旁干瘪的袋鼠尸体上飞起，或者在枝叶上盘旋以寻找老鼠或蚱蜢。这些鸢喜欢蚱蜢，而这个地区的蚱蜢俯拾皆是——红、黄、棕、绿，五颜六色，无所不有。你能听到它们到处乱蹦乱跳，乱碰乱撞。在某些年份——当地人说在暴雨来临之前——千百万只小相思树虫蜂拥而至，使生活变得苦不堪言。三齿稃草和米歇尔草上同样爬满了虫。一天晚上，当我躺下时，一只所有生物中最仁慈的、12厘米长的竹节虫落在了我透明的帐篷顶上，太阳升起的时候，它仍然待在那里。我说不清它是在注视着我，还是在仰望星辰。在米歇尔草丘陵地区，螳螂和跳虫永远与你不期而遇，热情相拥。蚊子和沙蝇在夜里纠缠不休。丘陵地带是大量蚂蚁的家园，包括会飞、会叮咬、会在夜间活动的蚂蚁。有证据表明，大约有30种蚂蚁是丘陵地带特有的，或者至少如科学家所言，蚂蚁对丘陵地区表现出"高度的忠诚"。

蚂蚁是野餐者、宿营者和丛林徒步者的忠实伙伴，也是更高等级丛林人的伙伴，其中包括路德维希·莱卡特，他在从布里斯班到埃辛顿港的途中饱受邪恶黑蚂蚁的折磨。除了苍蝇、蚊子和跳蚤（"它们似乎从整个宇宙蜂拥至此，遍布这块殖民地"），查尔斯·梅瑞狄斯太太讨厌蚂蚁入侵房屋，它们"无孔不入，比比皆是"。它们确实如此，但她却喜欢在野外观察蚂蚁。在澳大利亚，蚂蚁几乎和袋鼠或卡尔比犬一样，具有象征性地位。在北方无树大草原上，它们的土墩，加固型的或纯粹"魅力型"的，无论哪一种，都模仿着曼哈顿的天际线，现在吸引着游客。这个国家的树上挂满了绿色的蚁巢，蚂蚁们有一种习惯，就是把过路人的衬衫领子拉低，然后夹住里面的肉。如果你对它的毒液不过敏，那么被斗牛犬蚁（或叫杰克跳蚁）咬一口就是一种典型的丛林体验；但如果你过敏，可能就会因此丧命。被斗牛犬蚁咬伤导致成千上万的人出现过敏反应，致死人数可能相当于被蛇和鳄鱼咬伤的人数总和。十年前，一只维多利亚州的斗牛犬蚁咬伤了我的一个朋友，从那以后，他就患上了心律失常的毛病，无论到哪里烧烤，都带着肾上腺素皮下注射液和一罐蚂蚁粉，把自己武装到牙齿。

了解丛林的昆虫史很有用。或许，该历史始于1688年威廉·丹皮尔（William Dampier）在澳大利亚大陆西海岸与土著居民的相遇，他说："他们的眼睛总是半闭着，以免苍蝇飞进去；这里的苍蝇太烦人了，任何扇子也无法阻止它们在你脸上飞来飞去。"在20世纪50年代和60年代的夏天，我们这里的情况也一样：苍蝇钻进我们的鼻子、嘴巴和眼睛，落在我们的耳朵上。在比较暖和的月份里，我们每次回家或走进教室时，都要背靠着走廊的墙壁刷背，因为背上黑压压落了一层苍蝇。雌性苍蝇很执着，寻找我们分泌的蛋白质以满足它们卵巢的需要。对此，我们并不了解。1912年的报纸报道说，新南威尔士州大分水岭以西的学校都停课了，由于"苍蝇肆虐，牲畜在恶劣的环境中四处游荡，得不到适当的营养"。自第一舰队到达至我们学生时代的若干年里，人们习惯用一种类似于挡风玻璃刮水器的动作拂去苍蝇，这一动作被称为澳式敬礼。

丹皮尔的报告挑战了这样一种理论：在欧洲人带来的动物将可以令苍蝇繁殖的粪便撒在土地上之前，丛林苍蝇并没有如此泛滥成灾，但可以肯定的是，它们并没有因为外来物种入侵而处于任何劣势。苍蝇的存在为丛林服饰博物馆贡献了那顶帽檐上悬着软木塞的帽子，或者是遮住眼睛的面纱，以及马身上类似的东西。除了给男女老幼带来烦扰之外，它们还把马和狗也逼疯了。测量员乔治·沃森观察到"苍蝇会吃马的眼睛"，他并不是唯一见证这种现象的人。成群结队的苍蝇争先恐后地落在羊身上，就像剪毛一样将之弄得血肉模糊。雪上加霜的是，几种苍蝇的蛆虫在羊毛和皮肤下钻洞，以羊的血肉为食。1914年，在猎人河（Hunter River）上游，48000只绵羊死于苍蝇的袭击。

丛林蝇只在粪便中产卵，具体是本地动物的还是外来动物的粪便，它们并不在意。它们也不是重大疾病的携带者。但如果进入人的眼睛，它们就会传播沙眼（也被称为埃及鸦片）。在一些偏远的土著居民社区，多达百分之五十的人患有这种疾病，很多人为此永久性失明。在其他地方，这种疾病已经消失了六十年甚至更长时间，但曾经有一段时间，它是整个丛林巨大的魔咒。19世纪晚期，一位住在达令的女人回忆道，她的整个家庭都像盲人一样四处摸索着移动，痛得夜不能寐，每天总有放牧的男人来到她家门前，他们的眼睛上也包裹着破布，痛不欲生。土地测量员阿奇博尔德·麦克米伦（Archibald McMillan）说，沙眼是"一个人可能遭受的比最痛苦的折磨还要痛苦一百倍的疾病"。

接下来就是虱子。麻痹蜱的自然栖息地是从昆士兰北部延伸到维多利亚北部边界的30公里海岸线。丛林蜱（长角血蜱）栖息在同一条狭窄地带，但没有延伸至南方。对大多数人而言，这两个物种不过是讨厌的东西，但对任何过敏的人来说都是一种威胁，对狗也是一种巨大的威胁。更严重的是牛蜱（微小牛蜱），它是蜱虫热或传染性血尿病的病原体。在19世纪的最后十年里，蜱虫热横扫了昆士兰的养牛业，并消灭了大部分繁殖牛群。300万头牛一命呜呼。据说，农民们在数日内倾家荡产。如果感染脑巴贝斯虫病，事实上经常出现，症状很可怕：高敏感性、眩晕、压头①、侵

---

① 一种兽医学上的神经紊乱症状，症状是站在墙边或墙角前面不动。这种情况出现在宠物中，如狗和猫，以及其他动物，如牛、马和山羊。

略性、痉挛、瘫痪。

导致斑点病的螨（羊痒螨）是"一种潜伏的、无法察觉的昆虫"，在19世纪几乎摧毁了绵羊业。它与第一舰队一同出现，造成了一种使绵羊痛苦不堪、羊毛脱落的疥癣。1855年，里弗莱纳的牧民约翰·彼得拥有的13000多只羊就死于这种螨。牧场主发现，如果将绵羊放在混合了硫酸和烟草的热溶液中浸泡两次，就可杀死痒螨，于是浸渍成为该行业的普遍做法。在此之前，他们使用砷和汞，这就不可避免地对溪流和池塘的生物造成影响，因为绵羊恰好会在这些地方冷却它们感到烧灼的四蹄。

但是，对于那些不太尽责的牧场主和赶牲畜的人来说，没有任何治疗对他们的流浪羊群有效。为了应对这一对殖民地主业的威胁，政府指派螨虫检查人员前往边境巡逻。边境线很长，并不是每一个赶牲畜的人都准备好把他的羊交给他们检查。托马斯·奥肖内西在1866年的日记中记录于拂晓前越过贡迪温迪（Goondiwindi）[①]的麦金太尔河（McIntyre River），正好与赶来的昆士兰检查员和一个带着传票的随从警察错过。"我当时在新南威尔士。他无法送达传票。"

在1859年和1863年，南澳议会通过了两项痒螨法案，目的是将受感染的羊群与边境的殖民地隔离开来。检查人员被授予没收和销毁受感染绵羊的权力，并严格控制穿越该州的赶羊通道。1867年，12000只羊组成的羊群在墨累河下游被杀死。科伦坡副主教（Archdeacon of Colombo）的儿子亨利·格伦尼（但皈依了天主教）被任命为痒螨检查员，乘轮船前往位于墨累河南澳一侧的乔维拉牧场（Chowilla station），一个"彻头彻尾的荒野，距离最近的村

---

① 昆士兰的一个小镇。

庄 100 英里"——就在今天的伦马克以北。随行的有他的妻子、八个孩子和一匹马。他获得的年薪为二百英镑，外加补给马的饲料津贴，他需要对所有顺河而下或越过河流进入南澳的羊负责。此外，1867 年以后，警察因玩忽职守而被解除了向土著人发放配给品的任务，这项工作也交由格伦尼负责。那时他们士气低落。当在乔维拉约六十名露营者中看见三个婴儿时，当地一位警察认为这是一个"非凡而令人欣慰的事实"，因为"在过去几年中，似乎每一个生命在出生时就被摧毁了"。

格伦尼一家住在一间茅屋里，屋顶是用河上的芦苇盖的，这片土地属于一个愤恨不满的牧场主。为了买一辆马车、马匹和马具，以便在蜿蜒的河道上东奔西跑，为了建造一座更适合居住的住宅，格伦尼不得不以百分之三十的利率借钱。很难想象这份政府工作有多糟糕。有一次，他写信说他的八个孩子患了麻疹，其中一个"死了"，他自己"几乎被沙眼病弄瞎了"。

河水水位有时太低，以至于汽船无法航行。有时河水又会涨得很高，可怜的格伦尼和他的家人不得不放弃他们的房子，搬到地势高一些的地方。当新南威尔士州出现干旱时，成群的绵羊会涌向南澳边界，他会骑着马在荒野中奔跑，或者坐着他的大马车在荒野上颠簸，试图击退成群患痒螨的羊群。这场严酷的考验让他患上了"风湿性痛风"，五十岁时他就放弃了这份工作。五年后，他去世了，撇下妻子和十一个孩子，其中四个孩子是在乔维拉牧场出生的，还有一个已经夭折。在他死后二十年，痒螨病在澳大利亚的羊群中根除了。

就像澳大利亚不计其数的其他城镇一样，休恩登也是从一家酒店起步的，以迎合游客的需要，同时，也便于人们往返于克朗克里周围的矿区。酒店出现之后，铁匠铺、商店和屠宰场相继登场。到了2010年，休恩登似乎奄奄一息。那些幸存的标志，如宏伟的大酒店，其古老的活力给世人留下的印象更加强烈。在名字里添加了"度假胜地"几个字眼的另一家酒店外，一个土著人喝得酩酊大醉，但他决心告诉我们一些什么——所有城镇都隐藏的一些秘密。我们尽了最大努力，也听不懂他说的话。在酒店里面，几个衣衫褴褛的人玩着游戏机或赌灰狗。其他人或者盯着墙壁，或者盯着周围五六台电视上的橄榄球比赛和表演，或者互相咒骂。一个悲伤的女人独自坐在凳子上喝着啤酒。实际上，此情此景可谓一家旨在提供餐饮的酒店所能提供的最悲惨的一幕。牛排难以下咽，坚决地抗拒人们吃下去。在那家酒店里，人是不会快乐的。如果它确有任何好的用途，那就是成为狩猎和采集的证据。

与这种生活方式截然不同的证据可以在骷髅河（Skull Creek）以东几公里的地方找到，在澳大利亚叫这个名字的河有很多。还有一条名为"骷髅洞"的河，位于温顿附近，在向南约二百二十公里处。旅游手册上说，"这是一个土著居民大屠杀遗址，大屠杀的起因是报复土著人杀死了一名赶牲畜的人"。狩猎活动"在骷髅洞河达到高潮"，这是一个适合野餐和观鸟的好地方。

酒店的"度假区"是一系列棕榈树环绕的房间。锈迹斑斑的健身器材像一件废弃的刑具，矗立在四方形院子的一角。一只很小的甘蔗蟾蜍趴在门阶上，早上时门口还有一只更大的。房间里弥漫着刺鼻的井水的味道，空调大声地咆哮着，如果雇一个人在窗边给客人摇扇子，可能会更舒服和省钱，这与休恩登的起源更相符。

这个小镇的名字来自白金汉郡的休恩登庄园，罗伯特·格雷1839年出生在这里。这个庄园（十年后成为本杰明·迪斯雷利的乡村别墅）当时属于格雷母亲的娘家诺里斯家族。罗伯特是一位牧师的儿子,在马尔伯勒(Marlborough)接受教育,后来成为一名军人,以海军少尉的身份加入英国军队,并参与镇压印度反英暴动。罗伯特有一个非常有进取心的表哥欧内斯特·亨利,亨利的母亲也是休恩登诺里斯家族的一员。1863年,罗伯特和表哥一起,从博文("无疑"是不久之后……东印度群岛疗养院)经由陆路赶了1800只羊,又在弗林德斯河接管了一个牧场。很自然,他们给牧场取名休恩登。不久以后,亨利有些操劳过度,罗伯特的弟弟查尔斯买下了他的股份,二十年后,休恩登几乎变成了一片光秃秃的平原,放牧过8万只羊。米歇尔草可以做到这一点。格雷一家在更靠北至海湾的地区租赁了更多的土地。正如亚伯拉罕对罗得所讲:"难道所有的土地不都在我们面前吗?"(或者,"最早的居住者是达勒伯拉土著部落,然后才是殖民者",休恩登的探索中心如是说)。那是擅自占地最舒服的日子:需求高,价格好,劳动力便宜,拥有资本的男人们不受任何妨碍——"一切都是美好的"。

格雷家并不是真正拥有地产的乡村贵族,但通过在昆士兰的经营,他们计划赚足够的钱来弥补这一劣势。像其他在边疆的人一样,他们一心只想买一个英国乡绅的席位。在某些方面,他们比大多数其他的擅自占地者更接近于纯粹而简单的殖民主义者:是从土地和原住民那里获取能得到的东西,然后带着战利品离开的人,而非意欲落地生根、建立永久主权的"定居殖民主义者"。当罗伯特和查尔斯在他们的妻子——洛蒂和露西——的劝说下留在他们的牧场时,有一段时间,他们生活在一种类似于英国对印度的统治中(罗伯特·格雷将其比作印度旁遮普),配上从部族和南海岛屿牧羊人那里"购买"或以其他方式汇集来的未成年的土著仆人。乔治·博文爵士做了另一个比较:他们之于澳大利亚其他人就像18世纪的弗吉尼亚种植园主之于其他美国人一样。

妇女也是那段历史的一部分，她们的日记为今天的我们再现了这片殖民边境当年的景象。和许多其他记日记的女性一样，露西·格雷沉迷于自然。正如历史学家安妮·阿林厄姆（Anne Allinghan）指出的那样，这使她倾向于以同情的笔触描写自然领域的土著居民，而不去质疑残酷地将他们驱逐出自然的殖民主义。虽然露西悲伤地看到了转变的直接影响，但在她的脑海里，自然不得不让位于文明：自然的"荒蛮的黑人"最终变成了"牧场的黑人"或"驯服的黑人"。在变得驯服的过程中，土著居民的性格发生了奇妙的变化：在大自然中，他们是"懦弱的"和"背信弃义的"，在提供服务的过程中，他们既是有用的，也是忠诚的，当然也更幸福。

当丈夫查尔斯把一个土著男孩带回家，"给他细弱的小黑腿戴上脚镣"时，露西·格雷表示反对，说这"看起来像是把他当奴隶了"。男孩名叫瓦拉杜尔。她丈夫剪掉了男孩的头发，给他穿上一件蓝色斜纹衬衫，一直垂到脚跟。脚镣是"为了防止他突然想家，晚上回家找妈妈"。只要看上去不像奴隶制，露西就会对这种安排感到满意，就像查尔斯带回家给她用的"大约十二岁……的小女孩"。他们称女孩莫吉，给瓦拉杜尔改名比利，当露西第一次看到他们的时候，虽然觉得他们"看起来很可怜"，也"很笨"，但在描写他们的时候，她还是爱意满满。

同样，关于她丈夫频繁且日益无情地追捕偷牛的野蛮黑人之事，她的笔下也没有流露出任何批判。"他们很清楚自己做错了，"她写道，"但他们更喜欢'小公牛'，而不是'袋鼠'，因此选择了冒险。"尽管如此，她可能更喜欢邻居罗伯特·克里斯蒂森的策略。作为一名基督徒和业余的人类学家，以及"直言不讳、自封的土著人保护者"，克里斯蒂森与土著人签订了某种条约，不允许当地警方在他的土地上活动。有一种说法是，在他那5000平方公里取名拉默莫尔的大牧场上，他与"数百名黑人住在一起……友好相处并相互理解"。

格雷一家的情况则不然。最初在白人定居前撤退的土著人，在连续三年的饥荒之后，发动了反攻。他们袭击牛、羊和牧羊人。露西·格雷在日记中写道："查理整天跟在黑鬼后面。""查尔斯……给了黑人一顿教训。""查尔斯追杀黑人。"

当露西第一次来到休恩登时，她想到了迦南（Canaan）[①]，"就算从毗斯迦山来的摩西，肯定也看不到比这更美好的景象了"。离开汤斯维尔后她进行了十天的长途旅行，一个"黑人马倌"骑马来迎接她和随行，并一路将她护送到新家。他们在路上看到"一些黑人牧羊人穿着非常透气的衣服在给羊饮水"，这使她想起了雅各和他的羊群。丈夫查尔斯申请并收到了一批卡纳卡人，他心里美极了。他付给他们的工资只有白人的三分之一，却可以对他们要求更多。他们任劳任怨，比中国人更适合做牧羊人（如果不是更快乐的话），但中国人是最好的厨师和园丁。罗伯特·格雷认为，中国人有一种"创造奇迹的本领"，这似乎是土著人所缺乏的。没过多久，露西就开始写她在阳台上度过的愉快夜晚了，"大家都穿着凉爽的白色衣服懒洋洋地待着"，而卡纳卡人则围坐在为他们准备的"一大盘牛奶"旁，分盛到各自的小盘中。她在树荫下教其中一个人做印度菜。露西幻想自己有时在印度，有时在旧约的国度——之所以是旧约，是因为她的丈夫永远在弗林德斯河干涸的河床上挖水，"这很容易联想到亚伯拉罕的仆人和亚比米勒为拥有一口水井而争吵不休，最后亚伯拉罕在那里种植了一片小

[①] 由以色列和位于约旦河与地中海之间的部分组成的一个古代地区。在旧约中，它被称为乐土。

树林"。她的脑海里始终萦绕着这种相似和对比：亚伯拉罕阴凉的小树林与现实中没有阴凉的桉树丛林，以及"耀眼的和乏味的天空"所发出的永恒的炫光。

此外，当月光、星光和绯红的晚霞透进树梢洒满丛林，桉树的树干看起来像"硕大而白皙的骨瓷"时，那是"完美的夜色"。露西喜欢在芳香的空气中骑马。月光下的夜晚有着"如此鲜亮的黄光"和"深紫褐色的影子"，与"英国月光下冰冷的蓝色和银色"大相径庭。一向身穿制服的格雷先生骑着马穿过牧场，在河溪上筑坝，而格雷夫人却对丛林如痴如醉。

从来没有见过比这更凄惨的景象，她吓得转过身去。她平静地记录着一切：牧场上，任何人第一眼就能看到的是屠宰牲畜的"丑陋的绞刑架"、干扰她睡眠的野猪、干旱中凋零的乡村、弗林德斯河上"巨大的沙床"，"看起来里面好像从来没有，从来也不可能有水"的滚烫的砾石沟渠。她甚至注意到当地有一种习惯，那就是把小溪流过之处都叫作水坑，把里面有水的地方也都叫作水坑，而且无人觉得奇怪。她和格雷家其余的人都生活在病魔之中，他们染上了沙眼病，可怕的沙漠疮侵蚀了他们的双手，他们不顾一切地吃滨藜以抵御坏血病，并设法使他们所有人都能在疟疾中幸存下来。

她还写到了牧工。观看集合牛群打烙印令她兴奋。15公里外传来了"牛群巨大的咆哮声"、噼啪作响的鞭子声、"黑人男孩"嘴里"嗨，嗨"的高声喊叫，声音愈来愈近；当他们到达围场的时候，气氛达至高潮，尘土飞扬，动物们翻滚着、嚎叫着、呻吟着。接着，滑动栏杆的声音传了进来，当最后一只吼叫的小牛找到它的妈妈时，全场鸦雀无声。她写道，男人们"放下缰绳，悄悄地慢跑到他们的营地，（如果他们是真正的澳大利亚人）他们就什么也不做,如果能躺下,他们绝不会坐起来,只是在那里抽烟、编造故事,心满意足"。这种神秘感曾吸引了冈恩夫人、欧内斯廷·希尔和玛丽·杜拉克,也使露西着迷。她参观了一个牧工的小屋,详细地描述了它的风格和布局。小屋完全是用茅草盖的,两端各有一个开口,一个当窗户,另一个当一扇"根本不存在"的门。茅屋内,墙两侧还各有一张高高的"铺位","铺垫草和兽皮当床垫"。"一棵大树的一部分"当桌子,"四周挂满了鞭子、缰绳、步枪、左轮手枪等等,乱七八糟,看起来无人整理"。露西看着牧工,仿佛在看另一个——相当有吸引力的——种族的成员。他的需求很少,沉默寡言,显得那么自立,那么安于生活,而且似乎也满足于与其他的牧人如影随形。他似乎渴盼女人,就像渴盼果汁饮料一样。

他们梦想在大分水岭以西的昆士兰州大展宏图。他们从一开始就梦想着黄金和铜、石油和天然气、牛和羊、豆类或棉花。这里的人们善于从宏观的角度思考问题,并在思考的过程中收获良多。该地区积极响应资本和技术。总的来说,更密集的定居计划是为失败者而准备的,除非我们忽略困难,把它视作想实现拥有活动的空间、清洁的空气以及独立的早期梦想。昆士兰丛林里居住着大量密集定居计划的拥趸者,从另类者到业余爱好者和小农场主。有足够的活动空间一直是丛林的最大吸引力所在,或者是有训练一匹赛马、一条灵缇的空间,或者是能在自制的跑道上练习赛车,或是能培育自己的生态环境、饲养家禽和猪、种植山核桃和大麻,悠闲地追求懒散的理想生活方式。

所有这些和其他许多的生活方式都源于最初的欧洲种植生活。传统的农民,无论是来自家庭还是企业,都是牲畜业和农业产业的基础,他们也是由最初的欧洲农民进化而来,但更多的是依靠大脑左侧的蜕变，并在资本、技术和健全的商业原则的应用下扭转乾坤。

参议员巴纳比·乔伊斯（Barnaby Joyce）认为，牛肉行业既是农村和国家经济的支柱，也是衡量一个人奋斗精神的标准。他告诉农民，早上早起，密切关注市场并节约每一美元的支出，做好平安度过不可避免的困难时期的准备，一个人就能够在那些自我炫耀之人和努力欠佳之辈失败的地方获得成功。而且总有一种方法可以进军这个行业，进入你自己的领域：比如，放牧或租赁，或者像乔伊斯那样，成为一名会计师，把收入投到土地耕种和牲畜饲养。

该行业的敌人是市场集中化、动物解放派、环保主义者，以及听从"悉尼和墨尔本近郊那些先知们"的政府。这是一些恶魔和傻瓜，他们制定了"愚蠢"的法律，比如碳排放税和树木砍伐禁令。

> 我们是怎样使这一切发生的？为什么现在如果我回自己的家，推倒属于我自己的树就真的要去坐牢？这在澳大利亚是怎么发生的？我们怎么能让这种情况现在还在发生呢？为什么我们不再邪恶一点，说这是荒谬的。这里是我的地产，我的资产。它只是一棵树，推倒它，另一棵会再长出来，如果我决定把它推倒，世界不会是末日。它既不会热也不会冷。地球的温度将保持在大约相同的水平。

乔伊斯参议员既传承了令人骄傲的家庭务业传统，也传承了乡村政客夸夸其谈的传统。他认为，若对那些动物权利保护者稍微让步，他们便会得寸进尺，很快你会发现，你不能在不给小牛犊注射麻醉剂的情况下就给它扎耳标了。农民的敌人是常识的敌人，是一切合理和公正的敌人。他是试验约伯的撒旦,恶毒至极。乔伊斯目睹了这样一幕:"人们努力使用支点喷灌灌溉他们周围的土地,突然出现一棵木麻黄,看在上帝的分上,只是一棵木麻黄,根本不是红雪松,最终,由于不允许他们移动木麻黄,灌溉无法正常进行,必须另想办法。这真是岂有此理……"

在农民看来,他们的敌人是进步。农民的努力是整个国家的希望,但这个国家却疯狂或邪恶地给他们设置障碍,反倒奖励那些贡献少、纳税少的城市居民。对此,即便傻瓜也能一目了然。

这并不是说他们对昆士兰边远西部的过去视而不见,或者忘恩负义。这个地区有很多博物馆。朗瑞奇就建有牧工名人堂,"向澳大利亚内陆的开拓者致敬"。克朗克里拥有一个当地的历史博物馆,里面满满当当陈列着早期采矿和放牧时代的文物,欧内斯特·亨利被宣布为给该地区带来文明的使者。怀着老一辈开拓者共有的满腔虔诚,他写了一首诗:"冬季的风暴是我们在这里斗争的写照/泉水是一个无与伦比家庭的保证/在这真理和真情支配之地/人们不再渴求,不再闲荡。"

在温顿,"跳华尔兹的玛蒂尔德"(流浪汉)是另一个博物馆的主题,该博物馆致力于展示牧区产业的开拓时代。沐浴在透景画篝火的流光溢彩和南十字星的闪烁星光中,牧场主、三名骑警和绵羊环绕装饰着百合花环的死水潭而立。葬身水底的已故流浪汉打破了沉寂。他借助班卓·佩特森的小故事,以及加里波利战役、澳大利亚著名飞行员金斯福德·史密斯(Kingsford Smith)的事迹、希特勒的崛起等讲述了这个国家的故事。炮弹在阿拉曼(El Alamein)爆炸。洛林·克拉普(Lorraine Crapp)为澳大利亚赢得了游泳金牌。这一切都是用平舌音讲述的,它会让班卓笔下的麦克弗森小姐皱眉蹙额。

九千万年前，在羊出现之前，中西部是恐龙生活的好地方。在温顿，参观者可以看到一只大型蜥脚类动物的骨骼，以及"仅有的恐龙踩踏的证据"。距离休恩登几公里的地方有鱿鱼化石，游客被邀请到镇上宽敞的新建博物馆参观"五亿年的历史和文化"。这些展品很耐人寻味，而且任何与土著人有关的东西均无影无踪，这种现象也同样发人深思。土著人的情况只字未提。没有一件土著人的手工制品，一件都没有。我们离开恐龙和鱿鱼，匆匆来到剪毛棚。如果亨利曾给休恩登带来了文明，你可能会认为他也应该给恐龙带来了文明。在美国，人们把戴维·克罗克特（Davy Crockett）和基特·卡森（Kit Carson）奉为英雄，因为他们与印第安人作战，并将他们杀害；在澳大利亚，人们则窃窃私语，掩盖土著人的踪迹，假装什么也没有发生。丛林被这种怯懦玷污了。

墓地的情况也是如此。欧洲人的坟墓装饰着代表哀悼和纪念、信仰和复活的熟悉的图腾：皇冠和花环、鸽子和橄榄枝、勿忘我、三叶草、标志着认同古老国家及其逝者文化的凯尔特十字架、各种象征性的十字形设计、圆形柱、卷轴、小天使、守护孩子的真神羔羊。土著人，如果说他们占据了任何公认的空间，也是位于为中国人、印度人和阿富汗人等其他种族设置的受忽视的区域。19世纪末，克朗克里公墓里安葬有200名穆斯林，一块标志牌指向一个大区域，里面只有两座可见的坟墓：一个墓主是阿富汗人赛义德·奥马尔，一位阿訇；一个墓主是土著居民尼尔·爱德华兹，她"可能是赶骆驼人的妻子，或者是少有的皈依伊斯兰教者"。这种做法很常见：在阿瑟顿高原的马雷布拉（Mareebra），土著人和"东方人"被埋葬在墓地后面的区域，据历史学会的人说，那里的地下水位很高，尸体很容易被冲刷。

汤姆·多诺万是土著人、阿富汗人和爱尔兰人，他能从半个未被认可的自己身上看出讽刺。他的一只脚来到了这个世界，另一只脚却深陷缄默。他说，这是废话。在这些地区，他们严肃地对待这种缄默。在研究中西部地区的历史，包括她成长的牧场的历史时，我认识的一位历史学家发现，她的一位时隔不远的祖先曾用左轮手枪随意杀害了土著人。因为写了这篇文章，她的形象被从小时候拍的全家福中删除了。她曾经和父母、兄弟姐妹一起站在泳池旁，或者挤坐在马背上，而她所在的地方被剪掉了，但现在变成了一个洞。她同情被杀害者和流放者，并因此与他们一同被流放。

沃克山（Mt Walker）是一座坚固的小山，距离休恩登16公里。像平原地区的其他小山一样，能从山顶眺望风景是它的优势。在山顶，一米高的链式围栏环绕着一个野餐区，该地区已被推土机夷为平地，形成了一个全方位延伸到地平线的开阔视野。每个景观好的位置都安装了绿色的座椅，足够容纳三人就座。清晨，当你独自一人来到这里时，你可以轮流体会一下全部座椅，微风吹拂着无脉相思树，叶子沙沙作响，飘飘洒洒落在眼前。你的眼前不由自主地浮现出各种场景：第一只羊穿过草地，来到平原；一辆牛车或蒸汽拖拉机拖着羊毛；一列开往温顿的火车；欧内斯特·亨利腰间插着长矛，向东蹒跚而行；奥斯卡·德·萨特杰瞄准一只丛林火鸡；杜拉克那灰头土脸、干渴至极的牛群"怒吼着它们的痛苦"；土著居民点火冒出的浓烟；骑马的男人；蓝色雾霭中的沉默和虔诚……

第 12 章
等候火灾

黑森林 — 大袋鼠与沙袋鼠 —
厄尔尼诺和拉尼娜 — 对异国情调的崇拜 —
原生的和特有的 — 什么在燃烧 — 热爱丛林

现在，每当傍晚散步的时候，我都会来到马其顿山（Mt Macedon）脚下的袋鼠小路。马其顿山像一个黑色的驼峰蹲伏在墨尔本西北的玄武岩平原上。八年前，我重新搬回乡下，虽不能说我对遥远的野性呼唤能够产生共鸣，可一旦重回故里，我就会为那里的静谧、别有洞天的景色和喧闹活跃的鸟儿兴奋不已。如同尘垢无处不在，城市里也喧嚣着可预测的意见，尤其是一个人自己的意见，日复一日，年复一年，这些意见变成了某种节拍器，听起来与残存的现实中的自我有一定的距离。在城市生活了四十年之后，这个乡村的家里没有任何治疗或替代方案，只是解脱而已。一直以来，丛林不仅能修复病变，也能隐藏病状。没有人会提出问题，至少不会当面发问。旧的沉默法则依然存在。在城市，意见腐蚀着生存者的外表；在乡村，它吞噬着内心。

蓦然间，我发现自己想起了鲍勃·迪伦（Bob Dylan）曾说过的一句话：自然是非常不自然的。何等睿智，堪称至理名言。他说："我认为真正自然的东西是梦想，是大自然无法以衰变触及的梦想。"这与弗洛伊德的观点不谋而合，即文明"存在的真正理由，端在保护人类，抵抗自然"。但我情不自禁：我知道我更擅长在视线可及的地方放上一排枝叶和鸟儿。当然，我并没有返回农场，我选择的丛林远离吉普斯兰，不再是工作场所，而只是生活空间——主要居民是专业人士、商人和上班族。它不是郊区，但也几乎不是荒野；除了我们生活在对森林大火的恐惧中，并且依靠降雨来填满我们的贮水罐以外，我们每一天都伴随着鸟儿的啁啾开启和结束。傍晚时分，袋鼠在高高的草里吃草，美冠鹦鹉停止了喧嚣，最后一只小鸟也已在某处安顿了下来，大教堂的寂静笼罩着丛林，笑翠鸟笑了，接二连三地笑了，似乎笑得树林疯狂地摇晃。这个世上如果没有别的东西能把你引向你的故土，这里将会。

我的那片丛林是欧洲殖民者在前往维多利亚中部金矿的途中所称的"黑森林"[①]——"著名的黑森林"的边缘地带。该地区因为糟糕的路况和经常出没的小偷而闻名。在19世纪50年代一些相当阴郁和令人难以置信的描述中，金矿插图画家吉尔（S. T. Gill）所做的形容极具代表性。他写道，森林绵延40英里，"千篇一律（全是黑色）的树木，令人常常迷失其中"。对于许多人来说，黑森林是他们在丛林深处的第一个夜晚，这一事实几乎总是会鼓励人们彼此取笑，并为流传甚广的有关黑森林的故事增添额外的戏剧性。

出于安全的考虑，前往采矿地点的人们被建议结伴而行。梅尔维尔船长（苏格兰人）和布莱克·道格拉斯（黑白混血印第安

[①] 在殖民地初期，黑森林被认为是丛林劫匪和偷牛贼经常光顾的地方。

人）以及他们的同伙在森林"可怕的黑暗"中鬼鬼祟祟地往来于通往金矿的路上，偷取金子和其他值钱的东西，将他们的受害者捆绑在原木和树上。根据同时代的一些报道，有些被捆绑的人被发现得太晚了，无法从饥饿中挽回性命，他们的骨骸被蚂蚁和乌鸦吞噬得干干净净。据说，梅尔维尔有多达80人在马其顿山为他效力，布莱克·道格拉斯协助他抢劫了16个旅行者，并把他们捆绑在木头上。

沿着这条小路行进的还有几个了不起的人物，其中就有第三代索尔兹伯里侯爵罗伯特·亚瑟·塔尔博特·加斯科因－塞西尔（Robert Arthur Talbot Gascoyne-Cecil），他曾三次担任英国保守党首相。他留给我们的观察所得是："路太窄了，两个轮子的轮毂刮擦着路两旁的树木。"人们很容易淡忘那片黑森林以及他的双轮马车穿行的所有树木，都是维多利亚女王所有。当索尔兹伯里穿过黑森林时，并未引起丛林劫匪的注意，这使得他对金矿的误判没有受到质疑。他认为金矿因秩序井然而引人注目，这是一个有益的例证，体现了君主制相传的善良和美好，而不是源自暴徒的罪恶和不驯。

如今的森林与往日相去甚远。松树种植园已经取代了大部分原本的丛林，其余的都是在开垦和丛林大火之后的再生树木。黑森林里有一些黑色的桉树，但是吉尔所见的大部分黑色树木可能是薄荷桉。此外，黑色桉树唯一比较集中的地区出现在700公里以外、新南威尔士州南部和中部的高地上。它们曾经在悉尼附近大量生长，因为黑胶原木是最早运往伦敦的木材货物之一。这使得当地的一些博物学家怀疑马其顿黑桉树不是当地的特有树种，或许是在淘金热时期引进的。健康的黑桉非常强壮，它的树干被厚厚的黑色破碎树皮包裹，伸展的大树枝呈深绿色。它们的生命周期很长，看上去坚不可摧,但由于成熟树木寥寥可数,幼树更是微乎其微,它们因此被列为濒危物种。气候变暖对其于事无补。它们存活的最佳机遇可能是杂交。最近的一项研究发现,黑桉与银乳色树干的多枝桉和蜡烛桉进行了杂交,借此长期共生共荣。

在现存的原生森林中,占主导地位的是多枝桉和蜡烛桉,还有薄荷桉和斜叶桉。我的黏质土地上,主要生长着树高30米、分布散乱的斜叶桉;在几公里外土质较好的地带,它们个头高出两倍,气势不凡。到处都是古老的沼泽桉,它们不需要沼泽就能茁壮成长,有时它们像小巧的蓝桉,有时又像矮小的赤桉,有时瘦骨嶙峋,有时又高大伟岸——如此变幻莫测,似乎可以概括整个桉树部落。

黑森林在1851年的"黑色星期四"大火、1939年的"黑色星期五"大火和1983年的"灰烬星期三"大火中被烧毁。我常走的一条小路途经一座被烧毁的房屋残骸:一块混凝土楼板(上面地毯似的长满了苔藓)、烟囱落下的砖块、位于一棵枯死的松树另一侧的一块废弃的地毯、儿童玩具、啤酒罐、酒瓶和一台躺在地上没有门的冰箱。金雀花包围着两具生锈的汽车"尸体",其中一具是英国制造的先锋太空人(Vanguard Spacemaster),在20世纪50年代赢得了瑞戴克斯拉力赛(Redex Trial)。我最后一次经过此地的时候,这里住着一只狐狸。

东部灰袋鼠(大袋鼠属)经常聚集在所剩的还算得上是某种草坪的地上一起啃食。它们并不总是灰色的:一群灰袋鼠中通常只有两三只是灰褐色的。它们似乎以三种不同的组群方式活动,五十只或以上的一群、二十只以上的一伙以及三四只的一个小组。偶尔会有独居的雄袋鼠,有时是一只老态龙钟的,有时是一只一瘸一拐的,有时看上去无缘无故的。在春天的傍晚,即使所啃的草种是黑麦,而不是米歇尔草或袋鼠草,它们也全神贯注地埋头吃着,我们很容易认为这是白人殖民时代之前的景象：在有任何人类定居之前时代的画面。它们看起来酷似小恐龙。

当你数着从妈妈的育儿袋里向外东张西望的幼鼠时，你会发现这群家伙数不胜数，或者，当它们受到惊吓的时候，头部会朝下倒伏，把腿伸出袋外。当它们懒洋洋地躺在树下，或四肢伸开躺着享受冬日的暖阳时，袋鼠可能就是野餐者的原型。雌性袋鼠直立时，表现出家庭生活中深沉的母性形象：在一定角度的光线下，它们胸部和腹部的柔和色调使它们看起来像是穿着围裙的妈妈。它们最喜欢的小围场边缘有旋转式晾衣绳，当它们站在旁边时，难免会让人觉得它们刚刚把洗过的衬衫和毛巾挂在了晾衣绳上。这群袋鼠的雄性首领是一种肌肉发达的怪物，7英尺高，尾巴像树干，体重肯定超过90公斤。它用这条强有力的尾巴来助推自己行动，在雌性动物中间肆无忌惮地移动着尾巴，嗅着它们，然后似乎在思考它嗅到了什么。很明显，这种关注以及它发出的咕咕声，导致雌性释放出一股尿液，它可以感觉到尿液中荷尔蒙的化合物，并了解雌性袋鼠在发情周期的性需求。

袋鼠是群居的。但雄性沼泽沙袋鼠（或黑色沙袋鼠、双色沙袋鼠）是独居的，只有六、七两个月除外，因为雌性沼泽沙袋鼠在此期间前来交配。它们耳朵后面是黑色的，正面是赤褐色的，但有时全身都是赤褐色的，根本不是黑色的。没有袋鼠的弹跳能力，它们逃窜的时候鼻子几乎贴着地面，从篱笆下面溜过去，而不是跳过去，跑的时候步履沉重。观察到这些袋鼠无法跳跃，定居者们便在篱笆旁挖洞，再在洞里灌满水，希望能淹死它们。沼泽沙袋鼠吃的是对其他动物有毒的欧洲蕨，与大袋鼠和其他喜欢吃草的沙袋鼠不同，它们吃的是灌木，比如我种植的木麻黄、山龙眼和格拉文施泰因苹果树。它们有一种特殊的牙齿，可以嚼碎粗糙的材料。它们的不同之处足以让专家将它们归类为沙袋鼠属的唯一成员——所有其他的沙袋鼠和袋鼠都是大袋鼠属。当地袋鼠已经习惯了我在傍晚的时候路过,只要我与它们保持至少30米的距离即可,它们就会看着我和我的狗一起走过。它端坐在那里,就像九柱游戏用的小柱子,身高一米多一点,两只爪子端庄地与肚脐持平,仿佛随时都可以清嗓子,高唱《夏日的最后一朵玫瑰》(*The Last Rose of Summer*)[①]。

袋鼠群在马路另一侧开阔的小围场里吃草,给人的印象是,正是它们和沼泽沙袋鼠相隔的两道围栏及200米距离,在大约100万年的进化过程中分隔了这两个物种。袋鼠狩猎者曾将沼泽沙袋鼠称为"臭鬼",因为它们的肉有强烈的气味。看到它们坐在那里,活着但静止地凝视着,或者听到它们突然蹿进丛林,都能感受到它们身上散发的强烈的孤独感。

我所居住的那片丛林中曾经有过一片沼泽,但在长期的而且没有任何终止迹象的干旱中早已干涸了。到处都是倒下的树,每周似乎都有一棵新的树倒下。树干在落地时折断,喷出纸状的内脏,粉状的黏土粘在根部。丛林给住在里面的人树立了一个不修边幅的榜样。吸引我们的是混乱,而不是良好的组织和秩序。寂静和沉默既令人感到不安又令人深感诱惑。此时,你能够理解开垦和焚烧的冲动。

森林的地面上除了生长着稀疏的金雀花,空空如也,偶尔也会有紫色的撒尔沙植物,几场雨过后,在一个月的时间里长出了一些柔软的欧洲蕨嫩芽,还开出一两朵兰花。没有石楠或铁线莲,没

[①] 一首古老的、广为流传的爱尔兰民歌。歌词略带伤感,借夏天最后一朵玫瑰来比喻爱情和青春即将凋谢,抒发对美好事物逝去的依恋心情。

有苔藓或地衣，就连金合欢都稀疏地散落着。林鸳鸯坐在树上，哀怨地鸣叫着，好像在问它们的沼泽去哪儿了。与黑莓一样，金雀花也是作为一种绿篱植物引入的，同样，它的增长速度也超越了当地的植物和牧草，并且增加了火灾的危险。这些种子数量惊人，且可以休眠75年。无论现在或过去是否有水分，金雀花已经生根发芽。在许多长满金雀花的地方，人类或袋鼠无法穿行。但在没有其他矮树丛的情况下，鹩鹩和知更鸟会在金雀花中飞来飞去，呼朋引伴，落户筑巢。

在一个阳光明媚的日子里，在薄荷桉优雅弯曲的枝条和通风的树冠下，柔和、清澈、灰色的光线与阴影相互交织，即便在野生松树和金雀花的中间，退化的丛林也散发着魅力。有一次，经过两个星期的酷热，最弱的冷锋经过，它所产生的毫米雨量足以使树木得到片刻喘息。空气中弥漫着桉树和一种闻起来像烟的东西：把水泼在篝火余烬上的味道。

而后，天气真的变坏了。这是拉尼娜现象。大雨如银河倾泻，是我们几十年来都没见过的大雨。金雀花加快了扩张的步伐，甚至占据了更多的丛林，包括房子的废墟和那辆先锋太空汽车。几十棵桉树冲出地面，露出了它们一生都在上面保持平衡的小小的根球。森林的真菌发芽了。有花的植物从地里长出来了。芦苇，就像我们小时候看到的芦苇，出现了，并在一个月左右的时间里长至两米高。青蛙呱呱地叫。蝴蝶蜂拥而至。欧洲蕨生长了，闪闪发光。多枝桉和黑木金合欢发芽了，一个春天就长了六米。林鸳鸯为了庆贺还繁殖了大量的小鸳鸯。这是一个崭新的世界。

马其顿山位于大分水岭的末端。伍伦哲里人将其称作Geboor，意思可能是"山"。探险家休姆和霍维尔以悉尼富豪威廉的名字将其命名为温特沃斯山。当托马斯·米歇尔在1836年看到它时,他从东南方向绕道穿过澳大利亚费利克斯,并把它重新命名为马其顿,因为从山顶——他从西北方向到达,没有下马——他可以看到菲利普港。菲利普港的菲利普是不引人注目的亚瑟·菲利普,新南威尔士州的第一任总督,但这个名字却激发了少校的希腊主义情怀。马其顿的腓力二世闯入了他的脑海,紧接着他想起了亚历山大大帝,于是50公里外的一座小山就成了亚历山大山,以腓力二世著名的儿子命名,中间的一条河(现在几乎被柳树堵塞了一半)就取名为坎帕斯佩(Campaspe,亚历山大的情人)。

在前往马其顿山的途中,米歇尔的手下发现了一把英国割喉剃刀。他们只能推测是土著居民把它扔在了那里,至于土著居民是从哪里弄来的剃刀,对每一个人来说都是一个谜。它可能来自墨累河——1828年在查尔斯·斯图特一行离开之后,或者是从波特兰来的,因为米歇尔很快就发现,在波特兰,有很多亨蒂人在无边无际的草原上放牧羊群。它甚至可能会是威廉·巴克利丢失的,巴克利是一名逃犯,与奥特维山脉(Otway Ranges)的原住民一起生活了三十年。

每一缕飘过的云彩似乎都能在马其顿山上驻留,在大多数的冬日,山顶附近会有小雪飘落,在雾蒙蒙、凉爽的小环境气候中,山上还生长着高山森林、巨桉以及雪桉林地。然而,马其顿山独特的存在是具有误导性的:据其山坡上的各种土壤和植被,马其顿山具有典型的澳大利亚大陆特征。高处的白蜡树和雪桉让位于高达70米的斜叶桉森林,还有由黄杨皮类桉、薄荷桉、多枝桉、蜡烛桉和木麻黄构成的开阔林地。有些山坡上还有种植土豆和饲养纯种马的绰有余裕的土壤,其他地方只有黏土。

费迪南德·冯·穆勒男爵在1879年写道:"让我们把丛林当作

一份礼物……作为神圣的遗产代代相传。"现实中，这样的希望很渺茫。从一开始，这座小山就遭到了伐木工人的袭击，饱受绵羊、牛、山羊和马铃薯种植户的蹂躏，忍耐着桉树蒸馏者和园艺家的折磨。它被采掘、炸裂、砍伐、清除、重新种植、焚烧，受到杂草入侵，并受到英国审美的攻击。马其顿山的重建无非是为了满足欧洲人对如画景色的需要，如同他们对饮食的渴求。

1872 年，新任命的维多利亚森林督察威廉·弗格森受命在马其顿山修建了一个州立苗圃。为此，他辛勤工作。他砍伐了 2.5 公顷的本地再生植被——原来的丛林已经被伐，用于木材加工——很快就有一半种上了喜马拉雅和加利福尼亚的林木。历史学家保罗·福克斯（Paul Fox）讲道，不久之后，弗格森便开始逐步增加树木种类，他先是添加了墨西哥品种和另外"27 个品种以及松柏类的品种"；随后，在他居住的那条林荫道的两侧，他栽种了"冷杉、松树、柏树，昆士兰和智利的南洋杉，印度、阿特拉斯山及黎巴嫩的雪松"，并在南坡上种了 1000 棵糖柏树。

在峰顶附近，弗格森开垦了 130 公顷土地，种植了成排的异国树木，尽管有森林大火、沙袋鼠和兔子的肆虐，这些树木依旧站立在那里。加利福尼亚红杉树长势很好，弗格森期待着看到它们耸立在"殖民地的山脉间和凉爽地带"；他也同样憧憬着英国和美国的核桃、山胡桃、栗子、榆树等树种茁壮成长。他栽种了软木橡树、雪松、喜马拉雅云杉、白蜡树、梧桐树和茶树。他说，在原生森林"阴森可怖的外观"被这些树种取代之后，他栽种的树木给了"人们极大的安慰"。

冈瓦纳的植物也能给人们带来同样的安慰。1870 年，墨尔本植物园（Melbourne Botanic Gardens）的首席设计师威廉·吉尔福伊尔（William Guilfoyle）到沃宁山考察了一番。沃宁山是一座高耸入云的"翠鸟蓝"火山,形成了大灌木丛赖以生长的红壤。摄人心魄的景色以及周围美丽而稀有的草木,使他欣喜若狂。当他取代昔日的导师费迪南德·冯·穆勒成为植物园园长之后,吉尔福伊尔便将他的痴迷投入到工作之中。他搜查了丹德农、奥特韦和马其顿山的隘谷,找寻蕨类植物、麝香、榛子和铁线莲。冯·穆勒曾容忍的古老赤桉被吉尔福伊尔除掉,换成了从沃宁山移植来的棕榈、蕨类植物和榕树。大灌木丛继续在亚拉河流南部生长。

这是植物迁徙的伟大时代。从国外乔迁至此的物种有杜鹃花、绣球花和形状及颜色令人愉悦的其他灌木,这些灌木不仅常常可以提供实用的树荫,而且还带有征服和冒险的意味。玫瑰、柏树篱笆,甚至一棵金鱼草或金盏花,都给最卑微的花园、大门或小围场留下了文明和帝国的印记。如果大英帝国衰落下去,这些从其广袤土地迁徙而来的零星植物仍会在澳大利亚的花园里生长。

当弗格森和吉尔福伊尔正忙于栽种的时候,这片殖民地原生丛林里的砍伐狂潮仍然如火如荼:为了耕种,吉普斯兰的白蜡树和蓝桉森林被大规模地砍伐;维多利亚中部的铁皮桉森林被移除,只为了获取它们的树皮而已;矗立在奥特韦山脉的冈瓦纳遗存植物桃金娘山毛榉,被用于柴薪和栏杆;维多利亚西部梅尔维尔森林的赤桉也在劫难逃。弗格森敦促当局在痛失一切之前悬崖勒马,停止砍伐、焚烧和环割树皮。他建议在清除原生物种的地方,种植所有可以想象到的异国针叶树、白蜡树、橡树和豆荚木,并将金合欢的种子撒遍大地。

由于这些外来物种欣欣向荣,海拔1000米的地方温度更低,因此马其顿山成为富有的墨尔本人的大吉岭。纷至沓来的爵士、法官、教授、州长和公司董事们占据有利地块,观光望景,从墨尔本的夏季中得以解脱,从而满足了生活在别处的精神需求。此地不是为一个饱受干旱折磨的丛林人准备的。清除掉八公顷左右的原生树木，并保留少量气宇轩昂的杏仁桉，马其顿山的新主人建造了草坪环绕的大房子，并栽种了更多的榆树、橡树、枫树、山毛榉、菩提树、落叶松、山茱萸、白蜡树、紫杉、冷杉和冬青木，这些树木带给夏日以片片阴凉，带给秋日以色彩斑斓。他们把那一成不变的丛林拒之门外，"躺卧在"（sate reclined）[①]华兹华斯妙笔之下的大自然里，喜看季节的流逝。随着定期的降雪和下雾，冬天看起来颇有些许欧洲的味道；春天来了，水仙花和番红花在树下绽放。杜鹃花林地与原始的树蕨（欧洲美学所接受的）和谐共生。这里还有山茶花、杜鹃花、一堆堆毛地黄、嚏根草、蜀葵、莨苔、圆叶风铃草、长春花和常青藤环绕的泉水充盈的小河以及原生森林。它们创造了"维多利亚的伊甸园——在园内，人类的作品和自然的杰作完美结合"。与之遥相呼应，他们建造了三至四米高的干砌石墙进行保护，大门上挂着格伦兰诺克、巴兰特拉、杜内拉等名字。

我们当地的原生植物苗圃主人只出售本地区特有的植物，其他的一概没有。我只需迈出门去即可领会他的观点。在两到三年的时间里，一种原长于东吉普斯兰的黏性金合欢（相思树）已经加入到定居于我那片街区的其他本地"异客"行列——极弯相思树（三角叶相思树）和贝利氏相思树（灰叶相思树）。我怀疑苗圃主人不会为他认为是侵略者的任何植物的死亡而伤悲，我支持他。

然而，我不能放弃那些像蓝桉和黑木金合欢一样的植物，它们已经成为我的景观世界的一部分了，在我的记忆中是永恒而生动的。带着困惑和矛盾的情感，我渴望威廉·吉尔福伊尔在他的植物园里

[①] 引自英国诗人威廉·华兹华斯（William Wordsworth）的诗作《早春遣句》（*Lines Written in Early Spring*）。

创造的"惊艳之作"。我可以轻而易举地舍去法国梧桐和柏树,但有时我更想要一棵柿子树和佛罗里达棕榈,而非另一棵金合欢或桉树,因此,我想要的是来自欧洲大陆另一端的红皮桉,而不是本地的斜叶桉。之所以想要红皮桉,是因为它的粉红色以及树干和树枝令人印象深刻的典雅,还有它那优美的弧形树冠。对于我树林里那些单调的、畸形的、顶着稀疏小树冠的斜叶桉而言,在某种程度上,红皮桉是一种视觉上的慰藉。

澳大利亚纤维皮类桉树并不令人忧郁,但也不是令人愉快的,或者不像花园里的任意一棵树那样有任何实用价值。它们随意落在地上且易燃的乱枝残叶,把大地搞得一片狼藉,并随时都有落在我的杜鹃花丛上的危险。它们既不能用于建筑,也不能提供阴凉。它们更不会吸引眼球。它们期待着火灾发生。我在这里住得越久,就越想把它们清除掉。我可以用原生但并非特有的且阻燃的树种取而代之,如野生番茄(苦槛蓝属)或丝状橡树(银桦树),或者栽种黑木金合欢,但欧洲橡树和枫树的阻燃性更强,并将提供更多的树荫、更多的颜色,它们的叶子与本地叶子不同,会迅速分解以保护树的根基。

终有一天马其顿山会发生一场大火,把我们都烧成灰烬。人们会说政府永远不应该允许我们住在这里。他们会说,这里的燃料太多了。他们还会说,该死的白痴!对丛林一无所知。我倾向于同意这种说辞。也许我们的房子应该坐落在一片草坪或砾石上,四周环绕着浓密的杨树和阿月浑子树,它们都是防火的外来树种,近年来已经减缓、阻止或熄灭了森林大火。我们将不会生活在古老的丛林中,但谁又会呢?即使周围的植被更接近原始状态,难道这就是所谓在丛林里居住、在城市或城镇里工作、晚上在娱乐甲板上享受水疗的生活吗?难道为了"减少用油"跨坐在割草机上的周末就更真实吗？如果每年我们都冷火焚烧我们的街区，并且如果管理部门要求我们自行冷燃，或者由消防部门或土地保护的坚定支持者来完成这项工作，这或许是最佳途径。如果我们每年都参与其中，谁能说我们的社区将不会活跃起来，民族精神将不会完全彻底地得到弘扬呢！它可能会在所有人的心中重新唤醒我们的共同情感和共同目标，而火总是能够唤起深藏于澳大利亚农村同胞心中的这一切。伙伴情谊加上原住民文化实践听起来像是一个大有前景和希望的组合。当然，空气质量会受到影响，有一段时间大自然是黑色的，但过去的边疆总是在燃烧，就像欧洲人到来之前那样，再次燃烧丛林可以让我们接触到真实的过去，甚至是我们真实的自我。与我们的邻居合作，我们可能会进化出一个类似于土著居民的马赛克式错落有致的系统工程，随着时间的推移（一个世纪？两个世纪？），我们会发现自己生活在其中的丛林，更符合欧洲早期描述的公园景观。唉，很可能有太多的丛林要烧掉。我们应该考虑回到城市。

事实上，要判断一棵北半球的树是否比杯果木属桉或伞房属桉对该生态系统更陌生，或者比我最近栽种的一棵白雪松（楝属植物）——来自热带地区的落叶阻燃澳大利亚树种——对该生态系统更陌生，似乎更多的是一种政治判断，而非环境判断。如果原生意味着自然归属，那么杯果木属桉、伞房属桉和楝属植物就同任何橡树一样，与我的房子所在的这座山格格不入；也就是说，除非我们满意地认为一种植物比另一种"更具原生性"，因为它自然地生长在同一个大陆的不同生态系统中。这种争论变得愈加难以捉摸，比如红色的铁皮桉，它并非生长于黑森林，而是繁茂在40公里外，又或者在山脚下而不是在我所居住的半山腰繁衍生息的物种。世上不只有一个丛林，而是许多。

关于杜鹃花，我们该说些什么呢？在鹩鹩和次嘴蜂鸟的庇护下,在杏仁桉树脚下蕨类植物的家中,它们的生长具有自然原生植物的所有特征……在没有人类直接帮助的情况下自然增加和繁殖?在满足了植物学家认为植物应该被归化的所有标准后,把生活在马其顿山桉树丛中的杜鹃花称为外星人,就像把一个苏格兰和英国血统的第八代澳大利亚人,就像我,说成是外星人一样。比如说杂草,莱斯·穆瑞在另一种语境中嘲讽地说:"杂草不是原生的,只是在这里出生而已。"

尽管如此,如果需要的话,我还是可以连根拔起一百棵杜鹃花树,但是,我再也不能砍伐杏仁桉了,哪怕一棵,如同不能射杀我那条无辜的狗一样。诗人西奥多·罗特克(Theodore Roethke)写道,当他收集苔藓时,他觉得自己是在"从活着的星球上撕剥它的肉",亵渎了"生命的全部体系"。这可能不是理性的反应,但却是人性的反应。砍伐塔斯马尼亚的原始森林,或者把牛群赶到维多利亚高地(High Country of Victoria),这些行为让我觉得很堕落。这不是一种道德判断,而是一种反应,类似于我们看到巴米扬大佛(Buddhas of Baiyan)被塔利班炸毁,或者想到巴黎圣母院被推土机铲平,或者任何稀有珍贵的东西遭到摧毁。这根本不是一种判断,无论是道德上的还是其他层面的——至少一开始不是。一开始是恐惧。

恐惧不是理性的,但也不是毫无价值的。如果仅仅因为反对破坏环境(或虐待动物)的行为常常被描绘成纯粹的情绪化、对理性的专横、倒退的、无效的,那么这一点就有必要加以说明。然而,就像理性一样,我们应对恐惧的能力也将我们从自然的冷漠中区分出来。人类的其他一些值得称赞的品质大多源于恐惧,其中包括同情和利他主义。非理性的根源不是恐惧。如果这让我感到恐惧,我就有可能感受到威胁:对我、我的后代、人类家庭、生命本身的威胁。我并非声称自己了解原始本能，但如果我想继续生存下去，至少信任它的一半似乎是明智的。无论理性与否，欧洲人对丛林所做的一切无论如何都是残暴的。我感到有些内疚，因为我的幸运生活很大程度上要归功于一系列破坏性的行为，过去暴行的规模使我感到沮丧。在某种程度上，我们都牵涉其中。似乎今后我们再也不要肆无忌惮地攻击他人了，而是需要分担同样必要的修复工作。

1927 年，一位英国老兵看到一张海报，号召他"到阳光明媚的澳大利亚帮助耕种土地"。他带着妻子和女儿来到距离珀斯 300 公里的地方，设法买下了一处被遣散的群体定居地产。他们开垦了 20 公顷的土地，栽种了异色桉和边缘桉森林，在新牧场上放牧泽西奶牛，打井，盖房子。尽管天气潮湿、炎热，跳蚤猖獗，三年后他们拥有了自己的农场。之后，他们卖掉了这个农场，在巴瑟尔顿（Busselton）附近又买了一个新农场，并也进行了开垦。这位定居者的女儿回忆说，农场周围"宛若仙境的丛林"帮助他们熬过萧条时期的严酷岁月："露珠挂满枝头，晶莹剔透，熠熠发光……阳光下，波光粼粼的溪流……袋鼠、沙袋鼠、鹂鹉、负鼠、蛇……春天的早晨，散发着黑芸香料灌木的芬芳；夏日里，金合欢的清香沁人心脾……想象一下广袤的平原上覆盖着灰白烟雾缭绕的丛林，丛林中混生着蓝莴苣、紫色的豌豆花、红色和绿色的袋鼠爪花。"接着她又谈到了 4000 种野花、树木和班克斯花。"和他们所有人生活在一起真是太美妙了，"她写道，"永远都是美好的回忆。"

她眼中的丛林成为我们关于丛林的全部记忆。澳大利亚的历史充满了这些告别词。在这些告别词中，读者可能会听到一个完全不同于他们所了解的国家，一个无法挽回的国家。对于所有的怀旧和遗憾，我们有权利思忖是什么阻止了他们领悟逝去的意味着永远消失。1930 年，可敬的历史学家 W. K. 汉考克将之称为"急于占有"。

我们也可以说是他们无法抑制的人性，他们的"我"，他们的自我，他们的本我。殖民的暴力背后是一种精神的浪漫，一种灵魂的满足。他们冒险进入黑暗，脱离了他们那片有生命的星球。正如吉普斯兰开拓者所言，每个人都很开心。他们摧毁的是最好的自己，而不是最坏的自己。

正如州长所说，我们的很多美德都来源于丛林。我们已经使它的本性成为我们的一部分。从这个意义上看，当我们宣布我们对丛林的挚爱时，我们信奉自爱，当我们伤害它时，我们就要承受自残。大自然使我们成为我们的重要组成部分，就像它使桉树成为我们的重要组成部分一样，这种幻想应该会打消我们人类在造物中占有特殊地位的旧观念。然而，事实并非如此。我们属于丛林，但也高于它，并独立存在于它之外；在任何情况下，我们都可以掌控它。这是一种帮助我们既冷漠又投入的自负。无论我们相信上帝创造了我们，使我们独立于所有其他生命，只对他的法则负责，抑或我们与其他物种一起根据自然法则进化，其含义是相同的——我们的感情是卑鄙的。只要自恋的神话还存在，只要我们继续在丛林中寻找自我吹捧的形象，我们就必须在某种程度上保持对这两种观点都不甚了了。

虽然他对欧洲人摧毁丛林的"暴力"感到遗憾，但汉考克想象着有一天，伤口会愈合，澳大利亚人会与这片土地建立"真正的伙伴关系"。他希望有一种他称之为"丰富的永恒"的东西。很可能他思忖的是一种与这片土地深邃的、富有创造性的联系，足以弥补入侵的后果。现在我们有了"可持续的"说法，或者说是将粮食高产的需求与生物多样性和自然生态系统的需求结合起来。任何对汉考克写作以来的八十年——尤其是过去三十年——的评价，都必须承认取得了突出的进步。在澳大利亚大陆的许多地方，所称的边疆心态最终屈服于科学，而农民们发现保护的价值与他们自己的地位相得益彰。然而在同一时期，更多的暴力事件发生了，家庭和社区继续挣扎，河流系统和土地退化，生产力下降。农村人口出现了不平衡发展：年轻人离开是为了逃避老年人的命运，老年人留下是因为他们现有的房子和农场的价值不足以支持他们离开后的可预见前景，或者有人留下，因为他们认为为了（通常是外国的）企业利益，将家产廉价变卖不是明智之举。尽管农业仍占全国国民生产总值的百分之十二，但农民的经济影响力已江河日下。如今，有人滔滔不绝地讲科技、科学和全球经济的新现实正在推动农村繁荣（有些人说是从畜牧业鼎盛时期以来最伟大的时期），这些高谈阔论倘若真实，那也只是对农业企业和寻求盈利的投资者而言，而对于许多农民来说并不尽然。

由于种种原因，包括陈旧的边疆心态和当代的意识形态氛围，很难看到许多澳大利亚农民能逃脱全世界数百万农民的命运。随着20世纪70年代中期19000名澳大利亚奶农中的16000人逐渐消失，澳大利亚乡村的城镇、景观和特征也将渐行渐远。

这样的解决方案可能会比政府愿意支付或农民能够付出的代价更大。在这种情况下，企业利益可以找到很多容易实现的目标。当然，如果最终企业拥有了全部土地，这对丛林而言毫无意义。意义在于他们的行动。他们会接受规劝，关爱这块土地吗？他们会把这种对土地的关爱视为长期生产力的创造性条件吗？现代农业企业能够与健康、可持续的丛林环境以及可行的丛林社区相兼容吗？那些在这两方面都有大量宣传利益的政府，是否有办法迫使大型企业为树立良好公民形象支付更高的费用，而不只是做表面文章呢？二十年前，在对汉考克的一个无意识的回应中，有一种说法称，土地所有者和政府之间存在一种伙伴关系，是为了保护丛林的利益，对此，双方都表示了各自对丛林的热爱。2001年，全国农民联合会和澳大利亚保护基金会的负责人里克·法利和菲利普·托因（两人十年前共同创立了土地保护协会），提出了一项环境税，以提高政府的资金份额。这样一个计划——以及这样的一种伙伴关系——现在看起来比当时更加天方夜谭。

金钱无疑是一把钥匙，但如果它伴随着某种哲学、某种宇宙观、某种苏格拉底式的对话，就会对进步有所裨益。土地保护虽谈不上包罗万象，但也绝非挂一漏万，或者说在它开始的时候具有某些这样的内容——不仅仅是科学，还是一个共同的宗教元素。无论这场运动采取何种形式，它都很有可能成功，但前提条件是它能改善自殖民开始以来对欧洲人行为的诸多描述给人们留下的一系列精神变态的印象：男女齐上阵砍伐和刨凿；蜂拥投身于敌对王国，包括它的植物和动物；毒化地面；拔除、种植，再连根拔除；破坏和咆哮；发财和破产；射杀任何可能对他们不利的动物，从不停下来观看云朵，除非寻找雨水。总的来说，人们服从我们物种每一特有的神经症需求，并试图在它们狂暴的攻击中幸存下来，宣称自然的险恶。

我们不妨开始审视关于丛林的一些公认的看法：忧郁、沉默、乖僻、滋养了古怪的灵魂和有关优秀男性的联想———一直以来世人眼中的我们就是这样的。如果事实证明我们是阴沉的、善变的、危险的、古怪的、忧郁的人，而丛林就是丛林，它只是在那里存在，我们就会有一个良好的开端。仔细审视可能会发现，丛林并不是一个危险的神经过敏者，干旱和乡村的所有其他缺陷都是我们思想上的缺陷，甚至连我们的伙伴情谊都是一种骗局和胡扯，因为建立伙伴情谊的基础与其说是对丛林的热爱，不如说是与之的抗争。在这种情况下，我们的头脑会更清醒。当我们面对它的时候，我们不妨承认所有的屠杀：一点点真相与和解将帮助我们成长。那么，尽管我们改变了我们的自然属性，我们可能也应该会想出我们对丛林亏欠了什么，我们想从丛林那里得到什么，以及我们对它的合理要求是什么。丛林不仅仅是食物和财富、营销图标以及关于它所孕育的反社会分子和重罪犯的电影：我们需要做的不仅仅是利用我们巨大而神奇的产业。了解它和我们自己才能尽善尽美。

你不能抹杀神话，但这并不意味着没有其他看待事物的方法，或者并不意味着你不能培养出更深刻、更有用的东西与之共存。让公众对这片土地有一种比神话和陈词滥调所允许的任何东西都更深刻、更诚实的认识，或者鼓励爱超越冷漠，这都百无一害。在整个澳大利亚，人们的日常生活都是按照这种哲学进行的。有些农民就是这样耕作的。我们需要与这片土地建立一种关系，这种关系不需要任何一方屈服，它更多地建立在了解的基础之上，而不是对占有的渴望。有了这种关系，我们就会发现，理解和保存这片土地的努力，与开发和指挥这片土地的努力同样令人恬然自得。最后，我们可以像农民一样热爱和赞美丛林，也可以像西澳大利亚的妇女那样，以一种亲切而又好奇的方式喜爱鸟儿、芸香料灌木的景色和气味，还可以像那个住在我们河道边远处的农民那样，本应该借着邻居的灯光，忙着割他的蕨类植物，但他却喜欢躺在沟里凝视周围的琴鸟。我们需要热爱它的现在和未来，而不是它的过去，昔日永远不会重现。

附 录
澳大利亚国徽

欧洲的袋鼠历史追溯至1770年在博特尼湾（Botany Bay）的那一刻，当约瑟夫·班克斯（Joseph Banks）第一次看到袋鼠时，就派出了他的猎犬。自那时起，狩猎袋鼠从未停止过。一直以来，它既是一项运动，也是一种"必要性"——不仅仅是为了保护庄稼和牧草，还是为了兽皮带来的现金、毯子和床单以及喂养狗和猪的肉料。据詹姆斯·博伊斯说，早期的范迪门斯地是一种"袋鼠经济"：人口以动物为食物，也从事兽皮贸易，那些带着偷来的狗潜逃到丛林里的罪犯们依赖袋鼠为生，穿着袋鼠皮制作的衣服。有袋动物使他们的自由成为可能，于是诞生了最早的丛林人和丛林逃犯。

19世纪的英国人宣称，袋鼠的移动方式是"陆地生物进化的最有效率的移动方式"。其效率来自于它们腿的几何形状和肌腱的弹性：它们跳跃得越快，落地就越坚硬；着陆越坚硬，在下一跳中储存和释放的能量就越多。对于绅士猎人来说，消灭它们的"最像运动员的"方式就是用狗——灵缇与獒犬杂交种或苏格兰猎鹿犬是首选——把它们撞倒，然后在马背上用步枪结束它们。一名定居者回忆说，他们用这种方法在一年内杀死了2000只图拉克袋鼠（Macropus greyi）。州长乔治·格雷爵士在一天射杀了两只之后认为，图拉克袋鼠是一个漂亮的物种，有着浅棕色的皮毛和软绵绵的黑色口鼻。它也被称为梅林格（Meringer），它在澳大利亚东南部和维多利亚州西南部曾经"满坑满谷"，1910年仍然很常见。现在它灭绝了。

除了11000只羊，维多利亚州温默拉的纳拉波特牧场（Narraport station）估计还有16500只袋鼠。W. 坎迪回忆说，在温默拉的敦莫克尔（Dunmunkle）附近，"特别是在日落之前"，有多达四五百只的袋鼠聚集在一起。有一天，一只成年雄性袋鼠试图把他从马上拉下来。当这个畜生转向他时，他正努力用马镫铁踢死它，就像西澳大利亚水坑边的西里尔·彭尼一样，坎迪也在与这个家伙进行搏斗，并认为自己能活下来着实很幸运。有可能的是，阳刚而年轻的丛林人发现自己很难抵抗这些直立的、具有威胁性的雄性动物，它们的胸部和肱二头肌与人类相似。（电影《假期惊魂》有一场难忘的人与成年雄性袋鼠之间的殊死决战。）一天，一只大袋鼠把追随坎迪的狗咬了一口，并想把它淹死在一个蟹洞里。坎迪用一根两米长的绿色棍子打死了这个"怪物"，"砍掉了它的爪子（或手）"，他的工头认为它的爪子"不同寻常的大"，于是就把它们送去了墨尔本大学进行研究。

在他位于新南威尔士州北部高地的古尔纳马（Gournama）牧场上，奥斯瓦尔德·布洛克索姆（Oswald Bloxsome）建造了两个陷阱围场（被认为是一个"改良的牧场"），在一次行动中，他的手下用棍棒打死了8500只袋鼠。参加另一项活动的还有"来自政府机构的大队人马"和一位研究有袋类动物生殖系统的科学家。他们雇了62个人，从一英里长的两侧把有袋动物呈"V"字形驱赶到围场里。活动持续了两天，如果它与《因维尔先驱报》(*Inverell Herald*)报道的是同一个活动，结束时共有6500只袋鼠被"杀死"，那么在古尔纳马牧场，这一年总共"杀死"了袋鼠18000只。布洛索姆和《因维尔先驱报》都没有透露人们是如何杀死袋鼠的，也没有透露尸体去向何方，但该报道说，包括女士们在内的所有人都度过了难忘的时光，并且那位科学家"获得了一些有价值的发现"。

就像国徽上它的同伴一样，鸸鹋适应性强，吃起来也很美味。雌鸸鹋一次下蛋可多达二十枚（特别受欧洲人青睐，更多用于装饰菜单而不是食用），在孵蛋的八周时间里，雄鸸鹋坐在蛋上，极度地勤奋，悉心地呵护。鸸鹋身高两米，能够用爪形三趾脚爆发巨大的踢踏力（它们像袋鼠或骡子一样向前踢）。无论雄雌，鸸鹋在搏斗中同样是强悍的，但澳大利亚野狗的成功概率较高，据说当鸸鹋在开阔的野外奔跑时，老鹰通过俯冲轰炸杀死它们。鸸鹋喜欢成群结队地游荡、猎食、吃草，通过脖子上的充气囊发出的咕咕声相互保持联系。对于那些不喜欢吃肉或不需要油的人来说，一对体格强壮、散发光泽的鸸鹋会像澳大利亚大陆最初的恋人或两个探险者一样在岩石间或草原上漫步徜徉，令一切兴奋不已，全然没有追赶或杀死它们的欲望。它们在远处显得既奇怪又美丽，近距离观察时则很不安。莱斯·穆瑞写道："我想你的故事是，当你被给予进化之手时，你吞下了它。"

土著人视鸸鹋的脂肪为珍品。今天，或者直到二三十年前，在一些乡村地区，有人还在猎杀鸸鹋，地面上的浅洼地就是他们烘烤鸸鹋的地方。墨累河下游的人们在一个土灶里把它们整只烤熟，只把头露在外面，"这样，当蒸汽从它的嘴里冒出的时候，就被认定是烤熟了"。土著居民还广泛地利用鸸鹋的皮肤、骨骼和肌腱以及所含的大量油脂。米歇尔少校谈到他在旅行中遇到的土著居民时说，鸸鹋是专为老年人独享的。

欧洲人也很喜欢鸸鹋肉，还认为它们的皮可以做成很好的垫子，而且他们比土著人更看中鸸鹋油。一只大个头鸸鹋可以分解出5升或6升的油，用来填满油灯、软化并保存马鞍和其他皮革制品、润滑枪械、缓解人或动物的扭伤和瘀伤。当疲劳时，路德维希·莱卡特"把它擦到全身的皮肤上，它有点刺激的特性被证明是非常有益的"。奥斯卡·德·萨特杰发誓并认为它可以渗入玻璃，"它有强大的渗透力和切入力"。它继续以一种类似于应对一切疾病和症状的灵丹妙药在市场上流通，从前列腺功能失调到痤疮、头皮屑和湿疹，但美国食品药品监督管理局对此持怀疑态度，并警告购买者说鸸鹋油是一种"未经批准的药物"。

猎杀鸸鹋也被当作一种纯粹的乐趣。它们的不幸之处在于能够以每小时50公里左右的速度奔跑（有些人说达到70公里也不为过），与马的奔跑速度相仿，因而使自己成为令人兴奋不已的赛马对象。在他1838年的登陆探险中，约瑟夫·霍顿和他的手下及一只灵缇犬追赶一只鸸鹋长达11公里，最终还是未能追上，后来他测量了一下这只鸸鹋的步幅，只有不到3米。狩猎鸸鹋带有一点马术竞技会的意境和兜网马球运动的精神，所有的阶层都享受着这种精神和意境：从飞奔的马背上，一个人可以用马镫铁打飞鸸鹋的脑袋，也可以用左轮手枪射杀它们。塔斯马尼亚岛、袋鼠岛和国王岛较小的鸸鹋亚种已被猎杀至灭绝。1865年，不朽的鸟类学家约翰·古尔德（John Gould）请求殖民地"制止"鸸鹋在澳大利亚东部平原的"肆意毁灭"，以免为时过晚以至于这种鸟类从该地区"灭绝"。今天，在澳大利亚本土，它已经从许多地方消失了，尽管从前在这些地方很常见，但是，利用了随白人定居而增加的粮食供应，在一些地区，现在的鸸鹋比欧洲人到来之前更多。

如果它们只是吃小麦，小麦种植者的愤慨可能还可以抑制。但是与它们吃的全部小麦相比，鸸鹋踩踏得更多。栅栏并没有阻止它们；凭借三趾脚爪，它们轻而易举爬过大多数栅栏，而那些爬不上去的栅栏，它们就会踢倒，给兔子敞开了方便之门。随着小麦带在西澳大利亚的扩大，猎杀开放期也开启了，成千上万只鸸鹋被消灭——在6个月的时间里，政府发放了超过57000份奖金。1932年，由于小麦价格极低，联邦国防部长同意向西澳大利亚坎皮恩（Campion）派遣机关枪分队。据估计，在坎皮恩，有2万只鸸鹋准备发起进攻。于是，国防部派去了一小队士兵带着两把刘易斯机枪和一万发子弹，麦农们则试图把这些鸟赶到火场。鸸鹋似乎机智地应对此战略，因而它们的伤亡非常小。英联邦拒绝了所有进一步的军事援助请求。1944年，鸸鹋被宣布为害虫，在接下来的十五年里，每个鸸鹋喙可获赏金4先令（每枚鸸鹋蛋6便士），最终，共为猎杀的284704只鸸鹋发放了赏金。

鸸鹋是杂食性的：它们既喜欢吃小麦，也喜欢吃小麦的害虫。澳大利亚昆士兰州高价悬赏猎杀一只鸸鹋，据称它被指控传播刺梨，死后发现它肚子里有2991只毛毛虫。它们可能会传播欧洲人到来后的杂草，但当它们携带着本土植物的种子在陆地上行走时，它们也为生物多样性尽了绵薄之力。它们所传播的植物中有本地黄瓜（甜瓜），包括约翰·麦克道尔·斯图尔特在内的探险者当年依靠食用这种瓜来抵御坏血病。解剖鸸鹋发现，它的胃里含有石头、玻璃碎片、钉子和车钥匙——任何小而硬的足以磨碎它们吃进的食物并帮助消化的东西。对于勘探者亚瑟·阿什温来说，鸸鹋这个奇怪的习惯解释了他职业上的一个不解之谜：他放在地上的金子，无论如何也找不到了。他写道："我把这归结为是鸸鹋吞下了它，金子穿肠而过。"

鸸鹋与整个大陆土著社会的强大神话联系在一起。其中最重要的一个是，太阳是由一只被抛向天空的鸸鹋蛋创造出来的。"鸸鹋爪"是土著岩石艺术中常见的标记，而且，不可思议的是，白人测量员在横贯大陆的标记树上刻的箭头里也复制了同样的图案。卡达恰巫师是土著文化著名的祭祀杀手，据说他脚上穿着鸸鹋的羽毛，以便不留痕迹。鸸鹋也被纳入了欧洲澳大利亚神话学。鸸鹋蛋因外观精美而受到珍视。澳大利亚轻骑兵在他们耷拉的帽子上插着鸸鹋羽毛，他们"从身体和精神上说，是澳大利亚乡村的真正产物……是他们民族真正的佼佼者"。据报道，在昆士兰的扬巴（Yamba）牧场，饿得奄奄一息的彼得·菲茨兰·麦克唐纳德被一只经过的鸸鹋拯救，从此，他把这只鸸鹋当作他的纹章，或者可以说当作他的图腾。

致　谢

在艾伦·贝内特（Alan Bennett）的《非普通读者》(*The Uncommon Reader*)一书中，女王评论道："毕竟，小说不必写成直线式的。"如果人们在亨利·詹姆斯的作品中看不到直线，那么在一本关于丛林的书中，人们就更不应该期待直线了。读者很快就会发现这个故事俯拾皆是，就像丛林一样，亦与我一样。

在这些旅行中，热情接待我的人包括：沃格特的迈克尔和安妮·奥布莱恩夫妇、巴汉姆的麦金德莱夫妇、沃波尔的杰威尔夫妇、海湖的斯图尔特夫妇、伊萨山的汤姆·多诺万和罗宾·多诺万、考艾尔湖的马尔科姆·卡内基和伦马克的塔米·阿兹特。当然，我希望这本书中的一些东西可能在一定程度上回报了他们的盛情款待，但我知道这也不足以表达我对他们的感激。如果他们在此找不到任何可以被视为忘恩负义的东西，那我就求之不得了。

我还要感谢罗伯特·戈德弗里、布伦登·莱普西、默里·法格、约翰·沃尔塞利、简·森伯格、内维尔·怀特、卡门·劳伦斯、安妮·阿林厄姆、斯特凡诺·德·皮埃里、大卫·特里格、菲尔·肯扬、大卫·莱恩、罗伊·斯卡博以及塔斯马尼亚杂草学会的其他成员，还有苏珊·戈登·布朗。善良的谢恩·卡莫迪在维多利亚州立图书馆为我安排了一个房间并提供了其他一些特权。与史蒂夫·科尔探讨了四十年的乡村生活，我将永远感激他清晰的头脑和温暖的友谊。

我的母亲玛丽·沃森奉献了她的惊人记忆，为本书做出了或许连她自己都想象不到的巨大贡献。为此，以及除此之外的许多其他事情，我向她致以深深的谢意。

感谢企鹅出版社本·鲍尔对我的信仰和耐心，以及梅雷迪思·罗斯所带来的堪称典范的编辑（和激励）技巧。感谢索菲·哈姆利一如既往的聪明和鼓励。感谢海伦·史密斯的研究和持续提供的全方位支持；感谢她的邻居，那个老丛林人艾伦·韦德和他的妻子莉莎长期以来提供的灵感。

出于多种原因，感谢克罗伊·胡珀。

注 释

参考书目中所含作品的出版详情不在此重复。

第 1 章　皆大欢喜

John Adams' *So Tall the Trees* is a first-rate local history of Narracan. The Land of the Lyrebird, a collection of settler memories of the Gippsland forests, is a classic, as is, in a different way, Tom Griffiths' *Forests of Ash*. The Lawson story is 'Settling on the Land'; for the birds, Tim Low, Where Song Began: Australia's Birds and How They Changed the World. In her *Bush Studies* Barbara Baynton calls the rouseabout Billy Skywonkie ('wearing his best clothes with awful unusualness') a 'swagger bushie'. For fungi and nutrient cycles, Patrice Newell, *Ten Thousand Acres: A Love Story*, p. 143. Arthur Ashwin records the absence of eels in WA in *Gold to Grass*, p.15. Haldor Laxness, *Independent People*, for an unforgettable Icelandic novel on the theme. Of lyrebirds: Mr L.C. Cook, whose descendants were our neighbours, was lying in a gully watching a bowerbird one day when he found himself surrounded by eleven lyrebirds, all of them hissing at him. He put it down to his having feathers in his hat. Of eels: in many parts of the world, dams, the destruction of wetlands and pollution have damaged eel habitats and blocked the paths of their migration. 'Glass eels' are netted in vast numbers and end up not in the streams and lakes of their ancestors, but on Chinese eel ranches and Japanese sushi trains. Eels are vanishing in the Northern Hemisphere. We don't know if the figures indicate the death of Earth's 'circulatory system', as one writer says, or a mere blockage. Nor, it seems, do we know with much certainty if they are declining at anything like the same rate in Australia. Snakes: In fact most of the snakes we killed were half the size of full-grown red-bellied black snakes and had pale yellow-white bellies. We took them for immature black snakes, but some locals say that these were copperheads and the most common snake in the district. Brian Bush's persuasive 'Australia's Venomous Snakes' can be viewed at http://members.iinet.net.au/~bush/index.html

第2章 劳作丛林

For the Indigenous people of Gippsland, A.W. Howitt, *The Native Tribes of South-East Australia*, and for the Kulin, Gary Presland, *Aboriginal Melbourne*, and other works. 'The Memoirs of Arthur Henry' are invaluable for more than Poowong. David Day discusses Inigo Jones in *The Weather Watchers*; James Woodford deals with wombats in *The Secret Life of Wombats*; the possums are in Tim Flannery's *Country*; *Georgiana's Journal*, p. 184; and *The People's Forest*, edited by Greg Borschmann. The yellow mouse is in Ron Hateley, *The Victorian Bush*, p.132. Richard Semon recorded his studies of platypuses in *In the Australian Bush and the Coast of the Coral Sea*, and Shirley Cane wrote about Sylvester Doig in 'Notes of a Quiet Explorer', SLQ OM-77-9. For dogs, see Pearson and Lennon, *Pastoral Australia*; Lawson's 'That There Dog of Mine' and George Main's *Heartland*, p.58. For Gardiner, see James Boyce, *Van Diemen's Land*, p. 317, and for a first-rate study of the curious south-east corner of South Australia, see Cliff Hanna, Corartwalla. The sheep are in W.S. Kelly, *Beef, Mutton and Wool*, p.47. The story of the camp near Drouin is brilliantly told by Daryl Tonkin and Carolyn Langdon in *Jackson's Track*. For the lack of Victorian trackers, see Gary Presland, *For God's Sake Send the Trackers*. The figure for chemicals is from the Commonwealth Department of Sustainability, Environment…'State of the Environment' 155.187.3.82/soe/2006/publications/drs/indicator/196/index.html. One settler recalled a worm that, once unravelled from the kookaburra which had choked attempting to eat it, measured 9 feet.

第3章 何谓丛林

Seddon, *The Old Country*, p.183; Hill, *Broken Song*, p.10; Mary Longford and the tussocky land, Condon, *Out of the West*, p. 105. For exotic animals and Indigenous culture, David S. Trigger, 'Indigeneity, ferality, and what 'belongs' in the Australian bush'. The anthropologist Rhys Jones coined the term 'firestick farming' in an article in *Australian Natural History*, 16:224, 1969. More recently see Bill Gammage's exhaustive *The Biggest Estate on Earth*, and his submission to the Inquiry into management of Public Land in New South Wales, 18 Sept. 2012. Mitchell's various journals may be conveniently viewed online, Robert Watson's 1881 diary at Queensland's Oxley Library (OM 79-29). For Gaia, see Deborah Bird Rose, 'Life and Land in Aboriginal Australia', in Charlesworth, Dussart and Morphy, *Aboriginal Religions in Australia*, and the introduction by Charlesworth; Stephen Jay Gould and Richard Dawkins are among the evolutionary biologists who have criticised the concept and its principal proponent, James Lovelock. Boyce in his *Van Diemen's Land*, p. 257. For the destruction wrought by paddle-steamers, W.R. Randall, 'Voyage up the Darling and Barwan'. The 'pleasing union' was described in an 1840 edition of the English financial journal *Atlas*, and quoted in Phillip McMichael, *Settlers and the Agrarian Question*, p. 107. John Passmore, an environmentalist who thought Gaia and other forms of deep ecology irrational, remembered the ringbarked trees in *Memoirs of a Semi-detached Australian*, and his contemporary was W.K. Hancock, *Australia*, 1930, p. 21. The agricultural historian was Ted Henzell, *Australian Agriculture*, p. 18. Ernestine Hill in *Ports of Sunset*, Vol. I of the *Great Australian Loneliness*, 1940. Dawn May characterised industry assistance in Henzell, *op. cit.*, p.125. W.E.H. Stanner's much quoted *On Aboriginal Religion* was published as an *Oceania* monograph in 1960, and see also *The Dreaming and Other Essays* (Melbourne 2011). Dewhurst put his thoughts down in 'A Flying Trip to Queensland' (SLQ_M449, Box 5294); Curr in *Recollections of Squatting in Victoria* (1883) 1968 edition, pp. 189–90; and Rosa Praed in *My Australian Girlhood*. Mary Durack's drover appears in *Kings in Grass Castles*, p.114. The Gray Papers, including Lucy and Eva Gray's, are held in the Oxley Library, Brisbane. Lucy and Eva and their journals are the subject of Anne Allingham's MA thesis, 'Victorian Frontierswomen', James Cook University 1987. For Louisa Meredith and others, see Tim Bonyhady, *The Colonial Earth*, esp. pp. 127–57. For Gould, see Sean Dawes, *John Gould*, p. 212.

第4章 丛林不朽

For the crumbling heartwood, Elizabeth Farrelly in *Sydney Morning Herald*, 17 January 2007. Clarke in his introduction to A.L. Gordon's *Poems*. For a stimulating analysis of the Gothic theme, see Gerry Turcotte, 'Australian Gothic', in Mulvey Roberts, M. (ed.), *The Handbook to Gothic Literature*. Matthews told his tale in *A Parson in the Australian Bush*, and Adams his in *The Australians: A Social Sketch*. See Ward, Australian Legend, pp. 256–57. For the silence and solitude, Marcus Clarke, *Old Tales of a Young Country* (1871) Sydney, 1972, p. 163. The SLV has a collection of letters Clarke and Whitman exchanged. For the miners' peculiar view, David S. Trigger, 'Mining, Landscape and the Culture of Development Ideology', *Ecumene*, Vol. 4 No 7, 1997, p. 174. For Bean and bush ideals, *The Dreadnought and the Darling* (1911), pp. 317–18: elsewhere, *On the Wool Track* (1910). Boake might have had the likes of A.J. Cotton in mind: according to Henry Bloxsome, Cotton around 1904 had a map of Queensland on his office wall with buttons marking his (and the Bank of NSW's) mobs of cattle when last heard of, and the name of each drover attached to them. McIntosh, *Beaten by a Blow* (2008), and Lewis, *Crow on a Barbed Wire Fence Muir Papers* 1973. Summers, *Damned Whores and God's Police* 1975. For the cedar-getters' bad behaviour, John Vader, *Red Cedar*, 1987, pp. 47–53 & *passim*. For the shameless, Mary Young to Charlotte Need, nd. c.1905; Frost, *No Place for A Nervous Lady*, pp.14, 181 & *passim*; Mill, 'The Spirit of the Age' (1831); and for the Victorians in general, Walter E. Houghton, *The Victorian Frame of Mind 1830–1870*, Yale, 1957. Barry Hill discusses O'Dowd and Ingamells intriguingly and at length, *op. cit.*, pp. 386–94. The letter about the moon, Alex Langter (?) to Thomas Muir, 24 May 1852, *Muir Papers*. Praed, *My Australian Girlhood*, pp. 152–53, and Boake, 'Where the Dead Men Lie'; another of his more compelling ballads, 'Twixt the Wings of the Yard', is gloomier still. For Croll et.al., see Tom Griffiths, *Hunters and Collectors*, pp. 168–75. For the order of the wattle, Richard White, *Inventing Australia*, pp. 117–19. For frontier violence, Durack, *op. cit*; Korah Wills (Mayor of Bowen), *Diary*, Oxley Library, Brisbane; Tony Roberts, *Frontier Justice*, pp. 138–39; Cliff Hanna, *op.cit.*, p. 212. For drought, see (NSW conservation farmer) Phillipa Morris, 'Submission to the Productivity Commission', www.pc.gov.au_data/assets/pdf_file/0018/82710/sub023.pd. David Lewis quoting John Howard, Clive Hamilton, Ross Gittins and Michael McKernan in *Sydney Morning Herald*, 29 September 2007. And Robyn Ballinger, ABC Radio National's *Perspective*, 12 July 2007.

Tim Bonyhady, *The Colonial Earth*, for the many settlers who, far from finding it miserable and worthless, delighted in the Australian landscape.

第 5 章　庇护亡灵

Lady (Ida Margaret Graves) Poore, *Recollections of an Admiral's Wife 1903-16*, London, 1916. Twigg is in Patrick O'Farrell, *Letters From Irish Australia 1825-1929*, Sydney, 1984, p.116. W. Monkton Dene was the American. Clement Semmler's entry in *Australian Dictionary of Biography* is a fine introduction to A.B. Paterson. Therese Radic surveyed the origins of 'Waltzing Matilda' in 'The Song Lines of Waltzing Matilda', *Journal of Australian Studies*, No. 48. E. Hill, *op. cit.*, pp. 50–51. Penney's 'Autobiography' in Battye Library, WA, MN3194A. Franklin, *My Brilliant Career*, p. 86. Arthur Ashwin found a human skeleton in the scrub near Lake Darlot in WA. He also recalled a horse tailer called Martin who got the horrors up near the Palmer goldfields, tied a rock round his neck and drowned himself in a shallow waterhole. *Gold to Grass*, p. 98. E. Hill, *op.cit.*, pp. 108-112. Praed, *op. cit.*, p. 108. The companion to the swag was the billy or billy-can, which possibly got its name from the tins containing a French soup very popular on the goldfields called 'bouilli', that were re-used for making tea and stewing meat. P. White, 'The Prodigal Son' in *Macquarie Pen Anthology of Australian Literature* (Nicholas Jose ed.) p. 558. Freud, 'The Ego and the Id'. P. Gay (ed.), *The Freud Reader*, New York, 1989, p. 636. '. . . the social system of pastoral Australia is a patriarchal despotism, tempered by Bryant and May', wrote Joseph Furphy in *Rigby's Romance*; Bryant and May were match manufacturers. Frank Huelin, *Keep Moving. An Odyssey*, Sydney, 1973. Furphy's sundowner arrives on p. 103 of *Such is Life*. Ashwin's story is told in *Gold to Grass* (ed. Peter J. Bridge), Carlisle, WA, 2002. For the frontier war in Qld and NT, Roberts, *op. cit.*, esp. pp. 136–37, and Ann McGrath, *Born in the Cattle*, Sydney, 1987, *passim*. Ramsay, Diary, 5 July, 1891 (SLSA). For Chinese, Eric Rolls, Citizens, Brisbane 1996, p. 3 & *passim*; and see Andrew Markus, *Fear and Loathing: Purifying Australia and California*, Sydney, 1979. The greatest larrikin of all, Ned Kelly, and his colleague Joe Byrne were on separate occasions both arrested for abusing Chinese people. Ashwin's reflection on his life as an aging 'combo' is from the Postscript to *Gold to Grass* by Peter J. Bridge. For Massachusetts, Barry Lopez, *Of Wolves and Men*, p. 170. Penny's account is very like that of an Atherton scrub logger whose father told him to have nothing to do with 'sub-humans'. He also remembered a man called Roberts who shot 'quite a few' with a Colt revolver, and another who used to 'jingle' them: 'put a hobble chain on the end of a stick and hit them around the shins. When they bent over, you hit them over the head.' Leon Wallace Smith in Greg Borschmann (ed.), *The People's Forest*, p. 224. Robert T. Muir to Thomas Muir, 9 March 1874. In his classic *My Crowded Solitude*, pp. 47–51, Jack McLaren tells of a journey such as this one as it was related to him by the Cape York Aborigine who made it; Kaio was his name and he had to find his way through rivers full of sharks and crocodiles as well as hostile tribes. George Augustus Robinson had seen the same pattern in the south-east of the continent: 'when the purposes of the whites have been learned the natives have been turned adrift, away, and frequently in a strange country, and destroyed by other natives'. Mitchell had pondered something similar about Bultje, his 'half civilized guide with the "singularly Socratic face": how he found the "tact" to live between the loathing of his own people and the prejudice of the Europeans "surpasseth me to understand"', he wrote. Albert Facey, *A Fortunate Life*, p. 326. Mrs James Foult, *Sketches of Life in the Bush. Such is Life*, p. 128ff.

第 6 章　文化碰撞

Edward Kynaston, *A Man on Edge*, p. 99. E.J. Brady reported a proverbial 'great snake area' along the Murray as he approached Swan Hill on his 1908 motorboat odyssey, and the local people 'talked a good deal of snake', he said. He saw them every day swimming in the water and 'dealt destruction' as he passed by; see his *River Rovers*, p. 68. The Vagabond in *Vagabond Country* (Michael Cannon, ed.), Melbourne, 1981, p. 49. Oxley, 'Journals of Two Expeditions into the Interior of New South Wales... 1817–18'; Cunningham, 'Diary from March 1 1817 to November 19 1818'. For many years broombush was used for brush fencing in the suburbs of the southern cities. The industry, like that in mallee roots, got going in the Depression. It ended when governments could no longer ignore the environmental damage: in South Australia in the early seventies, in Victoria twenty years later. Carter, *Ground Truthing*, p.183 & *passim*. Irene Cunningham, *The Trees That Were Nature's Gift*, p. 141, for gnows. For lowans, Shaw Neilson, 'At a Lowan's Nest'; and Colin Thiele, *The Little Desert*, p. 26. Alfred S. Kenyon, *The Story of the Mallee*, pp. 2–3. Muir and 'appropriate names', letter to WA Surveyor-General, 29 October 1907, Muir Papers. E.M. Curr, *The Australian Race*, , vol. 1, p. xvii. For an extensive discussion of white naming of the landscape, see Paul Carter, *The Road to Botany Bay*, chapter 2. The Beardy River in New England, we are told, was named by a party of men who arrived on its banks with several days' growth of whiskers. Nearby Concertina Rocks took their name from a man named Mick who bought a concertina from a hawker and 'his horse having left him, sat all night on the rocks and played it'. In North Queensland, John Atherton, who gave his name to the Tableland and the Rainforest, named one rocky outcrop Mt Uncle and another nearby, Mt Aunt. No Aborigines lost their lives in this, just what remained of a grip on their old lives. Hawdon, *The Journal of a Journey from New South Wales to Adelaide 1838*, p. 49 for Bonney; and Durack, *op.cit.*, p. 212 for Doughboy. Charles von Hugel, *New Holland Journal November 1833–October 1843* (trans. Dymphna Clark), p. 272. W.S.S. Tyrewhitt, *A New Chum in the Australian Bush*, pp. 27–31. For Lake Tyrell, John Morieson, *Stars over* Tyrell; Carter, *Ground Truthing*, p. 74, & chapter 7 & passim. Leichhardt, *Journal of an Overland Expedition in Australia from Moreton Bay to Port Essington . . . 1844–45*, London, 1847 (1964), p. 280. Praed, *op.cit.*, p. 151. John Wolseley in a letter to the author. By some accounts, the big red gums on the park-like plains of east Gippsland, Victoria were destroyed by Christmas beetles in the last half of the nineteenth century. But the trees had already been greatly weakened and beetles only delivered the *coup de grace*: in the preceding quarter-century the understorey and its resident beetle-eaters (birds, bats, sugar gliders) were reduced by heavy grazing, which also altered the soils and hydrology. The blanched trunks and limbs of the old red-gum woodland into which the squatters drove their cattle in the 1840s were still standing in the 1960s. For the jodhpurs, see Durack, *Kings in Grass Castles*, p. 244. Everard's story from his unpublished memoir, 'Pioneering Days'. At the age of 10 the Aboriginal boy went to Melbourne on a load of Ellerman's wool, got lost and was taken in by a Mr Chase, who took him to London where he fell ill, was baptised Willie Wimmera, and died. He is buried at Reading. See Robert Kenny, *The Lamb Enters the Dreaming*, p. 117ff & *passim*. Watson in Bill Kitson and Judith McKay, *Surveying Queensland 1839–1945*, Brisbane, 2006, p. 23. Mrs James Foult, *op. cit*. Aserath Muir to Thomas Muir, 30 July 1878, Muir, Papers. When Arthur Ashwin was a boy wild chickens roamed the range near Ballarat: he shot roosters for Sunday lunch and collected buckets of eggs from the 'hundreds of fowls along the creek, all gone wild . . .' Felton and Grimwade pioneered various colonial health tonics, and combined with other enterprises, their success became the basis of the major companies Australian Consolidated Industries and Drug Houses of Australia. Early in his business career Grimwade contracted to supply overseas buyers with a million leeches from the billabongs around Echuca. Aborigines caught the majority of them by walking into the swampy water and walking out with them clinging to their bodies. John Mulvaney and Johan Kamminga, *Prehistory of Australia*, esp. p. 310. Peter Beveridge, *The Aborigines of Victoria and Riverina*, p. 142. Butlin, *Economics and the Dreamtime*. Josephine Flood, *The Original Australians*, p. 128. Beveridge also 'gleaned' that the venereal disease he saw among them had been present long before the smallpox. He thought it most likely came with the trepang industry on the northern coasts and spread across the continent. On Rottnest Island, WA, where Aborigines were sent for sheep stealing and other crimes, 60 died of influenza in 'a matter of weeks'; in 1883 and at the Guildford Native School in 1841, 11 of 24 students died of flu or whooping cough. Flannery, *Country*, pp. 188–207. Arsenic also entered the food chain in the mid-nineteenth century when sheep-farmers began washing their sheep in it to cure scab; and others poured it into troughs and waterholes to kill rabbits. Much else died with the dingoes, very likely to the point of extinction in many cases. W.S. Kelly, *Beef, Mutton and Wool*, p. 40. 'Browne Family Letter Book', Battye Library, MN 973. Other information on dingoes from Dick Condon, *op.cit.*, pp. 237–46.

第 7 章　努力生存

'Thou shalt not plant an Asherah of any kind of wood beside an altar of the Lord'. Deuteronomy, 16:2. *Cf.* the bhodi (*Ficus religiosa*). At school in the fifties we sat in our classrooms at the school where the forest had recently been and recited 'Pioneers' by Frank Hudson: see australianpoems.tripod.com for full poem. '[S]ince nothing can be or be conceived without God, it is certain that all those things which are in nature involve and express the concept of God, in proportion to their essence and perfection. Hence the more we cognize natural things, the greater and more perfect is the cognition of God we acquire, or . . . the more we cognize natural things, the more perfectly do we cognize the essence of God, which is the cause of all things. So all our cognition, that is our greatest good, not only depends on the cognition of God, but consists entirely in it.' Spinoza, *The Ethics*, from which we might conclude that there is no God unless it be nature. See Frederick Law Olmstead, 'The Plans of the Central Park', (1872) in Bill McKibbin (ed.), *American* Earth, 0pp. 120–25. Colin Tudge, *The Secret Life of Trees*. New World environments were chewed up at extraordinary rates. By one contemporary estimate in the last decade of the 19th century, US homes and industry were consuming woodlands at the rate of 25,000 acres every 24 hours. J. Sterling Morton, 'Arbor Day Leaves', in McKibbin, *op.cit.*, p. 128. Morton was the Nebraska pioneer who later founded Arbor Day. Bill Bunbury (ed.), *Timber for Gold*, p. 204 & *passim*. Lyle Courtney, *Our Houseless Home*, p. 2. For the melancholy and magic of casuarinas, see Matthew Condon, 'The Casuarina Forest', pp. 38–49. Paul Fox, *Clearings*, Melbourne, 2005, pp. 195–96. Francis Cadell, 'On the Navigation of the Murray'. Flinders saw substantial circular huts that slept up to 15 adults when he anchored in the mouth of the Clarence in 1799. Mary Bundock in Eric Rolls (ed.), *Visions of Australia*, p. 216. An early settler, James Ainsworth, reckoned there were 4–5000 Bundjalung living around the Northern Rivers when the Europeans arrived. 'Their principal food was fish and oysters and the varied products of the chase. They were simple, good-hearted and friendly people who would generously give away anything they possessed to the "white feller".' Richmond River Historical Society, *A Souvenir of the Visit of Her Majesty Queen Elizabeth . . . 1954*, p. 7. Louise Tiffany Daley, *Men and a River*. At Eucla, SA, Thomas Muir's manager employed Alfred the Cheater, Fluf and John the Canter. Like horses, the names of ex-convicts and Aborigines were very often preceded by 'Old': Old Hill, Old Jack Batt, Old Sambo, and so on. Alexander Harris ('An Emigrant Mechanic'), *Settlers and Convicts*, p. 88. Before he became the country's most celebrated bushranger, Ned Kelly worked in the forests of Gippsland. Shirley Walker, *Roundabout at Bangalow*, pp. 84–85. *Settlers and Convicts*, p. 45. For myth, see Karen Armstrong, *A Short History of Myth*, New York, 2005, p. 40. 'Always had a blackfellow . . .', Trudgeon, *op. cit.*, p. 23. R.D. Carr, in Trudgeon *op. cit.*, p. 14, for getting the logs to the sea. For King's party, Daley, *op. cit.*, p. 31. Pumpkin: *They lived on dampers and treacle/ And sometimes a pigeon or two/If they couldn't get dampers or treacle/They made boiled pumpkin do*. From a ballad composed by George Arkinstall, a pioneer descendant. In Pauline Barratt, *Around the Channon*, p. 21. Shirley Walker, *op. cit.*, p. 3. Paspalum in *Sydney Morning Herald*, 19 March 1913. For Coraki, Pauline Curby, *Battlers' Boomtown: Coraki in the early 1890s*, Lismore, 1992. In 1907 Coraki Public School took in 'several Aboriginal children', but within a few days 'feeling was high' against them and on the inspector's advice they were sent home, 'even though their clothes were clean'. E.J. Brady, *Land of the Sun*, London, 1924, pp. 81–82. On clearings, R.G. Garbutt, 'The Clearing: Heidegger's *Lichtung* and the Big Scrub', *Cultural Studies Review*, vol. 16, no. 1, 2010, pp. 37–38 & *passim*. Lantana covers 4 million hectares of Australia, costs farmers about $10 million a year and causes the deaths of about 1500 cattle. Slavoj Zizek makes the point about civilised silences in *Living in the End Times*, London, 2011, p. 133. For the organic farmers, NSW Department of Primary Industries *Factsheet*. For sustainable production, brookfarm.com.au, ABC Radio, *Bush Telegraph*, 29 August 2008.

第8章 翠绿花园

Evidence of *Salsola australis* in places isolated from European settlement suggests that the species is native to Australia, but the plant is a phenomenal coloniser. In the United States, a few salsola plants brought to South Dakota by a Russian immigrant spread across the prairies and deserts of the Midwest and west and became a weed loathed by farmers and horses, and a specifically American symbol of frontier lawlessness and impermanence. Griffith Taylor, *Australia in its Physiographic and Economic Aspects*, London, 1911, pp. 252–53. The definitive work on the business of water in Australia is Michael Cathcart, *The Water Dreamers*; see esp. pp. 219ff. Stuart McIntyre, *A Colonial Liberalism*, p. 97. For de Satgé, *Australian Dictionary of Biography* (entry by D.B. Waterson). For Palm Island, Herb Wharton, *Cattle camp: Murrie drovers and Their Stories*, St Lucia, Qld., 1994. 'Chief pillars', Frank Fox, *Australia*, p. 50. For gentlemanly customs, Paul de Serville's classic study, *Port Phillip Gentlemen*, esp. pp. 82–195. For soldier settlement in Queensland I depended on the M. Johnson's excellent Ph.D thesis, 'Honour Denied'. Jill Roe, 'My Brilliant Career and 1890s Goulburn'. For Western Australia, transcripts of the Royal Commission on Repatriated Soldiers of the AIF under the Discharged Soldiers' Settlement Act, 1918 (1923). For soldier settlers in Victoria, Marilyn Lake *The Limits of Hope*; for South Australia, Karen George, *A Place of Their Own*. The Pike Royal Commission into soldier settlement in Queensland in 1929 concluded that 40 per cent of settlers failed, but Johnson found the commissioner's calculations to be 'wildly inaccurate', that at least 60 per cent had given up by 1929 when the scheme was abandoned, and of the 40 per cent remaining many more walked off in the years of the Great Depression; report pp. 419–21. Praed, *op. cit.*, p. 126. For Swain, see Gregory A. Barton & Brett M. Bennett, 'Edward Harold Fulcher Swain's Vision of Forest Modernity', *Intellectual History Review*, 21:2, 2011, pp. 135–50. For the dimensions of the settlers, *From Battlefield to Block*, Merbein, 2002. Jared Diamond, 'The Worst Mistake in the History of the Human Race', in *Discover*, 1 May 1999. The residents of Birdsville were 'startled' by the sudden deaths of the rabbits. The corpses began piling up just as the rats of a recent rat plague began to die. Mona Henry, Diary, Oxley Library. The pursuit of the rabbit had consequences for other creatures. In a letter from his home in Surrey in 1903, a doctor and keen naturalist who had accompanied Sturt on his journey in the desert proposed that the increase in locust populations in the wheat country of South Australia might be put down to the destruction of a native insectivorous mammal known to the Aborigines as pincoo and to the Europeans as pinkie. The creatures which he described as nocturnal, 'the size of a rabbit, silky fur of a fawn grey colour, the underparts and tip of the tail being white', had been very numerous in South Australia when Dr John Harris Browne, a onetime pastoralist, was cultivating olives there; Dr Browne noted that they consumed great quantities of locusts – and, what was more important, their eggs. The pincoos he described are now widely known as bilbies. Browne was right in saying that in their largely unsuccessful efforts to wipe out rabbits, farmers were very effectively wiping out these bandicoots. He had seen it: 'whenever a rabbit burrow has been dug out, the Britisher, with the destructiveness of his race, kills every living thing he finds in it'. The pastoralists were not impressed: as if it were possible to gas, poison or rip selectively, to kill one species and spare another! Did the doctor not understand the costs and practicalities of farming? A friend of Browne's wrote back to say, alas, the pincoos 'like all who frequent bad company must suffer for it'. In *The Mammals of South Australia*, published in 1924, F. Wood Jones, declared the 'formerly abundant' pincoo 'either extinct or on the verge of extinction' in that state. SLSA, PRG 260, *The*

Advertiser, February 1935. For the settlers at Cooltong, Judith Weir (ed.), *We Will Remember Cooltong*. Cathcart, *The Water Dreamers*, p. 240. David Millstrom's story is told in Gregg Borschmann's excellent *The People's Forest*. The farm at Trangie is described in a *Grain and Graze* case study of Central West/Lachlan, 'Mixed Farming with Old Man Saltbush', n.d. Tammy Azte on saltbush, from her speech notes.

第9章 城镇乡村

Calvino, *Invisible Cities* (trans. William Weaver), New York, 1974. 'Right action', Armstrong, *op. cit.*, p. 4. A 'run of mackerel', Lewis Mumford, *The Culture of Cities*, New York, 1938, p. 5. The Shire General Manager in *Sun-Herald*, 19 January 2003. For the case against mining, Natalie Kent and Sandra Reidenbach, 'What is the Real Price of Gold? Case Study: Lake Cowal', *UTS Online Journalism*, 2004. And see David S. Trigger, 'Mining, Landscape and the Culture of Development Ideology in Australia', pp. 170–71. Diary, March 1920–Feb.1928, SLQ Box 8947 OM 75–90. For the hillside, George Main, *Heartland*, p. 55. Seddon, *op. cit.*, pp. 218–19. Joseph A. Cocannouer, Weeds, p. 94. Snow in New England, 'The Weather of Armidale', website article by Peter Burr. Bill Gammage's *Narrandera Shire*, takes local history to a very high level and is here quoted extensively. For SA Waste Lands, Hanna, *op. cit.*, p. 31. *Such is Life*, pp. 101–02. Stuart, *Journal*, 10 December 1860. It was stocked; the good season in which Stuart saw it reverted to a normal – dry – one, and the stock died. Sheep numbers, D.G. Dufty, G.S. Harman and K.J. Swan, *Historians at Work*, Sydney, 1973, p. 45. Griffith Taylor, *op. cit.*, p. 133. Eric Rolls was sure the marsupials played a part in the transformation of the Pilliga scrub. James Noble thinks they 'may well' have, in *The Delicate and Noxious Scrub*, pp. 23, 67. For the horses, et.al., Gammage, *Narrandera*, pp. 224–29; and Fiona Carruthers, *The Horse in Australia*, p. 271–72. For Walgett's contemporary Indigenous population, Russell Skelton, 'Where babies are a mixed bonus', *Sydney Morning Herald*, 17 May 2008; and for their history, Roger Millis, *Waterloo Creek*. For occupying the land, see Alan Frost, 'Old Colonizations and Modern Discontents . . .', *Proceedings of the Inaugural Conference of the Samuel Griffith Society*, 1992, chapter 11. Arthur Dewhurst, 'Trip to the Liverpool Plains', SLNSW. Henry William Steers in *The People's Forest*, pp. 202–04. C.D. Rowley, *Outcasts in White Australia*, Canberra, 1971.

第10章 泛洪平原

For the Piguenit painting, Tim Bonyhady, *op. cit.*, pp. 301–05. Mitchell's Journal 13 February 1846. Gray Papers SLQ. Brady, *River Rover*, 129–30ff. See Emily O'Gorman, 'Unnatural River, Unnatural Floods? Regulation and Responsibility on the Murray River in the 1950s', *Australian Humanities Review*, Issue 48, May 2010. See also Cathcart, *op. cit.*; Seddon, *op. cit*, and Paul Sinclair, *The Murray: A River and Its People*, Melbourne, 2001. Frances Cadell, *op. cit.* For the drowning sheep, H.S. Bloxsome, Journal, SLQ. For a description of chemical farming in the US that alarms even the farmers employing the Monsanto-directed methods, see Michael Pollan, *The Botany of Desire*, London, 2002, esp. pp. 234–35. New articles and reports critical of Monsanto appear every week: *Genetic Engineers Report: GMO Food is Dangerous*, Open Earth Source, 2 July 2012, to name just one among hundreds. Not all of them ring with authenticity. Two substantial pieces, the first for and the second against Monsanto, are Michael Specter, 'Why the Climate Corporation Sold Itself to Monsanto', *New Yorker*, 4 November 2013; and Donald L. Barlett and James B. Steele, 'Harvest of Fear', *Vanity Fair*, May 2008. The Australian study, by Bidwell and Gorrie in 1995, is quoted in Commonwealth Department of Environment, *Australian Frogs an Overview* environment.gov.au/resource/australian-frogs-overview. For Hegel and other arguments about slaughter, see Mick Smith, 'The "Ethical" Space of the Abattoir: On the (In)humane Slaughter of Other Animals', *Human Ecology Review*, Vol. 9., No. 2, 2002. Anna Krien, *Us and Them*, p. 34. For 25,000 throats cut, Bonyhady, *Colonial Earth*, p. 286. Frank Fox, *Australia*, p. 26.

第 11 章　万物皆硕

Robert Watson, Diary, SLQ. *The Diary of Emily Caroline Creaghe, Explorer*, Adelaide, 2004. R.G. Ramsay, Diary, Elder Scientific Exploring Expedition, 1891, SLSA. David Carnegie, *Spinifex and Sand*. Melissa Sweet, 'On relations with trees', *Inside Story* (website), June 2009. Mitchell, *Journal of an Expedition into the Interior of Tropical Australia*, 1846. See David Cameron, 'Closer Settlement in Queensland: The Rise and Decline of the Agrarian Dream–1860s to the 1960s', in *Struggle Country: The Rural Ideal in Twentieth Century Australia* (Graham Davidson and Marc Brodie, eds), Clayton, Vic. 2005, for the Brigalow Scheme; and Paul Sattler and Colin Creighton, Australian Terrestrial Biodiversity Assessment, National Land and Water Resources Audit, 2002, for some of the ecological consequences. Also, Queensland Government, *Semi-evergreen vine thicket regional ecosystems in the Brigalow Belt Bioregion*, 2007, Australian Terrestial Biodiversity Assessment, *Australian Natural Resources Atlas*. Sweet, *op. cit*. The main hope lies in retaining substantial patches of remnant vegetation, and in 2006 the Queensland government passed legislation to protect them, but miners – the area has colossal coal deposits – are not controlled by it and farmers remain free to clear for firebreaks and fencing. Harold Lewis, *Crow on a Barbed Wire Fence*, p. 29. Judith Wright, *Half a Lifetime*, p. 73. Gray Diary, SLQ, September 1868. For the pear and the emus, *Queensland Prickly Pear Land Commission Annual Report, 1926–27*, and A.J. Marshall, *The Great Extermination*, pp. 58–9. In a May 1926 letter to the editor of the magazine *The Emu*, H. Stuart Dove of West Devonport Tas. wrote that it was 'unthinkable that our finest species, the Emu, should have a price put upon its head for a misdemeanour that has never been proved', and referred to a study which went 'far to show that the charge is wholly false.' 'When Canadian Bill is firing with the sun-dried gidgee logs/She can equal thirty horses and a score of so dogs . . .' Banjo Paterson, 'Song of the Artesian Water'. Blainey, *Mines in the Spinifex*, pp. 19–20. For the exotic grasses, see David S. Trigger, 'Indigeneity, ferality. . .', pp. 638–39. Creaghe, *op. cit.*, pp. 26–27n. Korah Wills, Diary, SLQ. Wills sent the girl to a school in Melbourne where she caught a cold and died. Praed, op. cit., 23ff. White men and black women and girls, see Germaine Greer, *On Rage*, Melbourne, 2009, pp. 123–26 & *passim*. Aboriginal stockman, Carruthers, *op. cit.*, p. 41. Durack, *Kings in Grass Castles*, p. 138. For Mitchell and other grasses, Ian Partridge, *Managing Mitchell Grass: A Grazier's Guide*, Department of Primary Industry, Queensland, 1996.

Cummings, Bart: My Life, Sydney, 2009, p. 21. British investment, James Bellich, *Replenishing the Earth: The Settler Revolution and the Rise of the Anglo-World, 1783–1939*, Oxford, 2009, p. 358. Government weed advice, *Queensland Government Fact Sheet; Australian Government Weed Management Guide*. Queensland Department of Primary Industries, *Impact Assessment Brochure*. Flies close schools, *The Argus*, 21 November 1912. The surveyors and flies, Kitson and McKay, *op. cit.*, p. 182. O'Shaughnessy, Diary, 1848. Scab inspector, Brian Glenie, *The Chowilla Stock Inspectors*, p. 43 & *passim*. For the different types of settlers, see Patrick Wolfe, *Settler Colonialism and the Transformation of Anthropology*, London & New York, 1999. See also Dan Tout, 'Stabilise, Normalise, Eliminate', *Arena*, No. 118, June–July 2012, pp. 40–43. For a riveting analysis of the world of Lucy and Eva Gray as described in their equally enthralling diaries, see Anne Allingham (ed.), *Frontierswomen: The Australian Journals of Lucy and Eva Gray 1868–1872, 1881–1892*, and Allingham's 1987 James Cook University MA thesis on the subject. Christison, see Arthur Laurie, 'The Black War in Queensland', *Royal Historical Association of Queensland*, October 1958, p. 13. Barnaby Joyce, 'Speech to the Young Beef Producers' Forum', Roma, Qld, 15 November 2012.

第 12 章 等候火灾
Dylan quoted in Robert Shelton, *No Direction Home: The Life and Music of Bob Dylan*, New York, 1986. For hybridisation, Paul Gullan, Viridans Biological Databases (viridans.com/RAREPL/longway), David L. Field, et.al., 'Molecular and Morphological Evidence of Natural and interspecific hybridization . . .' journals.ohiolink.edu/ejc/search. For von Mueller, Guilfoyle, et. al. and the Melbourne Botanic Gardens, Paul Fox, *Clearings*. Von Mueller in Libby Robbin, 'Visions of Nature . . .' *Victorian Naturalist*, Vol. 102, No. 5, 1985, p. 156. Naturalised plants, A. Thellung, 'La Flore adventice de Montpellier', *Memoires de la Societe Nationale des Sciences Naturelles et Mathematiques de Cherbourg*, 1912, trans. R.H. Groves (ed.). *Australian Vegetation*, 2nd edition, Cambridge University Press, 2001, p. 58. Fire resisters, *The Australian*, 1 January 2010. Roethke, Kathleen Daventry, 'Memoir', NLA, MS 9467.

附录 澳大利亚国徽
For the big kangaroo hunt, Bloxsome Papers. Les Murray, 'Second Essay on Interest: The Emu', *The People's Otherworld*, Sydney, 1993. Ronald M. and Catherine H. Berndt, *The World of the First Australians*, p. 113. Mitchell, *Journal*, p. 306. Hawdon, *op. cit.*, pp. 36–37. For the emu egg myth, see, e.g. Berndt, *op. cit.*I, pp. 394–95. H.S. Gullett quoted in Australian War Memorial, *Encyclopedia*, '"Kangaroo feathers" and the Australian Light Horse'. More recently emus have been taken up by New Age people, viz.: 'The energy of emu tends to come about at a time when rapid movement can be nourishing', wildspeak.com.

参考文献

论文

Bloxsome, H.S., Journal 1876–1952. State Library Queensland.
Browne, John Harris, Papers, SLSA.
—— Records, SLSA.
Browne Family Letter Book, Battye Library, WA.
Cane, Shirley, 'Notes of a Quiet Explorer'. (Sylvester Doig). SLQ.
Clark, Betsie, Diary 1882–1898. Qld. SLQ.
Cunningham, Allan, Botanist, Diary from March 1 1817 to November 19 1818. NLA
Daventry, Kathleen, Memoir. NLA.
de Satgé, Oscar, 'Recollections of a Queensland Squatter', SLQ.
Dewhurst, Arthur, 'A Flying Trip to Queensland'. SLNSW.
Dixon, Joseph, Journal and Reminiscences. 1875–1928. SLQ.
Doig, Sylvester, 'My Home on the Pacific Coast'. n.d. SLQ.
Everard, George, 'Pioneering Days', typescript, 1977.
Henry, Arthur, Memoirs. Poowong Historical Group. 2003
Henry, Mona, 'From City to Sandhill: the personal record of a Nursing Sister with the Australian Inland Mission'. SLQ.
Hindmarsh, Percy (Mrs?), 'Rawbelle', typescript memoir in Bloxsome papers. n.d. SLQ.
Hood, E.T., Diary 1927–1930. SLQ.
Johnson, M., 'Honour Denied: a study of soldier settlement in Queensland', Ph.D thesis, University of Queensland, 2002.
Mitchell, T.L, Papers, 1708–1855, SLNSW.
Muir Papers, Battye Library WA.
O'Shaughnessy, Thomas, Diary. 1848. SLNSW.
Oxley, John, Journals of Two Expeditions into the Interior of New South Wales, under-

taken by order of the British Government, 1817–18. ebooks@adelaide.
Ramsey, R.G., Diary, Elder Scientific Exploring Expedition 1891. SLSA.
Report of the Royal Commission on Repatriated Soldiers of the AIF under the 'Discharged Soldiers Settlement Act 1919', WA,1923.
Watson, Robert, Diary. SLQ.
Wills, Korah, Diary. SLQ.

书籍和文章

Adams, David (ed.), *The Letters of Rachel Henning*, Australia, 1969.
Adams, Francis, *The Australians: A Social Sketch*, London, 1893.
Adams, John, *So Tall the Trees*, Narracan, Vic., 1978.
Armour, James. *The diggings, the bush and Melbourne, or, Reminiscences of three years' wanderings in Victoria*, Glasgow, 1864.
Ashwin, Arthur C., *Gold to Grass. Reminiscences 1850–1930* (ed. Peter J. Bridge), Carlisle WA, 2002.
Bailey, John, *Mr Stuart's Track*, Sydney, 2006.
Barratt, Pauline, *Around the Channon. A history of its places and people*, The Channon, NSW, 1997.
Baynton, Barbara, *Bush Studies*, (1902) Sydney, 1995.
Bean, C.E.W., *On the Wool Track*, (1910) Sydney, 1985.
—— *The Dreadnought of the Darling*, London, 1911.
Berndt, Ronald, M and Berndt, Catherine H., *The World of the First Australians* (1964), Canberra, 1999.
Beveridge, Peter, *The Aborigines of Victoria and Riverina*, Melbourne, 1889.
Billis, R.V. and Kenyon, A.S., *Pastures New*, (1930) Melbourne, 1974.
Blainey, Geoffrey, *Mines in the Spinifex*, Sydney, 1960.
Boldrewood, Rolf *Robbery Under Arms*, (1888) Penrith, NSW, 1968.
Bonyhady, Tim, *The Colonial Earth*. Melbourne, 2000.
Borschmann, Gregg, *The People's Forest: A Living History of the Australian Bush*, NSW, 1999.
Boyce, James, *Van Diemen's Land*, Melbourne, 2010.
—— *The Founding of Melbourne and the Conquest of Australia*, Melbourne, 2011.
Brady, E. J., *River Rovers*, Melbourne, 1911.
Brett, Judith, *Fair Share. County and City in Australia*, Quarterly Essay, Issue 42, 2011.
Brownscombe, Ross, *On Suspect Terrain: Journals of Exploration in the Blue Mountains, 1795–1820*, Sydney, 2004.
Bunbury, Bill, *Timber for Gold: Life on the Goldfields Woodline*, Fremantle, 1997.
Butlin, Noel, *Economics and the Dreamtime: A Hypothetical History*, Cambridge, 1993.
Cadell, Francis, 'On the Navigation of the Murray', *Journal of Royal Geographical Society*, Melbourne, February, 1954.
Campbell Praed, Rosa, *My Australian Girlhood*, London, 1902.
Cannon, Michael, *Life in the Country*, Australia in the Victorian Age, 2. Melbourne, 1973.

Carruthers, Fiona, *The Horse in Australia*, Sydney, 2008.
Carnegie, David W., *Spinifex and Sand*, (1898) Ringwood, Vic. 1973.
Carter, Paul, *Ground Truthing. Explorations in a Creative Region*, University of Western Australia, 2010.
—— *The Road to Botany Bay*, London, 1987.
Cathcart, Michael, *The Water Dreamers: The Remarkable History of Our Dry Continent*, Melbourne, 2009.
Charlesworth, Max, Dussart, Francoise, and Morphy, Howard, *Aboriginal Religions in Australia. An Anthology of Recent Writings*, Aldershot UK, 2005.
Clark Patricia, 'In the Steps of Rosa Praed and Tasma', Harold White Lecture, Canberra 1993.
Clarke, Marcus, Preface to *Poems of Adam Lindsay Gordon*, Melbourne, 1880.
Cocannouer, Joseph A., *Weeds. Guardians of the Soil*, New York, 1950.
Condon, Dick, *Out of the West: A historical perspective of the Western Division of New South Wales*, Rangeland Management Action Plan, 2003.
Condon, Matthew, 'The Casuarina Forest', *Griffith Review*, 49, Summer 2003–2004.
Corfield, W.H., *Reminiscences of Queensland, 1882–1899* (1921), Dodo Press, n.d.
Courtney, Lyle, *Our Houseless Home. A Colourful Bush Childhood During the Great Depression*, Maryborough, Vic., 2010.
Creaghe, Emily Caroline, *Diary* (Peter Monteath ed.), North Adelaide, 2004.
Cunningham, Irene, *The Trees That Were Nature's Gift*, Maylands, WA, 1998.
Curr, E.M., *Recollections of Squatting in Victoria* (1883), Adelaide, 1968.
—— *The Australian Race*, Melbourne, 1886.
Daley, Louise Tiffany, *Men and a River. A History of the Richmond River District 1828–1895*, Melbourne, 1966.
Darwin, Charles, et.al., *An Australian Selection*, Canberra, 2009.
Davis, Wade, *Light at the Edge of the World*, Vancouver, 2007.
Dawes, Sean, C., *John Gould: an Australian Perspective*, Stepney, SA, 2011.
—— *John Gould and the Fauna of Southern Australia*, Adelaide, 2004.
Day, David, *The Weather Watchers. 100 Years of the Bureau of Meteorology*, Melbourne, 2007.
Dunderdale, George, *Australian Bush Tales*, London, 1870.
Durack, Mary, *Kings in Grass Castles* (1959), Sydney, 2008.
Edey, John F, *From Lone Pine to Murray Pine*, Red Cliffs, Vic. 1981.
Egerton, Louise and Lochman, Jiri, *Wildlife of Australia*, Sydney, 2009.
Facey, Albert, *A Fortunate Life*, Fremantle, 1981.
Farwell, George, *Squatter's Castle. The story of a pastoral dynasty*, Melbourne 1973.
Flannery, Tim, *Country*, Melbourne, 2005.
Flood, Josephine, *The Original Australians*, Sydney, 2006.
Foult, Mrs James, *Sketches of Life in the Bush*, Sydney, 1878.
Fox, Frank, *Australia*, London, 1910.
Fox, Paul, *Clearings: Six Colonial Gardeners and Their Landscapes*, Carlton, Vic., 2005.
From Battlefield to Block, Merbein District Historical Society, (n.d.)

Frost, Lucy, *No Place for a Nervous Lady*, Melbourne, 1984.
Furphy, Joseph (Tom Collins), *Such is Life*, (1903), Modern Publishing Group, 1992.
Gammage, Bill, *Inquiry into Management of Public Land in New South Wales*, Submission No. 474, 18 September 2012.
—— *Narrandera Shire*, Narrandera, 1986.
—— *The Biggest Estate on Earth, How Aborigines Made Australia*, Sydney, 2011.
Garner, Bill, *Born in a Tent. How Camping Makes Us Australian*, Sydney, 2013.
Garnett, T.R., *From the Country. An Anthology* (ed. George Seddon), Melbourne, 2001.
Garrett, Don, *The Cambridge Companion to Spinoza*, CUP, 1996.
George, Karen, *A Place of Their Own. The Men and Women of War Service Land Settlements at Loxton* . . . Adelaide, 1999.
Glenie, Brian, *The Chowilla Stock Inspectors*, Renmark, SA, n.d.
Glenie, Pat and Brian, *The Rufus River Massacre (or was it?)*, Paringa, SA, n.d. (1993?)
Griffith Taylor, T., *Australia in its Physiographic and Economic Aspects*, London, 1911.
Griffiths, Tom, *Forests of Ash. An Environmental History*, Melbourne, 2001.
—— *Hunters and Collectors. The Antiquarian Imagination in Australia*, Melbourne, 1996.
Groves, R.H. (ed.), *Australian Vegetation* (2nd edition), Cambridge, 1994.
Gunn, Mrs Aeneas, *We of the Never Never* (1908), Richmond, Vic. 1974.
Hancock, W. K., *Australia* (1930), Jacaranda 1961.
—— *Discovering Monaro: A Study of Man's Impact on his Environment*, London, 1972.
Hanna, Cliff, *Corartwalla, A History of Penola, the Land and its People*, Magill Publications, 2001.
Harris, Alexander ('An Emigrant Mechanic'), *Settlers and Convicts or Recollections of Sixteen Years' Labour in the Australian Backwoods* (1847), Melbourne, 1964.
Hasluck, Alexandra, *Georgiana Molloy: Portrait with Background*, Fremantle, WA, 2002.
Hateley, Ron, *The Victorian Bush: its 'original and natural' condition*, South Melbourne, 2010.
Hawdon, Joseph, *The Journal of a Journey from New South Wales to Adelaide*, Melbourne, 1952.
Henzell, Ted, *Australian Agriculture. Its History and its Challenges*, CSIRO, Collingwood, Vic. 2007.
Hill, Barry, *Broken Song, T.G.H. Strehlow and Aboriginal possession*, Sydney, 2002.
Hirst, John, *The World of Albert Facey*, Sydney, 1992.
Horton, David, *Recovering the Tracks. The Story of Australian Archaeology*, Canberra, 1991.
Howitt, A.W., *The Native Tribes of South-East Australia* (1904), CUP, 2010.
Huelin, Frank, *Keep Moving*, Sydney, 1973.
Hugel, Charles von, *New Holland Journal November 1833–October 1843* (trans. Dymphna Clark), Melbourne, 1994.
Isaacs, Jennifer, *Pioneer Women of the Bush and Outback*, Sydney, 1990.
James, John Stanley (The Vagabond), *Vagabond Country, Australian Bush and Town Life in the Victorian Age* (ed. Michael Cannon), Melbourne, 1981.
Kelly, W.S., *Beef, Mutton and Wool. A Practical Handbook on Meat and Wool Production for*

the Australian Farm, Adelaide, 1920.

Kenny, Robert, *The Lamb Enters the Dreaming*, Melbourne, 2007.

Kenyon, A.S., *The Story of the Mallee*, Melbourne, 1929.

Kitson, Bill and McKay, Judith, *Surveying Queensland 1839–1945*, Brisbane, 2006.

Krien, Anna, *Us and Them. On the Importance of Animals*, Quarterly Essay 45, Melbourne, 2012.

Kynaston, Edward, *A Man on Edge*, Ringwood, Vic., 1981.

Lake, Marilyn, *The Limits of Hope, Soldier Settlement in Victoria 1915–38*, Melbourne, 1987.

Lawson, Henry, *Prose Works*, Sydney, 1935.

Laxness, Halldor, *Independent People*, London, 2008.

Lewis, Harold, *Crow on a Barbed Wire Fence*, Sydney, 1973.

Lloyd, Genevieve, *Spinoza and the Ethics*, Abingdon, UK, 1996.

Lopez, Barry, *Of Wolves and Men*, New York, 2004.

Low, Tim, *Where Song Began: Australia's Birds and How They Changed the World*, Penguin, 2014.

Macintyre, Stuart, *A Colonial Liberalism. The Lost World of Three Victorian Visionaries*, Melbourne, 1991.

MacKay, Norman and Eastburn, David (eds.), *The Murray*, Canberra, 1990.

Main, George, *Heartland: The Regeneration of Rural Place*, UNSW Press, 2005.

Marshall, A.J., (ed.), *The Great Extermination*, Melbourne, 1966.

Matthews, *A Parson in the Australian Bush* (London 1908), Rigby, 1973.

McCrae, Georgina, *Georgiana's Journal, Melbourne 1841–1865*, Canberra, 2013.

McDonald, Lorna (ed.), *West of Matilda; Outback Queensland 1890s–1990s*, Rockhampton, 2001.

McGrath, Ann, *Born in the Cattle: Aborigines in Cattle Country*, Sydney, 1987.

McIntosh, Dennis, *Beaten by a Blow: A Shearer's Story*, Melbourne, 2008.

McKibbin, Bill (ed.), *American Earth: Environmental Writing Since Thoreau*, New York, 2008.

McLaren, Jack, *My Crowded Solitude* (1926), Melbourne, 1966.

McMichael, Phillip, *Settlers and the Agrarian Question. Capitalism in Colonial Australia*, Cambridge, NY, 1984.

McPhee, John (ed.), *Red Cedar in Australia*, Sydney, 2006.

McQuilton, John, *Rural Australia and the Great War*, Melbourne, 2001.

Meredith, Louisa Ann (Mrs Charles), *Notes and Sketches of New South Wales* (1844), Ringwood, Vic., 1973.

Milbourne, Jean, *Mount Macedon. Its History and Its Grandeur 1836–1978*, Bendigo Vic., 1979.

Millis, Roger, *Waterloo Creek*, Ringwood, Vic., 1992.

Mitchell, T.L., *Three expeditions into the interior of eastern Australia: with descriptions of the recently explored region of Australia Felix, and of the present colony of New South Wales*, London, 1838.

—— *Journal of an Expedition into the Interior of Tropical Australia*, 1848, Project Gutenberg ebook.

Monckton Dene, R., 'Bush Memories of Australia'.

Morgan, Patrick, *The Settling of Gippsland: a Regional History*, Traralgon, 1997.

—— (ed.), *Shadow and Shine. An Anthology of Gippsland Literature*, Churchill, Vic., 1988.

Morieson, J., *Stars over Tyrell: The Night Sky Legacy of the Boorong*, Sea Lake Historical Society, 2002.

Muir, Jane, et.al., *Battlers, Bushmen and Drovers, Stories from Manjimup and Bridgetown*, WA, 2006.

Mullins, Marcia (ed.), *Town and Country Journal on The Richmond*, Lismore, NSW, 2001.

Mulvaney, John, and Kamminga, Johan, *Prehistory of Australia*, Sydney, 1999.

Murray, Les, *A Working Forest. Selected Prose.* Sydney, 1997.

Newell, Patrice, *Ten Thousand Acres: a love story*, Ringwood, Vic., 2006.

Nickolls, Jill and Angel, Ann, *Mallee Tracks: wanderer's guide to the South Australian and Victorian Mallee*, Pinaroo, SA, n.d.

Nile, Richard (ed.), *The Australian Legend and its Discontents*, St Lucia, Qld, 2000.

Noble, James C., *The Delicate and Noxious Scrub*, Canberra, 1997.

O'Farrell, Patrick, *Letters from Irish Australia 1825–1929*, Sydney, 1984.

Parsons, W.T. and Cuthbertson, E.C., *Noxious Weeds of Australia*, Canberra, 2001.

Pearson, Michael and Lennon, Jane, *Pastoral Australia, Fortunes, Failures and Hard Yakka*, CSIRO, Collingwood, Vic., 2010.

Poiner, Gretchen and Jack, Sybil (eds.), *Limits of Location. Creating a Colony*, Sydney, 2007.

Pons, Xavier, *Out of Eden. Henry Lawson's Life and Works – A Psychoanalytic View*, Sydney, 1984.

Praed, Rosa, *Australian Life: Black and White* (1885), Milton Keynes, UK, 2010.

Presland, Gary, *For God's Sake Send the Trackers*, Victoria Press, Melbourne, 1998.

—— *Aboriginal Melbourne: The Lost Land of the Kulin People*, Melbourne, 1985.

—— *The Land of the Kulin*, Ringwood, Vic., 1985.

Radic, Therese, 'The Song Lines of "Waltzing Matilda"', *Journal of Australian Studies No 48*.

Rahbek, Ulla, 'Revisiting Dot and the Kangaroo: Finding a Way in the Australian Bush', *Australian Humanities Review*, Feb., 2007.

Randell, W.R., 'Voyage up the Darling and Barwan', *The Journal of the Royal Geographic Society*, Adelaide, 23 April 1860.

Reeder, Stephanie Owen, *The Vision Splendid*, Canberra, 2011.

Reynolds, Henry, *The Law of the Land*, Ringwood, Vic., 1988.

—— *The Other Side of the Frontier*, Ringwood, Vic., 1982.

Roberts, Mulvey M. (ed.), *The Handbook to Gothic Literature*, MacMillan, Basingstoke, 1998.

Roberts, Tony, *Frontier Justice*, St Lucia, Qld, 2005.

Roe, Jill, 'My Brilliant Career and 1890s Goulburn', *Australian Literary Studies*, 20:4 Oct., 2002.

Rolls, Eric, *A Million Wild Acres. Two Hundred Years of Man and an Australian Forest*, Melbourne, 1981.
—— *Australia: a Biography*. St Lucia, Queensland, 2000.
—— *Visions of Australia: Impressions of the Landscape 1642–1910*, Melbourne, 2002.
Rothwell, Nicholas, 'Lightweights on the landscape', *Australian*, November 7, 2007.
Saunders, Kay, 'A New Heaven: An Overview of Queensland History', Brisbane Institute, 2009.
Seddon, George, *The Old Country*, Melbourne, 2005.
Semon, Richard, *In the Australian Bush and the Coast of the Coral Sea*, London, 1899.
Serville, Paul de, *Tubbo. 'The Great Peter's Run'*, Melbourne, 1982.
—— *Port Phillip Gentlemen*, Melbourne, 1980.
Sorenson, Edward S., *Life in the Australian Backblocks* (1911), Melbourne, 1984.
Stainthorpe, Robert H and Candy, William, *Reminiscences of the Mallee and Wimmera*, Donvale, Vic., 2009.
Stanner, W.H., *On Aboriginal Religion*, Sydney, 1960.
The Land of the Lyrebird: A Story of Early Settlement in the Great Forest of South Gippsland, Shire of Korumburra, 1920.
Sutton, Peter (ed.), *Dreamings. The Art of Aboriginal Australia*, Ringwood, Vic., 1988.
Thiele, Colin, *The Little Desert*, Melbourne, 1975.
Tobias, Michael, *A Vision of Nature. Traces of the Original World*, Kent, Ohio, 1995.
Tonkin, Daryl and Langdon, Carolyn, *Jackson's Track*, Melbourne, 1999.
Trigger, David, and Griffiths, Gareth (eds.), *Disputed Territories; Land, Culture and Identity in Settler Societies*, Hong Kong, 2003.
Trigger, David S., 'Indigeneity, ferality, and what "belongs" in the Australian bush: Aboriginal responses to "introduced" animals and plants in a settler-descendant society', *Journal of the Royal Anthropological Institute*, Volume 14, Issue 3, pages 628–646, September 2008.
—— *Mining, Landscape and the Culture of Development Ideology in Australia*, Ecumene, Vol.4, No. 7, 1997.
Trudgeon, Ted, *Cedar and the Development of the Richmond River*, Richmond River Historical Society, Lismore, NSW, 1977.
Trudgeon, Ted, and Johnston, Gary, *Pioneering Rural Australia 1860–1900*, Sydney, 1977.
Tudge, Colin, *The Secret Life of Trees: How They Live and Why They Matter*, London, 2006
Turcotte, G., 'Australian Gothic', in Mulvey Roberts, M., The Handbook to Gothic Literature, Basingstoke, UK, 1998.
Tyrewhitt, W.S.S., *A New Chum in the Australian Bush*, London, 1888.
Vader, John, *Red Cedar, The Tree of Australia's History*, French's Forest, NSW, 1987.
Walker, Shirley, *Roundabout at Bangalow, an Intimate Chronicle*. St Lucia, Qld, 2001.
Ward, Russel, *The Australian Legend*, Melbourne, 1958.
Waterhouse, Richard, *The Vision Splendid. A Social and Culture History of Rural Australia*, Freemantle, 2005.

Weir, Judith (ed.), *We Will Remember Cooltong*, Berri, SA (1995?)
White, Richard, *Inventing Australia*. Sydney, 1981.
Woodford, James, *The Secret Life of Wombats*, Melbourne, 2001.
Wright, Judith, *Half a Lifetime*, Melbourne, 1999.
Wrigley, John and Fagg, Murray, *Australian Native Plants*, Sydney, 2003.
—— *Eucalypts. A Celebration*, Sydney, 2010.

译后记

《丛林：澳大利亚内陆文明之旅》（The Bush: Travels in the Heart of Australia，后简称《丛林》）是澳大利亚著名作家唐·沃森（Don Watson，1949— ）的力作，2014年由企鹅出版集团出版，之后立刻在澳大利亚国内外引起强烈反响。唐·沃森出生于维多利亚州的吉普斯兰地区，先后就读于乐卓博大学、澳大利亚国立大学和莫纳什大学，获博士学位。他不仅是一位广受好评的作家，还是一位资深的历史学家和政治家，曾在墨尔本大学等研究机构长期从事历史研究工作，并为电视剧和舞台剧撰写政治讽刺脚本。他20世纪50年代担任过维多利亚州工党领袖约翰·凯恩（John Cain）的演讲撰稿人，后曾是澳大利亚总理保罗·基廷（Paul Keating，1991年12月—1996年3月在任）的演讲稿撰写人和顾问，直到1996年基廷落选。之后，他出版了许多颇受欢迎的非小说类书籍，包括《流血之心的回忆》（Recollections of a Bleeding Heart，2002）、《死刑：公共语言的衰落》（Death Sentence: The Decay of Public Language，2003）、《美国之旅》（American Journeys，2008）和《灵活的学问》（Bendable Learnings，2009）等，并屡获嘉奖，其中享有盛誉的当属这部《丛林》。

丛林对于澳大利亚人而言，其含义包罗万象。它既囊括了各种各样的自然环境——沙漠、草原、热带雨林，还展现出耕地景观——田园地产、小农场和乡村城镇。它包括了城市以外的任何地方，是腹地、内地、内陆。丛林不仅由地理和生态所界定，还由人类活动赋予含义。它是一个文化概念。人们认为它拥有不同寻常的身份。这种身份包括某些"典型"的性格特征：丛林人像桉树一样吃苦耐劳、坚忍不拔。此外，他们天生寡言少语，甚至听天由命。他们讨厌做作和浮夸，足智多谋，注重实效，不把时间浪费在语言的推敲和抽象的推理上。

与自然的博弈塑造了丛林人，也使他们在危难时刻众志成城。森林大火、干旱和洪水使他们以一种"伙伴情谊"紧密相连。"伙伴情谊"是在丛林中诞生的。某种保守的意识形态也是丛林身份的一部分。有时它被称为乡村社会主义。丛林人通常反对工党和工会，在社会问题上持保守态度，强烈支持自由市场。但与城市里的寄生虫和游手好闲者相比，他们也觉得自己被忽视、被低估。他们的政党——国家党表达了这种或多或少相互矛盾的立场：他们坚定独立、热爱自由企业，但他们也要求政府补贴、财政救济和其他种类的特殊待遇。

丛林是边疆。边疆塑造了新世界国家的思想，而这种思想在边疆关闭后仍长期存在。那里的人们忍受着大自然的残酷无情，披荆斩棘为后来者引路。我们不仅钦佩探险家和先驱者的事迹，而且向他们致敬。边疆的故事是澳大利亚白人创造的神话。将近十分之九的澳大利亚人生活在沿海城市及其广阔的郊区，其中一半以上的人只居住在三个城市，丛林空空如也。大多数澳大利亚人不仅住在城市里，而且很少离开城市，他们对丛林一无所知。澳大利亚经济严重依赖初级产品出口的日子已经一去不复返。随着城市的发展，许多乡村城镇正在消亡。然而丛林继续对澳大利亚的政治和澳大利亚人的身份产生深刻的影响。它仍然是许多澳大利亚文学、艺术、电视、电影的背景和主题。它仍然需要关注。边疆永久长存。

这似乎至少在一定程度上是因为丛林在澳大利亚"一枝独秀"。城市无论在哪里都是千篇一律。但是澳大利亚丛林的景象和声音独一无二。飞禽走兽、花鸟鱼虫、阳光和寂静都是地球上别样的风景。即使没有走过这道美丽风景的数百万澳大利亚人，似乎也莫名其妙地觉得，这些景象定义了澳大利亚。旅游业也持同样的观点：人们从海外来不是为了参观城市景观，而是来这里观看考拉、鳄鱼和毒蛇。

这本书关注的是丛林与澳大利亚的文化矛盾。什么是现实，什么是神话？自白人定居以来，丛林的故事仅仅是一部关于恢复、适应和进步的史诗吗？这一切都是必要的吗？作者试图阐明边疆社会的核心矛盾，即被渲染为人类进步的、无可指责的故事，到头来也是一个残酷和无情破坏的故事。欧洲侵略者以进步的名义，包括据说是由基督教所带来的进步，摧毁了一个有五万年历史的文明，这个文明与丛林关系密切，并具有根据需要自我塑造的非凡能力。欧洲人以一种更高文明的名义，即田园和农业文明，破坏了自然环境。澳大利亚人声称他们所挚爱的丛林不再是欧洲人当初发现它时的模样。在许多地方，包括主要的河流系统，乡村是一片废墟。《丛林》讲述了一个辉煌的创新和惊人的无能的故事，一个人类的胜利和悲剧性的失败的故事，一个无敌大自然帮助人类实现希望又泯灭希望的故事。就像大多数的人类故事一样，它既展示了美好的愿望，也揭露了令人厌恶的动机——许多模棱两可的动机。

这本书与科学和自然史也有关系。它的主要话题最终还是归结到自然。是什么使澳大利亚的景观和环境成为现在的模样？是什么让它如此坚韧，同时又如此脆弱？生态系统是如何运作的，为什么会崩溃？自然对澳大利亚的人类居民有什么影响？人类居民对自然又有什么影响？当这么多的破坏已经造成，澳大利亚人应该重新思考他们与自然的关系。就像近年来作者出版的另外几本书一样，《丛林》讲述欧洲人因贪婪和傲慢未能吸取澳大利亚原住民可能传授给他们的教训，以及这种失败的后果现在对我们来说是何等的显而易见。

由此可见，本书内容涉猎广泛，可谓一部澳大利亚丛林发展史的"百科全书"，无论对澳大利亚本土居民，还是对中国的澳研人来说，无疑都是上乘之作。

品读如此佳作，令我受益颇多，但将其译成中文，却使我"苦不堪言"。唐·沃森不仅是一位历史学家、作家，还是一位重量级的语言学家、一位顶级的语言大师。作者知识渊博，语言考究，时而类比，时而隐喻，时而反讽，书中涉及当地风土人情、气候物产，且常引澳大利亚本土文学、艺术作品，很多都是我所不熟悉的，也没有固定译法，常常令我担心不能忠实地表达作者的原意。为此，我曾两次赴澳查阅相关资料并拜会唐·沃森先生，以期更好地传达原作的神韵。

说起与原著以及唐·沃森先生的缘分，还真是不浅。在多年前的一篇论文中，我就曾引用过他的《遁词辞典》。在墨尔本大学我的博士导师的推荐下，我与《丛林》有了最初的邂逅，当时虽然感觉此书不错，但并无翻译的冲动。若干年后，大卫·沃克教授在我校澳大利亚研究中心成立后再次向我推荐，这才触动了我的"芳心"，令我一发不可收。在此，我要向大卫·沃克教授表示感谢。特别致谢在华澳大利亚研究基金会（FASIC）先后两次资助我赴澳，让我能够零距离与作者交流，并对创作动机、历史背景、疑点难点有更深的了解。借此，特向唐·沃森先生致以深深的谢意。

还要感谢生活·读书·新知三联书店，自我最初取得联系到最终出版，他们一直给予我坚定的信任和支持，助我克服重重困难。

本书的第一读者是我的爱人，从开始到截稿，他耐心细致地逐字帮我校阅，直至满意为止。有其父必有其子，远在"南方大岛"的儿子也为本书的完成做出了贡献，很多知识点都是他帮我检索的。在此，向这对"父子兵"一并表示感谢，感谢他们 raise me up，以他们的方式陪伴我在澳研路上孜孜以求！

李景艳

2019年6月于哈尔滨

李景艳（1963—），女，哈尔滨工业大学外国语学院教授、澳大利亚研究中心执行主任，澳大利亚墨尔本大学语言教育学博士。曾任墨尔本大学教育研究院研究助理，文学研究院高级研究员、荣誉学者。曾在美国纽约大学和意大利那不勒斯东方大学短期访学，是2015年美国国务院"美国社会与文化"项目唯一的中国区代表。2018年当选意大利的澳大利亚及南太平洋研究学会科学指导委员会委员。

本书为以下项目的阶段性成果：

2018年在华澳大利亚研究基金项目"什么是澳大利亚？"

2019年四川省国别与区域研究基地西华大学开放课题重点项目"澳大利亚丛林神话与'伟大的澳大利亚沉默'之嬗变辩证研究"，课题编号：ADLY2019-002

2020年哈尔滨工业大学教育教改专题项目"大学英语课程库构建研究：以哈工大大学外语课程为例"，课题编号：XYZ2020057

新知文库

01 《证据:历史上最具争议的法医学案例》[美]科林·埃文斯 著 毕小青 译
02 《香料传奇:一部由诱惑衍生的历史》[澳]杰克·特纳 著 周子平 译
03 《查理曼大帝的桌布:一部开胃的宴会史》[英]尼科拉·弗莱彻 著 李响 译
04 《改变西方世界的 26 个字母》[英]约翰·曼 著 江正文 译
05 《破解古埃及:一场激烈的智力竞争》[英]莱斯利·罗伊·亚京斯 著 黄中宪 译
06 《狗智慧:它们在想什么》[加]斯坦利·科伦 著 江天帆、马云霏 译
07 《狗故事:人类历史上狗的爪印》[加]斯坦利·科伦 著 江天帆 译
08 《血液的故事》[美]比尔·海斯 著 郎可华 译 张铁梅 校
09 《君主制的历史》[美]布伦达·拉尔夫·刘易斯 著 荣予、方力维 译
10 《人类基因的历史地图》[美]史蒂夫·奥尔森 著 霍达文 译
11 《隐疾:名人与人格障碍》[德]博尔温·班德洛 著 麦湛雄 译
12 《逼近的瘟疫》[美]劳里·加勒特 著 杨岐鸣、杨宁 译
13 《颜色的故事》[英]维多利亚·芬利 著 姚芸竹 译
14 《我不是杀人犯》[法]弗雷德里克·肖索依 著 孟晖 译
15 《说谎:揭穿商业、政治与婚姻中的骗局》[美]保罗·埃克曼 著 邓伯宸 译 徐国强 校
16 《蛛丝马迹:犯罪现场专家讲述的故事》[美]康妮·弗莱彻 著 毕小青 译
17 《战争的果实:军事冲突如何加速科技创新》[美]迈克尔·怀特 著 卢欣渝 译
18 《最早发现北美洲的中国移民》[加]保罗·夏亚松 著 暴永宁 译
19 《私密的神话:梦之解析》[英]安东尼·史蒂文斯 著 薛绚 译
20 《生物武器:从国家赞助的研制计划到当代生物恐怖活动》[美]珍妮·吉耶曼 著 周子平 译
21 《疯狂实验史》[瑞士]雷托·U. 施奈德 著 许阳 译
22 《智商测试:一段闪光的历史,一个失色的点子》[美]斯蒂芬·默多克 著 卢欣渝 译
23 《第三帝国的艺术博物馆:希特勒与"林茨特别任务"》[德]哈恩斯 - 克里斯蒂安·罗尔 著 孙书柱、刘英兰 译

24 《茶：嗜好、开拓与帝国》[英]罗伊·莫克塞姆 著　毕小青 译

25 《路西法效应：好人是如何变成恶魔的》[美]菲利普·津巴多 著　孙佩妏、陈雅馨 译

26 《阿司匹林传奇》[英]迪尔米德·杰弗里斯 著　暴永宁、王惠 译

27 《美味欺诈：食品造假与打假的历史》[英]比·威尔逊 著　周继岚 译

28 《英国人的言行潜规则》[英]凯特·福克斯 著　姚芸竹 译

29 《战争的文化》[以]马丁·范克勒韦尔德 著　李阳 译

30 《大背叛：科学中的欺诈》[美]霍勒斯·弗里兰·贾德森 著　张铁梅、徐国强 译

31 《多重宇宙：一个世界太少了？》[德]托比阿斯·胡阿特、马克斯·劳讷 著　车云 译

32 《现代医学的偶然发现》[美]默顿·迈耶斯 著　周子平 译

33 《咖啡机中的间谍：个人隐私的终结》[英]吉隆·奥哈拉、奈杰尔·沙德博尔特 著　
毕小青 译

34 《洞穴奇案》[美]彼得·萨伯 著　陈福勇、张世泰 译

35 《权力的餐桌：从古希腊宴会到爱丽舍宫》[法]让－马克·阿尔贝 著　刘可有、刘惠杰 译

36 《致命元素：毒药的历史》[英]约翰·埃姆斯利 著　毕小青 译

37 《神祇、陵墓与学者：考古学传奇》[德]C. W. 策拉姆 著　张芸、孟薇 译

38 《谋杀手段：用刑侦科学破解致命罪案》[德]马克·贝内克 著　李响 译

39 《为什么不杀光？种族大屠杀的反思》[美]丹尼尔·希罗、克拉克·麦考利 著　薛绚 译

40 《伊索尔德的魔汤：春药的文化史》[德]克劳迪娅·米勒－埃贝林、克里斯蒂安·拉奇 著　
王泰智、沈惠珠 译

41 《错引耶稣：〈圣经〉传抄、更改的内幕》[美]巴特·埃尔曼 著　黄恩邻 译

42 《百变小红帽：一则童话中的性、道德及演变》[美]凯瑟琳·奥兰丝汀 著　杨淑智 译

43 《穆斯林发现欧洲：天下大国的视野转换》[英]伯纳德·刘易斯 著　李中文 译

44 《烟火撩人：香烟的历史》[法]迪迪埃·努里松 著　陈睿、李欣 译

45 《菜单中的秘密：爱丽舍宫的飨宴》[日]西川惠 著　尤可欣 译

46 《气候创造历史》[瑞士]许靖华 著　甘锡安 译

47 《特权：哈佛与统治阶层的教育》[美]罗斯·格雷戈里·多塞特 著　珍栎 译

48 《死亡晚餐派对：真实医学探案故事集》[美]乔纳森·埃德罗 著　江孟蓉 译

49 《重返人类演化现场》[美]奇普·沃尔特 著　蔡承志 译

50 《破窗效应:失序世界的关键影响力》[美]乔治·凯林、凯瑟琳·科尔斯 著 陈智文 译

51 《违童之愿:冷战时期美国儿童医学实验秘史》[美]艾伦·M.霍恩布鲁姆、朱迪斯·L.纽曼、格雷戈里·J.多贝尔 著 丁立松 译

52 《活着有多久:关于死亡的科学和哲学》[加]理查德·贝利沃、丹尼斯·金格拉斯 著 白紫阳 译

53 《疯狂实验史Ⅱ》[瑞士]雷托·U.施奈德 著 郭鑫、姚敏多 译

54 《猿形毕露:从猩猩看人类的权力、暴力、爱与性》[美]弗朗斯·德瓦尔 著 陈信宏 译

55 《正常的另一面:美貌、信任与养育的生物学》[美]乔丹·斯莫勒 著 郑嬿 译

56 《奇妙的尘埃》[美]汉娜·霍姆斯 著 陈芝仪 译

57 《卡路里与束身衣:跨越两千年的节食史》[英]路易丝·福克斯克罗夫特 著 王以勤 译

58 《哈希的故事:世界上最具暴利的毒品业内幕》[英]温斯利·克拉克森 著 珍栎 译

59 《黑色盛宴:嗜血动物的奇异生活》[美]比尔·舒特 著 帕特里曼·J.温 绘图 赵越 译

60 《城市的故事》[美]约翰·里德 著 郝笑丛 译

61 《树荫的温柔:亘古人类激情之源》[法]阿兰·科尔班 著 苜蓓 译

62 《水果猎人:关于自然、冒险、商业与痴迷的故事》[加]亚当·李斯·格尔纳 著 于是 译

63 《囚徒、情人与间谍:古今隐形墨水的故事》[美]克里斯蒂·马克拉奇斯 著 张哲、师小涵 译

64 《欧洲王室另类史》[美]迈克尔·法夸尔 著 康怡 译

65 《致命药瘾:让人沉迷的食品和药物》[美]辛西娅·库恩等 著 林慧珍、关莹 译

66 《拉丁文帝国》[法]弗朗索瓦·瓦克 著 陈绮文 译

67 《欲望之石:权力、谎言与爱情交织的钻石梦》[美]汤姆·佐尔纳 著 麦慧芬 译

68 《女人的起源》[英]伊莲·摩根 著 刘筠 译

69 《蒙娜丽莎传奇:新发现破解终极谜团》[美]让-皮埃尔·伊斯鲍茨、克里斯托弗·希斯·布朗 著 陈薇薇 译

70 《无人读过的书:哥白尼〈天体运行论〉追寻记》[美]欧文·金格里奇 著 王今、徐国强 译

71 《人类时代:被我们改变的世界》[美]黛安娜·阿克曼 著 伍秋玉、澄影、王丹 译

72 《大气:万物的起源》[英]加布里埃尔·沃克 著 蔡承志 译

73 《碳时代:文明与毁灭》[美]埃里克·罗斯顿 著 吴妍仪 译

74 《一念之差：关于风险的故事与数字》[英]迈克尔·布拉斯兰德、戴维·施皮格哈尔特 著 威治 译

75 《脂肪：文化与物质性》[美]克里斯托弗·E. 福思、艾莉森·利奇 编著 李黎、丁立松 译

76 《笑的科学：解开笑与幽默感背后的大脑谜团》[美]斯科特·威姆斯 著 刘书维 译

77 《黑丝路：从里海到伦敦的石油溯源之旅》[英]詹姆斯·马里奥特、米卡·米尼奥 – 帕卢埃洛 著 黄煜文 译

78 《通向世界尽头：跨西伯利亚大铁路的故事》[英]克里斯蒂安·沃尔玛 著 李阳 译

79 《生命的关键决定：从医生做主到患者赋权》[美]彼得·于贝尔 著 张琼懿 译

80 《艺术侦探：找寻失踪艺术瑰宝的故事》[英]菲利普·莫尔德 著 李欣 译

81 《共病时代：动物疾病与人类健康的惊人联系》[美]芭芭拉·纳特森 – 霍洛威茨、凯瑟琳·鲍尔斯 著 陈筱婉 译

82 《巴黎浪漫吗？——关于法国人的传闻与真相》[英]皮乌·玛丽·伊特韦尔 著 李阳 译

83 《时尚与恋物主义：紧身褡、束腰术及其他体形塑造法》[美]戴维·孔兹 著 珍栎 译

84 《上穷碧落：热气球的故事》[英]理查德·霍姆斯 著 暴永宁 译

85 《贵族：历史与传承》[法]埃里克·芒雄 – 里高 著 彭禄娴 译

86 《纸影寻踪：旷世发明的传奇之旅》[英]亚历山大·门罗 著 史先涛 译

87 《吃的大冒险：烹饪猎人笔记》[美]罗布·沃乐什 著 薛绚 译

88 《南极洲：一片神秘的大陆》[英]加布里埃尔·沃克 著 蒋功艳、岳玉庆 译

89 《民间传说与日本人的心灵》[日]河合隼雄 著 范作申 译

90 《象牙维京人：刘易斯棋中的北欧历史与神话》[美]南希·玛丽·布朗 著 赵越 译

91 《食物的心机：过敏的历史》[英]马修·史密斯 著 伊玉岩 译

92 《当世界又老又穷：全球老龄化大冲击》[美]泰德·菲什曼 著 黄煜文 译

93 《神话与日本人的心灵》[日]河合隼雄 著 王华 译

94 《度量世界：探索绝对度量衡体系的历史》[美]罗伯特·P. 克里斯 著 卢欣渝 译

95 《绿色宝藏：英国皇家植物园史话》[英]凯茜·威利斯、卡罗琳·弗里 著 珍栎 译

96 《牛顿与伪币制造者：科学巨匠鲜为人知的侦探生涯》[美]托马斯·利文森 著 周子平 译

97 《音乐如何可能？》[法]弗朗西斯·沃尔夫 著 白紫阳 译

98 《改变世界的七种花》[英]詹妮弗·波特 著 赵丽洁、刘佳 译

99 《伦敦的崛起：五个人重塑一座城》[英]利奥·霍利斯 著　宋美莹 译

100 《来自中国的礼物：大熊猫与人类相遇的一百年》[英]亨利·尼科尔斯 著　黄建强 译

101 《筷子：饮食与文化》[美]王晴佳 著　汪精玲 译

102 《天生恶魔？：纽伦堡审判与罗夏墨迹测验》[美]乔尔·迪姆斯代尔 著　史先涛 译

103 《告别伊甸园：多偶制怎样改变了我们的生活》[美]戴维·巴拉什 著　吴宝沛 译

104 《第一口：饮食习惯的真相》[英]比·威尔逊 著　唐海娇 译

105 《蜂房：蜜蜂与人类的故事》[英]比·威尔逊 著　暴永宁 译

106 《过敏大流行：微生物的消失与免疫系统的永恒之战》[美]莫伊塞斯·贝拉斯克斯－曼诺夫 著　李黎、丁立松 译

107 《饭局的起源：我们为什么喜欢分享食物》[英]马丁·琼斯 著　陈雪香 译　方辉 审校

108 《金钱的智慧》[法]帕斯卡尔·布吕克内 著　张叶、陈雪乔 译　张新木 校

109 《杀人执照：情报机构的暗杀行动》[德]埃格蒙特·科赫 著　张芸、孔令逊 译

110 《圣安布罗焦的修女们：一个真实的故事》[德]胡贝特·沃尔夫 著　徐逸群 译

111 《细菌》[德]汉诺·夏里修斯 里夏德·弗里贝 著　许嫚红 译

112 《千丝万缕：头发的隐秘生活》[英]爱玛·塔罗 著　郑嫄 译

113 《香水史诗》[法]伊丽莎白·德·费多 著　彭禄娴 译

114 《微生物改变命运：人类超级有机体的健康革命》[美]罗德尼·迪塔特 著　李秦川 译

115 《离开荒野：狗猫牛马的驯养史》[美]加文·艾林格 著　赵越 译

116 《不生不熟：发酵食物的文明史》[法]玛丽－克莱尔·弗雷德里克 著　冷碧莹 译

117 《好奇年代：英国科学浪漫史》[英]理查德·霍姆斯 著　暴永宁 译

118 《极度深寒：地球最冷地域的极限冒险》[英]雷纳夫·法恩斯 著　蒋功艳、岳玉庆 译

119 《时尚的精髓：法国路易十四时代的优雅品位及奢侈生活》[美]琼·德让 著　杨冀 译

120 《地狱与良伴：西班牙内战及其造就的世界》[美]理查德·罗兹 著　李阳 译

121 《骗局：历史上的骗子、赝品和诡计》[美]迈克尔·法夸尔 著　康怡 译

122 《丛林：澳大利亚内陆文明之旅》[澳]唐·沃森 著　李景艳 译